Das alte Rostock und sein Handwerk

Von Aalstecher bis Zinngießer

Wir bedanken uns bei folgenden Partnern,
die auf unterschiedliche Weise dieses Buchprojekt
unterstützt haben:

Brillen Krille e.K.
Kröpeliner Straße 87
18055 Rostock
Telefon: 0381 4934361
Email: brillen-krille@t-online.de

Gesundschuh GmbH
F.-Barnewitz-Str. 4 b
18119 Warnemünde
Telefon: 0381 525 73
E-Mail: info@gesundschuh.de

Klempnerei Kobrow GmbH
Goerdelerstr. 22
18069 Rostock
Telefon: 0381 865 017
E-Mail: klempnerei-kobrow@web.de

Kreishandwerkerschaft Rostock-Bad Doberan
Wilhelm-Külz-Platz 5
18055 Rostock
Telefon: 0381 2520050
E-mail: info@rostock-handwerk.de

Nord-Dach eG
Goerdelerstraße 26
18069 Rostock
Telefon: 0381 8099527
Email: info@nord-dach.de

NNN Norddeutsche Neueste Nachrichten GmbH
Bergstr.10
18057 Rostock
Telefon: 0381 491160
www.nnn.de

Stadtwerke Rostock AG
Schmarler Damm 5
18069 Rostock
Telefon: 0381 805 – 2000
www.swrag.de

Steinmetzbetrieb Thomas Scheinpflug
Satower Str. 141
18059 Rostock
Telefon: 0381 4005240
E-Mail. info@steinmetz-scheinpflug.de

Für die fachlich-inhaltliche Begleitung danken wir den
Mitgliedern einer Arbeitsgruppe unter Schirmherrschaft
der Kreishandwerkerschaft:

Gerhard Grannemann
Andreas Knirk
Joachim Kobrow
Jürgen Koop
Christian Plothe
Ralf Schreckenbach

Edwin Kuna / Hannelore Kuna

Das *alte Rostock* und sein Handwerk

Verlag Redieck & Schade GmbH

Inhaltsverzeichnis

Geleitwort

Mit dem Buch „Das alte Rostock und sein Handwerk. Von Aalstecher bis Zinngießer" eröffnet der Verlag Redieck & Schade eine neue Buchreihe. Nachdem das Buch von Professor Dr. Ernst Münch „Das alte Rostock und seine Straßen" ein regionaler Bestseller wurde und gleichsam ein Standardwerk für Regionalhistoriker, schließen sich Dr. Edwin Kuna und Dr. Hannelore Kuna mit dem vorliegenden Band über das historische Handwerk im Großraum Rostock an. Bewusst im gleichen Format und Layout sollen die an dieser regionalhistorischen Sachliteratur interessierten Leser schnell einen Bezug finden und sehen, dass dieser Titel ebenfalls wieder ihr Interesse finden könnte. Noch 2011 wird eine weitere Publikation die Geschichte der Stadt in dieser Art fortschreiben: „Das alte Warnemünde und seine Straßen".

Während eine vielfolgige Zeitungsserie der Historiker Kuna in den Norddeutschen Neuesten Nachrichten vom historischen Handwerk kündete, haben wir einen Kontakt zu den Autoren aufgenommen und ihnen nahe gelegt, darüber nachzudenken, ob man daraus ein Buch machen könnte. Nach einem ersten Treffen in Greifswald vor knapp zwei Jahren haben wir dann die Entscheidung getroffen, dieses Buch herauszugeben.

Viel Arbeit ist inzwischen geleistet worden. Zum einen bearbeiteten die Autoren die Einzelbeiträge und erweiterten diese und zum anderen haben wir uns selbst darum bemüht, die Publikation ansprechend zu illustrieren und mit Beiträgen anzureichern, die eine Brücke von der fernen Vergangenheit in die Gegenwart schlagen.

In der Kreishandwerkerschaft Rostock-Bad Doberan entstand unter der Leitung von Innungsgeschäftsführer Andreas Knirk eine Arbeitsgruppe, die das Zustandekommen dieses Buchprojektes unterstützte. Erfahrene Handwerksmeister berieten uns als Herausgeber, lasen die Texte kritisch und gaben so manchen Tipp, um weiterführend Informationen und Sachverstand einzuwerben. Für diese Mitwirkung sind wir den Männern Gerhard Grannemann, Andreas Knirk, Joachim Kobrow, Jurgen Koop, Christian Plothe und Ralf Schreckenbach dankbar, haben sie doch einmal mehr bewiesen, was es bedeutet, als Handwerker selbst und ständig und mit viel Verantwortung für das Gemeinwohl tätig zu werden. Die Arbeitsgruppe beriet und unterstützte ehrenamtlich und wir hoffen sehr, dass die Belegexemplare unseren Experten eine angenehme Erinnerung und Dank für die geleistete Arbeit sein werden.

„Das alte Rostock und sein Handwerk", ein neues Buch aus unserem Verlag, bei dessen Druckvorbereitung wir wiederum viel über unsere Stadt in Erfahrung bringen und lernen durften. Wir freuen uns sehr, Ihnen, liebe Leser, diesen Titel übergeben zu können.

Achim Schade & Dr. Matthias Redieck

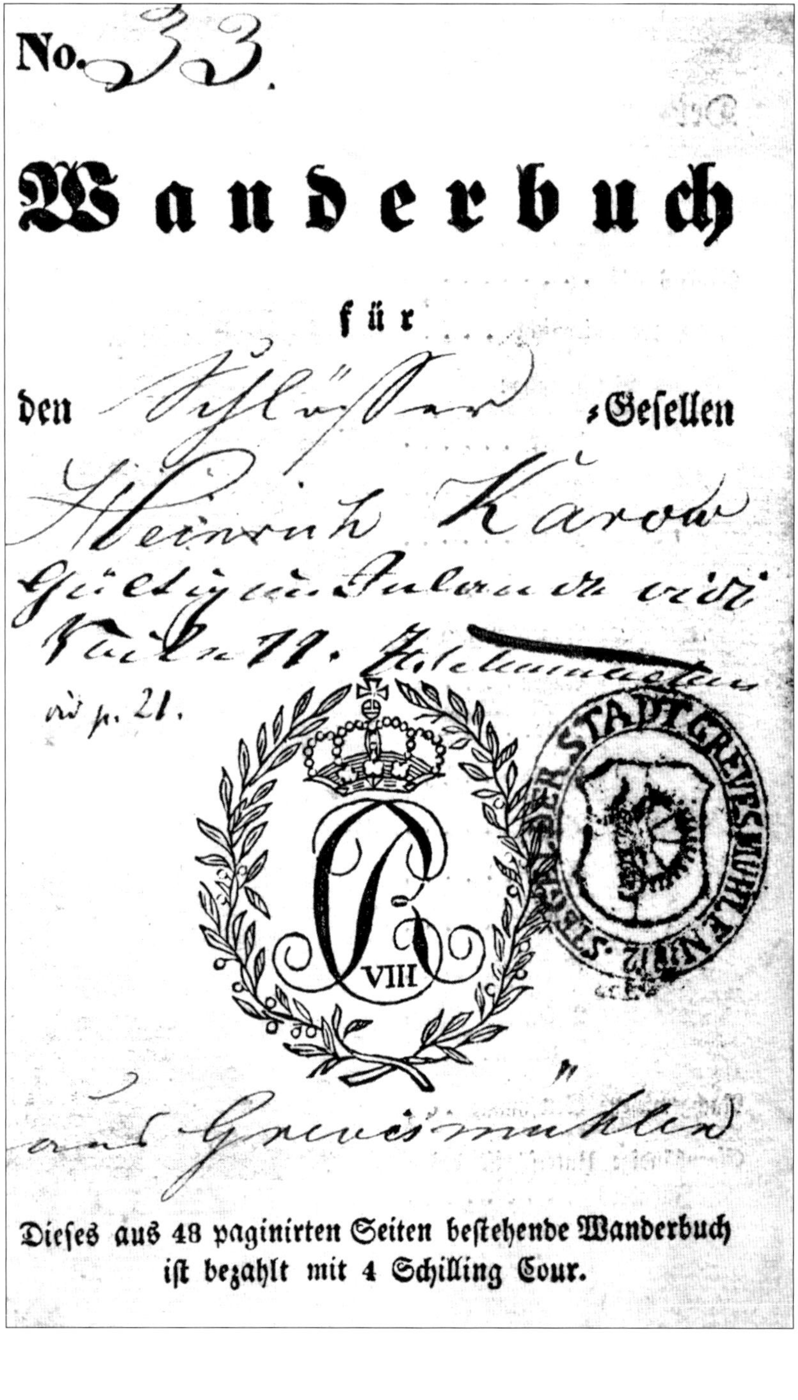
No. 33.

Wanderbuch

für

den Schlösser-Gesellen

Heinrich Karow

aus Grevesmühlen

Dieses aus 48 paginirten Seiten bestehende Wanderbuch
ist bezahlt mit 4 Schilling Cour.

Wanderbuch des Schlosser-Gesellen Heinrich Karow aus Grevesmühlen mit Aufenthaltsnachweisen vieler mecklenburgischer Städte zwischen 1840 und 1846.

Vorbemerkungen

Handwerk besitzt goldenen Boden, diese Handwerksweisheit ist uralt, sie findet auch heute noch ihre Zustimmung, doch im weiteren Nachdenken über „den goldenen Boden“ folgt in der Regel nicht nur Zustimmung – auch das hat Tradition. 1652 schrieb der Rostocker Universalgelehrte Johann Wilhelm Lauremberg (1590–1658) auf der Suche nach seiner wahren Bestimmung: „Wat is it vör ein stand, de mi kond wol stahn an? Schold it nicht raetsam sin, ik würd ein handwerksman? Twar jedes handwerk wol ein'n boddem heft van golde, dennoch ein handwerksman nicht gern ik werden wolde: ... “

Handwerksgeschichte ist eine komplexe Angelegenheit, sie ist eng verbunden mit der Landesgeschichte, der Stadtgeschichte, mit der Geschichte von Technik, der Kunst und der des Rechts, mit religiösen und moralischen Anschauungen, regionalen Traditionen und Bräuchen. Die vorliegende Arbeit bezieht sich auf einen langen Zeitraum vom 13. bis zum 19. Jahrhundert, die Aussagekraft der Darstellungen war folglich abhängig von der jeweiligen Materialsammlung. Ursprünglich war die Arbeit für eine journalistische Artikelserie ausgeführt worden; das dafür zusammengetragene historische Material erschien uns währenddessen lohnenswert für eine Publikation, das sah der Verlag Redieck & Schade ebenso, dafür sei ihm gedankt.

Das vorliegende Buch zur Handwerksgeschichte ist ein weiterer Schritt zu einer umfassenden Aufarbeitung und Darlegung der Rostocker Handwerksgeschichte. 1898 unternahm der Stadtarchivar Ernst Dragendorff (1869-1938) die erste große Unternehmung in diese Richtung. Mit seinem Beitrag über „Rostocks älteste Gewerbetreibende“ hinterließ er eine erste zusammenfassende Darstellung des mittelalterlichen Handwerks der Seestadt. Vor und nach Dragendorff gab es zahlreiche Artikel einzelner Gewerke bis in die heutige Zeit hinein im Rahmen der Stadtgeschichtsschreibung oder zur hansischen Geschichte.

Durch die ursprüngliche Arbeitsteilung und Spezialisierung im Handwerk hatte Rostock über die Zeit von über 600 Jahren etwa 150 einzelne Professionen. Im Jahr 1760 wies Rostock 60 Handwerksämter aus, im Vergleich dazu gab es in Lübeck 65 und in Hamburg 58 Ämter bzw. Zünfte. Nicht wenige dieser alten Gewerke verweisen auf den besonderen Status der Stadt Rostock. Als Rostock z. B. zeitweise fürstliche Residenzstadt war, da brauchte keiner so viele Kleider, Perücken, Puder, Schmuck und andere feine Waren wie der fürstliche Hofstaat, wenn das Herzogshaus Empfänge, Ritterturniere und Essen- und Trinkgelage veranstaltete. Ausschließlich die privilegierten Hofhandwerker durften diesen Bedarf aufgrund ihres hochwertigen Könnens bedienen. Dann, ab 1494, wurde Rostock Universitätsstadt (mit Unterbrechung von 30 Jahren) und auf der Alma Mater benötigten die gelehrten Professoren und Studenten spezielles Papier, Schreibzeug in vielerlei Machart und selbstverständlich Bücher. In dieser Zeit siedelten sich u. a. bevorzugt die Handwerker der Schwarzen Kunst hier an: Buchbinder, Buchdrucker, Buchhändler und später Lithografen.

Und als ganz wichtig für Rostocks Handwerkerschaft erwies sich die geografische Lage des Gemeinwesens als einer Handelsstadt, dicht am Meer gelegen. Rostock war von alters her eine anerkannte Seestadt; die Seefahrt auf offenem Meer förderte den Boots- und Schiffbau mit deren Nebengewerben wie die Ankerschmiede, Reifer, Segelmacher oder Teerbrenner. Bereits im Mittelalter ging es zum Fischfang „vp de Schonesche reyse“ raus zur schwedischen Insel Schonen. Der reiche Heringsfang musste in Salzfässern für die lange Reise haltbar gemacht werden und darüber hinaus auf Monate zum Verbrauch vorrätig sein. Tausende Tonnen bzw. Fässer wurden für den Fisch immer wieder aufs Neue vom Böttcherhandwerk angefertigt.

Mit der Seefahrt entwickelte sich Rostock zur Handelsstadt und das brachte fremdländisches Leben in die Stadt. Mit

dem Handel beschäftigten sich die „kleinen Krämer“, Weinhändler, Fruchthändler, Fischseller, Glashändler, Kohlenmesser, Heringswracker, Hopfenwracker, Kornmakler, Kornmesser, Zitronenhändler, Drogeköper, Waren- und Wechselmakler, die ebenfalls nicht vom Handwerk zu trennen sind.
Die stattliche Anzahl von 150 Handwerksberufen bis zur Einführung der Gewerbefreiheit 1869 erforderte, eine strikte Auswahl vorzunehmen. Wir hoffen, mit diesen 60 ausgewählten Handwerksberufen von Aalstecher bis Zinngießer einen repräsentativen Überblick zur Entwicklung des alten Handwerks von Rostock geben zu können. Das Buch richtet sich an einen breiten Leserkreis, es vermittelt Fakten und gibt unterhaltsame Einblicke in längst vergangenes Alltagsleben. Durch die Darstellung einiger weniger, heute tätiger Handwerksbetriebe wird zumindest punktuell der Brückenschlag vom alten zum heutigen Handwerk vorgenommen.
Im Zeitalter der computergesteuerten Maschinen wird kaum ein Verständnis für traditionelles Handwerk geweckt werden, wenn es nicht immer wieder leidenschaftliche Vertreter des alten Handwerks geben würde, und dazu zählen wir ganz bestimmt.

Lehrling ist jedermann – Geselle, wer was kann – Meister, wer was ersann

Ein Bummel durch die engen Straßen und Gassen der historischen Siedlungskerne unserer alten Hansestädte gibt uns mancherlei Einblicke in die Vergangenheit. Schon die Beschriftung der Straßenschilder erzählt von den Menschen, die vor Jahrhunderten hier lebten und ihre Gewerbe betrieben. Die unvollständige Aufzählung vermittelt einen Eindruck von der Vielfalt der handwerklichen Tätigkeiten: Brauereigasse und Fischbank, Reeper- oder Reiferbahn, Hüerbaasweg und Glatter Aal, Hopfenmarkt, Wollenweberstraße und Mühlenberg, Burgwall, Kütertor und Kramerbrücke, Fleischerwiese, Gerberhof und Böttcheramt und etliche andere mehr. Die Namensgebungen beweisen, dass Handwerker und ihr Handwerk neben den Kaufleuten und Schiffern beim Aufstieg der Städte des Wendischen Quartiers der Hanse, auf dem Weg zum Reichtum maßgeblich beteiligt waren.

Die Geburtsstunde des Handwerks lag weit vor der Zeit, da deutsche bzw. dänische Eroberer in Mecklenburg und Vorpommern einfielen und Siedlungsräume für Zuwanderer schufen. Als die Menschen die Gewinnung und Verarbeitung des Eisens entdeckten, als man das Spinnen und Weben erfand das Töpfern erlernte und sich für diese Arbeiten Fachleute herausbildeten, wurde das Handwerk geboren. Das liegt Jahrtausende zurück. Plötzlich waren Fachkenntnisse und Fähigkeiten erforderlich, die bei der Mehrheit der Familien- oder Sippenmitglieder nicht nachzuweisen waren. Die Lage solcher Wohnplätze an den Handelswegen erhöhte den Bedarf an handwerklichen Erzeugnissen, führte schließlich zur Entstehung von Großsiedlungen, von Städten. Nur auf Europa bezogen, drang das Handwerk, drangen die Handwerker und die von ihnen hergestellten Waren im frühen Mittelalter von den Städten Italiens in den süddeutschen Raum vor. Dort kam es zur Unterteilung der einzelnen Gewerke, zur Herausbildung von Handwerksregelungen und -bräuchen und Vereinigungen.
Als die deutsche Zuwanderung in Richtung der ehemals slawischen Regionen östlich der Elbe begann, brachten die Handwerker unter den Neusiedlern ihre ausgeprägten Arbeitstechniken und Lebensweisen mit. Bei dem stürmischen Wachstum der gegründeten Städte und dem enormen Warenbedarf bot sich kaum Gelegenheit für die Erprobung von Alternativen gegenüber dem Althergebrachten. Geringe Einflüsse übten die natürlichen Bedingungen in der neuen Heimat und bewahrte Traditionen der vorher hier tätigen slawischen Handwerker aus. Was sich im süd- und westdeutschen Raum jedoch allmählich über lange Zeit hinweg entwickeln konnte, drang mit der Ostexpansion als erprobtes und gefestigtes System in das dünn besiedelte Slawenland vor. Wie rasant sich das vollzog, beweist zum Beispiel der Umstand, dass sich um 1220 die ersten Deutschen unter die Bevölkerung der alten Slawensiedlung „Roztoc“ mischten, innerhalb weniger Jahre zusätzlich drei weitere deutsche Stadtteile in nächster Nähe entstanden, die sich ebenso schnell 1265 zum mittelalterlichen Rostock zusammenschlossen. Bauern und Handwerker, Kaufleute und Adlige, aber auch Mönche setzten sich überall im Land fest, errichteten Dörfer und Städte, bauten Burgen und Klöster.
Nach den Siedlungsgründungen schlossen sich die Städte im Hansebund zusammen. Den Reichtum produzierte vor allem

die Mittelschicht, die Oberschicht verwandelte ihn in politische Macht. Zu den Patriziern gehörten die Geistlichkeit, die wohlhabenden Fernkaufleute und die Ratsherren. Beim Patriziat achtete man auf bedingungslosen inneren Zusammenhalt, isolierte sich gegenüber den anderen sozialen Gruppen, rekrutierte die jeweiligen Nachfolger für die verschiedenen Ämter über Generationen hinweg aus den gleichen Familien. Die Mittelschicht machte zwar den überwiegenden Anteil der Stadtbevölkerung aus, verfügte aber zur Gründungszeit und in den nächsten Jahrhunderten kaum über politische Rechte. Hierzu zählten vor allem die Handwerker, aber auch die Schiffer und die Krämer. Die Spannungen zwischen diesen beiden Schichten entluden sich immer wieder bei Auseinandersetzungen, die teilweise bis ins 19. Jahrhundert währten und in deren Verlauf die Handwerker ihren Einfluss auf das Stadtregime ausdehnen konnten. Die dritte Gruppe dagegen war völlig rechtlos, konnte allerdings auch wenig zur Änderung dieser Situation ausrichten. Zu den Plebejern rechnete man auch die Handwerksgesellen, die erst im vorigen Jahrhundert eine gewisse Anerkennung als Stadtbürger erfuhren, dazu die Tagelöhner, die Bootsleute, die Stauer, die Träger, die Fuhrleute und das Gesinde.
Die Entwicklung von Handwerk und Gewerbe in den Städten des historischen Mecklenburg-Vorpommerns verlief nahezu parallel, auch wenn kaum Kontakte zwischen den Orten bestanden. Man unterstand verschiedenen Fürsten, man war eingegrenzt, man führte bis 1350 sogar Kriege gegeneinander, man rechnete mit unterschiedlichen Gewichten, Maßen und Münzen, man entwickelte sich gewissermaßen nebeneinander her.
Die Dörfer im alten Mecklenburg und Vorpommern konnten beim Aufschwung des Handwerks nicht mithalten, denn die Chancen waren ihnen verwehrt. Die Vereinigungen der Handwerker in den Städten, die Zünfte oder, wie sie in unserer Heimat genannt wurden, die Ämter, achteten streng darauf, dass sich in den Dörfern der jeweiligen Umgebung kein Konkurrent niederließ. Der Rostocker Rat erließ frühzeitig eine Bannmeile im Umfang von zwei Meilen um die Stadt, die hier den Zugang auswärtiger Produkte, außer zu den genehmigten Märkten, verbot. Gleichhin durften die Ortschaften innerhalb des Meilenbereichs nur Rostocker Waren beziehen, was sich nicht nur auf das Bier bezog.
Das Handwerk auf dem Lande wurde generell von den jeweiligen Landesregierungen Mecklenburgs bis in das 19. Jahrhundert hinein, und einseitig zum Wohl und im Interesse der Städte, stark eingeschränkt. Die meisten Gewerke wurden durch landesherrliche Verordnungen auf den Dörfern strikt verboten. Ausnahmen machten das Schmiede- oder Stellmacherhandwerk, die Rademacher, die Mühlen, späterhin Ziegeleien und Kalkbrennereien. Zur Ausnahmeregelung gehörte dann auch, dass diese Land-Meister keine Lehrlinge aufnehmen und ausbilden durften, bei Bedarf war der Nachwuchs zur Ausbildung zum Stadtmeister zu schicken. Auch der Umfang der Gesellenhaltung bei den Dorfmeistern wurde reguliert.
Was der Bauer und Landmann an Handwerkswaren benötigte, musste er in der Stadt kaufen. Die zünftige Ordnung bestimmte, was sich „ziemte". Sie untersagte, was ihren Regeln widersprach.

Etwas günstiger für das Landhandwerk sah es bis zur Reformation in jenen Dörfern aus, die zum Besitz eines Klosters zählten, und das waren nicht wenige. Die Doberaner Zisterzienser beispielsweise besaßen etwa 40 Dörfer zwischen der Kühlung und den Rostocker Stadtgrenzen, sogar in der Altmark und in Pommern. Durch Kauf, Schenkung oder recht unchristliche Fälschung hatte man Glashütten, Fischteiche, Brennereien, Salzpfannen und Mühlen in seinen Besitz gebracht und genoss Zollfreiheiten auf fremden Märkten. Beim Klostereigentum endete der Einflussbereich der so mächtigen Städte und teilweise auch der Macht der Landesherrschaft. In Ostelbien leisteten die Klöster Pionierarbeit. Bisher im Lande unbekannte Methoden der Viehzucht, des Feld- und Gartenbaus verbreiteten sich von hier aus, denn die Ordensbrüder waren nicht alle Mönche, die ihre Jahre mit Bet-Übungen und sakralen Zeremonien verbrachten. Mehrheitlich waren sie Arbeitsmönche und verstanden sehr wohl ihr Handwerk. Aber auch hier spielte das slawische Erbe mit, denn gerade die Arbeitsmönche waren oft slawischer Herkunft. Die klösterlichen Bauten, soweit sie erhalten sind, und das Innere der mittelalterlichen Kirchen, Dome und Münster zeugen von der Qualität und Kunstfertigkeit der damaligen Handwerker. In den Klosterhöfen gab es kein ausgeprägtes Zunftwesen, an dessen Stelle jedoch ebenso organisierte Bauhöfe und Gewerke.

Das mecklenburgische Handwerk in seinem vollem Umfang konnte sich nur in den Städten entwickeln. Mitglied einer städtischen Zunft konnte nur werden, wer das Bürgerrecht erwarb und einen entsprechenden Meisterbrief vorwies. Verschnörkelt und gerahmt zieren die Urkunden heute noch die Läden oder Werkstätten traditionsbewusster Handwerksmeister. Manchmal sogar in Reihe aufgehängt, weisen sie nach, dass bereits Urahn, Großvater und Vater das gleiche Gewerbe ausgeübt hatten. Das war schon im Mittelalter üblich.

Lehrjahre sind keine Herrenjahre...

Für einen Nachkömmling in einer Handwerkerfamilie war es schwierig, den harten Weg zum Jungmeister zu bewältigen. Auswärtige Kinder dagegen besaßen noch weniger Chancen. Zunächst musste in Rostock der künftige Lehrbursche vor dem Amt seine „ehrliche Herkunft" nachweisen, also seine eheliche Geburt in einer deutschen und christlichen Familie bezeugen können. Damit waren im Mittelalter Slawen- und Judenkinder vom Handwerksberuf ausgeschlossen. Der vom Amt für ein Lehrgeld vom Vater aufgenommene Bursche musste neben der Ausbildung so gut wie alles erledigen, was in der Werkstatt, auf dem Markt, in der Familie des Meisters und im Haushalt an Arbeiten anfiel. Ein 13-stündiger Arbeitstag ohne freien Sonntag war nichts Außergewöhnliches für einen „Stift". Dafür lebte er aber auch, wie die Gesellen, mit im Meisterhaus.
Der allererste Lehrtag begann mit dem Borgegang zu einem anderen Meister des gleichen Gewerbes, wozu man nach Möglichkeit recht weite Wege bevorzugte. Der Lehrling hatte beispielsweise ein dem jeweiligen Handwerk entsprechendes Fantasiewerkzeug zu holen, etwa den Böschungshobel, den Knochenamboss, die Ledermühle oder die Ballastwaage. Der so angesprochene Meister kannte selbstverständlich den Ulk, erklärte sich mit würdevoller Miene zur Aushilfe bereit und entzog sich dem Zublick des Jungen. Dann packte er irgendwelchen wertlosen, aber schweren Kram in einen Sack, stopfte ein paar Steine hinzu und übergab alles dem Jungen, der das Gewicht kaum zu heben vermochte. Mit der strikten Anweisung, den wertvollen Inhalt recht vorsichtig zu transportieren, machte sich der Bursche auf den Rückweg zu seinem Meister, wo er mit Spott und Gelächter empfangen wurde. Diese Sitte hat sich bis heute erhalten, nicht nur bei den kleinen Handwerksmeistern, sondern auch in den Großbetrieben der Bau- und Schiffbaubranche.
Mit dem Ende der überwiegend drei- oder vierjährigen Lehrzeit begannen die vielseitigen Vorbereitungen auf die „Freisprache vor offener Lade und Büchse" und die Arbeit an dem vom Meister in Auftrag gegebenen und vom Amt bestätigten Gesellenstück. Beim Gesellenstück durfte keinerlei Hilfe oder auch nur Rat in Anspruch genommen werden, obwohl die Meister, um ihren Ruf als Lehrherren zu wahren, diese Bestimmung nicht immer einhielten. Für die Freisprache, hauptsächlich jedoch für die damit verbundenen Nebenaufgaben, suchte sich der Kandidat zwei „Beitreter", zwei Schenkgesellen. Letzteres deutet bereits an, dass schon bei der Gesellenprüfung allerhand Essbares und Trinkbares geboten werden musste, was sogar betreffs Menge und Sorte in der Amtsrolle festgelegt worden war, abgesehen von den dort ebenfalls genannten zu entrichtenden Barbeträgen. Vor allem aber musste man sich durch entsprechende Bewirtung das Wohlwollen der Amtsmeister sichern. So vorbereitet, trat der Prüfling vor die Altermänner und beantwortete die traditionellen Fragen: „Mit Gunst und Erlaubnis, was ist sein Begehr?" – „Mit Gunst und Erlaubnis, mein Begehr ist, dass ich mich vor drei Jahren in die Lehre beim hochlöblichen Meister der Zunft ...". In würdiger, vorgeschriebener Weise wechselten Fragen und Antworten, bis der Altermann den erlösenden Satz sprach: „Kraft meines Amtes spreche ich ihn frei nach Handwerksbrauch und -gewohnheit." Die vom Junggesellen ausgerichtete Bewirtung schloss sich an und beanspruchte weit mehr Zeit. Damit waren die Prozeduren allerdings noch nicht überstanden. Auf ähnliche Weise, wenn auch weniger kostenaufwändig, verlief die Aufnahme des Junggesellen in die Gesellenbruderschaft in der Herberge, dem Sammelpunkt und Anlaufpunkt der Gesellen in der Stadt. In großen Städten verfügte jedes Handwerk über eine eigene Herberge, ansonsten hielten sich die Gesellen mehrerer, meist verwandter Handwerke gemeinsam einen solchen Bau. Die Aufnahme in die Bruderschaft war für den Junggesellen dennoch wichtig, denn hier traf er auf seine Standeskollegen, die ihn im Laufe der Zeit mit all dem Wissen und den Kniffen vertraut machten, die jener für die folgende Etappe seines Berufsdaseins benötigte:

Die Wanderschaft

Die meisten Amtsrollen schrieben dafür eine Wanderzeit von drei Jahren und einem Tag vor. Die Tippelbrüder waren einverstanden, genossen sie doch nach den schweren Lehrjahren endlich die ersehnte Freiheit und lernten ein Stückchen Welt außerhalb von Rostock kennen. Es gibt Berichte, wonach Gesellen ihre Wanderschaft bis zu zwölf Jahren ausdehnten und erst dann schweren Herzens in die Enge eines städtischen Handwerkerdaseins zurückfanden. Mit Felleisen und Wanderstock, in ihrer Zunfttracht und dem traditionellen Ring im Ohrläppchen zogen sie durch die Lande.

Das pflichtgemäß mitgeführte Wanderbuch diente nicht nur zur Eintragung der jeweiligen Arbeitsstellen, es war gleichzeitig der Pass. Gesellen, die während des 19. Jahrhunderts im Großherzogtum Mecklenburg-Schwerin ohne Wanderbuch unterwegs waren, wurden bestraft. Die hier ebenfalls vorgeschriebene Auslandswanderschaft war kein Problem. Man brauchte nur von Ribnitz über die Recknitzbrücke nach Damgarten zu gehen, und schon war man im Ausland.

In einer neuen Stadt angekommen, zupfte der Tippelbruder sein Zeug zurecht, präsentierte die an der Uhrkette baumelnden Stadtwappen seiner bisherigen Arbeitsstellen, kreuzte den Wanderstock vor der Brust und strebte, oft gemeinsam mit anderen unterwegs aufgesammelten Gesellen, der Herberge zu, erkennbar an dem über der Tür angebrachten Zunftzeichen.

Wandernde Gesellen bei ihrem Einzug in Rostock durch das Petritor

Auch diese Symbole haben überlebt und zieren heute noch den Eingang zu manchem handwerklichen Betrieb: Barbierbecken, der Hobel, das Hufeisen oder der Bäckerkringel. Die Herberge bot dem Gesellen nicht nur Quartier und Beköstigung, sie war vor allem der Ort, den der Wanderbursche anzulaufen hatte, wenn er vermittelt werden wollte. Hier hinterließen die Meister ihre Stellenangebote, die sie nach Bedarf und im Rahmen der Festlegungen ihres Amtes stellen durften. Der eigentliche Vermittler war der Altgeselle der jeweiligen Bruderschaft. Auch wenn in der Stadt keine Stelle frei war, durfte der wandernde Geselle in der Herberge bleiben und erhielt auch seine Eintragung ins Wanderbuch. Die selbstständige Suche nach einem Arbeitsplatz war untersagt. Auch andere Verstöße gegen die Regeln der Bruderschaft wurden geahndet und abgestraft. Der Bursche verlor z. B. seinen Ohrring und galt fortan als „Schlitzohr".

Ansonsten ging es in den Herbergen recht fröhlich zu. Die Burschen hatten viel erlebt und hatten viel zu erzählen, wenn der Gerstensaft erst einmal die Zungen löste. Die bereits im 14. Jahrhundert entstandenen Bruderschaften der Gesellen verfügten nicht nur über eigene Herbergen, sondern auch über eigene durch Spenden, Gebühren und Strafgelder gefüllte Kassen. In Not geratenen Gesellen konnte geholfen werden. Man hatte seine eigene auf Pergament und später auf Papier geschriebene Rolle, sein Statut, das in einer Holzkapsel verwahrt wurde. Man hatte seine eigene Lade, die Truhe, in der alles lagerte, was für die Bruderschaft von Wert war. Man hatte seinen eigenen „Willkomm" (Krug, Pokal), der bei Freisprachen oder bei anderen festlichen Anlässen reihum gereicht wurde. Die meisten bereits ansässigen Gesellen hatten in der Herberge auch ihren eigenen Becher stehen und nutzten ihn nach „Feier"-Abend. Dabei ging es allerdings nicht immer friedlich zu. Oft gerieten die Gesellen verschiedener Gewerbe aneinander. Auch von tätlichen Auseinandersetzungen mit Studenten in Rostock wird berichtet, die sich dann trotz entsprechender Verbote und empfindlicher Strafandrohungen auf den nächtlichen Straßen abspielten. Man hatte seinen Berufsstolz und fühlte sich allen anderen überlegen. Davon zeugen allein schon die fast beleidigenden Spottnamen für die jeweils anderen: „Deigapp" für den Bäcker, „Kaminratt" für den Schornsteinfeger, „Pickhingst" für den Schuhmacher, „Zagenbuk" für den

Schneider, „Rutenquäler“ für den Korbmacher oder „Mehlworm“ für den Maurergesellen.
Wer die Jahre der Wanderschaft hinter sich gebracht hatte, weder wegen nächtlicher Ruhestörung noch wegen verbotenen Beischlafs bestraft worden war und insgesamt eine „saubere Weste“ nachweisen konnte, der durfte theoretisch den begehrten Meistertitel anstreben. Die Wirklichkeit sah anders aus. Die Hürden lagen einerseits bei der Begrenzung der Anzahl der Meister des Gewerbes und andererseits an dem gewaltigen finanziellen Aufwand, den der Bewerber zu leisten hatte. Die Amtsrollen legten nicht nur die in der Stadt zulässigen Meister fest, sondern auch die Zahl der Gesellen und Lehrlinge. Handwerksamt und Rat konnten bei voller Handwerkerzahl dann gemeinsam beschließen, dass das Amt geschlossen wurde. Andererseits konnte der Rat bei zusätzlichem Arbeitsbedarf, auch gegen den Willen des Amts, eine sogenannte Freimeisterstelle schaffen. Da aber überwiegend die alteingesessenen Handwerkerfamilien ihre eigenen Söhne als Nachfolger bevorzugten, hatten es die fremden Zuwanderer meist schwer, so gut sie ihr Handwerk auch verstanden. Nur wirklich alleinstehenden Meisterwitwen war es gestattet, einen „Werksgesellen“ einzustellen und mit dessen Hilfe das Geschäft, wenigstens für eine vorgegebene Zeit, weiterzuführen. Solche Frauen wandten sich dann oft direkt an die Bruderschaft um einen Gesellen, der später als Werksgeselle bei seinem Antrag auf Meisterprüfung nicht nur bei den Zunftmeistern offene Ohren, sondern auch bei der Meisterwitwe finanzielle Unterstützung fand. Auch durch Einheirat konnte man zum Meisterbrief vorstoßen. Es war durchaus nicht anrüchig, auf derartige Angebote einzugehen und damit, wenn auch mit einer nicht mehr ganz frischen Ehefrau, in den fest gefügten Clan der Handwerksmeister vorzudringen. Wer gar ein Meistertöchterlein einzufangen wusste, der hatte nicht nur für die Zukunft beste Aufstiegschancen, sondern auch die schnuckelige Beigabe. Die Amtsrollen regelten also auch unter dem Vorwand gewerblicher Kompetenzen viele Bereiche des Zusammenlebens der handwerklich tätigen Stadtbürger.
Dennoch gab es in dieser Zeit immer wieder Gesellen oder auch Meister, die Bestimmungen zu umgehen versuchten und den Ämtern „ins Handwerk pfuschten“. So wurden verschiedentlich Schwarzarbeiter, Schwarzarbeiterinnen oder auch ungelernte Hilfskräfte im Haus versteckt und mit gering bezahlten Zuarbeiten beschäftigt, was laut den Amtsstatuten verboten war. Die „Boenhasen“ oder Bodenhasen hießen sie, weil sie auf dem Hausboden untergebracht waren und dort auch werkeln mussten, um bei eventuellen Kontrollen nicht entdeckt zu werden. Doch das war bei der Enge in der alten Stadt, bei der unmittelbaren Nachbarschaft mit den anderen Meistern des gleichen Gewerbes und bei den fast familiären Bindungen aller Zunftmitglieder ein gefährliches Unternehmen. Die Ertappten hatten mit schweren Strafen, mit öffentlicher Bloßstellung, mit Aberkennung der Amtszugehörigkeit, sogar mit Verlust der Bürgerrechte oder mit Ausweisung zu rechnen.
Wie die Freisprache zum Gesellen, so wurde auch die Erhebung in den Meisterstand vor offener Lade, allerdings mit noch größerem Aufwand begangen. Ansonsten ähnelten sich beide Zeremonien. Die Zunft beriet das zu fertigende Meisterstück, überprüfte die Herkunft und den bisherigen Ausbildungsweg des Bewerbers, zog die schon zuvor mit den drei Eschungen (Anträgen) zu entrichtenden Gebühren ein und prüfte genau den Mann, der es unternahm, in ihre ehrenwerte Sozietät einzusteigen. In alten Amtsrollen ist nachzulesen, wie hoch die Gebühren waren, aber auch, was anlässlich einer solchen damit verbundenen Festlichkeit an „Meisterkost“ verfügbar sein musste, wie viel Brot, Fleisch und Bier die Amtsmitglieder zu verzehren gedachten.
Eine Meisterwerdung war ein gesellschaftliches Ereignis für alle Amtsfamilien, die sich allerdings erst versammelten, wenn der eigentliche Höhepunkt vorüber war, wenn die „geschworenen“ Altermänner und Mitmeister das neue Mitglied als Jungmeister aufgenommen hatten. Regelmäßig angesetzte „Morgensprachen“ förderten zusätzlich das Gefühl der Zusammengehörigkeit der Amtsmitglieder. Daran teilzunehmen, war Pflicht aller Meister der jeweiligen Zunft. Zunächst befasste man sich mit allen Problemen, die im Laufe des vergangenen Vierteljahres im Alltag der Zunft vorgefallen waren. Einzelne Meister wurden belobigt, andere wurden kritisiert. Während man anfangs unter sich blieb, stellten sich im Verlauf der bis in die Nacht währenden Morgensprachen auch die erwachsenen Familienmitglieder der Meister ein, und es wurde tüchtig gefeiert. Mancher „Quartalssäufer“ kam hier endlich wieder mal auf seine

Kosten, denn die Morgensprachen nannte man auch „Quartale".

Die Amtsrollen und Statuten umfassten in erster Hinsicht alle Vorschriften für die Warenproduktion, den Rohstoffeinsatz und den Fertigungsprozess, die Verkaufsvorschriften und die Preise. Insbesondere das Lebensmittelgewerbe durfte seine Produkte nur auf ausgewiesenen Plätzen innerhalb des Stadtzentrums, in vom Rat verpachteten Scharren oder Buden, auf Bänken oder an Ständen verkaufen, was die Kontrolle durch die Altermänner und durch vom Rat beauftragte Personen ermöglichte. Die wichtigste Instanz bei allen Handwerkerwaren war der Kunde, der Käufer. Er beurteilte, wer das beste Produkt anbot, und bestimmte letztendlich, wer den größten Absatz machte. An den Markttagen waren auch die Bauern der Umgebung zugelassen, die sich beim Verkauf ihrer Lebensmittel den gleichen Regeln und Kontrollen aussetzten.

Trotz pingeliger Regelungen gab es besonders im Vorfeld von Wochen- und großen Jahrmärkten immer wieder Streitigkeiten zwischen dem Rat und den Ämtern. Die Stadtobrigkeit wollte wegen der zu erwartenden Einnahmen möglichst viele Anbieter aus nah und fern herbeilocken.

Das 19. Jahrhundert sollte das Ende der zünftigen Handwerkszeit bringen. Mit dem Jahr 1810 lockte aus dem Nachbarland Preußen die Gewerbefreiheit, vom pommerschen Damgarten und dem mecklenburgischen Rostock, herüber. Die herzogliche Regierung von Mecklenburg-Schwerin sowie die Stadt Rostock reagierten zunächst äußerst verhalten. Selbst die Handwerksämter Rostocks reagierten auf die Gewerbefreiheit eher zurückhaltend, sogar skeptisch und forderten vom Herzogregenten die Festschreibung ihrer alten Traditionen und Rechte.

Und dennoch führte im Laufe der Zeit der Einfluss bürgerlicher Aufklärung und der Einzug neuer Technik zu bemerkbaren Wandlungen im Handwerk. Bald arbeiteten die Mühlen nicht mehr ausschließlich mit Hilfe von Wasser und Wind, sondern mit der Dampfkraft und am Ende des Jahrhunderts mit Elektrizität. Alte Handwerkstechniken und Arbeitsmethoden wurden ersetzt durch neue, effektivere industrielle Produktionsweisen. Mit der Erschließung neuerer Verkehrswege (Chausseen und Eisenbahn) erweiterten und verbesserten sich die Absatzmöglichkeiten für die Produkte. All das führte letztlich dazu, dass sich einige Gewerke in neuen Vereinigungen organisierten. Man strebte in Mecklenburg danach, Handwerk, Kunst und Wissenschaft miteinander zu vereinen, und gründete in dieser Art zur Mitte des 19. Jahrhunderts neben noch bestehenden Zünften und Ämtern Gewerbevereine. So entstand auch 1843 der Rostocker Gewerbeverein, der schon zu Anfang über 500 Mitglieder zählte und nun zum Pfingstmarkt die Gewerbeausstellung organisierte. Jetzt nahm der Gewerbeverein in Zusammenarbeit mit dem Rat besonderen Einfluss auf die theoretische Ausbildung der Lehrlinge durch Einrichtung einer Sonntagsschule (später Fortbildungsschule).

Überdies organisierten sich einige Ämter, teilweise nannten sie sich schon Innungen, wie die der Bäcker, Baumeister, Buchdrucker, Fleischer, Gastwirte, Müller, Uhrmacher oder Friseure, in zentralen- bzw. Dachverbänden. Zu ihren landesweiten Verbandstagen schickten die Innungsvorstände dann Delegierte, die beauftragt waren, eigene Gewerksinteressen dort zu vertreten bzw. beschlossene Verbandsregeln in Empfang zu nehmen.

Das Großherzogtum Mecklenburg-Schwerin trat 1867 dem Norddeutschen Bund bei. Seit dem 1. Januar 1868 galt das Gesetz über die Freizügigkeit, nach der ein fast uneingeschränkter Aufenthalt und Zuzug für alle Bundesangehörigen gewährt wurde. Ein Jahr später erfolgte die Einführung der Gewerbefreiheit. König Wilhelm von Preußen ordnete im Namen des Norddeutschen Bundes an, dass von nun ab „das den Zünften und kaufmännischen Korporationen zustehende Recht, andere vom Betrieb eines Gewerbes auszuschließen, aufgehoben sei." So konnte nun in der Stadt sowie auch auf dem platten Lande jeder Handwerksbetrieb errichtet werden. Weiter durfte jeder Gewerbetreibende Lehrlinge, Gesellen und Arbeiter nach eigenem Ermessen halten. Lediglich eine gewerbliche Genehmigung (Gewerbeschein) zur Betriebsführung galt als gesetzliche Voraussetzung.

Mit der Freizügigkeit und Gewerbefreiheit waren für das Handwerk neue Rahmenbedingungen geschaffen. Das Handwerk stand nun erstmals unter den marktwirtschaftlichen Bedingungen der freien Konkurrenz.

Von Aalstecher bis Zinngießer – Eine Auswahl von 60 Professionen

Aalstecher

Für den Aalfang gab es besondere Fangmethoden und Gerätschaften, sodass sich unter den Fischern der Zweig der Aalstecher herausbilden konnte. Denn der Aal war zu allen Zeiten ein begehrter heimischer Speisefisch. Das galt ursprünglich an den fürstlichen Höfen, bei den höheren Ständen, aber auch die einfache Stadtbevölkerung konnte hier am Meer zu Festzeiten den Aal kaufen. Allgemein galt der Aal jedoch als ein teures Nahrungsmittel, das ist bis heute so geblieben. Wirklich niedrige Preise waren eine seltene Ausnahme wie im Jahr 1845. Die Rostocker Zollbestimmungen setzten den Zollpreis auf die Tonne Aal mit neun Pfennigen fest, damit lag der Aal auf dem gleichen Preis wie seinerzeit die Tonne Dorsch und die Tonne gesalzener Hering.

Zwei bekannte Straßennamen verweisen heute noch auf die traditionelle Stellung der Aalfischer im Arbeitsleben der Stadt und Umgebung hin. Die Straße Aalstecherbruch (heute Aalstecherstraße) am Hafen und Strande ist seit 1590 unter diesem Namen bekannt. Wie die Namen Fischerbruch, Fischerstraße und Fischbank zielt die Bezeichnung Aalstecherbruch auf die wirtschaftliche Bedeutung des Fischfangs in Rostock. Seit etwa 1514 besitzt eine Verbindungsstraße zwischen der Südwestecke des Neuen Markts und der Kistenmacherstraße die Bezeichnung „Glatter Aal" (vorher Goldschmiedestraße). Auch in der zweiten Seestadt Mecklenburgs, Wismar, existiert mit „Glatter Aal" eine gleichnamige Straße.

Regional erfanden die Leute recht bunte Bezeichnungen für den Aal. In Bremen hießen große Aale *Pannaale, mittlere Pincken* und in Mecklenburg nannte man kleine Exemplare *Aalekins*.

Um Lauenburg hieß ein Aal mit großem Kopf *Blaukopf*. Aale die in trübem Wasser lebten, hießen fast überall, so auch in Rostock, *Mooraale*.

Vermutlich ist der Straßenname Glatter Aal auf die gute Fangqualität der Rostocker Aale zurückzuführen, die hier in der Straße angeboten wurden. Nur Fische, die in Netzen, Reusen und Fischfallen landeten, blieben weitgehend unverletzt und waren von tadelloser Qualität. Für Qualitätsaal spielten über Jahrhunderte zum Fang die Fischfallen eine besondere Rolle. Die Fischer errichteten Aalwehre, um die Tiere gezielt in die Fallen zu lenken. Der Einsatz von Aalwehren blieb nicht unproblematisch, da zugleich die Schifffahrt und der Betrieb der Wassermühlen gestört werden konnten, weil die Gerätschaften den Fluss einengten und die Wasserkraft mindern konnten. Mit oder ohne Aalwehr wurden aus Weide geflochtene, engmaschige Aalkörbe in das Wasser gehängt, in deren breite Öffnung die Fische hineinschwammen und in den Wänden bzw. im Korbboden hängen blieben. Bei dieser Fangart blieben die Fische zum großen Teil unverletzt und der glatte Fischkörper blieb unversehrt.

Dagegen führte das Aalstechen mit solchen Fanggerätschaften wie dem Aalstecher, Aaleisen, der Aalharke stets zu groben Verletzungen der Fische, die meist mit argen Quetschungen und zerrissenem Fleisch usw. einhergingen. Trotzdem blieb das traditionelle Aalstechen eine sehr effektive Fangmethode. Archäologen haben an Fundmaterialien herausgefunden, dass die Aalstecherei im Ostseeraum bereits seit der Steinzeit angewandt wurde. Die verwendeten Materialien zur Herstellung des Aalstechers wechselten in den mehr als 6.000 Jahren natürlicherweise, aber diese Art der Fischjagd mit körperlicher Schnelligkeit und zugleich mit List zu agieren, blieb dabei erhalten. In der Steinzeit bestand der Aalstecher aus zwei, mit etwas Zwischenabstand miteinander verknoteten Außenhölzern und in der Mitte aus einer Knochenspitze, mit der der Fisch aufgespießt wurde. Ab dem Mittelalter wurde der Aalstecher vom Schmied als eine drei- bis fünfzackige Gabel, aber mit vielen Widerhaken, aus Eisen handgeschmiedet.

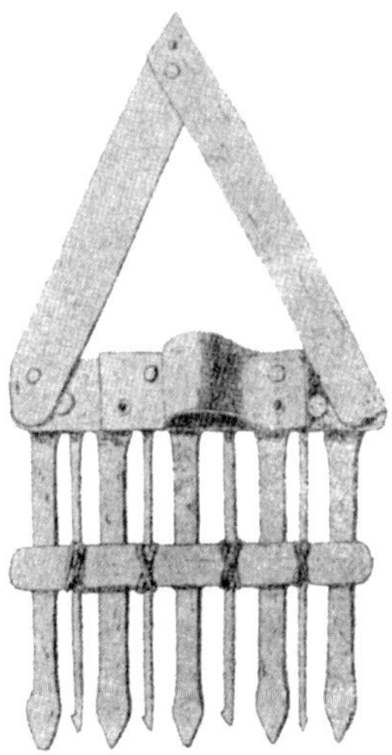

Aalstecher

Der Fang mit dem Aalstecher erfolgte an den flachen Ufern von Flüssen, Seen, Teichen usw., wo die Aale im schlammigen Untergrund vergraben waren und ruhten. Im Warnowfluss mit Breitling, Moorgraben und Radelsee

Aalharken, wie sie Rügener Fischer benutzten

und in den ehemaligen Warnowarmen um das Stadtgebiet hatte der Aal artgerechte Bedingungen. Die Rostocker Fischer gingen mit der Stechgabel am Ufer entlang oder fuhren mit dem Boot im flachen Wasser und stachen manchmal systematisch, den Grund abgehend mitunter auch blind in den Boden. Bei Erfolg, und der stellte sich fast immer bald ein, hatte sich der Fisch in die Gabel gequetscht oder auf den Zinken gespießt. Auch im kalten Winter ließ sich der Aal bei der Eisfischerei mit Aalstechern fangen, denn im Herbst hatte er sich eingegraben, um den Winter mit wenig Energieverbrauch zu überleben. In den fünfziger Jahren des vergangenen Jahrhunderts wurde allgemein die Aalstecherei aus Tierschutzgründen verboten.

Die Beliebtheit des schlanken, schlangenartigen Fisches in der vielseitigen Zubereitung, gekocht, gebraten oder sauer eingelegt, ist bis heute geblieben. In der DDR-Zeit war der Aal ein extra kulinarisches Thema. Bei der Anlandung an den Fischmärkten wurde der Aal in den 60er Jahren nach Gewicht sortiert: Aal I, Aal II, Aal III, usw. Aber zu kaufen gab es den Speisefisch nicht zu jeder Zeit und mitunter nur unter der Hand, dafür ganz frisch vom Fischer zu Schwarzmarktpreisen. Allerdings wurde er zur Ostsee-Woche im Überfluss angeboten. Selbst die Fans des F.C. Hansa Rostock bemächtigten sich seiner nach einem verlorenen Pokal-Endspiel mit dem Schlachtruf: „Wir haben den Aal und ihr nur den Pokal."

Heutzutage wird der Aal von der beruflichen Fischerei artgerecht mit der Bügelreuse, mit Aalkörben und der Langleine (Aalschnur mit Angeln) gefangen und privat natürlich mit Angelschein mit Handangel, Köder und Haken. Jeder Stadtfischerin und jedem Stadtfischer von Rostock ist es nach der geltenden Fischereisatzung erlaubt, im Fischereigebiet der Stadt maximal 60 Stück Aalkörbe und ein Aaltrietze zu verwenden. Für alle Fangarten gilt, dass der Aal von der Kopfspitze bis zum Ende der Schwanzflosse, außer der Blankaal, eine Länge von mindestens 45 Zentimetern aufweisen muss, sonst ist er untermaßig und muss ins Wasser zurück. Auch ist die Ausübung der Schleppnetzfischerei auf Aal in Mecklenburg-Vorpommern verboten.

Ankerschmied

„Je swatter de Smitt, je blanker dat Geld."

Nach wie vor gehört zu den modernen Schiffsfahrzeugen ein Anker an Bord, das gilt z. B. für Öltanker und Kreuzfahrtschiffe gleichermaßen. Im Vergleich zu alten Segelschifffahrtszeiten brauchen sie aber einen Anker der Superlative, die moderne Technik macht's möglich. Die stählernen Meeresbefestigungen wiegen heute bis zu zehn Tonnen. Per Knopfdruck wird der Anker eingeholt, dabei richtet sich der Anker selbst auf, ohne die Bordwand zu beschädigen.

In der klassischen Segelschifffahrt wurde der Anker von der Mannschaft ausgeworfen und vor Beginn der Fahrt wieder gelichtet bzw. gehievt. Muntere Lieder begleiteten das Ankerliften mit der Winde (Gangspill). Der Schiffsanker ist von jeher ein notwendiges Gerät jedes Wasserfahrzeugs, er diente zum Festmachen des Fahrzeugs auf dem Grund des Meeres oder im Eis.

Die Gründe zum Ankern konnten verschieden sein: Erreichung des Fahrtziels, Warten auf einen Liegeplatz oder Hilfe bei Havarien, Schutz vor Sturm und Seenot u. a. Eine der größten Gefahren war für ein Segelschiff das Stranden, wenn das Schiff durch auflandigen Wind zu weit an die Küste getrieben worden war und aufsaß oder durch Zusammenstoß mit Klippen, Felsen, Steinen leck wurde. Für die Segelschifffahrt war es bis zum Ende des 19. Jahrhunderts schwierig, mecklenburgische Häfen, von Wismar bis Ribnitz wegen der geringen Wassertiefe, direkt anzulaufen, so war das Ankern auf See nichts Besonderes. Da gab es an der Nordsee mit der

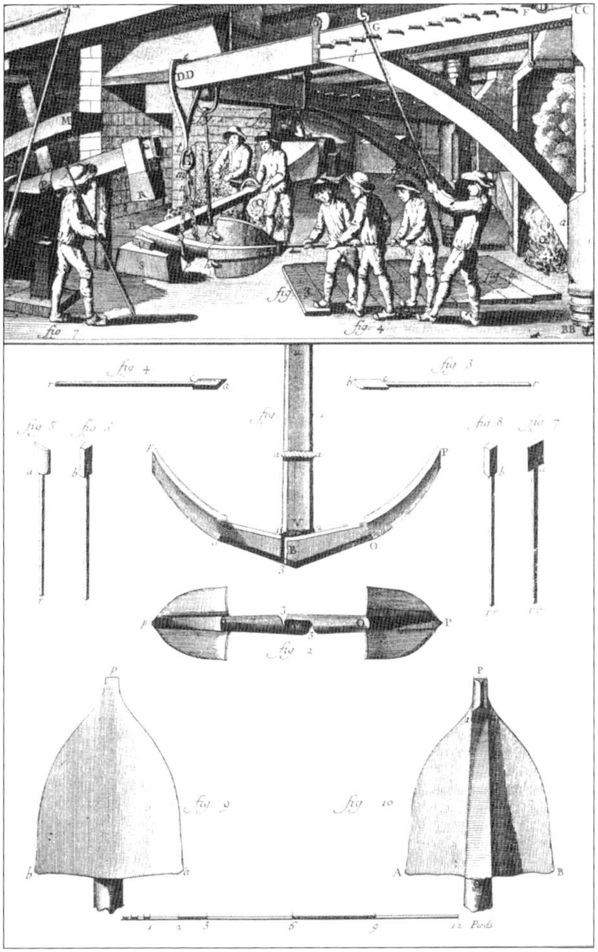

Mittelalterliche Darstellung des Ankerschmiedehandwerks

Einfahrt weniger Probleme, der Kapitän wartete die Flut ab und mit dem steigenden Wasser erhielt das Schiff ausreichend tiefes Fahrwasser bis zu 4,80 Meter Tiefe. Vor Warnemünde dagegen ließ der Kapitän erst mal den Anker fallen oder kreuzte auf Reede, um die Hilfe der Lotsen abzuwarten, die ihn sicher in den Hafen brachten. Die Warnemünder Hafenordnung erlaubte kein Einlaufen ohne Lotsen. Die Wassertiefe lag im Warnemünder Fahrwasser um 1832 nur bis zu maximal 2,80 Meter, das war weitaus weniger als in anderen mecklenburgischen Häfen. Größere Schiffe mit schweren Lasten und etwas Tiefgang mussten daher generell auf See ankern, sie warteten auf kleinere Schiffe, die Leichter, die ihre Waren in den Hafen und damit an Land transportierten.

Bei Sturm und Seenot war das Ankern auf dem Wasser die letzte Rettung für Schiff und Mannschaft, damit das Schiff nicht auf die Klippen trieb und zerschellte. Der Verlust eines Schiffes bedeutete nicht nur für den Reeder eine wirtschaftliche Katastrophe. Um das Schiff und die Mannschaft zu schützen, gab es an Bord einen zusätzlicher Anker, den Notanker (heute Heckanker). Für den Seemann galt der Anker zugleich als Sinnbild des Beständigen und der Zuversicht auf See, worauf er sich immer verlassen konnte, daher: „Up't grot Anker müsst de Jung sweren (Auf den großen Anker muss der Junge schwören) "

Das traditionelle Handwerk der Ankerschmiede verfertigte über Jahrhunderte jede Art von Anker und die dazugehörigen Gerätschaften, ohne die kein Schiff seetauglich war. Der Ankerschmied, faber ancoraius, zählte ebenso wie die Reifer und Segelmacher zu den Zuliefergewerken im Schiffbau. Der Beruf des Ankerschmieds entstand aus dem Zweig der Grobschmiede und hatte sich in den Städten mit dem aufblühenden Schiffbau zum eigenen Berufsstand spezialisiert. Ein Ankerschmied wurde in Rostock erstmals mit dem Meister„sifridus ankerslaghere" in den Stadtbüchern im Jahr 1270 erwähnt. 1800, 1815, 1817 und 1850 existierte in Rostock je eine Ankerschmiede, die damals noch hauptsächlich für den Holzschiffbau arbeitete.

In der Ankerschmiede wurden große Mengen an Eisenmassen verarbeitet. Daher war eine besondere Esse, größer als die eines Grobschmieds, notwendig und die Feuerung musste ausschließlich durch Steinkohlen erfolgen, um die benötigte hohe Temperatur zu erreichen. Für die Herstellung galt die einfache Formel: je größer das Schiff, desto größer der Anker. In Amsterdam schmiedeten die Meister 1662 für große spanische Schiffe Anker von bis 6.000-7.000 Pfund Gewicht. Der Anker wurde, in welcher Form auch immer, zuerst in Einzelteilen aus Stabeisen geschmiedet und abschließend zusammengeschweißt. Das Schmieden erfolgte mit einem großen Hammer zu ebener Bahn (Ankerhammer), auf einem in der Mitte der langen Seite mit einem viereckigen Loch versehenen Amboss (Ankeramboss).

Vom gründlichen Schmieden in heißer Glut hing letztendlich die Qualität der Ware ab. Schon bei mittelgroßen Ankern reichte die Bearbeitung des Materials mit Hammer und Muskelkraft nicht mehr aus. Dann verwendeten die Schmiede 100-300 Pfund schwere mächtige Schmiedehämmer, die durch starke Seile von der Decke der Werkstatt aus gezogen wurden. Später, als die Mechanisierung voranschritt, wurden 800-900 Pfund schwere Maschinenhämmer eingesetzt, die von den Däumlingen einer Wasserradwelle über dem Amboss in Bewegung gesetzt wurden. Zum Heben des fertigen, bis zu fünf Meter hohen und sehr massigen Ankers, wurde ein Kran gebraucht. Ab dem 18. Jahrhundert produzierte man Anker auch in den Eisenhämmern, die meist fließende Wasserkraft nutzten und bereits ausgefeilte Techniken hatten, solche massigen Anker herzustellen, die eine handwerkliche Ankerschmiede nicht mehr bewältigen konnte.
Bei der Fertigung von Ankern gab es häufig Probleme mit dem Preis und Gewicht. Die Bestellung des Ankers erfolgte vom Schiffbaumeister stets nach Gewicht und Größe, entsprechend seiner angestellten Berechnungen. Der Schmied konnte die Maße selten so genau bewerkstelligen. Auf ein und dieselbe Maßbestellung hin konnte das Gewicht um einige hundert Pfund verschieden sein, demzufolge galt das ebenso für den Endpreis. Das lag daran, dass jedes Ankerteil besonders geschmiedet wurde; die Rute (Stiel), die Arme, die Schaufeln (Ankerflügel) und der große eiserne Ring, und am Ende der Arbeit wurden die einzelnen Teile zum Anker zusammengeschweißt, sodass selbst beim erfahrensten Meister das beabsichtigte Endgewicht variierte.

Alter geschmiedeter Anker im Stephan-Jantzen-Park Warnemünde

Was der Anker aber tatsächlich an Qualität wert war, entschied eine Probe, denn ein ausgeworfener Anker sollte beim Aufprall auf dem steinigen Meeresboden seine Haltefestigkeit beweisen. Die Probe auf das Exempel war in früheren Zeiten simpel und doch wirksam. Meister und Gesellen ließen den Anker vor dem Kunden aus einer gewissen Höhe auf alte aufgestellte Kanonen oder andere Eisenmassen fallen. Überstand der Anker den Aufprall unbeschadet, wurde ihm so zusagen die Seetüchtigkeit bescheinigt. Bei einem Materialfehler (Einschlüsse) des Eisens, der beim Schmieden nicht beseitigt wurde, brach der Anker bei der Probe unweigerlich auseinander.
Ein Anker war natürlich ohne eiserne Kette oder ein starkes hanfenes Tau (Trosse) unvollständig und unbrauchbar. Alle Teile zusammen machten das Ankergeschirr aus. Das vom Reifer hergestellte Ankertau wurde bis Ende des 15. Jahrhunderts hauptsächlich verwendet. So ein Tau war um 1470 etwa fünf Daumen dick und 40 Faden lang. Die Entwicklung des Schiffbaus insgesamt, wie die zunehmende Größe der Segelschiffe und die speziellen Anforderungen der Kriegsschiffe, erforderten reißfeste und kräftige Materialien des Ankergeschirrs, wofür ebenfalls im Laufe der Zeit das bewährte Eisen zum Einsatz kam.
So stellte der Ankerschmied oftmals auch die Ketten für den Anker mit her. Dafür waren rund geschmiedete Eisenstäbe die entsprechenden Ausgangsmaterialien. Als Erstes schmiedete und schweißte der Meister auf dem Ambosshorn einen geschlossenen Ring, den nächsten Ring ließ er offen, hängte ihn in das bereits fertige Glied ein und schweißte den Ring zu. So wurde bis zum geforderten Längenmaß gearbeitet. Um die Kette zu glätten und gegen Rost zu schützen, bestrich der Schmied das Material mit Pech, Talg oder Wachs, danach wurde die Kette erneut erhitzt und so letztlich geschwärzt.
Die Länge der Ankerkette musste vom Ankergrund bis zum Schiff reichen und zwar so weit, dass der Anker auch bei geringer Zugbelastung auf dem Boden liegen blieb. Man rechnete hierzu für gewöhnlich mit dem Vierfachen der Wassertiefe, auf der das Schiff lag. Ankerte ein Schiff auf zehn Metern Tiefe, so brauchte es etwa 40 Meter Ankerkette.

Bei Seegang und Starkwind plante man mit dem Zehnfachen der Tiefe.
Ankerketten herzustellen, war keine einfache Angelegenheit und letztendlich sollte die Kette bei Sturm auf See enorme Naturkräfte aushalten können. In der Ankerkettenfertigung schritt Anfang des 19. Jahrhunderts die englische Schifffahrtsnation voran, denn auch auf diesem Gebiet fand die Dampfmaschine Eingang. Mit der Mechanisierung konnte nicht nur die Herstellungszeit einer Kette verkürzt werden, sondern auch die Prüfung des Produkts fand durch die Dampfmaschine neue Maßstäbe. Um sich vom Ausland unabhängig zu machen, schickte Preußen deshalb den erfahrenen Ankerschmied Seydel aus Stettin auf Staatskosten zur „Lehre“ nach England. Von der Reise brachte er eine Maschine auf Probe mit, die 400 Pfund Sterling kosten sollte und aus der Firma John Burtinson und Söhne kam. Sie wurde 1833 auf der Schiffsbauwerft Seydel in Grabow bei Stettin aufgestellt und daraus entstand die moderne „Kettenfabrik Seydel“. Auch Ankerketten für Rostocker Schiffe wurden in dieser Zeit aus Stettin bezogen und auch noch zwei Jahrzehnte später, als der Dampfschiffbau vor dem Kröpeliner Tor begann.

Apotheker

„'t sünd ungesunne Tieden, säd de Apteiker taun Doktor, keen Typhus, keen Kullera, keen nicks, keen gor nicks.“

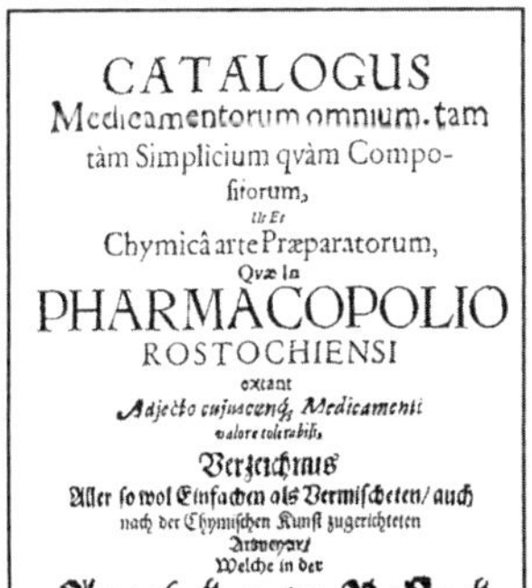
CATALOGUS
Medicamentorum omnium. tam
tàm Simplicium qvàm Compositorum,
ut Et
Chymicâ arte Præparatorum,
Qvæ In
PHARMACOPOLIO
ROSTOCHIENSI
extant
Adjecto cujuscunq; Medicamenti
valore tolerabili,
Verzeichnüs
Aller so wol Einfachen als Vermischeten/ auch
nach der Chymischen Kunst zugerichteten
Artzneyen/
Welche in der
Apotheken zu Rostock
vorhanden/
Mit beygesetztem billichem Tax und Werth/
darnach ein jegliches hinführo Verkauffet
werden soll.
Gedruckt durch eines Hochweisen Rahts Buchdrucker
Johann Richel/ im Jahr 1659.

E. E. Rahts
der Stadt ROSTOCK
renovirte
TAXA - Ordnung
derer MEDICINALIEN
und
APOTHECKER
Wahren;
Wornach sich ein jeder bey dem Kauff- und Verkauff,
auch in Absicht derer *Recepten* zu richten hat:
Publiciret
Rostock den 4ten Martii Anno 1737.
ROSTOCK, gedruckt bey Martin Warningk, E. E. und Hochw. Rahts Buchdruckern

Rostocker Apothekertaxen, 1747

Der Apotecker.

Ich hab in meiner Apoteckn
Viel Matery die lieblich schmeckn/
Zucker mit Würtzen ich confieier
Mach auch Purgatzen vnd Clistier/
Auch zu stercken den krancken schwach
Kan ich mancherley Labung machn/
Das alles nach der Artzte raht
Der seinen Brunn gesehen hat.

In Rostock sind bereits seit etwa 1260 Apotheker bekannt. In den ältesten Stadtbüchern sind als apothekario und aphothecarii (lat.) ein Albertus und ein Heinricus verzeichnet. Ein Apothekenhaus besaß seit 1390 nahe bei St. Marien seinen Standort, welcher der Apotheke einen guten Absatz viele, begehrter Heil- und Arzneimittel garantierte. Meist kamen die Bürger auf Anraten eines Medikus, von Wundärzten, Barbieren oder Chirurgen, um heilende Kräuter zu kaufen. Es galt schon früh das kaiserliche Gesetz, dass kein Arzt gleichzeitig eine Apotheke führen durfte. Später wiederum galt, dass andererseits der Apotheker sich des „Heilens und Kurierens“ enthalten müsse. Durch die zunehmende Spezialisierung war der Apotheker sozusagen die hilfreiche Hand für alle medizinisch praktizierenden Professionen. Für den Medikus stellte er aus wirksamen Heilkräutern allerlei Pulver, Pillen, Essenzen, Säfte und Mixturen her. Dem Chirurgus und Wundarzt fertigte er Salben, Schmieren, Tinkturen an und stellte Binden und Pflaster zur Wundversorgung her. Außerdem handelte der Apotheker mit feinen und oftmals seltenen Materialwaren wie kostbaren Gewürzen aus fremden Ländern. Hier gab es außerdem Zucker, Schokolade und Konfekt mit Anis, Zimt, Honig oder Nelken. Da der Apotheker sich gut auskannte mit Kräutern und anderem, verbesserte er gelegentlich den Wein mit Gewürzen, die solcherart erheblich teurer wurden. Sämtliche Spezereien besorgte der handelstüchtige Apotheker sich auf eigene Kosten und Gefahren, die die Reisen zu den Handelsmessen nach Leipzig und Frankfurt mit sich brachten. Ursprünglich waren die Apotheker auch bekannt als Gewürzkrämer und Krüdener, denn

ein Apotheker war immer auch ein ernsthafter Kaufmann.
Lange Zeit war der Apothekerberuf ein Handwerksberuf, in dem verschiedene Arzneien selbst hergestellt wurden. Aufgrund der geringen Anzahl von Apothekern in den Städten (in Güstrow zwei, in Rostock etwa immer zwei bis drei Apotheken bis gegen 1900) wurde die Profession nicht den Zunftbedingungen unterworfen. Die Ausbildung zum Apothekergesellen erfolgte über eine fünf bis sechsjährige Lehre beim Apotheker selbst. Noch bis in das 19. Jahrhundert hinein nahm der Apotheker seine Lehrjungen auf und bildete sie selbstständig aus. Apotheken waren immer auch experimentelle Stätten oder Laboratorien für die Arzneimittelherstellung, sodass Grundstoffe und die rechten Mischungen tüchtig erlernt werden mussten. Nach der Lehre und einigen praktischen Jahren als Apothekergeselle wurde für eine eigene Einrichtung entsprechendes Kapital gebraucht, sei es zum Eigenbau oder zum Kauf. Der finanzielle Aufwand konnte erheblich sein. Die Apotheke benötigte eine geräumige und helle Offizin (Verkaufsraum), einen kühlen Keller, ein Laboratorium mit chemischen Apparaten, Glasgefäße in unterschiedlichen Formen und Größen, verschließbare Giftschränke sowie gestempelte kleinere und größere Gewichte.
Der Rat zu Rostock hatte stets ein strenges Auge auf die Apothekenführung, ging es doch um die Gesundheit der Bürger in der Stadt. Mitte des 16. Jahrhunderts nutzten einige Städte die mehr oder weniger zufällig auftretenden Verkaufsangebote von verarmten Apothekern und erwarben Apothekengebäude samt Materiallagern etc., um sie in städtischer Obhut zu verwalten. 1542 entstanden in Rostock, 1545 in Greifswald und 1584 in Güstrow die sogenannten Ratsapotheken.
1542 verkaufte in Rostock die Witwe des Syndikus Johann Oldendorff, Sophia Oldendorff, dem Rat ihr Giebelhaus am Mittelmarkt, das sich zum Apothekengeschäft vorzüglich eignete und seitdem unter dem Namen Ratsapotheke geführt wird. Nach dem Grundregister bestand das Gebäude seit 1527 hier. Etwa 100 Jahre blieb die Ratsapotheke direkt in städtischer Verwaltung und die Apotheker wurden aus der Kämmerei besoldet. Ab 1635 verpachtete der Rat die Apotheke an geeignete Bewerber. Damit eine quantitativ und qualitativ ausreichende Arzneiversorgung für die Kranken sowohl vom Angebot als auch vom Preis gewährleistet wurde, erließ der Rat 1659 eine Arzneitaxe. Die Taxe erschien im Druck und hing in der Offizin für jedermann zur Einsicht aus. Bis 1789 wechselten die Pächter der Ratsapotheke zehnmal. Am 12. April 1790 wurde die Apotheke am Neuen Markt 13 (früher Mittelmarkt) von der Stadtverwaltung verkauft.
Der folgende Apothekenbesitzer, Jacob Christoph Maehl, erneuerte und erhöhte das vermutlich um 1745 errichtete dreigeschossige Gebäude um zwei Stockwerke und gab der Fassade das heutige barocke Aussehen. 1818 erwarb Michael F. Kühl aus Malchow die Ratsapotheke, in dieser Familie blieb die Offizin bis 1877 in drei Pharmazeutengenerationen. In den folgenden Jahren wechselten die Besitzer mehrfach, 1900 wurde Dr. Theodor Schallhorn Inhaber des Apothekenprivilegs. Der tatkräftige Pharmazeut errichtete einen modernen Apothekenbetrieb, mit Drogerieabteilung und einer angegliederten Großhandlung für Veterinärartikel.
In der Altstadt entstand 1732 die Löwen-Apotheke in der Straße Fischbank. Neben der Ratsapotheke am Neuen Markt existierten Anfang des 19. Jahrhunderts zwei weitere Apotheken in Rostock. Dr. Witte und Hofapotheker F. W. Krüger hielten pharmazeutische Offizien. Die Apotheken begannen, ihre pharmazeutischen Angebote und Dienstleistungen durch die Entwicklung der Pharmazie und Chemie zu spezialisieren.
Darauf lautete ein zeitgenössisches Urteil wohlwollend: „Früher war es bei diesen Herren auch so, dass man bei ihnen ei-

Apothekengefäße im Kulturhistorischen Museum Rostock

Pulvermühle

nen Hering zum Sechsling, für einen Schilling Sirup und ein Pfund Tabak zu drei Schilling bekommen konnte, so wie auch allenfalls für einen Dreier Käse; aber dieses Unwesen ist nebst der auch bei ihnen zugleich stattfindenden Gastwirtschaft, seit einigen Jahren abgekommen.“ Allerdings hielt sich zu Weihnachten und Neujahr über die Jahre hinweg beharrlich eine alte Tradition. Das Wichtigste im Geschäft zu Jahresende war alljährlich die Sicherung der Kundschaft und zwar der vornehmsten Kunden in der Stadt und Umgebung. Deshalb verteilte man Geschenke an Ärzte und Wundärzte, Ratsherren, Gerichtsherren, Altermänner der Zünfte, Vorsteher von Deputationen der Stadt usw., auf jeden Fall an die hohen Herren wie: Zucker, Kaffee, Schokolade, Morsellen, Räucherpulver, sogenannte „Hypokras“, auf den Gabenteller. So mancher Apotheker kam dann schon mal auf einen Wert von 500 Talern auf der Ausgabenseite.

1825 hatte sich der norddeutsche Apothekerbund gegründet, in dem die drei Rostocker Apotheker tatkräftig mitwirkten. Ab 1830 wurde das gesamte Medizinalwesen in Mecklenburg-Schwerin staatlich gelenkt und kontrolliert, insbesondere, um Pfuschern, Quacksalbern und Marktschreiern dringenden Einhalt zu gebieten. Oberste Medizinalbehörde war die großherzogliche Landesregierung zu Schwerin, ihr untergeordnet war die Medizinalkommission zu Rostock, die die Aufsicht über das Großherzogtum in allen medizinischen Angelegenheiten führte. Seit 1830 galt ebenso die hannoversche Arzneitaxe und in deren Folge durften auch fortan die Rostocker Apotheker nicht mehr mit Materialwaren handeln oder diese nur in einem getrennten Verkaufslokal anbieten. Um dies u. a. zu sichern, wurden die Rostocker Apotheken jährlich staatlich visitiert. In kleineren Städten fanden diese Kontrollen alle zwei Jahre statt. Landesweit praktizierten im

Die Bismarck-Apotheke in Rostock, 1917

Jahr 1834 nach amtlichen Berichten 71 Ärzte, 92 Wundärzte, sieben Zahnärzte, 50 Tierärzte und 58 Apotheken. Mit der zunehmenden Entwicklung der pharmazeutischen und chemischen Forschung veränderten sich zu Ende des 18. und im Laufe des 19. Jahrhunderts die Ausbildung und Zulassungsbedingungen erheblich. Vorläufig entstanden pharmazeutische Lehrstätten, Zeitschriften usw., bevor eine Universitätsausbildung gefordert wurde, sodass ein Apotheker in hohem Ansehen in der Stadt stand. Die Medizinalkommission prüfte jetzt den Apothekeranwärter auf sein Wissen und Können, der Stadtphy-

sikus (Stadtarzt) prüfte die Apothekerlehrlinge vor Abschluss der Lehre. Dabei wurden Kenntnisse in der Botanik, Chemie, Pharmazie und in der praktischen Apothekerkunst gefordert.
Aus der Rostocker „Apothekerkunst" wurde Dr. Friedrich Martin Witte (1829-1893) besonders bekannt. Witte hatte in Berlin und Rostock Naturwissenschaften studiert. In Berlin, dem Zentrum der damaligen pharmazeutisch-chemischen Forschung in Deutschland, lernte er gemeinsam mit Theodor Fontane das Arzneigewerbe. Witte blieb seinem Jugendfreund Fontane danach stets verbunden. Von Berlin zurückgekehrt, packte ihn der Forschungsdrang, er übernahm die Apotheke seines Vaters und errichtete 1856 eine chemische Fabrik in der Schnickmannstraße. Mit seinen pharmazeutischen Forschungen und der Produktion erhielt er weltweite Anerkennung und legte die Grundlage für ein erfolgreiches Familienunternehmen auf eine lange Zeit.

Badstüber

Auch wenn in mittelalterlichen Geschichten schmutzverdreckte Gesichter und zerlumpte Leute, meist Ältere und Kinder, einen mitfühlenden Eindruck prägen, ist dies nur eine Sichtweise, wenn auch zugegebenermaßen eine sehr wirksame. Aber die Menschen im Mittelalter haben tatsächlich auf Reinlichkeit des Körpers und auf die Gesundheit geachtet und sich nach ihren Möglichkeiten gepflegt. Bekannt dafür war das Gewerbe der Bader, als „Handwerk des Körpers" in den Städten und an fürstlichen Höfen seit alters her.

Der Bader.

Wolher ins Bad Reich vnde Arm/
Das ist jetzund geheitzet warm/
Mit wolschmacker Laug mā euch wescht/
Denn auff die Oberbanck euch setzt/
Erschwitzt / deñ werdt jr zwagn vnd gribn/
Mit Lassn das vbrig Blut außtriebn/
Denn mit dem Wannenbad erfreuwt/
Darnach geschorn vnd abgefleht.
P Der

In Rostocks ältestem Stadtbuch 1254-1275 sind acht Bader verzeichnet, darunter findet sich ein Frauenname. Für diese frühe Zeit wirkten hier weitaus mehr Bader als beispielsweise Grapengießer oder Barbiere. Im norddeutschen Gebiet wurden die Bader auch als Badstüber, also die Bader in Verbindung mit dem Badehaus (Stube, Stuve, Stave usw.), benannt. Die meisten Städte an der südlichen Ostseeküste haben eine Badstüberstraße wie Greifswald und Rostock. 1273/74 wurde in Rostock eine Straße erstmals als platea stupariorum, platea balneatorum benannt, 1287 erscheint bereits die deutsche Bezeichnung Bastowerstrata. Bader und Badstuben sind dort seit 1354 und mindestens bis 1435 nachweisbar. Die Meister lebten und arbeiteten in dieser Straße gemeinschaftlich mit anderen Leuten und Gewerben. Die Lage der Badstüberstraße in Wassernähe, in der Nähe der Unterwarnow, bot für den florierenden Badebetrieb günstige materielle Voraussetzungen. Denn wo Leute sich ganzkörperlich reinigten und wuschen, entweder durch kalte Waschungen oder Warmbäder, verbrauchte man selbstverständlich viel frisches Wasser und Holzvorräte, die angeliefert werden mussten. Das Wasser zum Baden musste vorerst zu den Badehäusern herangeschafft werden, bevor erste technische Wasserleitungen Erleichterung brachten. Es existierten aber auch Badestuben außerhalb der Badstüberstraße im nördlichen Bereich der Wockrenterstraße, am Nordausgang der Grubenstraße oder auf dem Fischerbruch in der Altstadt.
Frühe Badestuben lassen sich in Mecklenburg ebenso in vielen Landstädten nachweisen. Die Einrichtungen gehörten teils der Stadt, teils einer Privatperson. Die 1337 in Schwerin genannte Badstube befand sich im städtischen Eigentum, ebenso gehörten Anfang des 16. Jahrhunderts die in Güstrow erwähnten zwei Badestuben, der „Steinstaven" und der „Mollenstauen", der Stadt. Auch Malchin verfügte über ein städtisches Bad, das an einen „balneator" verpachtet wurde. 1481 ließ der Rat dort die „stuba" neu herrichten. Die 1327 in Boizenburg vorkommende Badestube befand sich im Privatbesitz eines Ratsherrn, die nach seinem Tod von der Tochter weitergeführt werden durfte. Bei einer Badestube in Goldberg ist der Eigentümer zweifelhaft. In Parchim gab es vermutlich, ähnlich den Verhältnissen in Rostock, keine städtischen Bäder mehr, da die Besitzer der im 14. Jahrhundert im Stadtbuch aufgeführten Badestuben selbstständig über sie verfügten.

Sog. Buden im nördlichen Abschnitt der Badstüberstraße

Zu Anfängen der Städtegründungen wurden Badestuben allgemein durch den Rat errichtet und dann an die Badstüber verpachtet. Der Grund dafür war derselbe wie bei den Apotheken. Beide Einrichtungen erforderten Grundstücksbesitz, separates Gebäude mit aufwändiger Inneneinrichtung usw., also war ein hoher Kapitalaufwand gefordert. Mit dem wirtschaftlichen Wachstum des Bürgertums in den folgenden Jahrhunderten veränderten sich die Verhältnisse. Badehäuser konnten wie Wirtshäuser als wirtschaftliche Unternehmen geführt werden, jedoch sicherte der Rat eine regelmäßige Aufsicht wegen der Moral und den hygienischen Bestimmungen über die Badestuben ab.
Generell waren die Badestuben zur Reinigung, Körperpflege und damit zur Verhinderung von Krankheiten entstanden. Ein Bad wurde mit mehreren Personen zusammen in Wasserbecken genommen oder in einzelnen Zubern aus Holz oder Wannen von Kupfer. Die Preise für die Benutzung des Badehauses waren allgemein für viele Bürger erschwinglich, deshalb zählten die Bader auch nicht zu den wohlhabendsten Bürgern von Rostock. Die mittelalterlichen Häuser in der Badstüberstraße waren in der Mehrzahl als Buden und nicht als ansehnliche Giebelhäuser ausgewiesen. Trotz kulanter Badekosten kamen die ärmeren Leute kaum oder gar nicht in den Genuss eines regelmäßigen Bades, sodass verschmutzte Leute und Kinder das Stadtbild in den hinteren Gassen mit prägten. Reiche Bürger waren wohltätig und hinterließen in Vermächtnissen das sogenannte „Seelenbad“, dessen Zinsen armen Rostockern kostenfreies Baden ermöglichte.
Aber die Bader waren pfiffige Leute und natürlich daran interessiert, Geld zu verdienen, so boten sie zusätzliche Dienstleistungen an, womit sie einigen Ärger hervorriefen, der vor den Rat kam. Sie rasierten, schnitten Nägel, frisierten oder ließen die Gäste zur Ader und setzten Klistiere an, womit die Meister in direkte Konkurrenz zum Handwerk der Barbiere traten. Badestuben waren öffentliche Einrichtungen, außerdem Stätten der Geselligkeit und Unterhaltung und manche Neuigkeit konnte man hier erfahren. Mancherorts zählten die Bader auch zu den niederen Heilpersonen, was ihnen oft Vertrauen einbrachte.
Im Mittelalter trat zum warmen Wasserbad das Schwitzbad hinzu, was heutzutage das Dampfbad in der Sauna ist. Die Mode des Schwitzbadens brachten die Kreuzritter mit, Hitze und austreibender Schweiß sollten vor Seuchenerkrankungen wie Lepra und Pest schützen. Zum Schwitzbaden wurde Wasser auf heiße Kieselsteine gegossen, es sparte viel Wasser und das Schwitzbad wurde dadurch günstiger als ein warmes Wasserbad. Letztendlich konnte das Schwitzbad die Leute doch nicht vor Epidemien retten. Das Wundheilen der Bader zeigte ungesunde Wirkungen, das größtenteils unhygienische Ansetzen von Klistieren oder zu Aderlässen usw. bewirkte das Gegenteil, der Körper wurde geschwächt und anfällig für vielerlei Art von Krankheitserregern. Dem Rat zu Rostock mussten etwaige lepröse Erkrankungen und auch Geschlechtskrankheiten vom Badstüber angezeigt werden. Zu Pestzeiten blieben die Badestuben geschlossen.
Über die Sittlichkeit in den Badestuben gibt es verschiedene Zeugnisse, ebenso über die geltenden Vorschriften. An einigen Orten badeten Männer und Frauen getrennt, an anderen

Orten wieder zusammen. Ebenso gab es unterschiedliche Bekleidungsvorschriften, es konnten Lendenschurz und Mütze genügen oder ein langes Badehemd musste getragen werden. Auch von weiblichen Aufwärtern ist zu vernehmen, selbst in gesonderten Männerbädern. Auf einem Holzschnitt von Albrecht Dürer, wo Männer in einer fast offenen Badehütte baden, schaut eine alte Frau zur Türe hinein. Selbst in Burgen bedienten ehemals Jungfrauen den badenden Gast, und in Badestuben waren Baderinnen (Bademägde, Bademaid) tätig. Davon zeugen die Bilder in der Bibel des Kaisers Wenzel. Weiterhin traten auch Gewandhüterinnen auf, zur Aufnahme der abgelegten Kleidung. Andererseits verfuhr man im 16. Jahrhundert streng im Umgang der Geschlechter untereinander. In einigen Orten durften laut Befehl männliche Badegäste nur durch männliche Diener und weibliche nur durch Mägde bedient werden.

Das mittelalterliche Rostock verfuhr wohl etwas großzügig. Als der fahrende Schüler (Student) Michael Frank etwa um 1590 Rostock besuchte, überraschte ihn der freie Umgang in Rostocks Badestuben: „Als ich daselbsten in die Badstuben gangen, mich verwundern müßen, denn alles Volck, Mannes- und Weibesvolck, Gesellen und Jungfrauen, Jung und Alt, Klein und Groß, durcheinander gangen, gesessen und gebadet, darzu hat das Mannesvolck nicht viel Schürtztücher furgebunden, sondern wird ihnen nur Ovasten, die Scham zu bedecken gegeben, daß halten sie für, wie Adam die Feigenblätter, und ziehen mit dahin für Frauen und Jungfrauen, sizzen auch neben und untereinander… ." Das Mannsvolk trug keine Schürztücher, sondern eine Art Feigenblätter und nur die Fremden nahmen daran moralischen Anstoß, obgleich bekannt ist, dass die Menschen dieser Zeit recht frei im Umgang untereinander waren, was in der Folge zu üblen Krankheiten führte.

Eine recht konsequente Trennung beim Baden erfolgte dagegen zwischen Christen und Juden. Den Juden war der Besuch von öffentlichen Badestuben in den Städten verboten. Nach den kanonischen Rechten war es aber auch den Christen untersagt, gemeinsam mit Juden ein Bad zu nehmen, und zwar bei den Laien durch Strafe der Exkommunikation und bei den Klerikern bei Strafe der Degradation. Wo Juden lebten, gab es für sie besondere Badestuben (Wien, Augsburg, Bamberg).

Im Jahr 1800 waren in Rostock nur noch zwei Bader tätig. Wen verwundert's, die mittelalterliche Badekultur gehörte längst der Vergangenheit an. Mit Beginn des 17. Jahrhunderts erschien Baden als verpönt. Bereits das Konzil von Trient (1545-1563) verhängte ein kirchliches Badeverbot. Man glaubte, die Berührung mit Wasser fördere das Eindringen von Krankheiten. Saubere Wäsche, Puder und Parfüm ersetzten fortan Ganzkörperreinigen im Wasser. Allein Hände und Zähne empfahl man täglich zu reinigen, über das Gesicht waren die Gelehrten schon unterschiedlicher Meinung. Erst das Zeitalter der Aufklärung brachte auch für die gesundheitliche Körperpflege eine Besinnung, unter dem Credo „Zurück zur Natur" zog es den geistig aufgeklärten Menschen in die freie Natur. Heilquellen wurden nun als Gesundbrunnen genutzt und die Bäderkultur an Ost- und Nordsee begann sich zu entwickeln. Die Badekultur erfasste zunächst und hauptsächlich die reicheren Schichten der Bevölkerung, die Herrschaften reisten zur Badekur ins einheimische Bad Doberan oder in die Ferne nach Karlsbad. Erst die große Industrialisierung und das rasche Anwachsen der Städte brachte ab Mitte des 19. Jahrhunderts wieder eine öffentliche Badekultur hervor, die Schmutzentwicklung unter den Massen hatte eine neue Dimension erfahren. So entstanden die öffentlichen Bade- und Waschanstalten für die Arbeiterschaft, 1855 in Hamburg, 1860 in Magdeburg (mit Schwimmbecken), 1879 in Berlin und damit wurden die späteren Volksbäder ausgestattet mit eisernen Gusswannen, Duschen, Schwimmbecken und Waschplätzen in allen Städten. In Rostock entstand 1833 am Mühlendamm ein Badefloß und im Sommer 1841 eine Wasserheilanstalt kombiniert mit einer Flussbadeeinrichtung, wovon das Flussbad etwa bis zum 1. Weltkrieg (bekannt als Frische'sche Anstalt) genutzt wurde. 1875 warb die Badeanstalt Frisch mit „römischen, russischen, Wannen-, Sturz-, Regen- und Flussbädern". Außer der Badeanstalt Frisch wirtschaftete die Warm-Badeanstalt von J. H. Ohnesorge. An ausgebildeten und zugelassenen Arbeitskräften gab es zwei Badewärter und drei Badefrauen. 1906 existierten im Großherzogtum Mecklenburg-Schwerin 60 Badeanstalten (einschließlich von Fluss- und Freibädern und sonstigen) mit 165 Beschäftigten.

Von der Jahrhundertwende an nahm die weitere Entfaltung

der modernen Badekultur ihren freien Lauf, obgleich einige Umständlichkeiten wegen der Moral unter den Geschlechtern hingenommen werden mussten. Die Verfechter der freien Körperkultur hat es jedenfalls bis in die Gegenwart hinein nicht abgeschreckt.

Barbier

Das Handwerk der Barbiere und Bartscherer hat eine lange und eigene Entwicklung in früheren Jahrhunderten genommen, in deren Verlauf die Handwerke der Perückenmacher und der Friseure hervorgegangen sind. Zu Beginn gab es den geschickten Bartscherer und so ist es auch nicht verwunderlich, dass die überwiegende Kundschaft aus Männern bestand, denen der Bart geschnitten und gestutzt wurde gegen ein Entgelt. Vom Haupthaarschneiden ließ es sich anfangs mehr schlecht als recht leben, der Mode der Zeit gemäß ließen sich Frauen und Männer gleichermaßen unbekümmert ihre Haare wachsen. Gelegentlich wurde das Haar auch bei den Männern zum Zopf zusammengehalten. Aufwändige Frisuren oder eine künstliche Haartracht kamen erst im 17. Jahrhundert stark in Mode. Und als Frau und Mann nach der begehrten Perücke griffen, entwickelte sich der Beruf des Perückenmachers und der Barbier hatte in dieser Hinsicht das Nachsehen.

Die Barbiere, Balbierer, Bartputzer, Scherer oder lat. barbitonor, wie verschieden sie auch immer genannt wurden, bildeten ab Ende des 14. Jahrhunderts eigene Ämter. In Köln erlangten sie 1397 ihren ersten Amtsbrief, in den Hansestädten stammen die frühesten Zunftrollen aus der zweiten Hälfte des 15. Jahrhunderts: 1457 Danzig, 1480 Lübeck, 1486 Hamburg.

Die älteste Amtsrolle der Rostocker Barbiere stammt von 1473 und enthält die Rechte und Pflichten des zunftmäßig organisierten Berufes. Das Amt musste um 1400 für die Stadtwehr sechs Bewaffnete stellen, es stellte damit die doppelte Anzahl als z. B. die Schwertfeger oder Drechsler. Eine Grundvoraussetzung für die Ausübung des Berufs war der Erwerb einer ortsansässigen Barbierstube. Dennoch zogen Barbiere mitunter umher, um auf den verschiedensten Märkten und zu besonderen Anlässen das Handwerk feilzubieten. Die Rostocker Barbiere bildeten ein geschlossenes Handwerk, die erste Amtsrolle bestimmte für die Stadt zehn Meister zuzulassen, woran man sich auch jahrhundertelang hielt, 1800 kam man sogar mit sieben Meisterbetrieben in der Stadt aus.

Fahne der Barbier-, Friseur- und Perückenmacherinnung, 1910

Die Barbiere waren bald wirtschaftlich gezwungen, ihr Arbeitsfeld zu erweitern; einerseits mischten sie sich in das Gewerbe der Bader ein, oder umgekehrt rasierten die Bader ebenfalls die männliche Kundschaft nach Bedarf. Andererseits verstanden die Barbiere es zunehmend, Körperpflegedienstleistung mit handwerklicher Heilung zu erweitern. Sie eroberten sich das Feld der kleinen Chirurgie und wurden Chirurgen 2. Klasse, wie man sie später nannte. Schon das Mittelalter kannte die Kunst des Zahnziehens, des Stein- und Bruchschneidens, Starstechens, Schröpfens, Blutegelan-

setzens oder Amputierens. Die kleine Chirurgie wertete das einfache Handwerk auf, denn nunmehr waren spezielle Kenntnisse über Funktion und Aufbau des menschlichen Körpers gefragt, die sich aufgrund ihres Standes noch in Grenzen hielten. Für alle diese heilsamen Prozeduren war eine tüchtige Portion Mut und Kraft erforderlich neben dem entsprechenden Handwerkszeug. Je mehr sich die Meister spezialisierten, desto angesehener wurden die Barbiere, sodass sie sich unter die Ratsmänner oder Bürgermeister mischten, wie im mecklenburgischen Sternberg oder im vorpommerschen Damgarten. Barbiere konnten besondere Titel für ihre erfolgreiche Heilarbeit erwerben wie: Leib-Barbiere, Hof-Barbiere, Rats-Barbiere (Stralsund) oder wie in Rostock nach 1734 Johann Hinrich Buddich als „Barbierältester und Ratschirurg", und besonders im „medizinischen Handwerk" befähigte und geprüfte Meister wurden offiziell und amtlich als Wundärzte tituliert.
1486 mietete der Altermann Retze, Vorsteher des Rostocker Barbieramtes, einen Teil des Grulle'schen Altars in der St. Marienkirche, d. h. dieser Schrank diente religiösen und mildtätigen Zwecken. Darin sollte ebenfalls ein Zinnleuchter des Barbieramts Platz finden. Als Gegenleistung wiederum wurde der Altermann Retze verpflichtet, den Gregorius Kellemann, dazumal Priester zu St. Marien und Vikar (religiöser Verwalter des Altars), kostenfrei zu rasieren. Solche Händel waren durchaus üblich und St. Marien besaß um diese Zeit etwa 40 Altäre. Knapp fünfzig Jahre später konnte sich das Amt der Barbiere und Wundärzte einen eigenen Altar leisten. Dieser noch heute erhaltene Rochusaltar in St. Marien ist eine der schönsten norddeutschen Schnitzarbeiten im Übergang von der Gotik zur Renaissance, die vermutlich von einem Meister aus dem Umfeld des Lübecker Bildschnitzers Benedikt Dreyer stammt. Im Mittelschrein des eichenen Triptychons befindet sich im Zentralfach der Heilige Rochos, in den Seiten sind der heilige Antonius (links) und der Heilige Sebastian (rechts), im linken Flügel Cosmas und Damian und im rechten Flügel der Hl. Bischof Eleutherius von Thournai (links) und der Hl. Christophorus (rechts) dargestellt. Die Heiligen des Altares wurden insbesondere bei Krankheit und Pest angerufen, sie weisen in ihren Viten und Legenden einen direkten Bezug zur Pest auf.
Barbiere und Wundärzte des Mittelalters festigten das Wissen und ihre praktischen Kenntnisse im Kampf gegen den schwarzen Tod, durch den bei Seuchenausbrüchen viele tausende Menschen hingerafft wurden. Sie behandelten die typischen Beulen und offenen Wunden mit Salben und legten Verbände aller Art an.
Die erste große Pestepidemie (lat. Pestis = Unglück, Seuche, Verderben) 1348 kam aller Wahrscheinlichkeit nach von England oder Dänemark und hinterließ fast in ganz Europa ihre Spuren voller Leid. Einmal ausgebrochen kehrte die Pest in unregelmäßigen Abständen und in verschiedenen Gebieten wieder. Nach kurzer Ruhe ging ab 1430 die Pest erneut umher. Vor allem Hafenstädte, insbesondere norddeutsche Hansestädte, waren stark betroffen und die zutiefst religiösen Menschen glaubten an eine Art göttliche Bestrafung für ihr sündiges Leben. Doch die Ursache der Pest wurde von klugen und selbstlosen Männern und Frauen bekämpft, die u. a. wichtige Reinigungsmaßnahmen durchführen ließen, um die epidemische Krankheit zu bekämpfen.
Zu diesen Männern gehörten auch Wundärzte und selbstlose Helfer, wie nach der Überlieferung die Heiligen Rochus, Cosmas und Damian vor ihnen. Die Pestzeiten waren auch stets bittere Lehrzeiten für jede Art von Medizinern, das galt ebenso wie für alle Kriegszeiten. Schlachtfelder gaben düstere praktische anatomische Ausbildung, während man an der Universität Rostock auf das „Anatomische Theater" zu Lehr- und Schaudemonstrationen angewiesen war. Noch 1710 wurden bei der im vorpommerschen Stargard ausgebrochenen Pest Barbiere und Wundärzte als „Pestärzte" eingesetzt.
Die Lehrzeit der Barbiere dauerte zwei bis vier Jahre, war meist auf drei Jahre festgelegt, an deren Ende stand die Prüfung durch die Altermänner des Gewerks. Das änderte sich erst Ende des 18. Jahrhunderts, dann erfolgte die Prüfung vor einem behördlichen Medizinalkollegium oder mindestens in Anwesenheit des Stadtphysikus (Stadtarzt) von Rostock. Die Gesellenzeit konnte bis zu sechs Jahren andauern, von denen drei Jahre gewandert werden musste. Als Meisterarbeit wurde vom Gesellen seit dem Spätmittelalter auch die Herstellung verschiedenster Pflaster und Salben gefordert. Außerdem verlangte man Grundkenntnisse im Latei-

Die ursprüngliche Funktion der Barbiere wandelte sich in Richtung des Friseurhandwerks

nischen, das Studium von Fachliteratur und den nachweislichen Besuch medizinischer Lehrveranstaltungen.
In der Neuzeit erlangte die medizinische Wissenschaft große Fortschritte und die Chirurgie entwickelte sich zu einer anerkannten Disziplin, was besonders durch Fortschritte in der Anatomie und durch Übungen am leblosen Körper befördert wurde. Es scheint denn auch nicht verwunderlich, dass gerade nach den Befreiungskriegen die Chirurgie in Europa großen Aufschwung nahm. Hervorragende deutsche Ärzte, wie J. F. Dieffenbach (1792-1847), wandten sich ihr als wissenschaftliches Forschungsgebiet zu, damit wurden ebenso kühnere Eingriffe im Innern des Körpers ermöglicht. Mit dieser Entwicklung gab es für die Barbiere, die als Handwerker anerkannt waren, zunehmend existenzielle Schwierigkeiten, sodass vonseiten des Staates moderne Regularien aufgesetzt wurden.
Denn vonseiten der wissenschaftlich gebildeten Mediziner wurde die Heiltätigkeit der Barbiere am menschlichen Körper als unberechtigten Eingriff in ihr Fachgebiet angesehen. So wurde der Richtungsstreit zwischen Ärzten und zünftigen Wundheilern entfacht, obwohl bereits 1751 die „Herzoglich-Mecklenburg-Schwerinsche Medicinal- und Taxordnung" festlegte, welche Art und Weise von Tätigkeiten von den jeweiligen Heilberufen ausgeübt werden konnte.
Vermutlich brauchte die praktische Umsetzung dieser staatlichen Verfügung schon seine Zeit, auch in Rostock. So beschwerte sich bereits 1821 der Chirurg Günter beim Rat darüber, dass es in Rostock nicht möglich sei, sich als Chirurgus niederzulassen, weil er in der Stadt keine Barbierstube erwerben könne und das Amt mit Barbieren voll besetzt (geschlossen) sei. Schließlich hatte er die Chirurgie nicht aus dem Scherbeutel, sondern aus Vorlesungen und Praktika an der Königlichen Berliner Universität erlernt. Der Rat war dem wissenschaftlich ausgebildeten Chirurg Günter wohl gesonnen, doch das Handwerksamt der Barbiere und Wundärzte sowie das gesamte II. Quartier (Vertretung der Handwerker) nicht. Der Großherzog in Schwerin sollte entscheiden und er verfügte per Reskript vom 10. Februar 1824, dass die zünftigen Barbiere einerseits in gewohnter Weise die kleine Chirurgie betreiben dürfen und dass es andererseits der

Das ganze Jahr geöffnet **Friseur Grabow** Fernsprecher 261
Erstklassiges Damen- und Herren-Friseurgeschäft
Am Leuchtturm 13 · Warnemünde · Neues Warmbad Damenbad
Dauerwellen | Wasserwellen | Haarfärben | L'Oreal-Henné
Solide Preise
Spezialität: Buben-Frisur und Buben-Haarschnitt

Friseur-Werbung, 1928

See- und Universitätsstadt gut zu Gesicht stehen würde, moderne Chirurgen einzustellen, was in Rostock auch geschah. Gesetzliche Ordnung trat aber erst 1840 ein, als die „Medizinalverordnungen" in beiden mecklenburgischen Ländern das Berufsprofil der Ärzte, Chirurgen und Barbiere neu bestimmte.

Ärzte durften nach Abitur, vierjährigem Universitätsstudium, Erlangung des Titels Dr. med. und einer Prüfung vor dem Medizinalkollegium „innerlich“ (durch Arznei und Kuren) heilen, für größere Operationen waren Wundärzte zugelassen, von denen ein dreijähriges medizinisch-chirurgisches Universitätsstudium gefordert wurde und die sich dann Chirurgen 1. Klasse nennen durften. Für Barbiere blieb der Titel Chirurgen 2. Klasse, sie wurden auf äußeres Heilen durch Beschneidungen der Nägel und Hühneraugen, Zahnziehen, Aderlassen, Klistieresetzen und Blutegelansetzung (nur auf ärztliche Verordnung) usw. eingeschränkt und natürlich blieb ihnen die Meisterschaft des Bartschneidens und Rasierens.

Bernsteindreher

„Sei mir gegrüßt, Bernstein, geheimnisreichstes der Harze“, schwärmte 1824 der rügensche Dichter Ludwig Gotthard Kosegarten. Man gab dem Bernstein verschiedene Namen, wie Börnsteen, Baltischer Stein, Danziger Harz oder Räucherwerk, der durch das Meer ausgeworfen oder im Erdreich bis heute gefunden wird, doch blieb er stets das berühmte und begehrte „Gold des Nordens“. Bernstein ist ein wunderlicher Stein, der im salzhaltigen Meer schwimmen kann, der schnell Feuer fängt und dann wie Weihrauch riecht, und da es eine Zeit gab, wo dieses Naturmaterial reichlich gefunden wurde, entwickelte sich zu seiner Verarbeitung ein Handwerk. Die geschickten Bernsteindreher verstanden es, aus dem Material begehrten Schmuck auszuarbeiten und andere feine Gegenstände daraus anzufertigen.

Über die Entstehung des fast 50 Millionen Jahren alten Bernsteins gab es verschiedene Theorien, z. B., dass er eine Art Honig oder Wachs sei, dass von großen Ameisen gebildet wurde, woraus sich auch erklären sollte, dass im Bernstein oftmals Insekten eingeschlossen sind. Die naturwissenschaftliche Erklärung, dass Bernstein aus dem Harz der ausgestorbenen Kiefer Pinnus succinifera stammt, kam erstmals 1757 auf. Noch der Königsberger Philosoph Immanuel Kant meinte bei näherer Betrachtung eines Bernsteins: „Wenn du reden könntest, kleine Fliege, würde es um die Erkenntnis der frühesten Vergangenheit besser stehen.“

Zahlreiche mecklenburgische Grabfunde zeigen, dass Bernstein in unserer Region bereits in der Steinzeit zu Schmuck oder zu religiösen Zwecken verarbeitet wurde. Auch die Phönizier kannten das Bernsteinland, die Bernsteinküste (Nord- und Ostsee), holten ihn von hier und brachten ihn als wertvolle Handelsware nach dem Orient. Etwa 500 v. Chr. wurde der Bernstein eine wichtige Handelsware für das Römerreich. Nach 1200 errang der Deutsche Orden die Herrschaft über den Bernstein im östlichen Samland. Unter Androhung der Todesstrafe verboten die frommen und machtbewussten Ordensherren den Leuten das Sammeln und den Handel mit Bernstein. Weithin sichtbar aufgestellte Galgen dienten keineswegs nur zur Abschreckung. Dem Deutschen Orden folgte Preußen, das ebenfalls sein Hoheitsrecht auf den Bernstein aussprach. Noch nach 1800 mussten Spaziergänger an den Usedomer Stränden gefundenen Bernstein innerhalb von drei Tagen an die Staatsbeamten abliefern, dann konnten sie noch eine Belohnung in Höhe des zehnten Teils vom Fundwert erwarten. Die Belohnung fiel natürlich weg, wenn die Ablieferung nicht innerhalb der gesetzten Frist erfolgte. Wer den Fund gar für sich behielt und dann noch tapfer seinen Fund verleugnete, konnte bei Anzeige als Bernstein-Dieb bestraft werden (1801). Die Herrscher vergangener Jahrhunderte hatten finanzkräftige Gründe, bei Bernsteinfunden so rigoros mit den Strafen durchzugreifen, so mancher Händler konnte ein reicher Mann werden.

Einige prächtige und wertvolle Bernsteinstücke wurden am mecklenburgischen, pommerschen und am ostpreußischen Ostseestrand im Verlauf der Jahrhunderte gefunden: 1576 fing ein Kolberger Fischer ein Stück von 11 Pfund im Netz, welches die Stadt Kolberg dem Kaiser Rudolph II. als Geschenk vermachte. Am 3. November 1801 warf das Meer nach einem großen Seesturm 150 Tonnen Bernstein aus, die einen errechneten Wert von 12.000 Reichstalern ergaben.

Die Rostocker Bernsteindreher waren im Amt der Holz- und Kunstdrechsler vereinigt, von denen im Jahr 1800 15 Meister existierten. Als einer der frühen Rostocker Bernsteindreher ist ein Gabriel Bade, Sohn des Rostocker Bürgers und Ratsverwandten Peter Bade, nachweisbar. Er hatte in Lübeck gelernt, arbeitete danach einige Jahre in Rostock und wollte sich 1544 in Danzig niederlassen.

Das Handwerk der Bernsteindreher musste nachweisbar er-

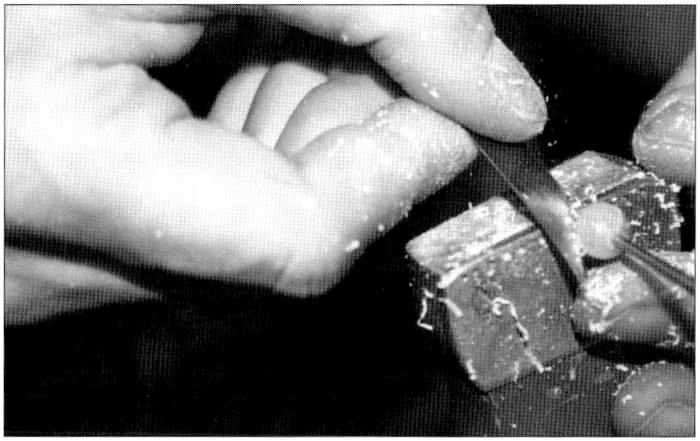

Das Deutsche Bernsteinmuseum in Ribnitz-Damgarten vermittelt nicht nur Wissenswertes zur Geschichte des Bernsteins, man erfährt auch vieles über die Verarbeitung

lernt werden, um es professionell durchführen zu können. Die Lehrzeit bei den Bernsteindrehern betrug drei bis fünf Jahre. Der Gesellenlohn teilte sich in Lohn für das Drehen und für das Schneiden von Bernstein. Die Dreharbeit erwies sich als komplizierte Technik, wofür eine besondere Fingerfertigkeit für das Naturmaterial erlernt werden musste. Beispielsweise wurden Tabakspfeifenmundstücke oder Griffe für Bestecke auf einer Drehbank mit Drehröhre und Meißel gedreht. Kleinere Stücke wie Figuren wurden erst grob gedreht und danach mit sehr feinen Instrumenten bearbeitet, z. B. geschnitzt. Nach dem Drehen musste der Stein stets glattgeschliffen und auf Hochglanz poliert werden, aber mit Vorsicht. Denn wurde der Bernstein beim Schleifen und Polieren zu heiß, sprang er sehr leicht entzwei. Zum Schleifen benutzten die Bernsteinarbeiter beste Schleifsteine aus Schweden, poliert wurde mit Wasser und Kreide. Größere Bernsteinwaren pflegte man mit einem aus Leinöl, Mastir (Baumharz) und Silberglätte bereiteten Kleister über Kohlenfeuer zusammenzufügen. Bernstein konnte auch mit einer speziellen Technik umgeformt werden, indem Bernstein in Alkohol aufgelöst wurde, sodass jede bestellte Figur gegossen werden konnte. Wenn der Kunde aber ein Stück Bernstein in Metall gefasst haben wollte, z. B. als Ringe oder zu Broschen verarbeitet, musste er zum Goldschmied gehen.

Das Bernsteinschneiden war hingegen die einfachere Arbeitstechnik und auch mit geringem Arbeitsaufwand verbunden. Jedoch gehörte dazu einiges Gespür für das Naturmaterial und das künstlerische Verständnis, aus dem Bernstein die darin enthaltene Form am besten herauszuarbeiten. Für die Anfertigung von Schmuckketten und Paternostern wurde ein Bernstein in kleine Teile, die Korallen genannt wurden (wie Perlen), zerschnitten, dann durchbohrt und an einer Schnur aufgefädelt. Auf diese Art entstanden ebenso verschiedenste Bernsteinknöpfe, kleiner oder größer, mit zwei oder vier Bohrungen, je nach Kundenbestellung. Mit daumendicken Bernsteinknöpfen schlossen die Warnemünder Einwohner, insbesondere die Seeleute, Lotsen und Fischer, ihr weißes Sonntagshemd im 18. Jahrhundert.

Die meisten Bernsteindreher des Nordens arbeiteten aber traditionell in Königsberg, in Danzig, Elbingen, Lübeck und im hinterpommerschen Stolpe, wo sich die wichtigsten Bernsteinfabriken Deutschlands etablierten. In der Zeit der deutschen Hanse schlossen die Bernsteindreherämter der Städte Danzig, Elbingen, Lübeck und Königsberg wirtschaftliche Vereinbarungen miteinander ab. Bei Stolpe wurde der Bernstein ab etwa 1775 in großen Mengen aus der Erde geholt. 1779 wurden hier von 54 Handwerkern Bernsteinerzeugnisse in Verlagsarbeit hergestellt. Um 1820 ließ der jüdische Fabrikant Liepmann etwa von 100 Arbeitern täglich große Bernsteinmengen ausgraben. Die auch dort am Ort verarbeiteten Bernsteinwaren wurden über Livorno nach Ägypten (Alexandria) verkauft.

Die Bernsteindrechsler verfertigten vielerlei Art von schönen Gegenständen: Korallen (Damenketten), Ohrgehänge, Balsambüchschen, Brieföffner, Dosen, Knöpfe, Spielmarken, Rosenkränze, Pfeifenmundstücke, Uhrgehäuse, Degengefäße, Leuchter, Spiegelrahmen, Kruzifixe, Spinnräder, Flöten, Schach- und Damespiele, Stockknöpfe, Vergrößerungsgläser. Schwarzer Bernstein wurde auch Sagat genannt und als Trauerschmuck für Damen und zu Rock- und Stockknöpfen für Herren verarbeitet.

Bernstein war sehr wandelbar in der Verarbeitung. Man erfand nicht nur die Kunst, den wolkigen Bernstein klar zu sieden,

sondern ihn auch rot, blau, grün, violett, purpur oder weiß zu färben, und das nicht nur auf der Oberfläche (Anstrich), sondern als ganzes Stück. Durch die Entfärbung des Materials wurde der Bernstein schließlich durchsichtig. So gelang es dem Bernsteinarbeiter Christian Parschim aus Königsberg 1691, als Erster den Bernstein völlig neuartig einzusetzen, indem er Brennspiegel und Brillengläser daraus verfertigte. Ein enormer Fortschritt für die sich entwickelnde Naturforschung und zum Wohle der menschlichen Sehkraft. Doch gab es in der Herstellung von Brillengläsern mitunter Kuriositäten, wie der mecklenburgische Dichter Johann Heinrich Voss überliefert: „Nicht so vergnügt beäugelten selbst Naturaliensammler in der Brille den Wurm im künstlich geschliffenen Bernstein."
Bernsteindreher arbeiteten für den modischen Normalverbraucher und nur die besten Meister unter ihnen am Hofe für die gehobenen Stände der Aristokratie. Wenigen Meistern gelang es, das Handwerk zur hohen Kunst zu entwickeln, meist blieben sie Schnitzer und verdienten sich damit ihr tägliches Brot. Das Bedürfnis nach künstlerischen Erzeugnissen, mitunter auch für einen verspielten Lebensstil, entwickelte sich überhaupt erst seit der Renaissance und besonders im Barock. Preußenkönig Friedrich Wilhelm I. schenkte 1728 dem polnischen Regenten August dem Starken einen fein gearbeiteten, kostbaren, mit funkelnden Bernsteinen besetzten Schrank. Im Berliner Schloss wurden seit 1689 als künstlerische Raritäten eine in Bernstein geschnitzte Schafherde und ein Bauernhof mit Pferden, Wagen etc. angepriesen. Legendär ist das inzwischen verschollene Bernsteinkabinett (Geschenk des preußischen Hofs an Zar Peter I.).
Bernstein ist zu keiner Zeit aus der Mode gekommen. Heute gibt es wieder einzelne Kunsthandwerker, die sich dem Bernstein zugewandt haben und rohen, unbearbeiteten Bernstein zu Schmuck und anderen Dingen verarbeiten. Daneben wird Bernstein auch industriell verarbeitet. Ribnitz-Damgarten ist in mehrfachem Sinne zum Wallfahrtsort für Bernsteinfreunde geworden. Bernsteinschmuck wird hier seit vielen Jahrzehnten hergestellt, seit über 50 Jahren unter dem Namen Ostseeschmuck. Die heutige GmbH bietet eine Schau-Manufaktur, wo man den Schmuckgestaltern über die Schultern schauen kann, die für den Interessierten das Angebot des Bernsteinmuseums im alten Ribnitzer Frauenkloster bereichert.

Bierbrauer

Das Bier war seit alter Zeit in Mecklenburg ein Volksgetränk, das hatte vielerlei Gründe. Die Mecklenburger stillten mit Biersuppen den Hunger und die Ärzte empfahlen Bier gegen etliche Krankheiten wie den berüchtigten „Englischen Schweiß". Wundärzte, Bader und Chirurgen behandelten kranke Gliedmaßen mit Bierumschlägen. Vermutlich war aber der Alkoholanteil der meisten Biersorten viel geringer als heute. Und was für Menschen gut war, konnte auch für Tiere nicht schlecht wirken, sodass der Gerstensaft auch in der bäuerlichen Tierheilung Anwendung fand.
Westfälische Siedler, die in unser Gebiet kamen, hatten den Bierbrau bereits im 12. Jahrhundert eingeführt. Auch die Klostermönche beherrschten das Brauen. Zu den wichtigsten Wirtschaftseinrichtungen der Klöster gehörte durchweg eine eigene Brauerei, selbst die Frauenklöster waren davon nicht ausgeschlossen. Aus dem Mittelalter wurden verschiedene Brausorten bekannt wie Starkbier, Schwachbier, Tafelbier, Kovent, Barschbier, Kniesenack, Mumme, Pasenelle, Rummeldeutz oder Seebier.
Das Rostocker Brauereigewerbe entstand im 13. Jahrhundert. Eine erste Brauordnung auf Pergament ist von 1573 erhalten. Die Erlaubnis vom Rat zum gewerbsmäßigen Bierbrauen, die Braugerechtigkeit, war an den Grundbesitz gebunden, so durften immer nur die Besitzer von bestimmten Häusern im Großen Bier brauen und verkaufen. Damit war die Anzahl der Rostocker Brauhäuser auf eine bestimmte Anzahl eingegrenzt. Weiterhin wurde die Bierproduktion der einzelnen Brauereien auf bestimmte Tage im Jahr festgelegt, sodass sich eine Reihenfolge im Bierbrau ergab, was das sogenannte „Reihebrauen" genannt wurde. Jedes Brauhaus konnte maximal an 20 Tagen im Jahr von Mitte September bis Mai produzieren. Alle diese Maßnahmen dienten zur Verhinderung einer Überproduktion.
Grundlagen der Bierherstellung waren bis zum Ende des 18. Jahrhunderts sauberes Wasser, Malz und der Hopfen. In hoher Blühte stand der Hopfenanbau in Rostock, Neubrandenburg, Friedland, Grabow oder Parchim. Die Bürger waren stolz auf ihre Hopfengärten, von dem begehrten Gewürz wurde so viel angebaut und geerntet, dass der Hopfen bis

nach Hamburg verkauft werden konnte. Bekannt war der traditionelle Hopfenmarkt der Stadt Rostock, auf dem kräftig gehandelt wurde. Wenn zum Sommerausgang und Frühherbst der Hopfen angeliefert wurde, herrschte stets reges und geschäftstüchtiges Treiben auf dem Platz und in den Gassen. Den Ankauf besorgten je zwei vom Rat vereidigte Hopfenpacker und Hopfenmesser. Der Hopfenpacker prüfte die Qualität und die Güte der Ware und danach wog der Hopfenmesser die Ware ab. Die Masse vom Hopfen kauften die städtischen Brauer auf, die darauf ein Vorrecht besaßen, und was an Früchten übrig blieb, kauften die Brauer aus den nordischen Ländern ab.

Das Rostocker Bier besaß im Spätmittelalter und in der frühen Neuzeit im Norden Europas einen ausgezeichneten Ruf. Rostocker Bier entwickelte sich zu einer Handelsware weit über die Stadt- und Landesgrenzen hinaus. 1653 schrieb Martin Zeller zu Rostock: „Es wird allhier ein stattliches Bier gesotten und weit verführt. Denn es nähret wohl, […] stärkt den Leib, so tut es den Hauptgliedern des Menschen wundersame Kraft geben. Und kann man solches, sonderlich das Märzenbier, etliche Jahre behalten."

In Rostock existierten um diese Zeit nicht weniger als 250 erwerbsmäßige Brauer, die jährlich zusammen etwa 250.000 Tonnen (Fässer) Bier brauten. Die Brauer erwiesen sich in erster Linie als gute Kaufleute, die mit Bier, Malz und Hopfen handelten. Als Kaufleute gehörten die Brauer zunächst zu den kaufmännischen Korporationen. Im 16. Jahrhundert trennten sich die Brauer von den Kaufleuten und bildeten mit der Brauerkompanie eine eigene Korporation. Seitdem galten bis zur Mitte des 19. Jahrhunderts zwei Bedingungen für das Rostocker Braurecht: Besitzer oder Nutzer eines brauberechtigten Hauses und Mitglied der Brauerkompanie. Die Rostocker Brauherren lebten seit dem 15. Jahrhundert in Wohlstand und zählten zur angesehenen Oberschicht der Stadt. Ihre privaten Wohngebäude erbauten sie als reich geschmückte steinerne Giebelhäuser und sie besaßen meist mehrere Immobilien, darunter das separate Brauhaus zum Darren, Mälzen und Brauen. Die starke finanzielle Wirtschaftskraft der Brauherren brachte das Wohl der Stadtgemeinde zum Gedeihen. Sie ließen erstmals eine zentrale Wasserleitung errichten, die sauberes Wasser zum Brauen und zum Teil auch für die Bürger garantierte. Viele Brauherren saßen in wichtigen städtischen Ämtern und nahmen Einfluss auf die politischen Geschicke der Stadt. In der seit 1584 bestehenden Bürgervertretung waren 60 Vertreter Kaufleute und Brauer, und seit 1770 bildeten 50 Deputierte deren I. Quartier. Im 17. Jahrhundert zogen die Brauer in das frühere, exklusive Wikergelag der Schiffer in der Koßfelder Straße ein und veranstalteten hier ihre regulären Versammlungen und alljährlichen Feste.

Rostock versorgte auch die nordischen Länder mit Bier, in denen der Hopfen aufgrund der klimatischen Bedingungen nur eine kümmerliche Qualität aufweisen konnte. Wollten die Nordländer gutes Bier trinken, so mussten sie auch gute Handelsbedingungen schaffen. Von den dänischen Königen erhielt Rostock im Jahr 1577 z. B. neue Zusicherungen, die eine Senkung der Akzise (Steuer) auf den Bierverkauf in Dänemark garantierten. Auch in Schweden durfte Bier aus Rostock nicht fehlen. Bei König Gustaf Adolfs II. Vermählung im Jahr 1620 wurden 177 Ohm Rheinwein, 70 Pipen Franzwein, 15 Pipen spanischer Wein, ½ Ohm rheinischer Branntwein, 42 Last Rostocker und 102 Last Stralsunder Bier getrunken.

Einen guten Ruf hatte das Rostocker Bier in Lübeck, das die Stadtbevölkerung lieber trank als die einheimischen Weiß-, Rot- und Bleichbiere. Der Export nach Lübeck betrug 1531 beispielsweise 3.500 Tonnen Bier. 1549 erließ deshalb der Rat zu Lübeck eine Ordnung, die den Import des Rostocker Bieres im privaten Gebrauch einschränkte (auf zwei bis drei Tonnen für vier bis fünf Personen im Haus) und das Zapfen in Gasthäusern ganz verbot. Noch 1705 hieß es in einem Bierbuch, dass das Rostocker Bier oder Oel genannt, ein gesundes Sommerbier sei, das man in warmen Sommertagen nützlich und bequem trinken kann.

1782 gab es im Herzogtum Mecklenburg-Schwerin insgesamt 328 Brauer, die Weiß- und Braunbier brauten, einschließlich acht Koventbrauer und sechs Schopenbrauer (Brauknechte in Rostock). Von den gesamten 328 Brauern arbeiteten allein in Rostock 62 (Groß)Brauer. In Neustrelitz arbeitete eine Brauerei, die englisches Bier braute.

Das Rostocker Braugewerbe um 1800 besaß keine separaten Brauhäuser mehr und erreichte auch nicht mehr die Bierqualität der vergangenen Jahrhunderte. Das wird jedenfalls übereinstimmend in historischen Quellen berichtet. Wer Mitglied der Brauerkompanie werden konnte, braute im eigenen Wohnhause, das für den Betrieb erweitert oder umgebaut war. Wer die Berechtigung besaß, sämtliche Biersorten zu brauen, konnte sich Großbrauer nennen. Um den Absatz des Bieres zu sichern, gab es die Biermeile für alle Wirtsleute in Rostock und in der Umgebung, sodass im Umkreis von zwei Meilen nur einheimisches Bier ausgeschenkt werden durfte. Bei festgesetzter Strafe war es verboten, fremdes und auswärtiges Bier zu „verkrügen und verschenken".

Unter den Brauern gab es um 1800 so manche überlieferte Tradition. Beim Brauen wurde der zuerst gewonnene Teil abgeschöpft und unter dem Namen Fasselkanne an gute Freunde bei einem Umtrunk gereicht. Das Frischbier war eine dickliche, trübe, klebrige Masse, sehr nahrhaft und soll bittersüß im Geschmack gewesen sein. Da es nicht ausgegoren war, schlug es manchem auf die Gedärme, das störte jedoch damals niemanden. Eine andere Sorte, die wesentlich schwächer, aber dafür gegoren war, hieß Schiffsbier und wurde von den Matrosen auf ihren Fahrten bevorzugt getrunken. Auch beim einfachen Stadtvolk war es sehr beliebt.

Neben den Großbrauern der Kompanie gab es die sogenannten Koventbrauer (Kleinbierbrauer), die nicht das große Brauprivileg besaßen und nicht Mitglied der Brauerkompanie sein mussten. Aber auch die Koventbrauer benötigten eine Konzession vom Gewett. Sie durften nur „Kovent-Bier zum Verkauf brauen und den Preis dafür zum höchsten auf fünf Pfennige den Pott stellen, den Kovent nicht an Krüger, Bierschenker und Herbergierer verkaufen und selbst keine Krugwirtschaft, Bierschenke oder Herberge halten". Das Kovent-Bier war von geringerer Qualität, nicht sehr klar und auch nicht recht vergoren, Kovent berauschte aber umso mehr.

Des Weiteren kamen viele Privathäuser hinzu, deren Besitzern es erlaubt war, sogenanntes Hausbier in geringen Mengen für den Eigenbedarf zu brauen. Hausbier war besonders klar und wohlschmeckend, weil die Hausfrauen akkurat auf die Sauberkeit der Gerätschaften achteten und familiäre Braugeheimnisse sorgsam hüteten.

Langsam öffneten sich die Handelsmärkte, sodass es fremde Biere wie schwedisches Bier, englisches Bier (Porter), Braunschweiger Mumme oder Danziger Lachs zunehmend zu kaufen gab, wenn auch nicht immer und zu jeder Zeit.

Am Ende des 18. Jahrhunderts existierten etwa 79 Schriften über verschiedene Brautechniken, es gab Hunderte von Biersorten, aber alle Getränke waren als obergärige Biere nur kurzzeitig haltbar. Die modernen Erkenntnisse der Chemie verhalfen dem Brauwesen zu grundsätzlichen Erkenntnissen, daher wusste man ab 1839, dass Gärung und Fäulnis ihre Ursache in der Tätigkeit kleinster Lebewesen haben, was zur Reinzüchtung der Hefe führte. Anfang bis Mitte des 19. Jahrhunderts führten viele technische Erneuerungen wie das Thermometer, Saccharometer, insbesondere die Dampfmaschine und die Kühlmaschine, ja sogar die Steinkohle zum Feuern und das Brauwesen zur industriellen Produktion. Das Bier konnte nunmehr ganzjährig gebraut werden, es wurde zunehmend geschmacklich verändert, so lange, bis sowohl Produzenten als auch Konsumenten vollständig zufriedengestellt waren. Das ist bis heute so geblieben und auch modische Geschmacksaromen ändern an der Beliebtheit traditioneller Biere nichts.

Als es noch keine technische Kühlung gab, wurde das gefrorene Eis aus den umliegenden Gewässern zu den Brauereien geschafft. Diese körperlich schwere Arbeit verrichteten die Eismänner. Über Jahrhunderte brachen die Männer jährlich im Februar und März große Mengen Eis aus der Warnow, zersägten große Stücke zu passgerechten Blöcken, die in Eiskellern gelagert wurden und bis zur nächsten kalten Jahreszeit zur Bierkühlung dienten. Auf diese Art und Weise wurde die Länge der Lagerzeit und Haltbarkeit des Bieres hinausgezögert, was bei den bis dato vorherrschenden obergärigen Bieren nur begrenzt möglich war. In Rostock schaffte es das sogenannte Märzenbier (im März gebraut) mit anhaltender Kühlung bis in den Sommer hinein. Es lag früher in der Natur der Sache, dass von dem zu Sommerzeiten gebrauten Bier durchschnittlich ein Fünftel der Produktion ungenießbar und unverkäuflich sauer wurde, sodass die wirtschaftlichen Verluste hoch ausfielen. Die Bierrevolution im 19. Jahrhundert brachte die Produktion von untergärigen Bieren hervor, die erstmals in Bayern in hohen Produktionen gelang. Im Unterschied zum obergärigen Bier mit Hefegärung bei 24 Grad Celsius erfolgte die Gärung schon bei 4 bis 14 Grad. Die Gärung dauerte länger, etwa

Die Weißbierbrauerei der Gebrüder Jancke in der Neubramowstr. 8, 1920

acht bis zehn Tage, beförderte aber weit weniger Mikroben in das Getränk. Die Erfindung des untergärigen Bieres war nicht grundsätzlich neu, denn es gab diese Braumethode bereits in den mittelalterlichen Klöstern. Das Problem blieb die Kühlung. Im 19. Jahrhundert gelang es den Brauern im Besitz der Technik mit maschinellen Kühlapparaten das Bier lange haltbar herzustellen. Aus Sparsamkeitsgründen blieb aber bei kleineren Brauereien die natürliche Eisgewinnung und -nutzung bis in das 20. Jahrhundert hinein aktuell.

In Rostock wie in der gesamten norddeutschen Bierlandschaft erfolgte der Abgesang der alten traditionellen, obergärigen Biergewinnung gegen 1870, mit Blickrichtung nach Bayern. 1872 verzeichnete das Adressbuch der Stadt Rostock noch neun Großbrauer: Gapobus, Linck, Mau, Meyer, Steinbeck, Triebsess am Hopfenmarkt, Voß, Waterstradt und Zelck und vier Koventbrauer (Dünnbierbrauer). Mit dem Jahr 1885 löste sich die Brauerkompanie zu Rostock auf, welche die Braugeschäfte seit dem 16. Jahrhundert geführt hatte. Auch die ersten sechs Flaschenbierhandlungen in der Stadt, deren Anzahl von 1871 bis 1880 auf 12 Geschäfte stieg, deuteten einen Bierwandel in der Fertigung und im Konsum an. Die erste große Rostocker Brauerei mit neuem Bier war die von Const. Steinbeck am Hopfenmarkt 22, aus der eine Aktiengesellschaft mit einem Aktienkapital von 750.000 Mark entstand. Der weitere Umschwung war dann insbesondere mit den Namen zweier Männer verbunden. Der eine hieß Georg Mahn, 1849 geboren und 1935 verstorben, stammte aus kleinbürgerlichen Verhältnissen, nahm seine Ausbildung im Baugewerbe und arbeitete als Bauingenieur. Der andere hieß Friedrich Oehlrich (1852-1889, Kaufmann). Gemein sam erwarben sie 1878 die Julius Meyersche Brauerei an der damaligen Doberaner Chaussee und legten dort sowie am Hopfenmarkt 20 (Komptor) den Grundstein für jenes Unternehmen, das zur führenden Brauerei Mecklenburgs werden sollte. 1889 wurde Georg Mahn alleiniger Direktor dieser Brauerei. Um gute Kundschaft wurde mit folgender Offerte geworben: „Wir beehren uns anzuzeigen, dass wir die Bierbrauerei des wail. Herrn Julius Meyer seit dem 28. März des Jahres käuflich übernommen haben und dieselbe unter der Firma Mahn & Ohlerich, früher Julius Meyersche Bierbrauerei, fortführen resp. erweitern werden. Wir geben das feste Versprechen, dass wir uns eifrigst bemühen werden, durch gutes Bier sowie reellste und prompteste Bedienung der geehrten hiesigen wie auswärtigen Abnehmer Vertrauen zu erwerben und zu erhalten und bitten gehor-

(1910)

(1920)

samst, uns mit geschätzten Aufträgen entgegenzukommen. Hochachtungsvoll ergebendst G. Mahn und F. Ohlerich."

Der Bierausstoß des Geschäftsjahres 1878/79 betrug 9.934 Hektoliter. Mit der Erhöhung der Produktion wurde zwangsläufig eine Erweiterung des Betriebes notwendig. So entstand 1880 eine Mälzerei, die den Betrieb von anderen Unternehmen, d. h. in diesem Falle den Mälzereien, unabhängig machen sollte. Um auch einem Saisongeschäft gewachsen zu sein, schritt man zum Bau mehrerer neuer Lagerkeller. In einem Werbeschreiben der Rostocker Brauerei hieß es: „Der jetzt häufig auftretenden Geschmacksrichtung eines werten Publikums entgegenzukommen, haben wir seit kurzer Zeit ein dunkles Bier unter dem Namen ‚Hansabräu' ganz nach der Methode der hervorragendsten Münchener Brauereien hergestellt und erfreulicherweise schon nennenswerte Erfolge durch die Qualität dieses Bieres erzielt, das viel billiger und besonders im Sommer haltbarer und blanker als echtes Münchener ist." Die Produktionskapazität konnte innerhalb von sechs Jahren um fast 300 Prozent gesteigert werden; es gelang im Geschäftsjahr 1883/1884, 36.520 Hektoliter Bier umzusetzen. Die Konkurrenz in Rostock musste sich am Erfolg von „Mahn & Ohlerich" messen lassen. Die Brauerei von Gottlieb Mau (Lagerstraße) firmierte zur Bierhandlung um und bot Flaschenbier aus Erlangen, Nürnberg, Wien und Dresden (Waldschlösschen) oder Porter aus England an. Andere Großbrauer gaben den Geschäftsbetrieb auf. Die in der Nähe gelegene Aktienbrauerei „Constantien Steinbeck" (nach 1945 VEB „Anker") wurde im Jahr 1884 dieser Brauerei einverleibt. Mit der Übernahme wurde auch das 1864 in der Doberaner Straße 21 eröffnete Ausflugslokal „Steinbeckscher Keller" als „Mahn & Ohlerich's Keller" (nach 1945 Haus der Freundschaft, seit 2009 Peter Weiss-Vereinshaus) der Brauerei angeschlossen. Die Ausdehnung des Betriebes erzwang den Umzug in die Doberaner Straße und 1888 den Anbau eines Verwaltungsgebäudes. 1889/90 entstand ein neues Sudhaus und die Kühlschiffanlage wurde vergrößert. Im gleichen Braujahr kam erstmals Bockbier aus den Sudkesseln. 1890/91 wurde eine eigene Hefezuchtanlage eingerichtet, 1892/93 vergrößerte man die Werkanlagen, 1894/95 wurde die Eismaschinenanlage in Betrieb genommen und 1895/97 wurden die Gär- und Lagerkeller vergrößert. Ab 1910/11 füllte das Unternehmen selbst Flaschen ab.

(1928)

Die Firma Mahn & Ohlerich, seit 1889 Aktiengesellschaft, gab vielen Rostockern Arbeit. Sozialleistungen seit 1885 wie Betriebskrankenkasse und Pensionskasse sorgten für die Identität der Mitarbeiter mit dem Unternehmen. In dem Tarifvertrag des mecklenburgischen Brauereiverbandes vom 11. Dezember 1919 wurden die Wochenlöhne für Arbeiter der „Mahn & Ohlerich Bierbrauerei A.G." wie folgt festgelegt: gelernter Arbeiter: 98,– Mark, Bierfahrer: 95,– Mark, Hilfsarbeiter: 93,– Mark und Arbeiterinnen: 55,– Mark. Doch auch diesem Unternehmen waren seit Ende der 90er Jahre mit dem Altstädtischen Brauhaus und dem Brauhaus Triebsess (Schröderstraße) ernsthafte Konkurrenten entstanden. Dabei erwies sich auch der Verbrauchergeschmack durchaus als wandelbar. 1900 fanden sechs Brauer im Weißbierbrau

M&O mit erstaunlichem Ausstoß, 1929

(obergärig aus Weizenmalz, ohne Hopfen) wieder eine kleine wirtschaftliche Marktlücke. Die Bierbrauerei konnte sich in der Hansestadt Rostock bis zur Gegenwart hinein erfolgreich erhalten. Heute gehören das Rostocker Pils, Rostocker Dunkel, das spritzige Rostocker Lemmon und andere Bierspezialitäten der Hanseatischen Brauerei, einer der modernsten Brauereien Norddeutschlands unter der Unternehmensgruppe Radeberger Biere, zu den bedeutenden regionalen Marken.

Böttcher

„Böttcher, Böttcher bumm, bumm, slah dat Wif den Buckel krumm."

Die Berufsbezeichnung Böttcher war sprachlich eine niederdeutsche Variante, ehe sie Ende des 19. Jahrhunderts durch offizielle Nennung in der deutschen Reichsstatistik verbindlich wurde. Das Böttcherhandwerk hatte im Mittelalter eine große Bedeutung für den Handel innerhalb und außerhalb der Stadtgrenzen. Kein Warenverkehr war in dieser Zeit ohne feste Behältnisse möglich und die Tonnen und Fässer waren bis über die Neuzeit hinaus die geläufigen und universell einsetzbaren „Container". Der Aufschwung dieses Handwerks war daher eng verbunden mit den regionalen wirtschaftlichen Bedingungen. In den norddeutschen Hansestädten förderten insbesondere die Bierherstellung, der Heringsfang und der Salzhandel den großen Bedarf an Fässern und Tonnen und somit das heimische Böttchergewerbe. Fisch, insbesondere Hering, Bier, Wein, Met, Salz, aber auch Honig, Mehl, Zucker, Talg, Seife, Senf, Wachs, Asche, Teer, Getreide und Fleisch wurden in Fässern und Tonnen verpackt, eingelagert und haltbar gemacht. Vorzugsweise in Tonnen geschlagene Waren wie Stockfisch, Tran, Lachs, Ochsenfleisch aus Bergen (Selsporen), Roggen, Weizen und Gerste wurden 1585 als Tonnenwaren bezeichnet. Weitere Dinge wurden in Fässern transportiert, was heute kaum mehr vorstellbar ist, wie Pelzwerk, Garn, Kleider und sogar Bücher oder Reis, Flachs, Nüsse; im Prinzip alle Produkte, die entweder flüssig waren bzw. in Salzlake oder Essig eingelegt wurden oder vor Feuchtigkeit geschützt werden oder generell auf einen geordneten Transport sollten.

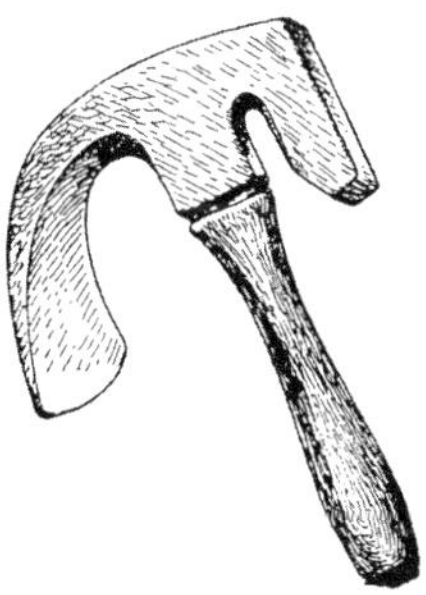

Typisches Böttcherwerkzeug, Deissel

Der Bütner.

Ich bin ein Bütner / vnd mach stoltz/
Auß Förhen / Tennen / Eichen Holtz/
Badwañ/Schmaltzkübl/scheffel vñ geltn/
Die Bütten vnd Weinfässer / weltn/
Bier Fässer machn / bichen vnd binden/
Waschzübr thut man bey mir finden/
Auch mach ich Lägl / Fässer vnd Stübch/
Gen Franckfurt / Leiptzig vnd Lübig.
a ij Der

Wo mehrere Böttcher an einem Standort arbeiteten, wurden bald Straßen nach ihnen benannt, in Wismar nach 1260, in Rostock 1267 und in Stralsund 1308. Aus den Stadtbüchern lassen sich 1254 bis 1286 für Rostock 34 Böttcher nachweisen. Zur Stadtverteidigung um 1400 stellte das Böttcheramt 20 Bewaffnete, und die älteste erhaltene Rostocker Amtsrolle stammt von 1457.

Die hanseatische Wirtschaftspolitik versuchte, die einheimische Böttcherei stets gegen ausländische Konkurrenz zu schützen. 1342 wurde gegen die dänische Konkurrenz beschlossen, dass in Skanör, dem Hauptplatz für den Fischfang auf Schonen, nur Böttcherwaren aus hansischen Städten ver-

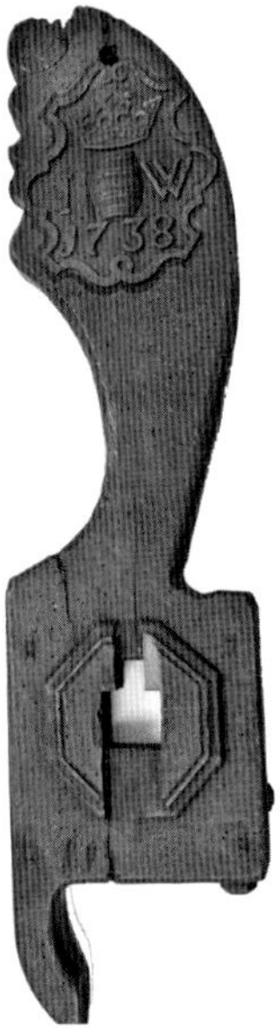

Böttcher-Gargel von 1738 zum Einbinden des Bodens in ein Behältnis

wendet werden und dass ausschließlich hansische Bürger auf der Insel Schonen das Gewerbe betreiben durften.
Als die Hansezeit vorbei war, handelten die Städte nicht mehr nach gemeinsamen Regeln, nun schützte jede Stadt ihre Handwerker zuförderst; die Rostocker Polizeiordnung von 1576 erklärte ausdrücklich, es nicht „vor unbillich zu erachten, dass unsere Bürger und Einwohner den einwonenden Böttichern vor auslendischen das Gelt gönnen", und verbot daher, „bei den Auslendischen" Tonnen oder Fässer zu bestellen, machen und in die Stadt zu bringen zu lassen. Die Bezeichnung „Auslendische" verstand man, sehr weit gefasst, als alle diejenigen, die nicht in Rostock ansässig waren; das wirtschaftliche Interesse verlangte schlichtweg, sich Fremde vom Halse zu schaffen. Auch für dieses Handwerk ging es ganz elementar um „Nahrungssicherung", eine Formulierung, die in den Amtsrollen häufig zu lesen ist und sich auf die Existenzsicherung der Handwerker bezieht. Mitunter wurden Händler und Schiffer mit empfindlichen Bußgeldern bestraft, wenn sie Fässer aus Lübeck oder Wismar nach Rostock brachten.
Andererseits gab es durch den Aufschwung der Rostocker Bierbrauerei wieder Jahre, in denen Rostocker Böttcher die große Zahl der benötigten Bierfässer kaum mehr selbst herstellen konnten. Zuweilen verschwammen also die Grenzen und dann mussten Zusatzverordnungen geschaffen werden.
Das Böttchergewerbe war vielseitig und entwickelte in den Tätigkeiten einige Spezialisierungen, die aber nie außerhalb der Böttcherei zu eigenständigen Berufen mit Meistertiteln führten. Es gab die Kimmer, Bandschneider (bentsider), Bandhauer (tosleger) und Altböttcher. Kimmwerk war in der Ausführung eine einfachere und preiswerte Fassarbeit, was insbesondere die Befestigung der Dauben am Boden betraf, während echte Fassarbeit nach vorheriger Ausmessung und Zeichnung recht kunstvoll erfolgte. Und einige Fässer hatten es in sich, sodass beispielsweise die größten Weinfässer vor Ort im Rostocker Ratskeller angefertigt werden mussten, weil die riesigen Fässer durch keine Türöffnung hindurchpassten. Überhaupt wurde von den Böttchern genaueste Arbeit verlangt, umso mehr, als der finanzielle Schaden, der durch Auslaufen von gefüllten Fässern entstehen konnte, den Meister empfindlich traf. Fest gefügte, starke und untadelhafte Bierfässer aus bestem Holz mit mindestens 12 Bändern verlangte die Rostocker Brauereiordnung von 1657. Wenn ein altes Fass dennoch leckte, durften die Altflicker oder Altbinder in Rostock kleinere Fässer umarbeiten, sie flicken oder reparieren.
Vorschriften über das zu verwendende Holz gab es hier im Norden auch zur Genüge. Die Lübecker verlangten für ihr eigenes, kostbares Salinensalz Tonnen aus Buchenholz, für Meersalz (das aus Spanien oder Frankreich kam) ausschließlich Eichenholz. Für Bier, Wein und Hering wurde in Rostock und in anderen Städten ebenso Eichenholz gefordert, da Nadelhölzer den Geschmack von Bier und Wein veränderten. Die Rostocker Amtsrolle von 1457 verbot, Wrackholz (von untergegangenen oder gestrandeten Schiffen) und alte Hölzer zusammen mit neuen oder holzwurmstichigen Hölzern zu verwenden. Für edle Getränke forderten sie, dass das Holz vor der Verarbeitung ein Vierteljahr im Rauch war. Aus der Rostocker Heide konnte nur ein geringer Teil des Holzbedarfs der Böttcher gedeckt werden, denn wie die Rostocker Schifffahrtslisten zeigen, traf Böttcherholz in allen handelsüblichen Arten in großen Mengen aus Stettin, Danzig und Königsberg ein, es wurde also viel Holz aus Pommern und Ostpreußen bezogen.
Als Bänder wurden in Rostock hauptsächlich eiserne, geschmiedete Reifen verwendet, während in Danzig Bänder aus Esche und in Duderstadt sowie in Köln Bänder aus Weiden und Haselnussstrauch zugelassen und üblich waren.
Damit die Bürgerschaft mit den Waren stets zufrieden sein konnte, waren die Aufsicht und die Prüfung der Waren einem Altermann des Gewerks übertragen. Um 1560 kontrollierte der beauftragte Meister alle vierzehn Tage die Werkstätten, nach 1610 wöchentlich. Damit jedes Fass auch

späterhin der richtigen Werkstatt zugeordnet werden konnte, waren die Meister verpflichtet, die Tonne mit einem Setznagel zu zeichnen. Etwa von 1811 bis 1833 wurden Rostocker Tonnen mit dem Greifen gebrannt.
Zur guten Handwerksarbeit gehörte die Gewährung des richtigen Maßes. Nicht zu allen Zeiten und überall wurden Tonnen mit gleich großer Inhaltsaufnahme gefertigt, woraus im Verkauf und Kauf von Bier, Fisch, Wein und anderen Produkten große Probleme entstehen konnten. 1358 sollte die Wismar'sche Tonne Muster werden, 1358 die Rostocker Tonne als Einheit für Bier und Hering gelten, aber erst 1383 einigten sich die hanseatischen Städte wenigstens für Heringstonnen auf das Rostocker Maß. Auch Dänemark nahm das Rostocker Maß an. Mit den pommerschen Städten blieb es problematisch, sie konnten sich vom traditionellen Maß, dem etwas kleineren Kolberg'schen Maß, nicht trennen. Darüber gab 1505 eine Beschwerde Auskunft, nämlich dass eben erst 13 Stettiner Tonnen 12 Rostocker Tonnen Hering sind. Beim Biermaß wurde es generell noch komplizierter, die Biertonnen von Wismar und anderen Städten blieben häufig größer als die von Rostock. Zur Gewährung des Rostocker Maßes mussten sich die Böttcher in allen Orten, wie die Handwerker in Schonen oder in Lübeck, Rostock und Kolberg, ein Richtmaß anfertigen und benutzen, das im mittelniederdeutschen Sprachgebrauch Ahme hieß, wonach nunmehr die Tonnen gefertigt wurden. Die Ahme war jeweils in Metall gegossen und in den Städten im Rathaus aufbewahrt worden. In Wismar gab es dafür, und für andere Maßbehälter Anfang des 15. Jahrhunderts, sogar das „Ahmenhuse". So erfolgte die Eichung nach der allgemein geltenden Ahme und wurde in der Regel von den Böttcherämtern in eigener Obhut durchgeführt, wofür die Altermänner die Verantwortung trugen. Das Prinzip der Fasseichung bestand darin, dass jede neue Heringstonne mit einer Ur-Tonne (Ahme) verglichen werden konnte, und zwar nicht nach gepackten Heringen, sondern mit reinem Wasser. Die Menge Prüfwasser von der ersten zur zweiten Tonne musste übereinstimmen. Die erfolgte Nachmessung wurde durch Stempelung oder Einbrennen mit der Stadtmarke auf dem Fass bestätigt. Meist wurden bekannte Zeichen oder Merkmale verwendet, wie für Rostock das „r" oder der Greif aus dem Stadtwappen. 1782 arbeiteten im Herzogtum Mecklenburg-Schwerin 169 Böttcher, am zahlreichsten war der Berufsstand in Rostock vertreten; in der Seestadt wirkten 44 Böttcher, dazu acht Kleinbinder, Letztere sämtlich nicht zünftig. Kleinbinder, welche kleinere Gefäße anfertigten, gab es damals in Mecklenburg nur in Rostock. Um 1850 arbeiteten noch 37 Böttcher in Rostock, 1872 waren es 38 Meister. 1858 erwarb ein Böttchermeister das Bürgerrecht. Nach Einführung der Gewerbefreiheit 1869 gründete sich das Amt der Böttchermeister 31. März 1890 zu Rostock neu. Die Satzung der Böttcher-Beliebung (Sterbekasse) aus alten Tagen wurde erneuert und vom Rat am 19. Juli 1878 bestätigt. Um 1900 zählte die Beliebung um die 700 Mitglieder.
Doch mit Beginn des 20. Jahrhunderts ging die Anzahl der Betriebe weiter zurück. Nur wer sich maschinell ausstatten konnte, hatte als Böttcher Chancen, im Zeitalter der technisierten Industrie wirtschaftlich zu überleben. Zugleich verringerte sich der Bedarf an hölzernen Vorratsbehältern insgesamt durch neuartige Erfindungen; industriell gefertigte Zink- und Emaillewaren kamen in den Handel, öffentliche zentrale Wasserleitungen oder Wasch- und Badeanstalten ließen den Absatz von Eimern, Zubern oder Wannen rapide sinken.

Postkarte an Frau Lindner, dass die reparierte Waschwanne abgeholt werden kann, Preis 11,– RM, 5. Juli 1948

Brillenmacher

Sehhilfen sind etwa seit dem 12./13. Jahrhundert durch sogenannte Sehsteine in Gebrauch (Kristall, Beryll, spätmittelhochdeutsch: Berille). Handwerklich begabte Spezialisten schliffen klare Edelsteine zu, die zur Vergrößerung auf die Schrift gelegt wurden. Vom ungeformten Sehstein als erstes Vergrößerungsglas bis zum dünnen Brillenglas (feine Linse), mit einer Halterung, war der Weg nicht mehr weit. Im 14. Jahrhundert benutzten Mönche, Gelehrte, Stadt- und Gerichtsschreiber und einige Meister im filigranen Handwerk sogenannte Eingläser oder Nietbrillen als Sehhilfen. Dieser Personenkreis war von der Profession her auf das exakte Sehen angewiesen und brauchte scharfe Augen. Frühe Brillenformen sind nur aus vereinzelten Beschreibungen und von Darstellungen auf Gemälden aus jener Zeit bekannt. Vornehme Leute mit den plumpen, dicken, unförmigen Brillen vor dem Gesicht waren gar verpönt. Unterm Strich fanden die Sehhilfen im Volk wenig Akzeptanz und gingen in die Eulenspiegelei ein. Die Menschen waren erfinderisch und behalfen sich bei Sehschwierigkeiten mit dem spielerischen „Gucken durch die Finger“ oder kniffen ihre Augenlieder fest zusammen; sie blinzelten durch einen kleinen Sehspalt, um die Dinge deutlicher zu erkennen, wenn es denn notwendig und hilfreich war.

Der Brillenmacher.

Ich mach gut Brillen / klar vnd liecht/
Auff mancherley Alter gericht/
Von viertzig biß auff achtzig jarn/
Darmit das gſicht iſt zu bewarn/
Die gheuß von Leder oder Horn/
Dreyn die gläſer Poliert ſind worn/
Dadurch man ſicht / gar hell vnd ſcharff/
Die ſind jhr hie / wer der bedarff.

Q Der

Die ersten Brillen wurden in Italien angefertigt, in Venedig und Murano (Insel nahe Venedig), wo auch das beste Glas hergestellt wurde. Das Glas musste sehr rein sein, ohne Farbstoff, ohne Grübchen, ohne Körnchen, ohne Blasen, ohne Wellen oder Streifen. Die frühen Brillenmacher waren technisch begabt und erfanden auf experimentellem Wege immer wieder neue Möglichkeiten, die Sehhilfen zu verbessern. Das deutsche Handwerk der Brillenmacher etablierte sich im 16. Jahrhundert im Süden Deutschlands, wie in Nürnberg, Regensburg und Augsburg. Brillengläserfertigung war eine anstrengende manuelle Handarbeit, die Gläser wurden hauptsächlich mit dem Schleifstein geformt, der mit einem Fußschemelantrieb in Gang gehalten wurde. Sie wurden trocken und nass geschliffen, in konvexe, dickbauchige, nach außen gewölbte Gläser für Weitsichtige und später in konkave, in nach innen gewölbter Form, für Kurzsichtige. Egal ob gerundet oder ausgehöhlt, diese Glasschleiferei war staubig und über die Jahre hinweg gesundheitsschädigend. Es ist allgemein bekannt, dass aus diesem Grunde oft Kinder aus Verwahranstalten und Zuchthäusler für diese Arbeit vermittelt wurden. Waren die Gläser nach entsprechenden Maßen geschliffen, so bauten die Meister ein sogenanntes gestieltes Einglas zusammen. Dafür fassten sie die Gläser in Edelmetall ein und gaben ihnen mit dem Griff, aus ebenso kostbarem Material und Besatz, den modischen Chick.

Die im Spätmittelalter und in der frühen Neuzeit angefertigten Brillen hatten einen hohen Preis und waren nicht jederzeit zu haben, wovon eine überlieferte Geschichte von August dem Starken berichtet. Der sächsische Kurfürst August sandte im Jahr 1572 einen Boten nach Leipzig zur Messe, der eine Nasenbrille für ihn erwerben sollte. Doch das Unternehmen war schier aussichtslos, denn der Bote ritt erfolglos nach Augsburg, dann über die Alpen nach Italien, hier wurde aber im Sommer kein Glas geschliffen. Erst im Herbst konnte der Kauf einer Brille für stattliche 1.000 Mark vermeldet werden.

Erst Mitte des 18. Jahrhunderts gelangten Brillen in größeren Mengen zum Verkauf in die Städte. Anfangs gab es die Draht- oder Klemmbrillen, die auch Nasenklemmer genannt wurden, in verschiedenen Varianten. Dieses Modell wurde nach 200 Jahren als „Kneiper“ wieder sehr modern. Doch vorerst erfüllten die Nasenklemmer die Anforderungen nur ungenügend, weil der richtige Abstand zwischen Nase und Augen schlecht fixiert werden konnte. Mit gleichem Handicap war die „Lorgnette“ seit etwa 1780 behaftet, das war eine durchaus elegante Lesehilfe mit einem oder zwei Gläsern und seitlichem Stiel, der zunächst starr und

später mit einem beweglichen Gelenk angebracht war.
Die große Aufwertung der Brille trat mit dem „Ohrenhalter" ein. Mit dieser technischen Halterung wurde die heutige, moderne Brille ab etwa 1745 konstruiert, und nach 1790 wurde dieses Modell marktbestimmend. Die technische Veränderung war quasi revolutionierend für den alltäglichen Gebrauch der Sehhilfe, zwei Augengläser sind in einem Bügel eingefasst, der auf der Nase ruht und sich mit verlängerten Seitenflügeln aus Messing oder Horn hinter die Ohren haken lässt. Ob Nasenklemmer oder Ohrenhalter, fahrende Händler und Hausierer brachten von auswärts diese modernen Sehhilfen an den Mann oder die Frau. Beim Erwerb einer Brille von den Markthändlern, die über keinerlei Fachkenntnisse verfügten, half dem Kunden nur ausdauerndes Probieren. Man setzte beispielsweise auf dem Rostocker Pfingstmarkt eine Sehhilfe nach der anderen auf und nahm schließlich die Brille, mit der man besser, sprich deutlicher, sehen konnte. 1799 sind für Hamburg sieben Brillenmacher verzeichnet, 1801 gründete sich im brandenburg-preußischen Rathenow die später berühmte Brillenglasschleiferei und für die Stadt Rostock ist noch kein Brillenmacher nachweisbar.
Erst zu Anfang des 19. Jahrhunderts traten im deutschen Norden fachkundige Brillenmacher in Erscheinung und nun konnte auch die Brennweite (Dioptrien) zumindest annähernd gemessen werden, wozu die damalige „Dioptik" (Sehlehre) wichtige Erkenntnisse lieferte. Man begann, die Brillen nach ihrer Brennweite zu nummerieren. Je kleiner die Brennweite und Nummer, desto „schärfer" war die Brille; nach der Regel je weitsichtiger und je kurzsichtiger das Auge, desto mehr musste die Brille an Sehschärfe ausgleichen. Die Brennweiten reichten auf einer Skala von 1 bis 30.
1804 ließ sich ein böhmischer Glasschleifer, Georg Gürtler, in Rostock nieder, der sozusagen das Brillengewerbe in der Seestadt eröffnete. Ein Johann Heinrich David Krille aus Berlin

Werbung, 1904

Karl Krille mit einigen seiner damaligen Verkaufsprodukte
unten: Werbung, 1904

Außenansicht des Geschäftes am Blücherplatz 3

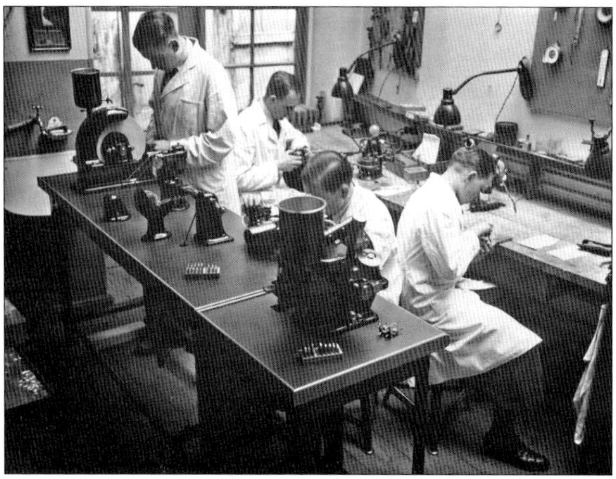

Blick in die modernisierte Werkstatt nach 1936

gründete nach mehreren Jahren Wanderschaft 1834 in Schwerin am Großen Moor die erste Optikerwerkstatt in Mecklenburg. 1872 arbeiteten in Rostock fünf Optikermeister: Ferdinand Landsmann Optiker, Mechaniker und beeidigter Fleischbeschauer in der Wollenweberstraße, Carl Paetsch und Sohn in gleichnamiger Firma am Hopfenmarkt 24, Louis Parts in selbiger Firma und A. Petri am Hopfenmarkt 25.
Karl Krille, der Enkel von Johann Heinrich David Krille, ursprünglich ansässig in Schwerin, machte sich am 21. Oktober 1894 in Rostock am Blücherplatz 3 mit eigenem Geschäft und dem kundenwirksamen Werbespruch „Ist's die Brille, geh' zu Krille!" selbstständig. Bei ihm absolvierten spätere bekannte Rostocker Optikermeister die Lehre oder arbeiteten im Geschäft als tüchtige Gesellen: Kussatz, Schollmeyer, Baudis, Ohlerich und Schmidt. Den Krilles wurde im Laufe ihrer Firmenarbeit eine besondere Ehrung zuteil, die ihre geschäftlichen Aktivitäten und das Ansehen steigerten. Der Schweriner Großherzog beförderte Karl Krille und seinen Bruder, der das Schweriner Geschäft der Krille-Dynastie leitete, zu angesehenen Hoflieferanten. Die gute und sichere Auftragslage konnte nur erreicht werden durch eine ständige Modernisierung. 1905 konnte bei der Firma Krille die erste elektrische Schleifscheibe in Betrieb genommen werden. Der Einsatz eines elektrischen Motors ließ die Produktionspalette deutlich anwachsen, aber in erster Linie die angebotene Qualität der Brillen verbessern. Damit wurden die Produkte von Brillen-Krille weit über die Grenzen von Rostock hinaus ein Begriff. Der in Rostock geborene Schriftsteller Walter Kempowski (1929-2007) erwähnte den Optikermeister in seinem Buch „Tadellöser & Wolff". Die Firma Krille konnte sich bis heute auch über schwierige Zeiten erhalten und ist in sechster Generation Rostocks und Mecklenburgs ältestes Optikergeschäft.

Brotbäcker

„Lot man de Welt unnergahn, säd' de Bäcker, ik krupp in'n Backaben."

Inmitten der Hinwendung zu den natürlichen und anschaulichen Produktionsweisen unserer Zeit, also dem Trend zu Ökoprodukten, haben auch Mehlprodukte einen Aufschwung erlebt. Alle kleinen und großen Leute lieben frisches Brot, noch warm und herrlich duftend. Auf jedem Handwerkermarkt stehen heute wieder Bäcker mit einem Backofen, in dem frische Produkte vor der Nase der Kunden abgebacken und zum Verkauf angeboten werden. Der Handel funktioniert gut; indem die Leute wissen und sehen, wie ein Produkt entsteht und dass es tatsächlich frisch ist, greifen sie gerne zu. Die Anonymität der Herstellungsweise ist in dieser Art und Weise aufgehoben, die Menschen sind wieder beteiligt.

Brot war das Hauptnahrungsmittel für die Menschen bis zur Einführung der Kartoffel, auch in Norddeutschland. Bäcker zählten in Rostock seit der Stadtgründung zu den wichtigsten Nahrungsgewerben. Sie bildeten gemeinsam mit den Schlächtern, Schneidern und Tuchmachern das sogenannte Viergewerk und konnten damit politischen Einfluss auf die Entwicklung der Stadtgemeinde nehmen. In der Stadtkirche St. Petri errichteten die Bäcker einen Altar und eine Vikarie. Bereits in der Zeit von 1254 bis 1288 sind mehr als 50 Rostocker Bäcker nachweisbar, die Spezialisierungen waren von Anfang an vielseitig. Den Namen waren oftmals nähere Bezeichnungen, wie Grob-, Hafer-, Weiß-, Semmel- oder Kuchenbäcker beigegeben. Dazu gab es auch Lersenbäcker (ein stiefelförmiges Gebäck) oder Schönroggenbäcker. Seit 1288 ist in der Seestadt eine Bäckerstraße (platea pistorum), 1431 erstmals als Große Bäckerstraße benannt (heute: Fischbank), und eine Kleine Bäckerstraße (nachweisbar seit 1395 und heute die Kleine Wasserstraße) bekannt. Gelegentlich änderten sich die Namen, beispielsweise 1501, gab es auch für die Große Bäckerstraße die Bezeichnung Alte Bäckerstraße. Die Bäcker waren in Handwerksämtern organisiert, zunächst separat für die Altstadt, Mittelstadt und Neustadt. Für die Bürgerwehr mussten die Bäcker Anfang des 14. Jahrhunderts 30 Bewaffnete stellen. Die Wehrpflicht für die Gemeindemitglieder war auch sonst eine sehr ernst zu nehmende Angelegenheit; von 1415 ist zu hören, dass die Bäckerzunft zu einer disziplinarischen Strafe von sechs Mark verurteilt wurde, da einige ihrer munteren Gesellen die Wachtposten verprügelt hatten. Eine Trennung des bis dahin gemeinsamen Bäckeramtes in das der Fast- und der Losbäcker erfolgte in Rostock 1737. Damit waren die Fastbäcker für Brot und einfaches Gebäck zuständig, die Losbäcker für die feineren Backwaren.

Für 1393 sind unter den Bäckern drei Alterleute nachweisbar, die den Vorstand der Bäckerzunft repräsentierten. Den bis heute erhaltenen Willkomm-Pokal des Bäckeramts (im Kulturhistorischen Museum der Stadt Rostock aufbewahrt) schmiedete der Goldschmied Hans Klein. Der wiederum war ein bekannter Goldschmied und zeitweilig Münzmeister der Stadt.

Auch bei den Bäckern gab es eine Zusammenarbeit unter den hansischen Städten und über die Hansezeit hinaus. Sie machten alle sieben Jahre eine „Tagfahrt“ in wechselnde Städte, zu der jeweils zwei Meister aus einer Stadt geschickt wurden. Eine erste Zusammenkunft der Bäcker fand am 26. August 1443 in Wismar statt. Die Bäckeramter der Städte Greifswald, Hamburg, Lübeck, Lüneburg, Rostock, Stade, Stralsund

Mittelalterliche Darstellung der Rostocker Bäckerscharren

und Wismar fassten wichtige Beschlüsse über den gegenseitigen Umgang mit den Gesellen. Weitere Zusammenkünfte erfolgten nachweislich in den Jahren 1591 (Stralsund), 1570 (Lübeck), 1577 (Wismar), 1584 (Rostock), 1640, 1654, 1668, 1675, 1718 (Wismar) und 1725 (Wismar).
Für Bäcker waren im Spätmittelalter in Rostock Backtage vorgeschrieben und die tägliche Maximalproduktion auf eine bestimmte Menge festgesetzt. So durfte ein Meister nur zweimal in der Woche backen. Nach einer Ratsverordnung um 1450 sollten sie nicht mehr backen als zwei Malter Roggenbrot, ein Malter Weißbrot und für zehn Schillinge Semmeln. Schätzungsweise waren das reichlich 200 Kilogramm Roggen- und gut gemessen 100 Kilogramm Weizenbrot. Das von der Obrigkeit festgesetzte Produktionsquantum konnte nur auf Antrag und Vorschlag der Alterleute vom Gewett (Behörde für Gewerbe und Handel) geändert werden. Sicher wollte man so eine Überproduktion an Backwaren und die Verschwendung von Lebensmitteln verhindern, Korn war sehr kostbar und die Beschaffung mitunter schwierig. Gleichfalls trug der Rat ständig Sorge und Verantwortung für die Qualität der Backwaren, was sich insbesondere in den städtischen Polizeivorschriften niederschlug und später unter die Aufsicht der Sanitätspolizei (Hygieneamt) fiel. Den Bäckern war bei Strafe verboten, altes Mehl zu verbacken oder Mehlsorten zu vermischen, den Teig nicht ausreichend auszukneten und mit Wasser zu bestreichen, damit das Brot nachher mehr wiege, und altes Brot zu verkaufen oder gar alte Ware als frisches Brot anzubieten. Bei derartigen Übertretungen wurden die Waren konfisziert und womöglich vom Rat eine Geldstrafe von zehn Schillingen ausgesprochen (was auch in der Bäckerrolle festgeschrieben stand). Auch sollte das Brot immer gut durchgebacken sein. Stellten die Ratsdiener oder Marktvögte sogenanntes „wandelbares“ Brot fest, verteilten sie es an die armen Leute, derer es immer genug gab. Bei dreimaligem Antreffen von mangelhaften Backwaren innerhalb eines Jahres wurde der Meister aus der Zunft ausgeschlossen, bis er wieder „Gnade vor dem Rate“ fand. Derartige Strafverfahren gingen an die Existenz der Handwerksleute und derer Familien. Ziemlich übel erging es dem Bäcker Wenzel Corvarin vom Alten Markt. Er soll zu viel Kleie mit dem Mehl vermischt und schwarzes Brot gebacken haben. Auch die Semmeln wären zu klein gewesen und Backwaren entsprachen nicht dem vorgeschriebenen Gewicht. Für diesen Betrug am Kunden (und der Steuer) wurde er verurteilt und im November 1491 mit entblößtem Oberkörper vom Amtshaus durch die Gassen geführt, mit Ruten „gestäupt“, die viermal gewechselt wurden, bis der Bäcker vor „Weh und Schmerz“ nicht mehr laufen konnte.

Somit waren auch der Brotpreis und das Gewicht festgeschrieben über die sogenannte Brottaxe, die vom Rat und Gewett monatlich veröffentlicht wurde. Der Preis des Brotes blieb allgemein konstant, veränderte sich aber indirekt bei schwankenden Getreidepreisen; wurde das Getreide teurer, nahm das Brotgewicht ab. Bei niedrigerem Getreidepreis dagegen wog das Brot mehr – im Grunde eine Regelung für den Konsumenten. Aber auch hier gab es einige Widrigkeiten, die von manchem unredlichen Bäckermeister versucht wurden. Wie auch immer, das Gewicht des Brotes schwankte je nach Getreidepreis. Nach der Brottaxe vom April 1864 fertigten die Rostocker Bäcker grobe und feinere Roggenbrote aus ungesiebtem und gesiebtem Mehl in den Größen von zwei bis 12 Pfund und entsprechenden Preisen und von den feineren Backwaren aus Weizenmehl: Weizenbrot, Kümmelbrot, Semmeln, Wecken, Zwieback, Russisch-Brot. Nach einer Visitation vom Polizeiamt in 20 Bäckerläden am 21. April 1864 konnte festgestellt werden, dass die Backwaren in der Regel der Brottaxe vom Gewett für den Monat April entsprachen. Nur das grobe Roggenbrot war fast durchgängig schwerer als nach der Taxe erforderlich; das schwerste wurde bei den Bäckermeistern E. Dose und C. Schroeder angetroffen.
Handel und Wandel fanden die einheimischen Bäcker für Brot und Brötchen hauptsächlich auf den drei Rostocker Märkten der Alt-, Neu- und Mittelstadt, auf den sogenannten „Brotbänken“ bzw. „Brotscharren“. Ausnahmen brachten nur die besonderen Markttage, an denen mitunter auch auswärtige Konkurrenz erlaubt wurde. Die Bäcker aus Schwaan durften alljährlich nach alter Tradition und altem Abkommen am Fastnachtstag auf dem Rostocker Markt ihre Semmeln anbieten. Ansonsten war der Verkauf von Backwaren durch nicht zum Rostocker Amt gehörende Bäcker innerhalb der Stadt strafbar. So soll ein gewisser Hans Pade aus Par-

Pokal des Amtes der Bäcker, silber-vergoldet, 1553

kentin 1471 beim Brotverkauf ertappt worden und deshalb von den Älterleuten ins Gefängnis verbracht worden sein. Für diesen „Schutz" vor Konkurrenz mussten die Bäcker im Mittelalter aber auch eine Pacht an den Rat zahlen und hatten dann ihre Waren nur auf bestimmten städtischen Grundstücken und den o. g. „Brotbänken" anzubieten. Überlieferte Abbildungen der Fleischerscharren, z.B. hinter dem Rathaus, liefern einen Eindruck von diesen Vor- oder Anbauten an meist größeren Gebäuden, die mit Klappen versehen waren, welche als Verkaufstresen heruntergelassen werden konnten. 1325 betrug die Pacht beispielsweise je „Klappe" 1 Schilling.

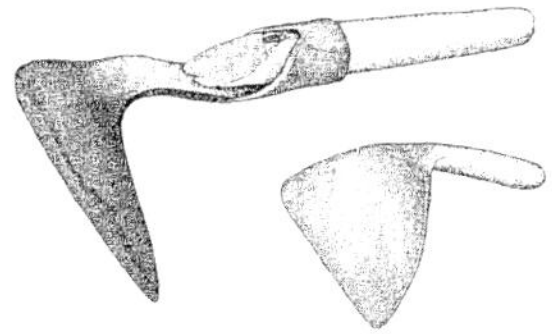

Brotteigschaber

Fast noch während des gesamten 15. Jahrhunderts erfolgte eine gemeinschaftliche Zahlung aller Bäcker der Alt-, Mittel- und Neustadt.

Auch die Schifffahrt sicherte den Bäckern zu einem guten Teil das Einkommen. Denn die Seeleute, der im Warnemünder Hafen liegenden Schiffe brauchten für lange Reisen ausreichend Proviant. Ein weiterer zusätzlicher Verdienst kam durch das Lohnbacken bzw. Abbacken von sogenanntem „Hausbackenbrot" ein. Die Einwohner waren verpflichtet, sich in kleineren Mengen mit Getreide oder Mehl zu bevorraten, das natürlich in Zeiten ohne Hungersnot regelmäßig verbraucht werden konnte und musste, andererseits durften sie in ihren Bürgerhäusern keine eigenen Backöfen halten. Deshalb gelangten aus den privaten Haushalten Mehl oder Teig für Brot oder volle Teig-Kuchenbleche zum Abbacken in die Bäckereien. Mitunter wurde auch der anfallende Braten bei Hochzeiten, Kindtaufen, Weihnachtsbraten oder anderen Feierlichkeiten zum Garen zum Bäcker gebracht.

Streitigkeiten innerhalb des Amts (also unter den Bäckern selbst) wurden nach den Richtlinien der Amtsrolle ausgetragen. Als höhere Instanz bzw. bei größeren Vergehen war das Gewett zuständig. Anfang des 14. Jahrhunderts mussten vom Vogt und Richter zwei Bäcker wegen Unvermögens zur Zahlung einer Geldbuße aus der Stadt verwiesen werden.

Allgemein zählten die Bäcker dennoch zu den angesehenen und besser gestellten Gewerken und spielten eine wichtige Rolle in der Bürgerschaft und ihren Vertretungen. Sie besaßen vergleichsweise hohe Vermögenswerte: Backhaus mit Backofen, Gerätschaften, Getreidevorräte. Die Back- und Wohnhäuser der „Großen und Lütgen Beckerstraße" in der Mittelstadt waren meist als solide Giebelhäuser errichtet, die dort nach 1677 in der Form nicht wieder aufgebaut werden konnten. Der Backofen wurde bis etwa 1900 direkt befeuert, d. h. mit Reisig, Holz, Kohlen erhitzt, und auf den heißen Backsteinen konnte nach Entfernung von Glut und Asche der Teig bei entsprechender Hitze gebacken werden. Häufig

Festumzug der Gesellen der Bäcker-Brüderschaft Rostock

Als 1903 der Konsumverein für „Rostock und Umgebung" gegründet wurde, stellte sich bald eine Bäckerei (1908) auf eigene industrielle Füße und in Konkurrenz zu den kleineren privaten Backbetrieben der Stadt. Auf einem Grundstück Ecke Borwinstraße/Kabutzenhof entstand die erste Zentralbäckerei, mit großem Lagerhaus und Fuhrpark (Pferde, Kutschen). Die genossenschaftliche Bäckerei konnte im August 1909 den Betrieb aufnehmen. Bald erwies sich der Verkaufsraum als zu klein und musste erweitert werden. Das erste Lastauto des Konsumvereins wurde 1920 angeschafft und der Konsumverein beschäftigte zu der Zeit einen Backmeister und acht Bäcker. Die Großbäckerei nahm Ende der 20er Jahre einen bemerkenswerten Aufschwung, insbesondere durch die Qualität der Backwaren und der schnelleren Anlieferung durch Lastautos. Bäckerei und Konditorei erwirtschafteten 21,4 Prozent vom Gesamtumsatz des Konsumvereins, der sich auf 1.389.988 Mark belief. Trotzdem wurden die kleinen Bäckereien weiterhin gebraucht – 1942 gehörten zur Rostocker Bäcker-Innung von Stadt und Land 221 Bäckereien und 38 Konditoreien!

Besonders in Kriegszeiten und danach wurde sichtbar, wie wertvoll Brot sein konnte. Im 1. und 2. Weltkrieg wurde Getreide rationiert und die Bevölkerung erhielt Brotbezugskarten. Auch in den ersten Jahren nach dem 2. Weltkrieg war dies der Fall, ehe sich die Versorgung der Bevölkerung nach und nach wieder normalisierte. Der Aufbau des Sozialismus im Osten Deutschlands und die Planwirtschaft bedingten, dass alle Preise einer staatlichen Genehmigung unterlagen. Für Brot und Brötchen gab es Festpreise: das einfache Brötchen fünf Pfennige, das 1-Kilogramm-Weizenbrot eine Mark, das 1,5 Kilogramm-Mischbrot 78 Pfennige. Auch gegen den Willen vieler Berufskollegen wurden 1960 in Ros-

befanden sich die Backstuben, wegen der möglichen Brandgefährdung, in typischen Eckgebäuden (Orthäusern) an den Straßeneinmündungen. Die Brandgefahr in Bäckereien war nicht zu unterschätzen, bekanntlich ging der verheerende Stadtbrand von 1677 von einem Backhaus der Altstadt aus.

Die Bäcker von Rostock wohnten nicht nur konzentriert in den beiden nach ihnen benannten Straßen, sondern auch über die ganze Stadt verteilt, eben dort, wo „um die Ecke" ausreichend Kundschaft vorhanden war. Damals wie heute ging man schnell mal zum Bäcker rüber.

Es gab Zeiten, da brachten die Lehrlinge die Frühstücksware der Kundschaft direkt in die Wohnung. Für das zünftige Vereinsleben unterhielten die Bäckermeister ein Gemeinschaftshaus unter dem Namen Bäckerschütting, mit Verbindung zur Grube(n)straße.

Um 1850 versorgten in Rostock 48 Bäcker (Hallier, Kahl, Korn, Langhoff, Scheel, Schohmann, Engelbrecht) die Bürger mit Brot und Kuchen.

Nach Einführung der Gewerbefreiheit gründete sich per 26. Juni 1888 die Bäcker-Innung zu Rostock neu. 1899 wurde das neue Statut der Rostocker Bäcker-Innung gedruckt.

1907 existierten im gesamten Großherzogtum Mecklenburg-Schwerin 1.123 Bäckereien mit 2.909 Beschäftigten.

Bäckerei Junge & Wulff, Lange Straße 25, 1908

tock die ersten beiden Produktionsgenossenschaften des Bäcker- und Konditorhandwerks gegründet – eine staatlich gewollte und mit entsprechenden wirtschaftspolitischen Maßnahmen untersetzte Entwicklung. Erst ab Mitte der 70er Jahre wurde den politisch Verantwortlichen klar, dass das Bäckerhandwerk stärker gefördert werden musste, um die Versorgung der Bevölkerung mit Backwaren zukünftig abzusichern. Auf einer Stadtverordnetenversammlung 1983 berichtete der damalige Obermeister Gerhard Grannemann, dass trotz aller bestehenden Probleme im Bäckerhandwerk die 33 Bäckereien Rostocks jährlich ca. 2.340 Tonnen Roggen- und Mischbrot, 1.650 Tonnen Weizenbrot und Brötchen sowie 1.800 Tonnen Feinback- und Konditoreiware produzierten!

Das Herstellungsverfahren von Standardbrot hat sich über die Jahrhunderte hinweg kaum verändert. Hauptsächlich basiert ein Grundrezept auf Roggenmehl unter Zusatz von Sauerteig als Triebmittel. Der Sauerteig wurde aus Mehl, Wasser und Hefe angesetzt, vergoren und „weitergezüchtet". Diese Art und Weise wurde auch von den Leuten auf dem Land gepflegt, bis ins 20. Jahrhundert hinein. Ein anderes Grundrezept basiert auf Weizenmehl, Hefe, Milch und Fett, damit lassen sich Weißbrot und unter Zusatz von Eiern, Gewürzen usw. Weiß- und Feingebäcke aller Sorten wie Wecken, Brezeln, Krapfen und Semmelbrot, herstellen. Wer sich mit diesen Details nicht groß beschäftigen mag, der greife im Supermarkt zu einer Backmischung, gebe sie in den Brotbackautomat und lässt sich sein Brot backen! Oder aber noch besser: Man gehe zum Bäcker seines Vertrauens und kaufe dort frische Backwaren – der Geruch ist nicht zu übertreffen!

Der „Rostocker Bäckerchor von 1888"

Schon mehr als 120 Jahre existiert der Rostocker Bäckerchor. Sangesfreudige Bäckermeister fanden sich in einer Gesangsabteilung der Innung zusammen, offiziell gegründet per 3. Februar 1888 mit 22 Sängern. Während man sich zunächst nur auf Innungsveranstaltungen beschränkte, ist dann 1908 die erste Teilnahme an einem überregionalen Ereignis verzeichnet: dem 24. Mecklenburgischen Sängerfest in Rostock. Trotz Rückschlägen, z.B. in den Kriegsjahren, hörte der Bäckerchor nie auf zu existieren. Als Aushängeschild und Bindeglied der Innung hat dieser Chor bis heute eine wichtige Funktion und Ausstrahlung auf das kulturelle Leben in der Region.

Der Rostocker Bäckerchor anlässlich des 70jährigen Bestehens, 1958

Brunnenbauer

Der Brunnenbau war und blieb bis in die heutige Zeit ein anerkannter Beruf, in dem noch immer ausgebildet wird. Selbstverständlich hat sich einiges geändert, war doch der Beruf früher eher eine Mischung aus Maurer, Zimmermann, Klempner und Geologen (besser gesagt Bodenkenner, um nicht Wünschelrutengänger zu meinen). Der Handwerker erschloss die am Ort vorhandenen Trinkwasserquellen für die Leute und legte Brunnen und Leitungen an, wobei hauptsächlich das Bodenwasser genutzt wurde. Die Versorgung mit sauberem Trink- und Brauchwasser war für Mensch und Tier immer lebensnotwendig, und schlechtes Trinkwasser verursachte häufig den Ausbruch von epidemischen Krankheiten wie Pest und Cholera, wovon auch die Seestadt Rostock im Verlauf der Jahrhunderte nicht verschont blieb. Neben dem wachsenden Trinkwasserbedarf durch die steigende Bevölkerungszahl in den letzten Jahrhunderten nahm ebenso der Brauchwasserbedarf ständig zu. Eine Ursache lag z. B. in der zunehmenden Technisierung der Wirtschaft. Zugleich stiegen die Hygieneanforderungen im Lebensmittelbereich. Gleiches galt für das Reinlichkeitsempfinden des modernen Menschen, denn so entstanden private Wascheinrichtungen und Bäder in den Haushalten. Ein nicht unwesentlicher Teil an Wasser wurde für die Brandbekämpfung gebraucht und eingesetzt, denn ohne Wasser gab es keine Rettung vor den Flammen. Am 8. Januar 1608 zum Beispiel, brannte das Lagetor ab; die Bürger mussten tatenlos der Verwüstung zusehen, weil die Warnow als einzige Wasserquelle zugefroren war und kein Brunnen in der Nähe genügend Wasser führte.

Vignette zur Werbung für den Brunnenbau, 1920er Jahre

Noch vor etwa 150 Jahren gelangte das Trinkwasser nicht so bequem, mit Druck, wie wir es seit Langem aus der Leitung gewohnt sind, in die Haushalte. Dabei waren schon diejenigen Bewohner im Vorteil, welche auf eigene Kosten eine Pumpe auf dem Hof oder im Hauskeller ihr Eigen nennen konnten. Die meisten Leute mussten mit Eimern zu den öffentlichen Brunnen gehen, die es an zentralen Stellen und Plätzen gab. Bereits im Bildwerk von Vicke Schorler von 1578-86 sind solche Wasserentnahmestellen Am Schilde und an der Kreuzung Große Mönchenstraße/Trägerstraße eingezeichnet. Das Wasser wurde eigenhändig gepumpt und dann schwer heimgetragen. Meist war es die Aufgabe der Hausfrauen und in reichen Familien die der Mägde. Folglich ging man mit Wasser sehr sparsam um.

Brunnenbauer, hier die Fa. Friedrich Niemann aus der Rostocker Neubramowstr. 5, waren in der ersten Hälfte des 20. Jahrhunderts noch sehr gefragt

Nicht alle Brunnen in Rostock führten selbst frisches Quell-

Ein Spaßfoto – imitierte Vorrichtung zur Brunnenerschließung in Gehlsdorf

wasser aus der Erde, einige Anlagen wurden auch mit ausgeklügelten Techniken durch Oberflächenwasser gefüllt, was schon einer zentralen Wasserleitung sehr nah kam. Diese Brunnen nannte man hier im 19. Jahrhundert Kümmen. Sie bildeten im Grunde ein hölzernes Wasserreservoir und wurden aus im Süden der Stadt liegenden Teichen, den Pfeifenteichen, über zwei Gräben (Reifergraben, Kummgraben) und innerhalb der Stadt durch Piepen (Holzleitungen) gespeist. Doch waren die Menschen immer wieder der Natur ausgeliefert. Lang anhaltende Trockenheit im Sommer ließ auch das Wasser in den Teichen verdunsten und es herrschte akuter Trinkwassermangel. Um 1860 verstand man es schon, die Dampfmaschine einzusetzen, um als Ersatz Oberwarnowwasser in die Brunnen zu pumpen.

Tatsächlich hatte man in Rostock mit einer (zentralen) Wasserleitung schon längere Zeit gute Erfahrungen gemacht. Als Vorreiter moderner Anlagen galt die Wasserversorgung in den Brauereien des 16. Jahrhunderts, welche die etwa 240 Brauherren mit ihrem finanziellen Kapital errichten ließen. Sie hatten sich zu 3 Borngesellschaften zusammengeschlossen, die älteste Borngesellschaft entstand in der Mittelstadt, sie unterhielt auf dem Hopfenmarkt (heute Universitätsplatz) einen Nebenverteilerbrunnen zur Versorgung der Interessenten der Neustadt, gegen Ende des 16. Jahrhunderts gehörten zur Borngesellschaft der Neustadt 23 Brauer. Weiches Oberflächenwasser aus den Seen und Teichen der Umgebung wurde zentral der Wasserburg zugeführt, in einem hohen Turm gespeichert und von dort über hölzerne Piepenleitungen weiteren Verteilerbrunnen oder direkt den Brauhäusern zugeführt. Dieser Umstand war für den Rostocker Gerstensaft sehr nützlich.

Die Brunnenbauer hatten in der Seestadt immer viel zu tun. Alte Straßennamen wie Pümperstraße und Pütterweg weisen auf die Bedeutung dieses Handwerks hin. Statistisch gesehen kam im Jahr 1861 im Königreich Preußen auf 18.700 Einwohner ein Brunnenbauer, 1907 gab es im Großherzogtum Mecklenburg-Schwerin 61 „Brunnenmacher" mit 121 Beschäftigten.

Der historische Brunnenbau in Rostock entwickelte seine eigene Spezifik. Im Mittelalter wurden die Brunnen in drei Varianten gefertigt: als Fass ausgesteift erbaut, viereckig aus Holz gezimmert oder rund in Back- oder Feldstein gemauert. Bis in das 18. Jahrhundert funktionierten die Brunnen durchgehend als offene Ziehbrunnen, bis sie mittels Steigrohren zu Pumpbrunnen umfunktioniert wurden. Insbesondere der hölzerne Brunnen erforderte eine sorgfältige und stabile Bauweise. Der ausgegrabene Schacht wurde mit vier miteinander versteiften Eckpfosten ausgeteuft, an denen dann flächendeckend die Wandbohlen befestigt wurden. Auf diese Weise grub und zimmerte man sich kastenförmig, nach und nach und Meter für Meter, von oben nach unten in den Boden. Archäologen bezeichnen diese gezimmerte Schachtaussteifung als „Rostocker Schacht". Der früheste Rostocker Holzbrunnen stammt nach den verwendeten Hölzern etwa aus dem Jahr 1231, der jüngste wird entsprechend archäologischer Grabungen auf 1475 datiert. Als Material wurde hauptsächlich Eichenholz verwendet, später auch Eschen- und Kiefernholz, als Eiche aus der Rostocker Heide wohl schon knapp wurde. Die Mehrzahl der alten gezimmerten Rostocker Brunnen wurde schon im 13. Jahrhundert angelegt.

Die Feldsteinbauweise für Brunnen setzte vermutlich erst zum Ausgang des Spätmittelalters ein. Doppelwandige Feldsteinbrunnen versprachen eine wesentlich längere Nutzungszeit, tatsächlich waren in Rostock Steinbrunnen noch bis zur Einführung der modernen, industriellen Wasserversorgung in der 2. Hälfte des 19. Jahrhunderts in Gebrauch. Die Errichtung war aber sehr teuer, der Bau aufwändig und kompliziert, da der Erdschacht bis zur Wasserquelle zuerst komplett ausgehoben und die Grube zwischenzeitlich provisorisch abgesteift werden musste, bevor aufgemauert werden konnte. Je Tiefenmeter verbaute man 150 bis 200 unbehauene Feldsteine.

In der Neuzeit kamen dann auch Klinkersteine zum Einsatz, um einen Brunnenkessel herzustellen, das waren die modernen Brunnensteine, die eigens für diesen Zweck zur Rundform gebrannt und zusammengesetzt wurden, damit die Fugen nicht nach außen klafften. Trotz eines florierenden Brunnenbaus konnten selbst im 19. Jahrhundert nicht alle Menschen ständig mit frischem und gesundheitlich einwandfreiem Trinkwasser versorgt werden. Noch 1859 holten Einwohner von Warnemünde (1585 Einwohner) oder die Leute vom Fischer- und Gerberbruch in Rostock mit Eimern und Holzkübeln Wasser zum Kochen und Säubern aus der Warnow. Eine keinesfalls hygienisch einwandfreie Sache, nachdem die Leute zuvor die Küchenabwässer, alle möglichen Ausleerungen und Abfälle in den Warnowfluss schütteten. Es gab beispielsweise in der niedrig gelegenen Strandstraße am Warnowufer (Am Strande) sehr schlechtes Brunnenwasser durch die bergab zurückfließenden Abwässer aus der Mittel- und Neustadt, da noch keine zentrale Kanalisation vorhanden war. Trinkwasser konnte in früheren Zeiten eine Mangelware sein, und die Hausfrau ließ sich allerlei einfallen, um reines Trinkwasser auf den Tisch zu bringen. Die industrielle Wassererzeugung zum Ende des 19. Jahrhunderts und in einigen mecklenburgischen Landstädten erst im Verlauf des 20. Jahrhunderts ließ ausreichend und gesundheitlich unbedenkliches Wasser allen Haushalten zukommen.

Heute erhält Rostock als eine der wenigen deutschen Städte Trink- und Brauchwasser durch Entnahme von Oberflächenwasser aus einem Fluss, das, bevor es von der Warnow aus den Hähnen fließt, durch „Eurawasser" gereinigt, vergütet und in beste Qualität gebracht wird. 1995 wurde die Wasseraufbereitung mit einer Ozonanlage, einer neuen Chemikalienstation und einer Anlage für die Schlammbehandlung ausgestattet, mit der Ozonanlage konnte der Chlorgehalt zur Desinfektion um 80 Prozent gesenkt werden konnte.

Buchbinder

„De kriegen't all in'n Kopp: de Apteiker von dat Büssenrücken, de Uhrmaker von dat Ticktacken un de Baukbinner von dat Prophetenkloppen."

Die Weiterverarbeitung von Druck-Erzeugnissen erfolgt heute ganz modern in der industriellen Buchbinderei, womit Angebot und Nachfrage schnell und kostengünstig abgedeckt werden. Die Handbuchbinderei dagegen, als manuelle und einzigartige Endfertigung eines Manuskripts, ist ein kostenintensives Geschäft. Sie ist inzwischen vorwiegend in der Restauration für Museen, Bibliotheken und Archive angesiedelt und daher ein seltenes Handwerk geworden, aber im Grunde finden sich hier die historischen Wurzeln wieder.

Die Buchbinderei war in Rostock ab dem 15. Jahrhundert repräsentativ vertreten, sodass auch nach diesem Handwerk eine Straße benannt wurde. In dieser Universitäts-, Handels- und Behördenstadt hatte sich eine Auftragslage für Verlage, Buchdruckereien und Buchbindereien entwickelt. In einer großen mecklenburgischen Stadt, wo durch die Universitätsleitung, Universitätsprofessoren, dem städtischen Rat, Kirchenherren, herzoglichen Gerichtsherren usw. Manuskripte per Hand geschrieben und dann auf Bögen gedruckt wurden, konnte sich die Buchbinderei als handwerkliches und zugleich künstlerisches Gewerbe vervollkommnen.

Die Buchbinder organisierten sich bis 1945 in einem Handwerksamt; die früheste, erhaltene Amtsrolle im Rostocker

Der Buchbinder.

Ich bind allerley Bůcher ein/
Geistlich vnd Weltlich/groß vnd klein/
In Perment oder Bretter nur
Vnd beschlags mit guter Clausur
Vnd Spangen/vnd stempff sie zur zier/
Ich sie auch im anfang planier/
Etlich vergůld ich auff dem schnitt/
Da verdien ich viel geldes mit.
G De

Stadtarchiv mit 24 Artikeln stammt von 1577, 1614 wurde sie neu erarbeitet und vom Rat bestätigt. Des Weiteren existieren eine erhaltene Buchbindergesellenordnung datiert von 1581 und eine weitere Rolle mit Zusätzen von 1608.
Die Arbeit des Buchbinders als Schlussglied in der Kette der Buchherstellung nahm starken Einfluss darauf, ob ein schönes handhabbares, blätterbares und doch zusammenhaltendes Buch entstehen konnte, womit auch er sich neben dem Autor, dem Papiermacher und dem Verleger ebenso einer Buchkritik aussetzte. So kritisierte z. B. Wilhelm Wackernagel (1806-1869) die mangelnde Qualität einer Auflage, weil auf verschiedenen Seiten Randbemerkungen abgeschnitten waren, „das Pergament war dem Buchbinder eben zu lang“, so der Kritiker, heute nennt man das „Mangelexemplar“ oder es würde gleich eingestampft werden.
Die erste nachweisbare Buchbinderei zu Rostock war, wie die Druckerei auch, nach 1476 durch die „Brüder vom gemeinsamen Leben“ angesiedelt worden. Von der Buchdruckerei des Dr. Nikolaus Marschalk Thurius (1470-1525) wissen wir, dass er 1521 bei einem Lübecker Buchbinder namens Meister Hans zwei Buchdruckerpressen bestellte. Aus dem Rechnungsbuch von Herzog Ulrich von Mecklenburg (1575-1585) ist zu erfahren, dass „zue Rostock haben wir binden lassen sex exemplarr der neuen gedruckten Augsburgischen Confession. Darfur geben 6 marckstuck“. Die Rostocker Buchbinderei war also durchaus im Land gefragt.
Insgesamt ist die Arbeit und die Kunstfertigkeit der Buchbinder weit älter als der moderne Buchdruck. Schon kurz nach Gründung der Stadt Rostock entstand in der Verwaltung (im damaligen Rat) umfangreiches Schriftgut, das bald nach Sachthemen geordnet und bei Anhäufung zusammengefügt oder gebunden werden musste, und in Folge entstand das erste Stadtbuch und damit das erste Buch Rostocks überhaupt. Dieses älteste Stadtbuch ist inzwischen eine archivalische Kostbarkeit, es gibt Auskunft über den Zeitumfang von 1254-1273, es besteht vom Material her betrachtet aus zwei Blättern bzw. Karten, drei Heften und einem gebundenen Komplex aus neun Lagen in Pergament.
Unter kirchlichem und klösterlichem Dach und dessen Schutz hinterließen Buchbinder noch vor Gutenberg (1450) ihre historischen Spuren. Mittelalterliche Bücher waren großformatig, von schweren Holzdeckeln geschützt, Bändern, Scharnieren und mitunter auch mit Schlössern versehen. Die enge Verbindung von katholischer Kirche und (Wissens)Studium förderte die Buchbindung in streng religiöser Richtung und verlieh den Buchhandwerkern eine besondere Stellung. In Wien zählten Buchbinder zu den gelehrten Berufen, in Paris und einigen deutschen Universitätsstädten wie später auch in Rostock genossen sie akademisches Bürgerrecht. In Rostock gehörten sie nach den Polizei- und Hochzeitsverordnungen des 16. Jahrhunderts zu den „mittleren Standespersonen“, denen es erlaubt war, ihre Hochzeit von Mittags bis in die Nacht zu halten, während niedere Standespersonen erst ab dem Abend feiern sollten.
Die Buchbinderei profitierte nach der Reformation von einer aufgeklärteren Welt. Hauptsächlich in deutschen Universitätsstädten und im Norden Deutschlands, einschließlich Nürnberg und Augsburg im Süden, entwickelte sich ein neues und breites Lesepublikum mit Bedürfnissen nach schöngeistiger Literatur und Offenheit für Informationen und Neuigkeiten aus der Welt. Diese neuen literarischen Bedürfnisse gaben dem gedruckten Wort insgesamt einen kräftigen Aufschwung, brachten Arbeit für Verlage, Buchdrucker, Buchbinder und ließen mit dem Buchhändler bzw. Buchführer einen neuen Beruf entstehen.
Von Anfang an kam es zwischen den Buchhändlern – die damals mit allen Produktionskosten in Vorkasse gingen, dann auf Messen und Märkten die Bücher dem Leser verkauften – und den Buchbindern zu wirtschaftlichen Konflikten, die vielfach gerichtliche Auseinandersetzungen zur Folge hatten. Buchbinder waren mitunter gleichfalls mit dem Recht des

Buchhandelns ausgestattet worden, was dem Buchführer einige finanzielle Verluste einbrachte. Der Buchbindermeister Hans Meier in Rostock konnte um 1525 auch als Buchverkäufer erfolgreich sein. Er verkaufte, wie seine Nachfolger später, hauptsächlich in der eigenen Werkstatt gebundene ABC-Bücher für die Schulen, Bibeln, Katechismen, Gesangsbücher, Gebetsbücher und Kalender. Somit ging das fertige Buch nach der letzten Station der Buchproduktion direkt an den Kunden – also aus der Buchbinderwerkstatt zum Leser. Hans Meier in Rostock oder ein ebenso erfolgreicher Buchbinder Johann Paul in Bamberg fuhren nicht zu Märkten oder der Frankfurter oder Leipziger Messe und sie unterhielten keinen Buchladen im Unterschied zum Buchhändler; aber die Bürger nutzten die Werkstattnähe, ein wirtschaftlicher Vorteil für sie und zum großen Ärger für den Buchhändler in der Stadt.

Bis Ende des 18. Jahrhunderts glätteten sich die Wogen zwischen Handwerk und Handel, Buchbinder und Buchhändler. Verlage und Buchhändler vereinnahmten für sich die meisten Sparten der umfangreichen Literatur durch geebnete Vertriebswege. Aber nach wie vor verblieb in einigen Regionen der Verkauf von Schulbüchern, Bibeln und Kalendern bei den Buchbindern. Der Buchbindermeister wiederum erweiterte sein bisheriges Arbeitsfeld durch die Futteralherstellung für Brillen, Schmuck und durch kleine Kästchen.

Das Buchbinderhandwerk zählte in der Zunftzeit zu den „geschenkten" Handwerken. Das Geschenk bestand in vier bis sechs Groschen für den wandernden Gesellen, zusätzlich hatte der eingewanderte Geselle auch freie Unterkunft. Der Lehrjunge hatte besondere Bedingungen zu erfüllen, er sollte fließend lesen, akkurat und schön schreiben können. Für seine Bewerbung war es vorteilhaft, wenn er eine gewisse Kunstfertigkeit besaß, zeichnen konnte sowie in Fremdsprachen wie Latein und Französisch bewandert war. Das Zeichnen half, genau und akkurat zu arbeiten sowie ein richtiges Augenmaß zu entwickeln, das für den Buchbinder unbedingt erforderlich war. Künstlerisches Talent war zur Gestaltung des Deckels im Umgang mit Holz, Leder, Samt, Seide und bei Verzierungstechniken mit Gold und Silber nötig. Ehe ein Lehrbursche eingeschrieben wurde, musste er seinen Geburtsbrief vorzeigen, der dann im Original plus Kopie in der Meisterlade hinterlegt wurde. Die Lehrzeit gründete sich häufig auf einen darüber getroffenen Vergleich und konnte vier bis sieben Jahren dauern.

Im Handwerk herrschte ein besonderer Brauch des Gesellenmachens. Mit der Lossprechung des Lehrlings nach erfolgter Lehre, war er noch kein fertiger Geselle, sondern nur „Pachant". Er musste das Ritual des „Barbierens, Examinierens und Taufens" über sich ergehen lassen. Diesen Brauch pflegten gemeinsam mit Rostock weitere 15 deutsche Städte und Rostock hatte als Erstes dafür das kaiserliche Privileg erhalten.

Als Meisterstück fertigten die Buchbinder in der Regel vier Arbeiten zur Probe an, darunter oft eine Bibel im Großformat und in Kalbsleder gebunden. Das Leder dazu sollte der angehende Meister vorher selbst rot färben. Rücken und Deckel sollte er mit „zusammengesetzten Stempeln und Fileten vergolden und mit Klausuren beschlagen".

1796 gab es im Herzogtum Mecklenburg-Schwerin 28 Buchbindereien verteilt auf 13 Städte: Rostock sechs, Schwerin-Altstadt vier, Güstrow vier, Parchim zwei, Malchin zwei, Waren zwei, Grabow zwei, Boitzenburg eine, Bützow eine, Gadebusch eine, Lübz eine, Plau eine, Schwerin-Neustadt eine.

Nach den städtischen Katastern von 1852 existierten in den Städten des Großherzogtums Mecklenburg-Schwerin insgesamt 96 Buchbindereien, davon arbeiteten in der Seestadt Rostock 15 Buchbinder im Kleinhandwerk.

Das Ende des 19. Jahrhunderts brachte neue Techniken mit sich, das sogenannte Lumbeck-Verfahren mit fadenloser Klebebindung löste die Jahrhunderte alte Fadenbindung ab und hinzu kam um 1900 die Drahtheftung. 1904 existierten im Großherzogtum Mecklenburg-Schwerin zwei Buchbinder-Innungen als freie Innungen mit 20 Beschäftigten, acht Gesellen und 14 Lehrlingen. 1907 und 1909 legte jeweils ein Buchbinder die Meisterprüfung vor der Handwerkskammer Schwerin ab und 1902 wurden 10 Gesellenprüfungen, 1903: 6, 1904: 9, 1905: 14, 1906: 11, 1907: 7 und 1908: 13, abgelegt.

Zum Handbuchbinden gehörten Leim, ein fester Faden und jede Menge Papier, daran hat sich bis heute nichts geändert. Nur wer selbst einmal ein altes Buch näher betrachtet, der kann ahnen, welche handwerkliche Leistung in einer solchen Anfertigung liegt.

„Warum der Buchbindergeselle Lütkemann nicht heiraten wollte...

Es war zu Anfang des Jahres 1763. Unter den Meistern des ehrsamen Amtes der Buchbinder zu Rostock herrschte schon seit geraumer Zeit eine große Erregung, deren Ursache nicht etwa auf einen Bescheid E. E. Rats oder auf die zunftwidrige Handlung eines Meisters, sondern auf den von auswärts nach Rostock gekommenen Buchbindergesellen Georg Friedrich Lütkemann zurückzuführen war. Dieser wollte hier Meister werden und sich selbstständig niederlassen. An sich hatte das Rostocker Buchbinderamt gegen diese Absicht Lütkemanns gar nichts einzuwenden; es würde ihn mit Freuden in seine Mitte aufgenommen haben, aber Lütkemann wollte beim Meisterwerden das alte Herkommen durchbrechen und sich über die den Buchbindern in verschiedenen Zunftordnungen oder Rollen von E. E. Rat bestätigten Gerechtsame keck hinwegsetzen. Das verdroß die ehrsamen Zunftmeister in hohem Grade und durfte von ihnen unter keinen Umständen geduldet werden. Sie waren sehr stolz auf das hohe Alter ihres Amtes und hatten noch unter dem 13. September 1751 in einer an E. E. Rat gerichteten geharnischten Eingabe die Behauptung aufgestellt, daß es in der ganzen Welt nur sechzehn Städte gebe, in denen die Buchbinder durch Kaiserliche Verleihung das Privileg hätten, Gesellen machen zu können. Rostock sei von diesen wenigen Städten die älteste. Nach dem Meisterrechte, dem bedeutendsten korporativen Rechte des Gewerbestandes der Zunftzeit war nur demjenigen Gewerbetreibenden, welcher als Meister einer Zunft angehörte, der selbstständige Betrieb seines Handwerks gestattet. Meisterwerden und Heiraten gingen aber im 17. und 18. Jahrhundert Hand in Hand. (Einziges Schlupfloch waren die sog. Frey-Meister, als eine durch den Rat und nicht durch das Amt erteilte Meister-Zulassung – Anm. d. Red.)[...] Der Inhaber einer ‚Frey-Buchbinder-Conzession' unterlag bei der Ausübung seines Gewerbes nur der Beschränkung, daß er weder Gesellen noch Burschen auslernen durfte [...] Ein solcher Freimeister gedachte auch Georg Friedrich Lütkemann zu werden, weil er sich dem Heiratszwange des Rostocker Buchbinderamts nicht fügen wollte. Alle anderen Bedingungen, die an die Erlangung der Meisterschaft geknüpft waren, konnte er mit spielender Leichtigkeit erfüllen.[...] Die Anfertigung des Meisterstücks, das er binnen 14 Tagen bei dem Wirte der Buchbinderherberge, dem ‚Vater' unter der Kontrolle der ‚Schaumeister' zu machen hatte, bereitete ihm mithin keine Schwierigkeiten. Die Probearbeiten waren in den Rollen des Rostocker Buchbinderamts genau vorgeschrieben. Der Meisteraspirant mußte eine in weißem Schweinsleder zu bindende Münstersche ‚Cosmographia' anfertigen. Sebastian Münsters ‚Cosmographia' ist eine der frühesten Geographien; sie erschien zunächst 1544 und erlebte in 100 Jahren nicht weniger als 24 Auflagen. Die Bretterdeckel dieses berühmten Buches sollten mit weißem Kalbsleder bezogen und der Schnitt grün gefärbt sein. Ferner mußte der Geselle, der Meister werden wollte, zwei Oktavbücher, von denen das eine ein Atlas, das andere in rotem Leder gebunden war, anfertigen. Das erstere dieser beiden mit Goldschnitt versehenen Schreibbücher wurde dem worthabenden Bürgermeister, das letztere dem worthabenden Gewettsherrn in Rostock verehrt.

Der Buchbindergeselle Georg Friedrich Lütkemann [...] bestand nach wie vor darauf, daß man ihm die Ehe mit einer Meistertochter oder Meisterwitwe erlasse. Als aber das Amt ihm alle seine dahin zielenden Bitten abschlug, riß ihm schließlich die Geduld. Er wandte sich an den Rat mit der Bitte, ihm eine Freimeisterschaft zu verleihen. [...] Der strebsame junge Mann hatte aber mit seinem Gesuch kein Glück. [...] Dem Gesellen, der so gern Meister werden wollte, blieb mithin nichts anderes übrig, als sich noch einmal auf die Brautschau nach einer Meisterwitwe oder einem Meistertöchterlein zu begeben. Diesmal fand er endlich auch ein weibliches Wesen, mit der es wagte, ‚seine zeitliche Glückseeligkeit zu bauen'. Schon wenige Monate später wurde er in der regelmäßigen Weise Amtsmeister. [...] Georg Friedrich Lütkemann hat hierauf in Rostock noch länger denn ein Vierteljahrhundert sein Geschäft selbstständig betrieben. Er erwarb sich im Laufe der Zeit das Vertrauen seiner Mitmeister und nahm im Amte eine hervorragende Stellung ein. Dies ersehen wir aus dem Protokollbuch des Buchbinderamts, denn in dieses schrieb anno 1791 Lütkemann selbst hinein, daß er am 27. Juni ‚von einem ehrbaren Rathe zum Aeltesten erwehlet' sei und am 4. Juli die ‚Beeydigung geleistet' habe."

(Quelle: Sammlung Jan-Peter Schulze/ Rostocker Anzeiger)

Buchdrucker

„Hei is'n Drückerhingst un Bookstabenverdreiher."

Der Buchdrücker.

Ich bin geschicket mit der preß
So ich aufftrag den Firniß reß/
So bald mein dienr den bengel zuckt/
So ist ein bogn papyrs gedruckt.
Da durch kombt manche Kunst an tag/
Die man leichtlich bekommen mag.
Vor zeiten hat man die bücher gschribn/
Zu Meintz die Kunst ward erstlich triebn.
F iij Der

Spätestens seit Eccos „Der Name der Rose" weiß jeder, dass Bücher ursprünglich von den Mönchen handschriftlich abgeschrieben wurden, um sie zu verbreiten oder im Falle der „Komödie" von Aristoteles Bücher zu verbannen, aber im besten Falle wurden sie für die folgenden Generationen bewahrt und überliefert.
Seit Johann Gutenbergs Erfindung der beweglichen Lettern um 1450 erreichte der Buchdruck großen Aufschwung. Der Fortschritt war enorm, denn mit Hilfe von einzelnen Lettern aus Holz oder Blei war eine Buchseite schneller gesetzt als vorher mit der komplett in Holz geschnitzten Seite, die nur für eine Buchseite verwendbar war. Jetzt wurde der Buchdruck effektiver und dadurch auch preiswerter, aber Bücher blieben immer noch kostbar.
Die Erfindung Gutenbergs ging auch in Rostock ein und fand begeisterte Förderer. Von 1475 an wurde in Rostock dauernd, zeitweise sogar gleichzeitig, in mehreren Druckereien gedruckt. Um 1530 war die Buchdruckerkunst von Rostock die bedeutendste in ganz Mecklenburg.
Einen wichtigen Anteil am Buchdruck hatten die „Brüder vom gemeinsamen Leben" („frates bonae voluntatis" oder „vitae communis"). Sie erfüllten fast alle typografischen Bedürfnisse des Landes. Um 1462 waren die Brüder aus Münster in Westfalen nach Rostock gekommen, sie gehörten zu einer Bruderschaft, die 1370 in den Niederlanden gegründet worden war, und hatten ihrer Stiftung den Namen des grünen Gartens oder grünen Hofs beigelegt. Sie erbauten um 1480 ein Klosterhaus und gaben dem Wirken, das im Verbreiten von religiösem Wissen bestand, hier zugleich eine Arbeitsstätte. In der besten Zeit lebten 17 Mitglieder im Fraterhaus. Die Universität Rostock unter Rektor Nikolaus von Deer förderte die Arbeit der Bruderschaft und ebenso die 1475 von ihnen eingerichtete Druckerei. Von 1476 bis 1531 wurden hier in der Rostocker Druckerei, die nach Merseburg und Lübeck die drittälteste norddeutsche Druckerei war, innerhalb von fast 60 Jahren etwa 30 verschiedene Werke gedruckt. Das erste bekannte Buch aus der Druckerei der Rostocker Fraterherren war ein Werk des lateinischen Schriftstellers Lactantius. Ihre folgenden Geschäfte nahmen einen wirtschaftlich guten Verlauf, denn sie verlegten auch Werke, die außerhalb von Rostock in Städten ihrer niederländischen Heimat gedruckt wurden. Der Buchdruck bezog sich inhaltlich auf rein kirchliche Werke und der äußere Druck war schlicht gehalten, ohne großen Schmuck. Ihr ältestes Druckerzeichen zeigt eine Weltkugel mit darauf errichtetem Kreuz, das jüngste Zeichen zeigt den Heiligen St. Michael auf einer Weltkugel, wie er mit Kreuzstab und Schwert den Drachen besiegt. Mit Namen ist aber wohl nur der Buchdrucker Michael Holt (1532) bekannt. Der Umstand, dass nach Einführung der Reformation bei der Bruderschaft noch einige Werke gegen die Reformation erschienen waren, mag zur Einstellung der literarischen Tätigkeit nach 1540 beigetragen haben. Aus dem Klostergebäude St. Michael wurde später ein Pädagogium der Universität, dann übernahm die Stadt das Gebäude, errichtete darin ein Zeughaus und später ein Wollmagazin, heute nutzt die Universitätsbibliothek Haus und Räumlichkeiten.
Anfang des 16. Jahrhunderts errichtete Hermann Barkhusen, der von 1503-1526 das Amt eines Stadtsekretärs bekleidete, eine Privatdruckerei zu eigenen wissenschaftlichen Zwecken, denn er hatte die Werke zum größten Teil auch selbst bearbeitet. Aus seiner Druckerei sind acht Werke bekannt. Er starb 1528 oder 1529, kurz zuvor hatte er seine Buchdruckerei an L. Dietz abgegeben.
Eine weitere Buchdruckerei wurde von Dr. Nikolaus Marschalk Thurius (1470-1525) errichtet. Er war ein bedeutender Gelehrter aus Thüringen, der hier in Norddeutschland versuchte, die griechische Sprache und Literatur durch Lehre und Druckschriften bekannt zu machen. Schon in Erfurt

hatte dieser gelehrte Mann eine Druckerei besessen. Auch in Rostock richtete er mit Hilfe eines Erfurter Druckers, Günter Winter, in seinem Haus eine Druckerei ein, die etwa acht Jahre (1514-1522) bestand. Seine lateinischen Lettern waren sehr schön gearbeitet, große Verdienste erwarb er sich durch die Anschaffung griechischer Typen und selbst ein Holzschneider stand in seinen Diensten. 25 Bücher aus seiner Druckerei sind bekannt, unter denen der letzte Druck ein deutscher Auszug der mecklenburgischen Chronik war.

Der erste öffentliche Buchdrucker in Rostock, der selbstständig hier ein Gewerbe eröffnete, war der oben genannte Ludwig Dietz, aus Steyer gebürtig. Zunächst war er in der Druckerei Barkhusens beschäftigt und erlernte von seinem Arbeitgeber die Grundkenntnisse und Besonderheiten der Schwarzen Kunst. Die Erwerbstätigkeit in Rostock war aber zu jener Zeit nicht eben günstig, sodass er nach Lübeck ging und dort versuchte Fuß zu fassen. Am 25. April 1558 wurde er zum Universitätsdrucker von Rostock bestellt, starb aber bereits am 1. September 1559 nach einem insgesamt mehr als fünzigjährigen Wirken als Buchdrucker, in dem er mehr als 60 Werke, viele davon in niederdeutscher Sprache, in Druck gebracht hatte.

Der Rostocker Buchdruck wurde dann hauptsächlich durch den Rat veranlasst und gefördert, an der Universität praktisch ausgeübt, denn Bücher zu wissenschaftlichen Lehr- und Forschungszwecken waren notwendig und hoch begehrt. In Zeiten langer und schwieriger Verkehrswege war das gedruckte Buch der hauptsächliche Kommunikationsweg, um Rostocker Wissenschaft in die Welt zu verbreiten oder neue Erkenntnisse zu erfahren. Nur auf diesem Weg konnten Gelehrte allgemein wissenschaftliche Anerkennung erlangen.

Bücher waren stets auch eine öffentliche Angelegenheit, schon etwa ab 1600 herrschte in Deutschland mit territorial unterschiedlichem Nachdruck die allseits gefürchtete Zensur, der sich Buchdrucker wie Verleger und Buchhändler unterordnen mussten. Schon von Ludwig Dietz verlangte die Universität für die Gehaltszahlung seiner jährlich 30 Gulden die Anerkennung der Universitätszensur. Mitunter war man aber in anderen Städten strenger als in Rostock. Die Stadt Stralsund versuchte den Rostocker akademischen Drucker Moritz Sachs mit einem guten Angebot an den Strelasund zu locken, verlangte jedoch von ihm, das kein Buch gedruckt werden dürfe, was nicht vorher dem Superintendenten und dem Stadtsyndikus vorgelegt wurde. Buchdrucker Sachs, ein Freigeist, lehnte dankend ab. Moritz Sachs gab erstmalig eine Rostocker Zeitung in den Jahren 1625 bis 1628 heraus. Leider ist kein einziges Exemplar mehr vorhanden.

Ein ebenfalls bekannter Universitätsdrucker war Johann Weppling, der seit 1683 als akademischer Buchdrucker beschäftigt war. Er fasste 1711 den Plan, in Rostock eine Zeitung zu gründen, und musste vorher die hohe Hürde des Universitätszensors überwinden, was ihm trotz gewisser Schwierigkeiten gelang, sodass die Zeitung in regelmäßigen Abständen erschien. Weppling starb 1725, sein Nachfolger (seit 1722) wurde Johann Jakob Adler aus Stettin.

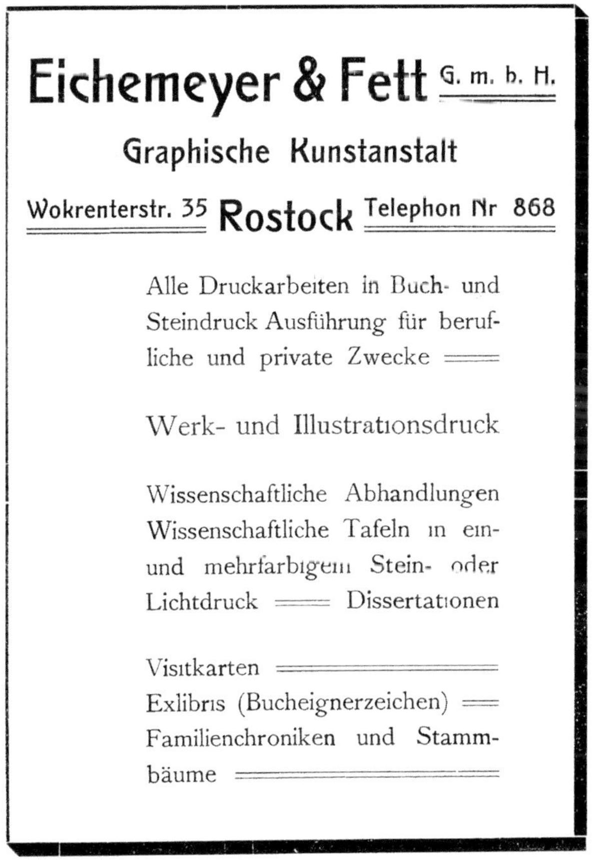

Druckerei-Werbung, 1906

In den Herzogtümern Mecklenburg-Schwerin und Mecklenburg-Strelitz zusammen existierten per 1796 insgesamt fünf Buchdruckereien: Rostock zwei, Gadebusch eine, Neubrandenburg eine und Schwerin eine.
Vieles wurde in den Zeiten moderner Verwaltung nun gedruckt, nicht nur Bücher, sondern auch Journale, Intelligenzblätter, Verordnungen usw. Alle mecklenburgischen Druckereien verbrauchten damals, nach Abzug der Kanzleidrucksachen, der Kirchenzettel usw., jährlich etwa an die 60 Ballen Papier.
Nach den städtischen Katastern von 1852 existierten in den Städten des Großherzogtums Mecklenburg-Schwerin insgesamt 20 Buchdruckereien, davon arbeiteten in der Seestadt Rostock drei Buchdruckermeister im Kleinhandwerk.
Die relativ hohe Anzahl von Buchdruckereien entsprach einem sich rasch entwickelnden, kulturellen, geistigen Bedürfnis nach Wissen, Information und auch Unterhaltung quer durch alle Gesellschaftsschichten, wobei insbesondere das aufstrebende Bürgertum mit seinen Bedürfnissen hervorzuheben wäre. Daher erblühte im Verlauf des 19. Jahrhunderts parallel zur aufstrebenden Entwicklung verschiedenster Kultur und Kunstbereiche ebenso der Verlagsbuchhandel als ein Bereich. Umso mehr, als im Zusammenhang mit dem allgemeinen wirtschaftlichen Aufschwung gerade der technische Fortschritt sich vor allem im Druckereiwesen deutlich bemerkbar machte.
Nach einer zeitgenössischen Statistik wurde die nahezu Verdopplung der deutschen Bevölkerungszahl, also von 35,9 Millionen Einwohnern im Jahr 1852 auf 64,9 Millionen 1910, bemerkenswert überflügelt durch eine Vervierfachung der Buchproduktion von jährlich 8.857 auf 31.218 Neuerscheinungen. Der technische Fortschritt war nicht aufzuhalten, neue Erfindungen vereinfachten und verbilligten zunehmend die Herstellung von Druck-Erzeugnissen. Bereits 1818 war in Berlin die erste englische Papiermaschine aufgestellt worden. In den 20er Jahren ersetzte die von Friedrich König 1811 in London erfundene Schnellpresse, die etwa in einer Stunde 900 Bögen auf beiden Seiten bedrucken konnte, in Deutschland die Handpresse, und noch später wurden Zeitungen und Bücher in großen Auflagen auf ersten Rotationsmaschinen gedruckt.

Bekannt war im 19. Jahrhundert die Steindruckerei Tiedemann, welche Stadtansichten von Rostock und Mecklenburg, Wappenbücher, Spielkarten und Druckerzeugnisse für Handel und Industrie herstellte.
Der Hinstorff-Verlag eröffnete 1864 mit der Ausgabe des „Rostocker Tageblatts“ seine neue Druckerei in Rostock. Seit diesem Jahr erschien auch der berühmte „Voß-und-Haas-Kalender“, von 1864 bis 1918 unter dem Namen „Großherzoglich Mecklenburg-Schwerinscher und Mecklenburg-Strelitzscher Kalender“ genannt.
Die größte und bedeutendste Druckerei Rostocks im 19. Jahrhundert und bis 1945 war die Druckerei Adlers Offizin, später Adlers Erben, mit den Titeln Großherzogliche Hofdruckerei (ab 1900), Ratsdruckerei und Universitätsdruckerei bis 1945. Die Wurzeln des Unternehmens lassen sich bis zur Druckerei Dietz im Jahr 1558 zurückverfolgen. Anfang des 19. Jahrhunderts entstanden in dieser Buchdruckerei eine Vielzahl von Buchausgaben. 1940 erschienen am Hopfenmarkt 32 im eigenen Verlag 36 Fernsprechteilnehmerverzeichnisse aus Mecklenburg und Vorpommern. Für den „Sofort-Verlag“ Berlin wurde die gesamte Auflage gedruckt. Hier entstanden die Deutsche Kürschner Zeitschrift, das Fachadressbuch der deutschen Zuckerindustrie oder die Register des Lloyd Berlin. Adlers Erben arbeitete einzigartig in Mecklenburg mit Einzelbuchstaben-Setz- und Gießmaschinen, die auch den Tabellensatz ermöglichten.

Dachdecker

„Mien Sinn steiht up was Hohges, säd' de Dachdecker, un kladdert up't Dack.“

Jede Stadt zeichnete sich seit ihrer Gründung durch die schillernden Dächerformen der Türme, Kirchen, Speicher und Bürgerhäuser aus, sie gaben der Stadt von Anbeginn ein unverwechselbares Bild, sodass im Laufe der Jahrhunderte eine historisch gewachsene Silhouette geprägt wurde. Frühe bildhafte Ganzdarstellungen zeigen den Stadtgrundriss und eben die charakteristische Silhouette aus verschiedenen Himmelsrichtungen, auch wenn der jeweilige Künstler mitunter seiner

Ein Blick nach der Wende zum 20. Jahrhundert über das Reich der Rostocker Dachdecker

Fantasie freien Lauf ließ. Die beliebteste Stadtansicht von Rostock wurde aus nördlicher Richtung gezeigt, beispielsweise bei den Künstlern Hans Weigel 1550/60 und Franz Hogenberg in einem Kupferstich von 1597. Doch aus welcher Perspektive auch immer, die roten Sattelziegeldächer zeigten ein farbenfrohes, belebtes Rostock.

Das Dachdeckerhandwerk hat sich im Laufe der Zeit von den Bauhandwerkern als eigenständiges Gewerk herausgebildet. Das dauerte seine Zeit, bevor es als selbstständiges Gewerk anerkannt war, jedoch gehörte von Anbeginn des Hausbaus die wetterfeste Dacheindeckung dazu. Die Handwerker, die sich mit dem Dachbau professionell abgaben, wurden so vielfältig benannt, wie es Materialien dafür gab. In Rostock wie in allen anderen mecklenburgischen Städten gab es bis etwa Mitte des 19. Jahrhunderts die Turmdecker (als Spezialisten für die sehr hohen Kirchentürme), Bleidecker, Kupferdecker, Schieferdecker und eben die Ziegeldecker. Wegen der Feuergefahr wurden ab dem 14. Jahrhundert Ziegeldächer für wertvolle Gebäude verwendet und später auch für die Bürgerhäuser verordnet – und so entstand der Beruf des Ziegeldeckers.

Häufig wurden die Ziegeldächer schlichtweg von Maurern gefertigt. An Stadtrandgebieten, in kleineren Städten und auf dem flachen Land gab es sehr lange die Stroh- und Rohrdecker, da diese einheimischen Materialien besonders in den Küstengebieten vor der Haustür wuchsen und daher sehr kostengünstig waren. Die historischen Dacheindeckungen mit Reet werden heute wieder gepflegt und haben durch das denkmalgeschützte Bauen eine Wiederbelebung erfahren.

Die Handwerksbetriebe der Dachdecker waren in der Regel klein, und die Kapitalvoraussetzungen für den Meister gering, da nur wenige Geräte und Werkzeuge wie Dachleiter, Kelle, Säge, Seile, Spitzhammer oder Zange benötigt wurden. Die Meister und Gesellen der Dächer unterlagen zunächst keinem Zwang zur eigenen Zunftgründung, sie traten je nach ihrer Spezialisierung den Zünften des Bauhandwerks bei, hauptsächlich dem Maureramt von Rostock, aber auch der Kupferschmiedezunft u. a. Erst nach 1850 beginnt sich überall im deutschsprachigen Raum die allgemeine Berufsbezeichnung Dachdecker durchzusetzen und es bilden sich trotz Gewerbefreiheit Dachdecker-Innungen, um das eigene Gewerk aufzubauen. Ein notwendiger Grund bestand darin, die speziellen wirtschaftlichen Interessen z. B. vor den Maurern oder anderen Baugewerken zu schützen. Auch für die Dachdecker standen die Sicherung der Arbeitstätigkeit und damit die Sicherung ihres täglichen Einkommens sowie der Familienerhalt im Vordergrund.

Als erste nachweisbare dachdeckende Handwerker erscheinen im 13. Jahrhundert in Rostock die Lehmdecker, sie sind noch vereinzelt bis nach 1600 beispielsweise in Güstrow nachweisbar. Sie fertigten eine Dachdeckung an, die aus in

Werbung der Bedachungsfirma Christen, 1920er Jahre

Lehm eingelegtem Stroh bestand. Dafür wurden Stroh und Lehm nass miteinander vermischt und zusammen in eine Holzform gelegt, die einer größeren Schindel glich. Nachdem die Lehm-Stroh-Masse an der Luft abgetrocknet war, konnten nunmehr die fertigen Schindeln auf einer Bretterverschalung verlegt werden. Vermutlich wurden in Rostock in dieser frühen Zeit noch massenhaft die Dächer mit Stroh-Lehm oder später mit Rohr gedeckt. Der Lehmdecker musste überflüssig werden oder im Handwerk umlernen, als neue, stabile Dachmaterialien wie Ziegel, Schindeln, Kupfer und Zink aufkamen.

Die Dachdeckerei verlangte einiges Wissen über die Materialien, erforderte handwerkliches Geschick und Arbeitserfahrung. Voraussetzung für jegliche Dachdeckerarbeit war dabei eine gute Zimmermannsarbeit. Es war also sehr wichtig, wie exakt der Dachstuhl und insbesondere die Sparren errichtet waren. Wenn Maurer lediglich die Ziegel legten und mit Mörtel verstrichen, was häufig vorkam, brachte der Zimmermann auch die Latten an. Sie sollten parallel zum First und im richtigen Abstand von oberer Lattenkante zur nächsten oberen Lattenkante nach der jeweiligen Dachsteingröße verlegt und angenagelt sein, sonst wurden die Ziegelreihen und das ganze Dach schief und durchlässig. Anders die Ziegeldecker, sie setzten und nagelten dank ihrer Professionalität dagegen die Latten selbst. Bezahlt wurden die Ziegeldecker je nach tausend Stück Dachsteinen, die aufgelegt wurden, hinzu kamen auf den Preis entsprechende Aufschläge nach Anzahl der Stockwerke.

Auch die Dachziegel wurden im Laufe der Jahrhunderte durch Material, Größe und Form erheblich verändert, maßgeblichen Anteil hatte daran die zunehmende technische Herstellung. Als älteste Dachziegelform sind die Mönch- und Nonnendachziegel aus gebranntem Ton bekannt. Dabei wurden immer zwei konisch geformte Hohlziegel ohne Verpfalzung gelegt, von denen der eine größer als der andere (Mönch und Nonne) war, beide zusammen bildeten ein Paar. Bereits das ehemalige Kloster Marienehe war ursprünglich mit den Nonnen- und Mönchziegeln eingedeckt worden, allerdings sind heute davon keine Spuren mehr vorhanden. Noch um 1860 waren die Dächer der Rostocker Hauptkirchen teilweise mit diesen Ziegelarten belegt, insbesondere ihre Abschrägungen und die Turmdächer.

Bei den großen Kirchendächern mit den Seitenschiffen, Türmen und Dachreitern brachte die Zeit eine gemischte Dachdeckung von Kupfer, Schiefer und verschiedenen Dachziegelarten hervor. So waren bei der im 2. Weltkrieg völlig zerstörten St. Jakobi-Kirche bis Ende des 19. Jahrhunderts die Turmspitze mit Kupfer, das Satteldach des Mittelschiffs mit Schiefer, die Pultflächen der Nebenschiffe mit Flachziegeln und das Dach der östlichen Kapelle mit Mönch und Nonne bedeckt. Diese Dacheindeckung war ein historisches Lehrbeispiel für veränderte Dachmaterialien und sehr interessant für den Betrachter.

Für die Wohnhäuser mit steilen Dächern haben sich bis in die heutige Zeit mit den „platten und den hohlen Dachziegeln" zwei Grundformen herausgebildet. Erstere hießen früher Zungenziegel, Hackenziegel, Fachziegel und heute Bieberschwänze. Die zweite Ziegelart sind die Dachpfannen, auch Hohlziegel, Hohlpfannen oder Krempziegel genannt; alle Varianten sind zu erkennen am lateinischen „S" im Querdurchschnitt. Platte Dachziegel und Schiefer waren im Süden und Westen Deutschlands vorherrschend, während die Dachpfannen (Hohlziegel) in Norddeutschland ihre breiteste Anwendung fanden.

Für die Bürgerhäuser der Seestadt galt das „alte Rostocker Pfannendach" als typisch, so eine denkmalpflegerische Einschätzung aus dem Jahr 1931. Die Pfannen boten, fachmännisch gut verarbeitet, Schutz gegen Feuchtigkeit, Regen und Schnee. Die Rostocker Bürger waren sehr darauf bedacht, ihre Dächer wie die Häuser in einem guten Zustand zu erhalten und jährlich einmal alles von einem „Kunstverständigen" nachsehen und im Schadensfall ausbessern zu lassen.
Beim Eindecken kannten die Meister im 18. und 19. Jahrhundert ihre kleinen Betriebsgeheimnisse. Unter die Pfannen legten sie Strohwiepen anstatt Dachmörtel, um das Eindringen von Schnee und Regen zu verhindern. Am Dachstuhl konnte man die Sparren breiter setzen und dadurch Holz einsparen, weil die Dachhaut leichter wurde. Gegen die erste Methode wendete sich aber bald der Brandschutz. Nach den „Artikuln der Brand-Assecurations-Gesellschaft der Städte", mecklenburgisch-landesherrlich bestätigt am 30. Juli 1785, durften in einer in die Feuerversicherung aufzunehmenden Stadt keine mit Strohwiepen gedeckten Ziegeldächer mehr vorhanden sein. In Rostock gründete sich schon 1782 eine Brand-Entschädigungs-Gesellschaft, und diese handelte später ebenso wie die Brandkasse für die anderen mecklenburgischen Städte. Nun deckte man wieder die Pfannen mit Kalkmörtel oder Gipsmörtel ein, sodass die Dächer schwerer wurden und sich eventuell Notsparren erforderlich machten. Aber die „Bewiepung" kam immer wieder mal vor, sodass sie in der Bauordnung für Warnemünde vom 30. Oktober 1848 erneut auf der Verbotsliste des Rostocker Dachdeckergewerbes stand.
Bei den Pfannendächern der Rostocker Bürgerhäuser kam es im Übergang vom 18. zum 19. Jahrhundert zu gravierenden Veränderungen, wie sich auch das gesamte städtebauliche Aussehen Rostocks sozusagen um 100 Grad veränderte. Das Rostocker Stadtbild wurde bis dahin hauptsächlich von gotischen, teilweise schon neuzeitlich überformten Giebelhäusern dominiert. Das Aussehen der Schaugiebel veränderte sich jeweils von der Gotik zur Renaissance und bis zum Barock, anfangs wurde eine die Höhe betonende Stufenform präsentiert, zum Schluss wählten die barocken Baumeister eine weiche, in Rundungen auslaufende Giebelform. Die Dächer hingegen blieben gleich, in der Hauptsache waren es nicht allzu steile Satteldächer und sie wurden durch den Giebel den Blicken der Passanten entzogen. Etwa von 1770 bis 1820 an begann man konsequent und vor allem aus Platzgründen Traufenhäuser längs zur Straße zu errichten, womit das Ziegeldach wie in keiner Periode zuvor sichtbar wurde. Hinzu kamen neue modische Dachformen wie das Mansardendach, das Wohnraum unter dem Dach mit Fenstern und mit wenig schrägen Wänden brachte und an die Dachdeckerei neue qualitative Anforderungen stellte.
Neben dem Ziegeldach gab es aber bis zur Mitte des 19. Jahrhunderts in Warnemünde noch althergebracht das Strohdach auf etlichen Wohngebäuden, und in den Vorstädten Rostocks das Holzdach mit Überzug durch geteerte Leinwand und geteerte Pappe. Eine Ratsverordnung vom 5. Januar 1846 gebot den Dachdeckern, modern zu verfahren und den Teer „noch bevor er trocknete, stark mit Sand oder Hammerschlag zu bestreuen". Dächer mit Holzschindeldeckung waren für Rostock nicht typisch, kamen aber hin und wieder vor und wurden wegen der Brandgefahr 1848 verboten.
In der zweiten Hälfte des 19. Jahrhunderts begann sich im städtischen Wohnungsbau das Pultdach mit wenig Dachneigung zu verbreiten, vor allem bei mehrstöckigen Arbeiterwohnhäusern und Mietskasernen. Parallel dazu verlief die Industrialisierung, durch die Produktionsgebäude und Lagerhallen mit großflächigen Dächern entstanden und die, vom Gewicht her, ein leichtes Dachdeckungsmaterial verlangten. Die Dachdecker verarbeiteten dafür mit der Dachpappe ein neues Material, das diesen Anforderungen genügte und die Dachfertigungszeit wesentlich verkürzte. Das Gewerk der Dachdecker hatte mit der Rostocker Dachpappenfabrik Dietrich Riedel an der Tessiner Chaussee bei den Krammonstannen, der ersten deutschen Dachpappenfabrik, einen Partner mit Qualität hinter sich.
1907 arbeiteten im Großherzogtum Mecklenburg-Schwerin 183 Dachdeckereien mit 384 Beschäftigten, die Ziegel, Schiefer, Dachpappe und Rohr verarbeiteten.

Nord-Dach: Über 50 Jahre Genossenschaft

Die Spur ihrer Steine zieht sich quer durch Rostock und das Umfeld der Hansestadt. Sie haben am Kohlekraftwerk Rostock und am Fährhafen Mukran mitgebaut, das Dach einer 16.000 Quadratmeter großen Warnemünder Werfthalle und das der Johannis-Kirche gedeckt. Mietshäuser und Eigenheime der Region tragen ebenso ihre Handschrift wie die Laufhalle am Ostseestadion, die neue Halle am Flugplatz Rostock-Laage, ein Block für Betreutes Wohnen am Vögenteichplatz, das Hauptgebäude der Ostsee-Zeitung, das Steintor und der Biberturm des Hotels am Alten Strom in Warnemünde. Bis hin zum Schindeldach und der Giebelverkleidung eines Rostocker Einfamilienhauses waren sie mit Deckhammer, Nageleisen und Kneifzange am Werk. Schmucke Rostocker Häuser und Produktionsgebäude sind so auch ein Spiegelbild ihrer Arbeit. Und ihr fachliches Können ist auch über die Region hinaus, beispielsweise in Hamburg und Berlin, gefragt. So trugen Rostocks Nord-Dachdecker auch mit der Umgestaltung des alten Kurhauses in Travemünde zum Arosa-Resort bei. Beim G 8-Gipfel waren wiederum Geschäfte zu schützen, wurden Schaufenster mit Platten zugenagelt. Im langen Winter 2010 war ihr besonderer Einsatz gefragt, um mit Hilfe einer Spezial-Hebebühne die Schneemassen von den Dächern zu räumen.

Die Rede ist von der Nord-Dach eG Rostock, die am 1. Juli 2010 auf ihr 20-jähriges Bestehen zurückblicken konnte. Die Unternehmensgeschichte aber reicht noch viel weiter zurück. Anno 2009 konnte bereits auf 50 Jahre Zusammenarbeit mit der VR-Bank angestoßen werden. Ihre Wurzeln hat die Genossenschaft schon in dem alteingesessenen privaten Handwerksbetrieb des Rostocker Dachdeckermeisters Friedrich Ross in der Schweriner Straße 63, wie ein Blick in ein altes Rostocker Adressbuch belegt. Fiete Ross junior, der Sohn des Firmengründers, war später von 1997 bis 2000 Geschäftsführer der Genossenschaft. Eine Schale aus Zinn im Büro der Nord-Dach eG erinnert daran, dass er 1961 seinen Meisterbrief erhielt. Das war bereits drei Jahre nach Gründung der PGH (Produktionsgenossenschaft des Handwerks) Dach und Blitzschutz. Fiete Ross ist inzwischen ebenso Rentner wie Hans Dethloff, der langjährige PGH-Vorsitzende, die Bereichsleiter beziehungsweise Meister Alfred Jaworski und Hans-Joachim Thiel oder der für die Lehrausbildung zuständige Eduard Sokolowski, um nur einige der Aktivposten aus der Geschichte des Betriebes zu nennen.

Eines von vielen Dächern der Nord-Dach eG: Johanniskirche Rostock

Seit 2005 ist Axel Wilke (43) Vorstandsvorsitzender der Genossenschaft, nachdem er bis dahin bereits drei Jahre der Aufsichtsratsvorsitzende war. In Rostock aufgewachsen, ist er hier seit Beginn seiner Lehre 1983 tätig. Er wurde Geselle, Vorarbeiter, Bereichsmeister, Aufsichtsratsmitglied. „Als die Wende kam, blieben wir Genossenschaft und das war nicht falsch“, erklärt Axel Wilke rückblickend. Allerdings hieß es, sich umzustellen, war Marktwirtschaft angesagt. Zu DDR-Zeiten hatte man mit den Dächern vieler Großbetriebe im Großraum Rostock große Aufgaben. Jetzt war eine Vielzahl auch kleinerer und größerer Aufträge erst an Land zu ziehen und vielfach aufwändig zu realisieren. Hatten in der DDR Planungsorgane festgelegt, wo zu arbeiten war, hieß es jetzt, Angebote zu unterbreiten, sich im Wettbewerb durchzusetzen.

Der Firmensitz in der Schweriner Straße erwies sich als zu beengt. In Reutershagen, in der einstigen Kurt-Bürger-Straße, wo die Überreste eines Betonwerkes standen, wurde gebaut. Am 14. September 1992 konnte vom neuen Firmensitz mit modernem Bürogebäude und Lagerhalle in der Goerdelerstraße Besitz ergriffen werden. Axel Wilke zeigt Bilder vom Baugeschehen im entstehenden Gewerbegebiet. „Schon in den 90er Jahren war alles bezahlt. Die Genossenschaft arbeitet nur mit eigenen Mitteln. Wir waren allerdingst einst über 60 Leute, speckten auf 40 ab. Viele der älteren Kollegen konnten wir in den Ruhestand begleiten“, berichtet der Geschäftsführer.

Ab Mai 2005 eine weitere Zäsur: „Die Schrumpfung des Personalbestandes auf 20 wurde vonnöten, um nicht der Arbeit in der Ferne nachjagen zu müssen. Die Lagerhaltung wurde reduziert, Aufgaben der Buchhaltung wurden einem Büro-Dienstleister

übergeben", berichtet Axel Wilke. Die Führung der Geschäfte, die einst viele Personen erforderte, schultert nun ein kleines Team. Axel Wilke und sein Meisterkollege Helge Rüß haben so nicht nur Angebote zu machen und die Aufgaben einzuteilen. Dabei bauen sie auf die Erfahrung der älteren Kollegen, aber auch die Ausbildung hat hohen Stellenwert. Zwei Azubis werden gerade ausgebildet, zwei weitere Lehrlinge sollen demnächst eingestellt werden. Die geburtenschwachen Jahrgänge bieten nun allerdings noch weniger Auswahl, und Kenntnisse etlicher Schulabgänger lassen vielfach ohnehin zu wünschen übrig.

Nord-Dach trägt zur Verschönerung des Stadtbildes und des Umfeldes der Region bei und poliert dabei auch die eigene Visitenkarte auf. Im Herbst 2007 wurde das Bürogebäude saniert, im Jahr darauf die Fahrzeugflotte erneuert. „Flexibilität ist gefragt und wir haben uns darauf eingestellt", erklärt Axel Wilke. Die Mitarbeiter müssen vielfältige Leistungsnachweise erbringen. Ständige Qualifizierung wurde zum Gebot der Stunde, um mit dem neuesten Stand der Technik vertraut zu sein. Die Sicherheitsansprüche auf dem Bau mit allem, was daran hängt, sind größer geworden.

Die Nord-Dach eG ist natürlich Innungsbetrieb. Am 3. April 2010 beging die Rostocker Dachdecker-Innung ihr 20-jähriges Bestehen. In ihrem Vorstand arbeitet auch Axel Wilke mit. Viele der hier organisierten selbstständigen Altmeister haben ihre beruflichen Wurzeln übrigens auch in der Genossenschaft.

„Zwischen Himmel und Erde ist ihr Reich... Tief unten das lärmende Gewühl der Wanderer der Erde, hoch oben die Wanderer des Himmels, die stillen Wolken in ihrem großen Gang... Der kühne Mann auf der Leiter geht so unberührt wie sie...", schreibt der Dichter Otto Ludwig voller Bewunderung über die Tätigkeit der Dachdecker. Ein Dach ist wie ein Hut – es muss passgerecht sein. Dafür ist Leistung gefragt, die sich Nord-Dach auch von Sportvereinen wünscht, die ihre Unterstützung als Sponsor haben. Die Genossenschaft hat aber auch ein Herz für alte hilfsbedürftige Bürger, für die sie Transporte der Volkssolidarität fördert, und auch der Rostocker Zoo kann auf ihre Hilfe bauen.

Reiner Frank

Färber

Von jeher bot die Natur dem Menschen eine Vielfalt an Farben, die seine Sinnesempfindungen anregten und das Bestreben förderten, Farben für seine Alltagsgegenstände nutzbar zu machen. Zu diesem Zweck und Nutzen bildete sich ursprünglich das Färberhandwerk in der textilen Bearbeitung heraus, es zweigte sich in die grobe Einteilung von Schwarz- und Schönfärber. Die alten Griechen bevorzugten helle, von der Sonne gebleichte oder ungebleichte Stoffe. Nicht viel anders handhabten es die Römer. Erst unter Karl dem Großen wurde das Färben der Kleidung eingeführt. Mit Entwicklung der Leinen- und Wollenweberei in den Niederlanden entstand erstmals das städtische Handwerk der Färber. Als Graf Heinrich von Schwerin im Jahr 1225 König Waldemar von Dänemark aus der Gefangenschaft entlassen wollte, machte er zur Bedingung, tausend Ellen Leinwand im flandrischen Scharlach zur Ausstattung von 1.000 mecklenburgischen Rittern zu erhalten.

In Rostock wurde nach den ältesten Stadtbüchern schon früh mit verschieden gefärbten Stoffen gehandelt. Dazu gehörten z. B. ein flandrisches Tuch (Vrizal), ein leichtes flandrisches Seidengewebe (Cyndal) und ein kostbares Seidengewebe (Purpura). Namentlich wurden Färber darin nicht erwähnt. Vermutlich färbten die Tuchner ihr Wollen- und Leinengewirk anfangs selber. Später spezialisierten sich Färber heraus, die immer von den Tuchmachern abhängig blieben.

Bei der Geistlichkeit, den Mönchen und Nonnen, überwogen im Mittelalter die Farben Schwarz und Grau, ebenso beim einfachen Volk. An der Rostocker Universität mussten die Studiosi sich den städtischen Regeln fügen, die ihnen die Rostocker Kleiderordnung von 1587 vorschrieb. Sie sollten sich durch die Benutzung einer „geistlichen Tracht" vom Stadtvolk unterscheiden. Über Hemd, Wams und Hose trug der junge Gelehrte ein langes, ringsum geschlossenes Obergewand aus grauem oder schwarzem Tuch mit Armlöchern. Nur die Kopfbedeckungen und Strümpfe durften in den Farben Grün, Weiß oder Rot getragen werden. Durch den großen Bedarf nach Schwarz und Grau war die sogenannte Schwarzfärberei entstanden.

Lehr-Brief.

Wir unterzeichnete Patron und Aelterleute des Amts der Schönfärber in der Großherzogl. Mecklenb. Stadt Rostock urkunden und bekennen hiermit, daß der Lehrling Wilhelm Conrad aus Brüel gebürtig, nach Ausweisung des Amtsbuchs, am April 1868, bei dem hiesigen Herrn Ernst Bormann in die Lehre genommen und eingeschrieben worden.

Da er nun seine vorschriftsmäßigen Lehrjahre wohl überstanden und sich während derselben nicht allein stets redlich und gut betragen, sondern sich auch die erforderlichen Kenntnisse und Fähigkeiten erworben hat, so ist er am heutigen Tage von uns zum Gesellen ausgeschrieben und zum Beweise darüber mit gegenwärtigem Lehrbriefe versehen worden.

Rostock den 1 April 1872

Amts-Patron. Aelterleute.

Ernst Bormann

Lehr-Brief des Amtes Schönfärber, 1872

In der Neuzeit ging der Bedarf an Schwarzfärberei zurück, sie blieb aber (bis heute) von Bedeutung für die Herstellung von Berufsbekleidung, Fest- und Trauerkleidung und als regionale Besonderheit im 18. und 19. Jahrhundert in den Dörfern um Rostock für die schwarz-graue Bauerntracht.

Neben der Dominanz von Schwarz und Grau lebte schon das Spätmittelalter auch hier im Norden von Farben. Diese Buntfärbekunst entwickelten die Schönfärber. Die vorzüglichsten Farben waren Rot, Grün, Gelb und Blau. Um Stoffe rot zu färben, verwendete man z. B. die Scharlachbeere, Karmesin aus Spanien, Krapp (Färberröte, nur für Wolle), später Rotholz (für Leinen) aus Brasilien und roten Sandel. Für Grün behalf man sich mit Grünspan vom Kupfer. Zu Gelb kam man durch die Färbestoffe Gelbholz, Curcuma, Safran und Färberdiestel.

Blau färbte man die Stoffe mit dem deutschen Waid, der schon nach 1290 bei Erfurt angebaut wurde, und später mit dem kostbaren Indigo, den die holländischen Seefahrer aus Indien herbeischafften. Die Waidblätter wurden in Mühlen zerdrückt und gepresst, getrocknet und in Pulverform in Fässern gehandelt, sodass der thüringische Waid für Mecklenburg und Rostock sehr kostbar war. Selbst Herzog Ulrich von Mecklenburg brachte von seiner Reichstagsfahrt 1582 nach Augsburg ein Fässchen Waid aus Erfurt für einen Taler und 12 Groschen mit. Das besondere Indigo-Blau bezogen die Rostocker Werkstätten in kristallisierter Form. Es wurde von den Gesellen mühevoll mit dem Mörser zerkleinert, um einen Brei zu mischen, woraus eine Farblache angerührt wurde. So entstanden aus verschiedenen Färbemitteln farbenprächtige Stoffe.

Anfang des 16. Jahrhunderts kamen neue pflanzliche Färbemittel hinzu, insbesondere durch den wirtschaftlichen Seehandel. Amerika bot das reiche Rot (Karminrot) der Cochenillelaus und schließlich verstand man das Türkisch-Rot zu machen. Beim Blau wurde die Vorherrschaft des uralten Waids durch Indigo abgelöst. Versuche, Waid in Mecklen-

Die Schwarzfärber färbten fast ausschließlich Leinwand, die aus pflanzlichem Material bestand und sich nur schwer bunt einfärben ließ. Zum Färben wurde ein Verbindungsmittel (Beize) zwischen Farbstoff und Gewebe benötigt, damit sich die Farbe mit dem Gewebe verbinden konnte. Älteste Bindemittel waren Alaun, Essig, Eisenvitriol, Kalk, Kupfervitriol, Pottasche, Urin und Zinnoxid. Besonders beliebt war Alaun, der aber für Rostock nur von weit her und darum teuer bezogen werden konnte. Die schwarze Farbe fertigten die Schwarzfärbermeister durch Kochen von Eisensalzen, Eisenoxiden oder Eisenfeilspänen mit Gerbsäuren in Wasser. Zum Graufärben verwendeten die Schwarzfärber Kupferwasser und Gallus. Die Färberei nahm einen Aufschwung, als Ende des 16. Jahrhunderts bei Dömitz Alaunvorkommen entdeckt wurden. Nach Einrichtung eines Förderungsbetriebes ließ Herzog Ulrich am 3. Juli 1578 in Rostock bei den Tuchfärbern nachfragen, ob sie den mecklenburgischen Alaun verwenden könnten, wozu ihnen per Bote Alaunproben zur Prüfung der Qualität überbracht wurden.

burg anzubauen, sind kaum erfolgt. Einzig die angesiedelten Hugenotten in Bützow, die zumeist Weber und Spinner waren, bauten zu ihrem Gebrauch Waid an.
Sächsisch-Blau für die Seidenfärberei wurde aus Schwefelsäure hergestellt, das Berliner Blau aus Blutlauge, Eisenvitriol und Alaun ist 1705 in Berlin erstmals gefertigt worden.
Insgesamt war das Färben eine körperlich anstrengende Angelegenheit, die oft die Gesundheit ruinierte. Waschen, Beizen, Spülen, Färben, Trocknen und Mangeln hieß die Reihenfolge der Arbeitsprozesse. Wegen des hohen Wasserverbrauchs lag die Färberwerkstätte meist an Wasserläufen, und auf dem Gelände standen große Kufen, in denen die Stoffe wieder und wieder bewegt wurden. Wollstoffe wurden im warmen Farbbad (Küpe) gefärbt, Leinenstoffe dagegen im kalten Farbbad. Die Färberei war eine sehr schmutzige Arbeit, weil Farbreste oder ausgewaschene Laugen den Fluss verunreinigten. Darüber wurden gelegentlich Klagen von den Mitbewohnern geführt. Auch das Trocknen der Stoffe war nicht einfach zu bewältigen, denn die Stoffbahnen mussten der Länge nach aufgehängt werden können. Meist benutzte man dafür hohe Trockenböden oder Holzgestelle auf Bleichwiesen, anderenorts gab es Färbertürme. Die typischen Färberhäuser des 17. und 18. Jahrhunderts hatten an der Traufseite und unter dem Dachüberstand rechenartige Vorkragungen angebracht, woran die nassen Bahnen aufgehängt wurden.

In seinem Geburtshaus, am Hopfenmarkt 17, eröffnete Ernst Krahnstöver eine Färberei

Die Gesellen erhielten Wochen- oder Vierteljahreslohn, da der Färberalltag meist vom Wetter abhängig war. Die Winterzeit eignete sich nicht zum Färben. Für die Färbergesellen war die Wanderschaft, meist drei Jahre, eine wichtige Etappe der Ausbildung. Sie war die „hohe Schule" ihres Handwerks, denn bei fremden Meistern konnten die Färbergesellen die Geheimnisse der Farben entdecken und die Kenntnisse über die Natur und Alchemie erweitern. In Wanderbüchern wurden nicht nur die Meisterstationen vermerkt, sondern ebenso neuartige Farbrezepte gesammelt, die sie zukünftig anwandten.
Im Verlauf des 18. Jahrhunderts vollzog sich ein Wandel in der handwerklichen Färberei durch die Entwicklung der Naturwissenschaften und insbesondere der Chemie, etwa zeitgleich setzte die Industrialisierung der Baumwolleproduktion ein, womit die Stofffärberei sich zur Massenproduktion ausweiten konnte. Die Färberei schaffte im 19. Jahrhundert den Übergang zu einem modernen Beruf, der Wissenschaft und Technik, Handwerk und uraltes Wissen vereinte. Dieser Fortschritt vollzog sich rasant durch stetige Neuentdeckungen u. a. der ersten künstlichen Farbstoffe (1771), der Anilinfarben (1859).
Typisch für die Wandlung in der Färberei ist auch der Werdegang eines Rostocker Färbermeisters, der aus der berühmten Rostocker Krahnstöver-Dynastie stammte. Ernst Albert Friedrich Krahnstöver (geboren am 13. März 1846, Hopfenmarkt 17), Sohn eines Goldschmieds, wollte ursprünglich Chemiker werden. Nach dem Kompromiss mit dem Vater sollte er die Färberkunst erlernen. Krahnstöver erlernte mit 16 Jahren die Färberkunst und ging anschließend auf Wanderschaft. 1869 eröffnete er im elterlichen Haus einen Färberbetrieb. Nach 20-jährigem erfolgreichen Geschäftsbetrieb mit der Färberei in Rostock, siedelte die Familie Krahnstöver 1889 nach Amerika über. Ihre Wahlheimat wurde Milwaukee, eine damals 250.000 Einwohner zählende Stadt im Bundesstaat Wisconsin. Im deutschen Viertel, in der North Avenue, richtete Krahnstöver ein Färber- und Reinigungsgeschäft „Badger dye Works" ein. Es gelang ihm, vier Konkurrenzfirmen aufzukaufen, womit die Firma zum größten Dienstleister seiner Branche wurde und er später mit seinem Unternehmen expandierte.

Hopfenmarkt 17 mit Blick in die Breite Straße

Ungefähr im gleichen Jahr, 1907, existierten im Großherzogtum Mecklenburg-Schwerin je zwei Woll- und Leinenfärbereien für Stoffe sowie 26 Färberbetriebe für Kleidung verbunden mit chemischer Reinigung, die insgesamt 120 Personen beschäftigten.

Fleischer

„Bäten bietau, säd' de Slachter, dor wull hei den' Ossen slachten un hadd den' Buuern drapen."

Das Fleischerhandwerk ist ein sehr altes Gewerbe. Im Mittelalter spielten der Genuss und die Verarbeitung von tierischen Nahrungsmitteln, Fleisch, Fett, Knochen usw. eine nicht unbedeutende Rolle, vielleicht mehr als in folgenden Jahrhunderten. Das lag wohl vor allem an der Möglichkeit, wie die Leute überhaupt ihren Hunger stillen konnten und die Arbeitskraft erhielten. Fleisch war eine sehr nahrhafte Speise und daher durchaus in den Küchen der adligen Leute geschätzt. Die Vielfalt der tierischen Nahrung hing auch von ihren einheimischen Tierhaltungs- und Beschaffungsmöglichkeiten ab, ob nun Schwein, Rind, Kalb, Schaf, Ziege, Wild oder Geflügel, gebraten, gekocht, gesalzen, geräuchert oder zu schmackhafter Wurst und saftigem Schinken verarbeitet, in früheren Zeiten verzichteten die Menschen außer aus religiösen Gründen, z. B. Fastenzeiten, nicht auf diese Speise. Dabei gab es im Verzehr schon Unterschiede je nach der Jahreszeit, so aß man im Winter mehr Fleischwaren als im Sommer. Allerdings blieb für die große Mehrheit der Leute das kräftige Fleisch ein sehr begehrtes, weil mitunter ein teures, so doch keineswegs unentbehrliches Nahrungsmittel. Der Hunger wurde doch allgemein mehr und immer wieder zwangsläufig (während Kriegs- oder Pestzeiten) mit Brot, Mehlspeisen, Erbsen, Bohnen, Graupen, Grütze und späterhin durch die Kartoffel gestillt.

Der Metzger.

Hieher/ wer Fleisch nit kan gerahten/
Zu Sieden / Kochen vnd zu Brahten/
Von Ochsen/ Kelber/ Schaffen vñ schwein/
Gut / feist/ die frisch gestochen seyn/
Gut vorricht/ Kalbsköpff / Füß vnd Kröß/
Kuttelfleck / Ochsenmägen sind nit böß/
Welcher mir bar Gelt zelet auff/
Dem wil ich geben guten Kauff.
E   Der

Das älteste Stadtbuch für Rostock verzeichnet für die Zeit 1254-1275 schon 26 Fleischer. Die ansässigen Handwerksmeister verfügten im Jahr 1325 über 85 Verkaufsbuden, sogenannte Fleischscharren, von denen sich auf den Märkten in der Altstadt 36, in der Mittelstadt 28 und in der Neustadt 20 befanden; eine durchaus große Zahl im Verhältnis zu der noch niedrigen Einwohnerzahl der Stadt. Die tierischen Nahrungsmittel waren also nicht unerheblich für die Zubereitung der Speisen. Die Fleischscharren der Mittelstadt werden erstmals 1259, die der Neustadt um 1270 urkundlich erwähnt. Die erste überlieferte Amtsrolle ist auf das Jahr 1489 datiert. Anfang des 14. Jahrhunderts stellte das Gewerk 20 Bewaffnete für die militärische Stadtverteidigung. 1402 besaß das Amt vier Alterleute, die das zünftige Regiment führten.

Unter den Rostocker Fleischern und Metzgern gab es von Anfang an eine Spezialisierung in Küter und Knochenhauer. Die Küter schlachteten in der Hauptsache das Vieh und das Wild und durften nur begrenzt selbst Fleischwaren verkaufen. Die Knochenhauer (carnifices) dagegen, die in der Hauptbefugnis Fleisch zerteilten, durften auch Fleischwaren unbegrenzt verkaufen. Neben den Kütern und Fleischhauern arbeiteten noch die Speckschneider (lardiscide), die wohl im 14. Jahrhundert ein eigenes Amt bildeten, und die Garbräter,

die aber nur vereinzelt auftraten. Garbräter traten immer dann in Aktion, wenn es galt, große Festlichkeiten auszurichten.
Die Küter bildeten keine eigene Handwerksorganisation (weder als Amt noch als Zunft) und zählten nicht zu den vornehmsten Handwerkern der Stadt. Das Töten von Tieren war zwar notwendig, jedoch nicht jedermanns Sache. Hinzu kamen Lärm- und Geruchsbelästigungen bei körperlich schwerer Arbeit, sodass eine gewisse Rohheit der Arbeitsleute

Schlächtergang in Rostock. Von Gustav Schönleber.

die städtischen Mitbürger abschreckte. Außerdem blieb immer die Frage: Welcher Mann wohl eine solche Arbeit ausführte? Genug zwielichtige Männer meldeten sich bei dem Meister, der nicht groß nachfragte. Die Küter oder Kütler betrieben in den drei Stadtteilen eigene Schlachthäuser, die sie in der Regel von der Stadt mieteten. Nach den Standorten der Schlachthäuser wurde später die umliegende Gemarkung mit dem Namen Küterbruch (palus fartorum) vor den Stadtmauern benannt. Der Küterbruch soll im Spätmittelalter noch ein sumpfiges, feuchtes Gelände gewesen sein, durchbrochen von einem Flussarm und getrennt von der Innenstadt durch ein Stadttor, dem Kütertor (seit 1305 überliefert). Der Flussarm bot mit dem fließenden (stets frischen) Wasser und zur Beseitigung von Abfällen das entsprechend geforderte Territorium für die Schlachter. Durch den separaten Standort brauchte das Vieh nicht durch die Rostocker Straßen getrieben werden, so blieben die Mitbürger weitgehend unbehelligt, was auch so vom Rat gefordert war.
Die Küter in Rostock hatten keine Verkaufsbuden, sie verkauften Waren an ihrem Stand bei der Ellernbrucke (ad pontem alneum), wofür sie vier Schillinge jährlich an die Stadt zahlten. Nach der Ratsverordnung von 1330 war es nur drei Tage vor dem Osterfest erlaubt Schweinefleisch anzubieten. Außerdem betrieben die Küter das Hausschlachten, das in früheren Zeiten typisch war und einen guten Teil der Existenz sicherte. Viele Bürger hielten sich eigenes Viehzeug auf der städtischen Feldmark, um sich selbst zu versorgen, sodass von Spätherbst an bis Weihnachten die traditionelle Schlachtzeit begangen wurde. Das Fleisch wurde durch verschiedenste Methoden haltbar gemacht, durch Einpökeln im Fass oder Räuchern, z. B. im Kamin, in der Räucherkammer bzw. im Räucherschrank oder auch der Räuchertonne. Die Bürger waren sehr frei und erfinderisch in wirtschaftlicher Hinsicht. So ein Schlachttag wurde bei den Leuten zu einem besonderen Tag, indem es zum Abend alles im Überfluss zu essen gab. Dafür mussten sich alle Familienmitglieder an der schweren und aufwändigen Arbeit beteiligen. Jeder tat, was er konnte, und auch die Kinder halfen mit.
Die Knochenhauer waren geschickt im Teilen und Zerlegen von tierischen Körpern, dann wurden sie von ihnen verarbeitet, zu Fleisch- und Wurstwaren und zum Beispiel als saftiger

Schinken, Rohwurst, Brühwurst oder Kochbrühwurst den Bürgern auf dem Markt angeboten. Doch sie konnten nur die Lebensmittel fertigen, die das Fleisch hergab. An Schlachtrind stand oft nur mäßige Ware zur Verfügung. Die Ochsen wurden geschlachtet, wenn der Landmann sie nicht mehr zur Arbeit gebrauchen konnte. Es gab eine Reihe von Rostocker Bürgern, die ließen sich aus diesem Grund die Ochsen aus Holstein und Jütland kommen, veranlassten Hausschlachtungen und bevorrateten sich mit Pökel- und Räucherfleisch.

Die Kälber schlachtete man viel zu früh, oft schon nach einigen Lebenstagen. Besser stand es um das Schweinfleisch, die Tiere wurden viel mit Kartoffeln gefüttert und gingen im Frühherbst in die Buchenmast. Um 1800 kannte Rostock etwa folgendes Fleisch- und Wurstangebot: Im Winter wurde ein Großteil vom Rindfleisch gepökelt und ein anderer Teil geräuchert verkauft. Ebenso legte man das Schweinefleisch in die Salzlauge oder hängte es in die Räucherkammer. Man pflegte geräucherten Schinken von jungen Schweinen auch zu kochen. Das Wurstangebot fand von Zeitgenossen häufig Kritik. Einige Wurstsorten im Darm bestanden aus sehr fettem Fleisch, mit Grütze oder Reis, mit Gewürzen und Rosinen gemischt. Seltener waren Leberwürste und dann auch mit Grütze vermischt. Für den Sommer beschränkte sich das Angebot wegen der Wärme auf Mettwurst und Schlackwurst. Gänsefleisch kochte man hauptsächlich mit Essig und Brühe sauer ein, die Brüste nutzte man zu den in Rostock sehr geschätzten Spickgänsen. Gänseschmalz gab man dem Vorzug vor Schweineschmalz.

Fleischerei Friedrich Baier, Friedrichstr. 29, 1912

Aller Verkauf erfolgte in den von der Stadt auf Zeit oder erblich vergebenen Verkaufsbuden, den Fleischbänken bzw. Fleischscharren (macella). Bei Todesfall konnte niemand das Erbe antreten, der nicht den Meistertitel der Schlächterzunft trug und außerdem das Bürgerrecht von Rostock erworben hatte. Dabei war die Zahl der Verkaufsscharren vom Rat festgelegt, damit die Kontrolle über das Verhältnis von Nachfrage und Angebot ausgeübt werden konnte. Die Aufsicht des Rats bezog sich vor allem auf die Qualität der Fleischwaren und auf die Preise, im Mittelpunkt stand der Käufer. So sollten beispielsweise die Knochenhauer nur gesundes und gutes Fleisch feilhalten und kein verseuchtes Schlachtvieh einkaufen. Besondere Aufmerksamkeit galt den Notschlachtungen, wodurch womöglich ungesundes Fleisch, eventuell mit Trichinen, auf den Tisch gelangen konnte. Das änderte sich, als im 19. Jahrhundert eine staatlich verordnete Vieh- und Fleischbeschau einsetzte. Pestzeiten wurden im Mittelalter gefürchtet, waren keine Seltenheit und im Volksglauben oft durch Verzehr von „schlechtem" Fleisch hervorgerufen. Reinlichkeit der Scharren, der Tische, Kessel, Wannen, der Hauklötze, Beile und Messer musste gleichfalls gegeben sein. Wegen der kurzen Haltbarkeit sollte Fleisch nach einer Ratsverordnung im Sommer nicht länger als 24 Stunden in frischem Zustand feilgehalten werden, im Winter nicht länger als 48 Stunden. Frischfleisch bedeutete auch, dass es nicht unmittelbar nach der Schlachtung und dazu noch warm verkauft werden sollte, sondern erst etwa nach zehn und mehr Stunden. Die Rostocker Gewettsrechnungen bezeugen, dass eine Menge empfindlicher Strafen wegen „oldes vlesch" ausgesprochen werden mussten. Eine andere Art von Strafe traf die Hehler von gestohlenem Fleisch sowie die Fleischdiebe in Rostock, ihnen wurde zur Schande das Diebesgut öffentlich auf den Rücken gebunden, um sie so vor aller Augen gedemütigt aus der Stadt zu verjagen.

Zum verkaufsfertigen Angebot gehörte ebenso, dass ein Teil des frisch geschlachteten Fleisches sofort in entsprechende haltbare Form gebracht wurde, getrocknet, eingesalzen oder geräuchert angeboten wurde.

Um den Preis der Fleischwaren unter Kontrolle zu halten

Rostock war Veranstaltungsort der 24. Fleischerverbandstagung, 1899

und erhebliche Teuerungen sowie Wucher auszuschließen, verordneten Rat und Gewett eine Fleischtaxe. Ähnliche Bestimmungen galten bei anderen Nahrungsmitteln wie bei Brot und Bier. Die Fleischtaxe sollte für den Käufer ausgehängt werden und damit öffentlich bekannt gegeben werden. Danach galt, dass jedes Körperteil einer bestimmten Tierart, z. B. vom Rind, den gleichen Wert und Preis besaß. Der tatsächliche Preis wiederum wurde allein durch die Menge der Teile bestimmt. Das Verkaufsmaß wurde daher oft in (Fleisch)Teilen gerechnet, so das Achtel, Viertel, ein halbes oder ganzes Schwein dem Käufer angeboten.
1852 arbeiteten im Großherzogtum Mecklenburg-Schwerin 492 Fleischer, Schlächter bzw. Metzger; in der Stadt Rostock wirkten 42 Scharren- und drei Hausschlächter sowie ein Garbräter. Zu dieser Zeit war es durchaus üblich, dass die gutgestellten Bürgersleute Fleisch- und Wurstwaren ins Haus geliefert bekamen, sozusagen als besonderen Service für Stammkundschaft. 1858 erwarben zwei Knochenhauermeister das Bürgerrecht.
In diesen Jahren wurden bis 1863 alle Fleisch- und Backwaren in Rostock einer indirekten, gemeinsam landesherrlichen und städtischen Steuer (Fleisch- und Mahlsteuer) unterzogen. Ab 1. Oktober 1863 veranlassten Rat und Bürgerschaft eine neue, direkte Besteuerung der Fleisch- und Wurstwaren, die von Herzog Friedrich Franz bestätigt wurde und deren Ertrag nun voll in die Stadtkasse ging. Auf je 100 Personen

Werbung Fleischer Timm, 1926

der Stadtbevölkerung mussten jährlich alle Meister des Schlachteramts, einschließlich der Garbräter, 12 Schillinge und sämtliche Meister des Bäckeramts 18 Schillinge entrichten. Zugrunde lagen immer die Resultate der letzten Volkszählung, einberechnet wurden auch die Militärangehörigen und die Steuer wurde aufgerechnet und immer nach 5 Jahren zahlbar. Die Betriebe entrichteten damit eine Art von Gewerbesteuer, zu der noch die jährliche Steuer auf Fleisch und Backwaren von jedem Rostocker Einwohner hinzukam, unabhängig vom eigenen Konsum eines jeden Bürgers.
1872 zählte Rostock 86 Scharrenschlächter, fünf Hausschlächter und einen Rossschlächter.
Ende des 19. Jahrhunderts ging die Tendenz im Fleischergewerbe in den Städten zur Errichtung von kommunalen Großbetrieben. Die Gründe dafür lagen vor allem in den hygienischen Anforderungen, der (kostspieligen) Nutzung moderner Kühlanlagen und der Konzentration des Viehauftriebs zum Schlachten.

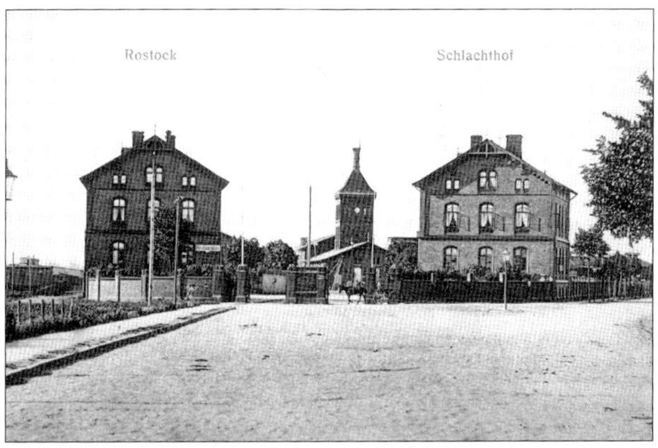

Der städtische Schlachthof in der Blücherstraße

1891 und 1892 brachte sich der städtische Schlachthof in Rostock mit der Anschaffung zweier Dampfmaschinen aus der Maschinenfabrik Augsburg auf den modernen Stand der Technik und ebenso einige Jahre später mit dem Einbau von Kühltechnik. Der Betrieb schlachtete und verarbeitete zu Fleisch- und Wurstwaren im Jahr 1905: 218 Pferde, 80 Ochsen, 5.067 Bullen, 3.156 Kühe, 3.617 Jungrinder über drei Monate, 6.568 Kälber bis zu einem Alter von sechs Monaten 18.008 Schweine, 9.460 Schafe und 58 Ziegen.

Etwa vor 100 Jahren existierten im gesamten Großherzogtum Mecklenburg-Schwerin 1.027 einzelne Fleischereien unterschiedlicher Größenordnung, darunter bereits große zentrale städtische Schlachthäuser mit modernster Technik, und Kühlanlagen in Bützow, Grabow, Güstrow, Ludwigslust, Parchim, Rostock, Schwaan, Schwerin, Stavenhagen, Teterow, Waren und Wismar. Dazu zählte die Gewerbestatistik 31 Pferdeschlächtereien als besondere Betriebe unter der Rubrik „animalische Nahrungsstoffe“ und 28 Betriebe im Fleischwarenhandel.

Heute existieren bundesweit knapp unter 10.000 Fleischereibetriebe, einschließlich der Filialen gibt es rund 35.000 Geschäfte. In Mecklenburg-Vorpommern sind die Fleischer und Metzger in sieben Innungen organisiert, einschließlich der Rostocker, und im Landesinnungsverband des Fleischerhandwerks zusammengeschlossen. Um die Probleme der Fachkräfte kümmert sich der Landesinnungsmeister, vor allem um die Facharbeit, die Lehrlingsausbildung und das Prüfungswesen.

Flussfischer

„De Aal sünd tau dür, säd' de oll Frau un bröött sick Marrik.“

Auf der Unterwarnow von Rostock bis Warnemünde lag das Betätigungsgebiet der heimischen Flussfischer (Binnenfischer). Gehörten die Fischer auch nicht zu den bedeutendsten Gewerken, so blieben sie in Rostock stets einflussreich. Die Petrikirche der Altstadt bildete über Jahrhunderte hinweg ein prägendes Zeichen für die Fischer, war sie doch dem Heiligen Petrus – dem Patron der Fischer – gewidmet worden. Drei gewerbliche Brüche (sumpfige Wiesengebiete) lagen unterhalb der Altstadt außerhalb der Stadtmauer und gehörten von Anfang an, seit 1218, zur Stadt: Küter-, Gerber- und Fischerbruch. Nach dem Stadtbuch von 1400 hatten die Fischer stets 20 Leute für die Wehrfähigkeit der Stadt auszubilden und im Kriegsfall zu stellen. Im Dreißigjährigen Krieg wurde beim Straßenfischerhafen, Am Strande, eine Fischerbastion mit Blauem Turm errichtet, damit kein feindliches Volk auf „Schuten und Schlupen“ von Warnemünde hereingebracht werden konnte, wie geschrieben stand.

Die ältesten Stadtbücher von Rostock bezeugen ab 1288 Fischer in der Neustadt. Nach ihnen wurden Straßen – die Fischbrücke (1258 erwähnt) in der Mittelstadt, Fischbänke als Verkaufsstätten und zwei Strandtore – benannt. Die Fischerstraße in der Neustadt wurde erstmals 1265 erwähnt; sie endete am Fischertor, eines der Strandtore, das erstmals 1319 erwähnt wurde. Für die Versammlungen und Vergnügungen hielten die Fischer ein Haus an der Ecke Fischerstraße/Große Lastadie, den Fischerschütting, spätestens seit 1499 bezeugt. Anfang des 19. Jahrhunderts wurden die Große Bäckerstraße und Große Böttcherstraße in Fischbank umbenannt und erinnern an die Fischverkaufsstände aus alter Zeit.

Der Fischer.

Ich fach gute Fisch ohn mangel/
Mit der Setz/Reußen/vnd dem Angl/
Grundel/Sengel/Erlen vnd Kressn/
Forhen/Esch/Ruppen/ Hecht vnd Pressn/
Barben / Karpffen / thu ich behaltn/
Orphen / Neunaugen/Ehl vnd Altn/
Kugelhaupt/Nasen / Hausn vnd Huchn/
Krebs mag man auch bey mir suchen.
c Der

Der Rat zu Rostock hatte seinen Fischern 1667 eine Satzung erteilt und spätestens seitdem waren die Fischer in zwei zünftige Ämter geteilt. Zum einen bildeten die Bruchfischer (Bröker) ein Amt mit Wohnungen, Gärten, Bootsliegeplätzen und Stellplätzen für die Netze usw. an der oberen Warnow. Zum anderen vereinigten sich die Straßenfischer (Sträter) in einem eigenen Amt; die wiederum bewohnten Straßen und Gassen an der unteren Warnow und nutzten Am Strande einen eigenen Hafen. Den Brökern und Strätern verlieh der

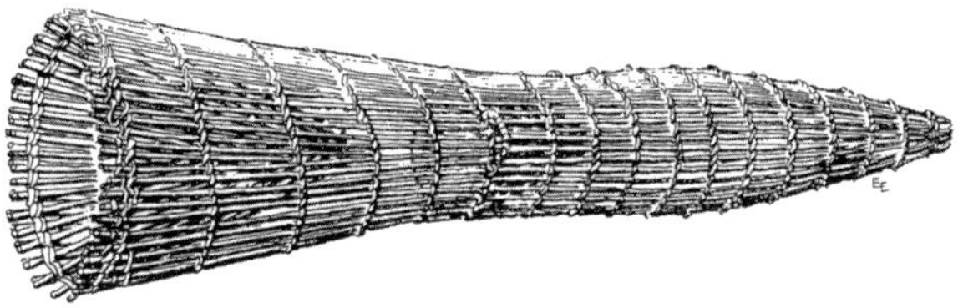

Rüs'
zum Aal- und Neunaugenfang, 1,65 m lang (Rostock Privatbesitz)

Rat die gemeinsame Fischereigerechtigkeit gegen eine geringe Pacht für das Gebiet der Warnow vom Mühlendamm ab bis zu der kurz südlich vor Warnemünde liegenden Insel „Pagenwerder". (Diese Wieseninsel wurde bei der Neuregulierung des Fahrwassers 1837-1838 durchstochen.) Anfang des 19. Jahrhunderts bestand die Pacht aus regelmäßigen Fischlieferungen (Deputaten) an die Ratsmitglieder. Ab der Markierung Pagenwerder begann das Revier der Warnemünder Seefischer. Die Fischerei auf dem Breitling war schon nach der alten Urkunde vom 25. März 1252 den Rostocker Fischern vorbehalten. Aus den Gebietsregelungen entstanden gelegentliche Streitigkeiten, denn angelte ein Warnemünder auf der Unterwarnow einen Barsch, so rief das regelmäßig den Protest der Rostocker Fischer hervor. Besonders aufmerksam und unduldsam sollen die Straßenfischer gewesen sein. Im Bereich von Dierkow bis zum Breitling begaben sich auch die Dorfbewohner auf Fischfang, was durch die Rostocker Fischereiordnung verboten war. Namentlich die Leute von Oldendorf aus der adligen Herrschaft von Moltke zu Toitenwinkel benahmen sich recht dreist und lebten sogar besser von der Fischerei in der Unterwarnow als von der Landwirtschaft. Auch hier hatte die Fischerei eine lange Tradition. Auf dem Herrenhof zu Toitenwinkel war nach dem Kirchenbuch bereits 1553 ein Fischer ansässig.

Nach der Rostocker Ratssatzung von 1667 gehörten jedem Fischeramt 31 Familien an. Für die Fischereipacht kamen sie zu gleichen Teilen auf. Die Zusammenarbeit wurde ähnlich wie in anderen zünftigen Handwerksberufen geregelt. Jedem Amt standen zwei Altermänner vor. Als Lehrlinge durften nur Jungen von Amtsmitgliedern aufgenommen werden. Das führte in der mannlichen Linie oftmals zu großen Fischerfamilien, traditionell gingen vom Großvater bis zum Enkel die Generationen gemeinsam dem Fischfang nach. Die Lehrzeit dauerte dann vier Jahre und Gesellen konnten den Meistertitel erst nach dem 21. Lebensjahr beantragen.

Der Verkauf begann früh morgens um acht Uhr in den Fischbänken, das wusste jede Hausfrau. Die täglichen Fischwaren der Rostocker Flussfischer waren Barsche, Bleie, Brachsen, Hechte, Schleie, Neunaugen und Aale. Auswärtige Fischer der Umgebung mussten sich beeilen, um den Fisch an den Mann zu bringen. Beispielsweise fuhren die Warnemünder Fischer schon eine Stunde nach Mitternacht zu den Fangstellen, um den Fang einzubringen. Flusskrebse und Krabben wurden aus Wismar zugeführt.

Konkurrenz erhielten die Rostocker Fischer auch durch den Verkauf von sogenannten Wagenfischen; die Fischware wurde nicht mehr lebend angeboten und die Leute aus der benachbarten Gegend brachten sie in die Stadt. Auf diesem Wege kamen insbesondere Brachsen, Karauschen, Karpfen, Schleie, Hechte, Kaulbarsche, Sandbarsche oder Zander, seltener wurden Moränen und Aale, ins Angebot. Diese Wagenfische waren zwar weniger beliebt als der fangfrische Fisch, wurden dafür aber recht preiswert feilgehalten und landeten in den Kochtöpfen ärmerer Leute. Auf Grundlage der Polizeiordnung wurden zur Sicherung der Gesundheit vom Rat Fischseller eingeführt, die die Qualität des Fisches überprüften. Mit den Jahren brachten diese Polizeileute selbst den Handel an sich, weil die auswärtigen Fischer den toten Fisch schon am Stadtrand abliefern mussten, sodass einige Fischer schließlich Rostock mieden.

Um 1850 existierten nach dem Mecklenburg-Schwerinschen Staatskalender in Rostock über 50 Fischer. Nach anderer

Quelle übten im Jahr 1863 im gesamten Großherzogtum Mecklenburg-Schwerin 94 Fischer ihren Beruf hauptberuflich aus. Mecklenburg-Schwerin führte per 1863 an Fischwaren aus: frische Fische 1.201 Zentner, geräucherte und getrocknete Fischwaren 456 Zentner, 657 Holztonnen bzw. 1.973 Zentner Heringe, 104 Zentner Anchovis und Sardellen, fünf Zentner Austern, zusammen 3.739 Zollzentner, davon aber einen Großteil an Seefischen. Die Rostocker Fischer waren auch am Fischexport beteiligt.
1919 erfolgte mit der Bildung des Freistaats Mecklenburg-Schwerin die Aufhebung der beiden Fischämter durch den Rat unter Verpachtung der Fischereigewässer an einen Fischmeister. 1926 wurden auf Antrag der Fischer die alten Ämter wieder eingeführt, man hatte unter Verwaltung eines privaten Fischmeisters zu schlechte Erfahrungen gemacht. Allerdings war nun auch der Fischbestand im Warnowfluss durch den Hafenausbau in Warnemünde, durch die Vertiefung der Warnow und verstärkte Motorschifffahrt, sehr zurückgegangen.

Friseur

„Wat weg is, bitt nich mihr, hadd de Barbier seggt,
hadd de Oogenbranen mit affrasiert."

1875 führte das Rostocker Adressbuch sieben Friseure und acht Friseusen auf. Bis zu dieser Zeit hatte dieser Beruf der Haarpflege und Haarmode eine lange Entwicklung genommen. Im Grunde ist das Friseurhandwerk ein neuzeitlicher Beruf mit einigen Vorgängerprofessionen wie der der Bader, Barbiere und vor allem der Perückenmacher.
Die Benutzung von Perücken war schon im Altertum bei den Griechen und Römern bekannt, dennoch blieb das Perückenmacherhandwerk bis in das Hochmittelalter hinein eine Seltenheit. Vermutlich benutzte man sie nur in Ausnahmefällen, ursächlich bedingt bei größerem Haarausfall, Glatze, Krankheiten usw. Vielleicht gab es auch die eine oder andere Person, die aus Eitelkeit und Schönheit fremde Haare begehrte. Allgemein verlangten nur wenige hohe Herren oder Damen nach künstlicher Haartracht, wie beispielsweise Herzog Johann von Sachsen, der sich 1518 in Nürnberg neues Haar bestellte. Die Schweriner Bilderhandschrift von 1526 zeigt die mecklenburgischen Fürsten durchweg mit natürlich gewachsenen Haaren, glatt oder lockig, maximal bis auf die Schultern fallend und überwiegend einen stattlichen Bart tragend.

Der Balbierer.

Jch bin beruffen allenthalbn/
Kan machen viel heilsamer Salbn/
Frisch wunden zu heiln mit Gnaden/
Dergleich Beinbrüch vnd alte Schaden/
Frantzosen heyln/den Staren stechn/
Den Brandt leschen vnd Zeen außbrechn/
Dergleich Balbiern/Zwagen vnd Schern
Auch Aderlassen thu ich gern.
D iij Der

Erst im 17. Jahrhundert schloss die Mode die künstliche Haartracht ein, und zwar in Frankreich. Seit König Ludwig XIII. (1610-1643) bildete sich in höfischen Kreisen das Bedürfnis heraus, das Haupthaar ganz besonders lang und üppig zu tragen, unabhängig vom individuellen Haarwuchs. Unter dem Sonnenkönig Ludwig XIV. wurde der allgemeine Gebrauch der Perücke praktisch modern. Langes Haar über die Schulter fallend trug bald fast jeder Höfling und Tanzmeister am Hofe zur Schau und dies gehörte zur angemessenen Kleiderordnung. Den Männern folgten auf dem Fuß die Frauen. Zwar trugen Frauen langes Haar, frisiert und hochgesteckt, doch mit Perücken konnten die Damen mit wechselnder Stunde gelockt, bezopft und – was viel wichtiger war – mit schneeweißen, grauen, blonden, hellbraunen, dunkelbraunen, schwarzen oder blauen Haaren verblüffen und untereinander in Konkurrenz treten. Die Perücke diente in höfischen und in Adelskreisen auf Bällen und Festen nicht nur zur Kostümierung, sie war schnell alltägliches Kleidungsutensil geworden. Bei der Morgentoilette erhielten auch die Locken der Perücken kräftig Puder. Bis 1660 ließen sich auch die französischen Geistlichen von der Perückenmode beeinflussen, bis 1670 hatte die Perückenmode fasst ganz Europa erfasst.
Die künstliche Haartracht fand anfangs nicht nur Verehrer, sondern auch scharfe Gegner, die insbesondere aus katholischen Kirchenkreisen kamen. In Holland kam es 1642 zu einem sogenannten Perückenstreit, der ausgelöst wurde durch zwei Publikationen und schließlich an der Universität Ut-

recht akademisch weitergeführt und ausgetragen werden musste. Im protestantischen Mecklenburg meldete sich 1682 Michael Freud (Pastor emeritus zu Plauenhagen) mit seiner Schrift „Alamode-Teufel oder Gewissenssegen von der heutigen Tracht oder Kleidertracht Hamburg ec.“ vehement zu Wort. Scharfe Kritik übte Michael Freud aus religiösen und moralischen Gründen an der in Mecklenburg um sich greifenden Perückensucht und schoss giftige Pfeile gegen die künstliche Haartracht aller Art. Für Michael Freud war diese modische Sache klar eine Auseinandersetzung der Geschlechter und er verwehrte sich dagegen, dass nun schon die Männer, entgegen ihrer von Gott bestimmten Natur zu Weibern gemacht, in seinem Sinne degradiert würden.

1703 verbot Papst Clemens XI. allen katholischen Geistlichen, das künstliche Haar zu tragen, aber da sich hartnäckiger Widerstand von unten regte, grenzte er das ehedem strikte Verbot auf Messdiener und Ordensträger ein; dagegen wurde die Perücke in der evangelischen Kirche angenommen. Ja, aus Perücken ließ sich Kapital schlagen, das erkannte auch Preußens König Friedrich I., der 1701 eine Steuer auf Perücken erließ, die 1717 von seinem Nachfolger wieder zurückgenommen wurde.

Wie auch immer, die Perücke konnte sich „haarmodisch“ durchsetzen und eröffnete ein modernes Handwerk auch in der Seestadt Rostock. Geschickte Hände vernähten fremde Haare auf ein Leinentuch oder auf Deckelhauben, die einem neuen Schönheitsanspruch entsprachen. Meisterliche Hände verstanden es, minderen Haarwuchs zu kaschieren, fülliges Haupthaar vorzutäuschen und von jetzt an Haarmode in neuer Dimension zu prägen. Möglichkeiten gab es nun viele, sein Haarhaupt in aller Öffentlichkeit zu zeigen, gleich, ob mit Locke, Flechte oder Zopf; fremdes Haar zu tragen, war modern.

Die Perücke unterlag stets dem Wechsel der Moden, Perückenmacher orientierten sich auf Messen und ließen sich dafür einiges kosten, sie bestellten Modejournale aus Hamburg oder Berlin.

Die erste große Mode machte die Allongeperücke, ein lockiges bis zu den Schultern reichendes Haar, darunter wurden die natürlichen Haare kurzgeschnitten oder der Kopf zur Glatze rasiert. Die Perücke wurde in Rostock von den Bürgermeistern, Ratsherren, Richtern, Pastoren, Professoren, von manchem Studiosus höheren Standes, von den Kapitänen, von den Brauherren und selbstredend vom zünftigen Handwerksmeister getragen. Anlässe dafür gab es reichlich, ob nun zum Kirchgang, zur Morgensprache (Zunftversammlung) oder wenn es ins Rathaus ging. Versammelte sich der „Engere Ausschuss“ des mecklenburgischen Landtages in Rostock, so wurden die „gelockten Weißköpfe“, derer es zu diesem höheren Anlass viele in der Stadt gab, weithin erkannt. Die Allongeperücke dominierte fast das ganze 18. Jahrhundert über, sie wurde in Mecklenburg zunehmend von sämtlichen staatlichen und kirchlichen Amtspersonen getragen. Den Richtern, Schöffen und Parlamentariern gab sie markanten Ausdruck. Die Auftragslage für die Perückenmacher war denkbar gut, im 18. Jahrhundert trugen mehr Männer als Frauen Perücken, denn der Kopfputz war zunächst auf die Sache der Amtsträger ausgelegt. Im Verlauf des 18. Jahrhunderts veränderten sich natürlich die Perückenformen. Unter der Regentschaft des Herzogs von Orleans kamen etwa 1716-1720 die Beutelperücken auf, dann wurde die Zopfperücke hoch-

Annonce 1936

Annonce 1936

modisch und die lange haltenden Zwirnperücken (aus weißem Zwirn hergestellt) erfand um 1778 ein Wiener Haarkräusler.
Die passgerechte Perücke anzufertigen, war mit einigem Aufwand verbunden, vor allem waren Zulieferer gefordert. Zur Perückenfertigung benutzte der Haarkünstler ein Kopfmodell, Perückenkopf bzw. Haubenstock, den ein Bildhauer aus Holz schnitzte oder der Töpfer in Keramik anfertigte. Das wichtigste Arbeitsmaterial für die Perückenmacher war im 18. Jahrhundert das Menschenhaar. Es war sehr gefragt, als bestes und teuerstes Haar galt davon das blonde Haar. Ersatz für menschliches Haar durch Seide, Pferdemähne oder Ziegenhaar kam eher selten zur Geltung. Folglich hatte sich bis Mitte des 18. Jahrhundert ein umfangreicher Handel mit menschlichem Haupthaar entwickelt, wie er später wohl nicht wieder geschah. 1752 führte die Kurmark Brandenburg (mit Berlin) Haar für über 3.300 Reichstaler ein. Als größter etablierter Handelsplatz wies sich Paris mit 40 bis 50 privilegierten Großhändlern aus. Das Haarmaterial stammte überwiegend von Frauen, die ebenso in Mecklenburg von Händlern beworben wurden. Manch langes Frauenhaar wurde für einen Batzen Taler hergegeben. Die Händler schreckten auch vor einem Geschäft mit Haaren von verstorbenen Personen nicht zurück. Doch auch das änderte sich rasch, Ende des 18. Jahrhunderts verloren langhaarige Perücken die modische Aktualität. Vorläufig waren kürzere Modelle gefragt, bei den Männern im Spätrokoko weiß gepuderte Stützperücken, dann wurden Haarbeutel und Zopf modern. Anfang des 19. Jahrhunderts trugen die Männer hauptsächlich wieder das eigene Haar.
In der modischen Frauenwelt erlebte die Perücke etwa von 1795 bis kurz nach 1800 eine Renaissance. Die Damen entdeckten die Perücke nie wieder in einem solchen Ausmaß, die volle Perücke wurde in allen Farben, gelockt, gesträhnt in allen Nuancen getragen, unter der Perücke verkümmerte das eigene Haar. Haarmaterial war durch die Grausamkeiten der Französischen Revolution billig geworden, weil es in großen Mengen vorhanden war.
Auch in Rostock kam diese Modewelle an, schließlich konnten sich in der Stadt im Jahr 1800 etwa 17 Perückenmeisterbetriebe ernähren.
Aber damit war zugleich das Ende der großen Perückenmode eingeleitet, zukünftig fertigten die Perückenmacher kleineren Ersatz durch Haarteile, Strähnen, Flechten, Lockenaufsatz oder künstlichen Kopfschmuck mit neuen, seidenen Materialien an. Und während bislang die Männer dem Handwerk vorstanden, begannen Frauen, ihre handwerklichen Geschicke zu nutzen und für sich eine Erwerbsquelle zu entdecken. Sie zahlten eine Handelssteuer und taten es dem Kaufmann gleich, denn längst wurden Perücken und künstlicher Haarersatz fabrikmäßig vertrieben. Und während die Perückenmacher sich noch mit artverwandten Handwerksmeistern um ihre alten Privilegien stritten, setzte die laute Empörung über den Nebenerwerb der „Frauenzimmer" in ihrer Branche ein. Da mussten die Stadtväter geschickt und weitsichtig handeln, denn ebenso wie in der Kleideranfertigung wollten Frauen auch von Personen weiblichen Geschlechts bedient werden – aus Gründen des angemessenen Anstands.
1869 erhielt der Friseur Gebert die Ernennung zum Hof-Friseur. 1883 gründete sich die Friseur-Innung zu Rostock neu. Vereinslokal wurde Heldt's Wintergarten in der Breite Straße. Per 25. Oktober 1904 hatten sich im Bezirk der mecklenburgischen Handwerkskammer Schwerin 225 Meisterbetriebe des Friseurhandwerks zu insgesamt neun freiwilligen Innungen zusammengeschlossen, u. a. auch nach territorialen Gesichtspunkten, die restlichen Meisterbetriebe blieben dem Innungsleben fern. 1906 gab es in der Handwerksgruppe der Barbiere, Friseure und Perückenmacher im Großherzogtum Mecklenburg-Schwerin laut amtlicher Statistik zusammen 444 Meisterbetriebe mit 917 Beschäftigten, einschließlich Gesellen und Lehrlinge.
Dem Damen-Friseur-Geschäft gab die Erfindung der Dauerwelle im Jahr 1906 durch Karl Nestler aus Todtnau sichtlich Auftrieb, konnte sich die Frauenwelt nun wellig und lockig frisieren lassen. Das in alkalischer Lösung getränkte Haar wickelte der Friseur spiralförmig auf Metallstäbe, welche er mit heißen Zangen erhitzte. Die ganze Prozedur dauerte etwa fünf Stunden und war durch die Hitze nicht ungefährlich für die Kopfhaut und den Haaransatz, die ersten vier Zentimeter mussten noch ungewellt bleiben. Die Probleme konnten erst 1924 durch die Flachwicklung und Erhitzung mit elektrischem Strom überwunden werden.

1910 gab es in Rostock wieder eine gemeinsame Barbier-, Friseur- und Perückenmacher-Innung mit dem Vorsitzenden Obermeister Max Zimmermann. Doch bald ließen sich die Handwerke bzw. Berufsgruppen der Barbiere, Perückenmacher und Friseure nicht mehr voneinander trennen, ein guter Friseur rasierte den Bart, schnitt die Haare und verstand es noch, bei Bedarf eine Perücke anzufertigen. Das brachte mancherorts bittere Streitigkeiten um überkommende Privilegien, die durchaus vor dem Appellationsgericht enden konnten.

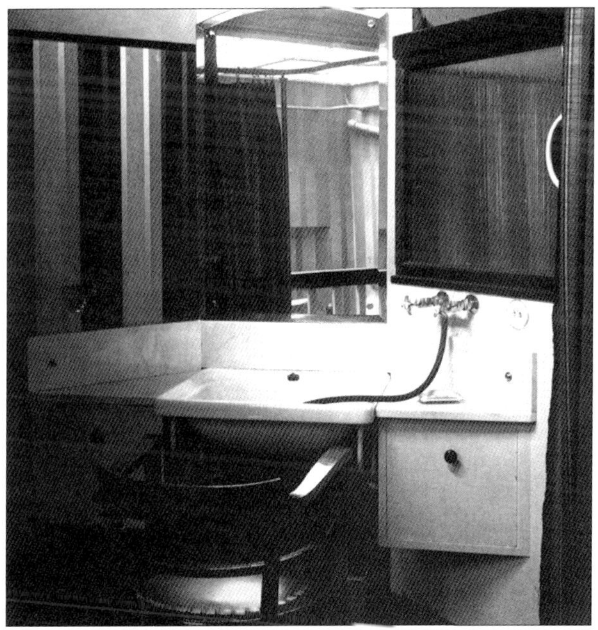

Einblicke in ein altes Rostocker Friseurgeschäft

Übrig aus dem alten Gewerbe blieben schließlich die Friseure, und die Spezialisten für Perücken siedelten sich an der Oper, am Theater, im medizinischen Bereich oder bei Faschingsausstattern, an. Im Grunde ist es so bis heute geblieben.

Garbräter

„Von surer Arbeit ward kein Minsch fett.“

In Rostock gibt es noch heute im Zentrum eine Garbräterstraße, in der ehemaligen Mittelstadt, als Querstraße. Die Südseite der Straße ist durch die Bomben des Zweiten Weltkriegs völlig zerstört worden und namentlich ist die Garbräterstraße in der Stadt seit 1516 nachweisbar.

Der Koch.

Jch bin ein Koch / für erbar Gest
Kan ich wol kochen auff das best/
Reiß/ Pfeffer / ander gut Gemüß/
Vögel/Fisch / Sültzen/reß vnd süß/
Für den Bauren vnd Handwercksmann/
Hirß/Gersten / Linsen / Erbeiß vnd Bon/
Rotseck/Würst/Suppen/Rübn vñ Kraut
Darmit sie auch füllen jr Haut.
C iij Der

Die Garbräter bereiteten rohe Nahrungsmittel, insbesondere sämtliche Fleischarten, essfertig zu. Sie waren spezialisierte Köche und modern gesprochen, die Vorläufer des heutigen Partyservice. Das wirft die Frage auf, wie kam das Fleisch ursprünglich auf den Tisch?

Hauptsächlich kannte das Mittelalter zubereitetes Siedefleisch (Kochfleisch) und das allgemein bekannte Bratfleisch. Die Zubereitungsweise von Fleisch durch Sieden war sehr verbreitet, es war billig und wurde ganz gewöhnlich am offenen Herd, meist in einem dreibeinigen Topf, den man hier im Norden Grapen nannte, zubereitet. In den höheren Ständen wurde das Fleischmahl je nach Gelegenheit und Anlass nicht mit Wasser, sondern mit Wein angerichtet. Das Bratenfleisch war qualitativ besser und teurer, ja wesentlich teurer und wurde gewöhnlich in großen Portionen oder meist ganzen Teilen angeboten. Anfangs konnte Fleisch hauptsächlich auf Spießen unter offenem Feuer mundgerecht zubereitet werden, denn Pfannen für kleinere Bratengerichte wurden erst im Ausgang des Mittelalters modern.

Die Meisterfrau musste sich also entscheiden, wenn sie am Morgen auf den Rostocker Markt ging, um das Mittagessen für sämtliche Kostgänger des Hauses vorzubereiten. Entweder sie kaufte vom Knochenhauer auf der Fleischbank rohes Fleisch oder sie ging zum Garbräter und holte einen bereits angerichteten Braten. Letzteres geschah meist seltener. Beim Garbräter wurde beispielsweise Spanferkel, als Ganzes oder portioniert, ob groß oder klein, in acht Stücken angeboten. Kochschinken wurde ebenso feilgehalten mitunter gab es auch gebratenen Schinken. Die hiesigen Meister kannten bereits im 13. Jahrhundert die Wurstzubereitung aus Schweinefleisch, woraus besonders schmackhafte Mettwürste gestopft wurden und die über längere Zeit haltbar blieben. In der Fastenzeit liefen die Geschäfte für den Garbräter mäßig. Doch auch hier gab es eine wirtschaftliche Lösung. In der fleischlosen Fastenzeit konnten die Garbräter mit Genehmigung des Rats andere fertige Nahrungsmittel verkaufen, so durften sie Krapfen und anderes Fettgebäck für eine begrenzte Zeit herstellen. Die Meister gerieten zwar bisweilen mit den Kuchenbäckern in üble Streitigkeiten, weil sie die Festlegungen überschritten, doch sie wurden auf diese Weise nicht nahrungslos. Reguläre Fastentage abgerechnet, konnte im Mittelalter etwa maximal an 230 Tagen Fleisch verzehrt werden. Jedoch war der Genuss von Fleisch sehr weit gefasst, denn auch ein guter Knochen ergab eine kräftige Fleischbrühe, zudem war der Fleischverzehr stark abhängig von dem Stand und der Person.

Für norddeutsche Städte des späten Mittelalters sind Garbräter (lateinisch assator) in Bergen auf Rügen, Lübeck, Hamburg, Hannover, Hildesheim, Minden, Rostock, Stettin und Stralsund nachgewiesen. In den ältesten Stadtbüchern von Rostock sind für 1281 ein Albertus assator und für 1288 ein Iohannes assator verzeichnet. Noch bis Ende des 19. Jahrhunderts boten in Rostock regelmäßig Garbräter ihre zubereiteten Nahrungsmittel an. 1872 standen im Rostocker Adressbuch neun Garbräter. In Hamburg saßen die Garbräter mit den Heringswäschern in einem Amt, in Stettin mit den Schlächtern. In Lübeck verkauften die Meister auch gekochtes Fleisch, Würste, Wildbret und ausgewählte Fischarten. In Stralsund wurde 1645 das Amt der Garbräter mit dem Amt der Knochenhauer zusammengelegt. In einigen Regionen wurde die Garküche städtisch verwaltet und das nicht zünftig, sie wurde vom Rat an einen nachweislich befähigten Garbräter auf bestimmte Zeit verpachtet.

In der Rostocker Garbräterstraße stand das Gemeinschaftshaus der einheimischen Krämer (Krämerschütting), das erstmals 1443 so genannt und das nach 1544 bis 1799 durch die Pantoffelmacher (Pantoffelmacher-Schütting) genutzt wurde. Weitere Meister besaßen Garbrätereien in der Großen Scharrenstraße oder bei den Alten Scharren in der Altstadt.

Die Standortnähe von Garbrätereien beziehungsweise von Garküchen zu großen Vereinshäusern und ebenso Gastwirtschaften hatte einen guten wirtschaftlichen Grund. Die Betriebe versorgten deren bürgerliche Feiern und Gastereien mit dem Mittagsmahl und bedienten private Kindtaufen, Heiraten und Beerdigungsfeiern.

Das zünftige Handwerk von Rostock selbst ließ es sich bei allerhand notwendigen und unnötigen Anlässen kulinarisch recht wohl ergehen. Ein Meisteressen zur Titelgewinnung bei den Rostocker Zinngießern bestand im 16. Jahrhundert aus dreierlei Braten, Fisch (Hecht oder Lachs), Käse und Butter, Rheinwein und Bier nach Bedarf. Am üppigen Festmahl beteiligten sich sämtliche Meister des Gewerks mit Gesellen, Lehrjungen und dazu kamen die Vertreter des Rats. Bei den etwa 50 Rostocker Handwerksämtern im Spätmittelalter kamen da schon einige Großaufträge pro Jahr rein. Anfang Februar hatte die Garbräterei noch einmal Hochkonjunktur. Angesichts der entbehrungsreichen Fastenzeit wollte man es sich, vom Bürger, Professor bis zum Pfarrer, noch einmal gut ergehen lassen.

Die Schiffergesellschaft (ältestes Statut von 1576, Umänderungen 1714/15 und 1825) versammelte sich in ihrem Gelagshaus zum gemeinsamen Beraten, kräftigem Essen und Trinken. Die Gesellschaft besaß in der Großen Bäckerstraße ein eigenes Haus, das schon im 15. Jahrhundert als Schonenfahrer-Gelag Erwähnung fand. 1700 erwarb die Schiffergesellschaft noch den Schütting der Haken (Kleinhändler) in der Kleinen Bäckerstraße. Beide Gelagshäuser wurden 1855 verkauft, um die Witwenkasse für 45 Witwen aufzubessern. Die Aufgaben, Ziele, gegenseitige Unterstützung und das Miteinander der Kompaniebrüder wurden durch 41 Artikel (1576) im vom Rat genehmigten Statut geregelt. Alljährlich trafen sich die Schiffer mit den Frauen zum Fastelabend, der begann bereits einen Tag vor Aschermittwoch. Gegen 11 Uhr traf man sich im Vereinshaus, um nachfolgend gestärkt der Fastenzeit bis Ostern entgegenzutreten. Die Organisation des Festes lag in den Händen eines gewählten Schaffers, der vorher mit dem Garbräter, dem Bierbrauer und dem Bäcker die notwendigen Absprachen und Vereinbarungen getroffen hatte. Über den kulinarischen Verlauf des Fastelabends am 10. Februar 1780 wird berichtet: „Der Regiments-Tisch ward bedient mit Perlgraupen im Wein, danach Schinken mit langem Kohl, geräuchertes Fleisch, Ochsenzunge und Mettwürste gekocht, darauf gebratener Fisch, zuletzt gab es einen Wildbraten und einen Kälberbraten, dazu Gurken, Tittebirnen und Kohlsalat. An Brot war Herren- und Kümmelbrot vorhanden. Zum Schluss ward auch Butter umgegeben. An Wein wurde weißer und roter nach Belieben, auch Rostocker starkes Bier ausgeschenkt."

Die Garbräter nahmen das Handwerk sehr ernst und daher gab es allgemeine Regeln. Denn das Kochen und Braten der Fleischspeisen erforderte spezielles Wissen über Fleischarten und Geschmacksbeigabe z. B. durch Gewürze, und außerdem gehörte eine gute Portion Geschicklichkeit bei der Zubereitung dazu. Garbrätergesellen mussten daher eine Probezeit von etwa einem halben Jahr absolvieren, bevor sie in eine feste Anstellung übernommen wurden. Den Fleischeinkauf besorgte der Meister selbst. Schließlich hatte er eine vom Rat gebilligte Vereinbarung mit den Knochenhauern abgeschlossen, die aber nicht jedermann bis ins Detail zu wissen hatte. Auch der Stadtjäger für die Rostocker Heide war ein Wirtschaftspartner, denn Wild war zu sämtlichen Festgelagen sehr begehrt. Ein Ziemerbraten z. B. vom Hasen, Reh oder Hirsch, das war ein Rückenbraten mit oder ohne Keulen, konnte in drei Teilen (Wedel-, Mittel- und Blattziemer) angerichtet werden, ansonsten wurde das Fleisch im Ganzen am Spieß über Kohlenglut gebraten. Über viele Stunden musste das Schwein oder das Kalb vom Gesellen gewendet und mit reichlich Flüssigkeit übergossen werden, damit der Braten nicht zu scharf und faserig geriet, sondern bissgerecht und saftig schmeckte. Das sogenannte Bratenwenden war ei-

ne körperlich anstrengende Arbeit und an fürstlichen Höfen im Mittelalter eine Dienstpflicht der Bauern.
Die neuere Zeit brachte durch Einsatz von technischen Neuerungen einige Verbesserungen im Beruf mit sich. 1823 wurde ein Bratenwender mit Räderwerk erfunden, der nach dem Prinzip eines Uhrwerks mit Gewicht oder Feder und Hemmung funktionierte und den Ochsen am Spieß automatisch über der Glut drehte.

Gewandschneider

Allgemein gehörten die Gewandschneider zu den angesehenen und wohlhabenden Stadtbürgern, sodass ihre historischen Spuren gelegentlich auch in der Literatur zu finden sind. In den „Buddenbrooks" von Thomas Mann ist von einem ihrer Rostocker Vorfahren zu hören, der es mit dieser Profession zu Ansehen und Vermögen brachte, denn „wie am Ende des 16. Jahrhunderts ein Buddenbrook, der älteste, der bekannt, und sein Sohn zu Grabow Ratsherr gewesen sei. Wie ein fernerer Buddenbrook, Gewandschneider seines Zeichens, zu Rostock geheiratet hat, ‚sich sehr gut gestanden'– was unterstrichen war – und eine gemeine Menge von Kindern gezeugt habe, tote und lebendige, wie es gerade kam".
Die Gewandschneider, oder nur verkürzt Wandschneider genannt, waren über die Zeit wohlhabende und geachtete Großkaufleute geworden, denen es allein zustand, mit feinsten Tuchen und kostbaren Stoffen von auswärts zu handeln. Die Professionsbezeichnung leitete sich anfangs aus dem Zuschneiden der großen Ballen und Tuchlagen her. Durch privates Kapital, finanzielle Klugheit und händlerisches Geschick gelang es ihnen, mächtige Stoffhändler zu werden. In fast allen Städten entwickelten die Gewandschneider starke, politisch einflussreiche Familiendynastien und in den großen deutschen Handelsstädten wie in Braunschweig oder Leipzig hinterließen sie mit ihren prächtigen Gewandhäusern (den Tuch-Handelshäusern, den Gildehäusern) architektonisch hervorragende Bauten. Die Gewandschneider bildeten im 14. Jahrhundert in Rostock ein eigenes Amt, das fünf Bewaffnete zur Stadtwehr stellte. Da die Hansestadt kein bedeutendes Zentrum der Textilherstellung und des Stoffhandels wurde, sind auch nur noch einzelne Gewandschneider nachzuweisen.
Doch laut der Kleiderordnung von 1587 („Einen Erbaren Raths der Stadt Rostock newe Kleiderordnung") zählten sie zu den vornehmen Bürgern wie die anderen Kaufleute, Brauer, Seidenkrämer, die „eigene Häuser und Erben haben oder sonst in ziemlicher Nahrung und Handel sitzen". Die Gewandschneider nahmen innerhalb der städtischen Rangordnung nach den Bürgermeistern, Ratsherren und Adligen die zweite Position ein. Diese gesellschaftliche Stellung ermöglichte es ihnen, selbst prächtige Kleidung zu tragen, so war es erlaubt, im Winter die Mäntel und Röcke mit wärmendem Fuchs- oder Wolfsfell abzufüttern. Die folgende Kleiderordnung vom 29. August 1591 („Die revidirte und verbesserte Hochzeits- und Kindelbierordnung E. E. Raths zu Rostock") teilte die Bürgerschaft diesmal in drei Stände ein, in einen oberen, mittleren und einen geringen Stand. Zu dem ersteren Stand gehörten, außer den Bürgermeistern, Ratsherren, Adligen, Syndici (Rechtsstudierte) und Doktores, weitere „vürnehme" Bürger, wie die Gewandschneider, Kaufleute, Brauer und Händler. Zur Ausübung und Pflege der religiösen Bedürfnisse unterhielten die Gewandschneider bis zur Reformation in St. Marien eine Kapelle. Da aber Rostock außer der Pfingstmesse keine bedeutenden überregionalen Handelsmessen ausrichtete, konnten die Gewandschneider keine exponierte politische Macht im Rat einnehmen. Sie gelangten auch nicht zu einem eigenen Gewandhaus, doch sie besaßen ihre Verkaufsstände im Rathaus.
Mit dem erhaltenen Rechnungsbuch der Handlungsherren und Gewandschneider Tölner zu Rostock für die Jahre 1345-50 liegen frühe detaillierte Aufzeichnungen der Gewandschneider vor. Die Tölners zu Rostock waren keine Fernhändler wie beispielsweise zur gleichen Zeit die Wittenborgs aus Lübeck, die als Großhändler für den Zwischenhandel bekannt waren. Die Tölners kauften Tuchwaren in großen Mengen im Rostocker Hafen ein, wie es dort hieß: „ab Kogge" en gros. Der Weiterverkauf erfolgte im Detailhandel, also stückweise oder „ellenweise", die Stoffe wurden je nach Bedarf der Rostocker Kundschaft und im Mecklenburger Land verkauft. Die Tücher kamen zu dieser Zeit hauptsächlich aus Flandern (Brügge, Gent, Oostburg), das Rechnungsbuch führt einige Beispiele an Tuchwaren auf: gestreifte, scharlachrote und gemischte Tücher. Zunächst bestand die Hand-

lungsgesellschaft aus Johann (Hennecke) Tölner (jun.), seinem Vater, Bürgermeister Johann Tölner dem Älteren, dessen Schwager Arnold Kopmann und Kopmanns Schwager Edeler Witte. Später stieg Johann Hennecke Tölner wegen eigener Interessen aus und eröffnete selbst einen Handel. Für diesen Zeitraum von fünf Jahren, zwischen 1345-50, verzeichneten sie 820 Geschäftsfälle in der Buchführung. Darüber hinaus finden sich in diesem Buch auch Einträge über private Verhältnisse von Johann Tölner dem Jüngeren. Aus der Familie Tölner stammen Rostocker Bürgermeister und Ratsherren.

Die Gewandschneider bildeten starke wirtschaftliche und soziale Vereinigungen, die nicht nur ihren Ruf und sozialen Stand festigten, sondern vor allem ihre Profession förderten. Seit dem Mittelalter bildeten die Rostocker Handelsleute eine eigene Gewandschneider-Kompanie und noch 1847, also im 19. Jahrhundert, umfasste sie 12 Mitglieder. Gewandschneider mussten nicht das textile Handwerk erlernt haben, doch kannten sie sich alle mit den verschiedenen Tucharten, Färbungen und Kleider-Moden sehr gut aus. In Bezug auf Umrechnungen von Maßen und Gewichten, dem exakten Messen und Wiegen galten sie gewiss als tüchtige Rechenmeister. Beim Einkauf heimischer Tuche war der Gewandschneider gut beraten, die Tuch-Schau vorauszusetzen und nur gestempelte, gesiegelte Ware anzunehmen. Außerdem und nicht zuletzt waren Rechtskenntnisse für die Handelsgeschäfte unerlässlich.

Die Gewandschneider selbst hatten sich das Recht erworben, allein den sogenannten Aufschnitt oder Zuschnitt von Tuchen und Stoffen sowie deren Verkauf in ihrem Gebiet vorzunehmen. Ihr Privileg schloss das gleiche Recht für andere Ämter weitgehend aus. Privatpersonen oder Ämtern und Zünften wie denen der Schneider (früher die Schröder) war es zwar erlaubt, auswärtige Stoffe für den Eigenbedarf zu erwerben und für sich zu verarbeiten, aber sie durften sie nicht maßgerecht zuschneiden, um sie dann wieder zu verkaufen.

Mitte des 19. Jahrhunderts sollte die Gewerbefreiheit eingeführt werden, konnte aber in Mecklenburg (noch) nicht ohne Weiteres realisiert werden. Es gab zu viele kritische Gegenstimmen, sodass auch die Seestadt sich zunächst der neuen Zeit im Handwerk und Handel nicht öffnete. Der Rostocker Rat erließ am 7. Oktober 1844 eine Verordnung, die das alte Gildewesen zugunsten der Gewandschneider festigte. 1845 war Kaufmann Ernesti zum Altermann der Gewandschneider-Kompanie gewählt worden. In seiner Zeit kamen die alten Regeln schon ins Wanken, indem sie von außenstehenden Handwerkern unterwandert wurden. So hatte der Rostocker Schneidermeister M. von auswärts und nicht von einem Mitglied der Gewandschneider-Kompanie zu Rostock zusätzlich zu seiner Kleiderbestellung fünf Stück Tuch im Wert von etwa 290 Talern bezogen, weshalb er vom Altermann der Kompanie verklagt wurde. Durch Widerspruch wurde der Rechtsstreit beharrlich bis vor das Großherzogliche Oberlandesgericht ausgetragen. Daraus entwickelte sich schließlich ein Präzedenzfall zwischen der Gewandschneider-Kompanie und der Schneider-Zunft: Der Schneider musste zahlen und das alte Recht der Gewandschneider wurde vermutlich zum letzten Mal bestätigt.

Glaser

„Ruuten rut, seggt de Glaser, un smet sien eigen Finster in."

Von der Arbeit früherer Glasermeister, ihren alten Handwerkstechniken und Arbeitsgeräten ist heute vieles nur noch nachzulesen. Die Arbeitsgänge wurden im Laufe der Zeit technisch modernisiert. Insbesondere Fensterteile werden heute industriell vorgefertigt oder sie werden vollständig her-

Blick in die Rostocker Glaserwerkstatt von Carl Meier, Paulstr. 17, 1920er Jahre

gestellt. Heutzutage gibt es für alle Teile, die in ein Haus gehören, auch für die Fenster, eine vorgeschriebene Norm, sodass letztendlich alle Teile austauschbar sind. Aber wehe, wenn eine Glasscheibe entzweigeht, dann ist ein Handwerksmeister gefragt, der ein Stück alte Handwerkskunst verstehen muss.

Eine wichtige Aufgabe des alten Glaserhandwerks war es, Licht und Schutz ins Haus zu bringen. Die Meister und Gesellen schnitten Fensterglas auf bestimmte Größen und Formen zu und setzen die kleinen Scheiben zu größeren Holz- oder Bleifenstern zusammen. So eine Scheibe ging schnell durch Steinwurf oder Zugluft entzwei und dann wurde der Glaser gebraucht. „Der Herr beschütze Korn und Wein – Der Hagel schlag die Fenster ein“, so lautete gelegentlich die Inschrift in einer Glaserwerkstatt.

Das Handwerk der Glaser entstand überhaupt erst im 14. oder gar im 15. Jahrhundert. Vor dieser Zeit gab es in Burgen, Kirchen und Wohngebäuden neben Toren und Türen zwar einige weitere gemauerte Öffnungen für die Frischluftzufuhr, den Rauchabzug oder zur Ausschau. Aber gegen Sturm, Regen, Schnee oder Kälte schloss man die Öffnungen durch geöltes Papier, Leder oder Hanfsäcke und ähnliche Materialien.

Lade der Glaser-Innung, 18. Jahrhundert

Als erstmals Glasfenster aufkamen, waren diese zunächst auf Kloster- und Kirchenbauten beschränkt, indem Butzenscheiben mit Bleiruten eingefasst kunstvoll eingesetzt wurden, und später folgten dann die Klarsichtgläser. In Städten ist 1363 für Nürnberg der erste Glashandwerker belegt und um 1470 wurden dort die meisten öffentlichen Gebäude mit Glasfenstern versehen. Doch waren um Mitte des 16. Jahrhunderts Glasfenster noch immer eine Besonderheit und an kostengünstigen Alternativen zum Glas hielt man lange Zeit weiterhin fest.

Der erste Glaser in Rostock ist aus den ältesten Stadtbüchern im Jahr 1262 nachweisbar, 1268 wird mit Johannes factor vitrorum (glasewrochtere) ein weiterer Glaser aufgeführt. Auch scheint sich in der Stadt oder vor den Stadtmauern eine Glasanfertigung entwickelt zu haben, denn 1292 wird ein Erbgrundstück erwähnt, das „Glashutten“ genannt wird. Anfangs waren die Glaser mit den Malern in einer Zunft vereinigt. Ähnlich verhielt es sich in Stralsund und zu Beginn in Lübeck. Im 14. Jahrhundert stellten die Rostocker Glaser und Maler zusammen zwei Mann als Bewaffnete für die Stadtverteidigung. Die Vereinigung der Glaser mit den Malern in einem Amt trug durchaus gute wirtschaftliche Früchte, da das Amt neben der Fertigung von Glasfenstern und Scheibenreparaturen auch lohnende Aufträge für die hohe Kunst der Glasmalerei erhielt. Im Jahr 1515 fertigten Rostocker Meister für die Kirche zu Doberan Fenster an; der Abt verabredete mit dem Fenstermacher Hans Goltschmidt die Lieferung einer „vermalten und einer unvermalten Tafel“, die eine für einen halben Gulden und die andere für sieben Schilling lübisch.

Der Abt von Doberan beabsichtigte 1533, die Vorfahren des Herzogs Heinrich von Mecklenburg „durch die Glaser und Maler“ auf den Fenstern des Kreuzganges verewigen zu lassen.

Die Glaser- und Malermeister des Mittelalters ließen einen Altar und eine Vikarie in der St. Marienkirche zu Rostock für die religiösen Zwecke errichten und übten das Besetzungsrecht für einen Prediger noch sehr spät aus. Am 24. August 1557 präsentierten die Alterleute des Glaser- und Malergewerks zu Rostock (olderlude des glesewerkes vnnd melerampts to Rostock) nach Ableben ihres letzten Vikars Matthäus Katte als neuen Anwärter auf die Leitung der Vikarie den Magister Lucas Randow. Der hatte bis dahin als Prediger an der Kirche des Heiligen-Geist-Hospitals gewirkt und wurde nunmehr dem Herzog Ulrich, als Administrator des Bistums Schwerin, zur Bestätigung empfohlen. Die Urkunde wurde durch das „gewöhnliche Siegel“ des vereinigten Amtes bekräftigt. Das Siegel wurde vermutlich Anfang des 16. Jahrhunderts gestochen. Dieses runde Siegel der Glaser und Maler enthält nach Fr. Lisch einen großen Schild, auf welchem drei kleine Schilde stehen, und auf einem in Falten herumgelegten Bande die nicht ganz klare und am Ende nicht mehr deutlich zu lesende Umschrift: „S. D. GANTZEN. AMDTES. D. GLASER. THO. ROSTOCK“.

Noch vor 1600 trennten sich beide Gewerke und die Glaser bildeten ein eigenes Amt. Doch auch die Glasmalerei blieb hier weiterhin präsent.

Ab dem 17. Jahrhundert und ganz besonders im 18. Jahrhundert konnte das Glaserhandwerk in Mecklenburg einen großen Aufschwung nehmen. Den Meistern stand erstmals Tafelglas (Fensterglas) in ausreichenden Mengen zur Verfügung. Existierten im Mittelalter nur vereinzelt und insgesamt nur spärlich Glashütten in Mecklenburg, schossen sie im ländlichen Raum bald wie Pilze aus der Erde. Allerdings wurden feinere Glaswaren nur in Ausnahmefällen und durch Privileg bestätigt produziert, aber neben Flaschen, Bouteillen aus grünem Waldglas, entstand jetzt durchsichtiges Fensterglas, auch Weißglas oder Klarsichtglas in großen Mengen. Mit der vermehrten Glasfertigung stieg die Konkurrenz untereinander an, was wiederum wirtschaftliche Unsicherheiten bei einzelnen Unternehmungen mit sich brachte, sodass 1836 von einer eingegangenen Glashütte zu Rostock zu hören ist. Gleichfalls führte das Rostocker Adressbuch von 1892-94 ein Glashüttenwerk auf, welches dann schließen musste.

Die Rostocker Glasermeister mussten enge wirtschaftliche Beziehungen zu den Glashütten pflegen, um letztendlich gute Preise für das Glas erzielen zu können. Dazu war ihnen wie den Glashüttenbesitzern der Handel mit Glas erlaubt. Das Tafelglas von den Hütten ist nach Kisten gerechnet worden; eine Kiste Tafelglas enthielt 20 Bund zu je sechs Tafeln von 20 Zoll hoch und 16 Zoll breit.

Die Lehre bei den Glasern dauerte drei Jahre. Der Glasermeister durfte keinen Jungen in die Lehre aufnehmen, bis dieser nicht lesen, schreiben und rechnen konnte sowie den Katechismus beherrschte. Andernfalls sollte der Meister es auf sich nehmen, den Jungen während der Lehre wöchentlich vier Stunden zur Schule zu schicken. Das war für den Meister oft keine leichte Entscheidung, denn selbst ein Lehrjunge musste sein Tagwerk einbringen. Wegen des Lehrgelds verglich sich der Meister mit den Eltern, für das Einschreiben und Aufdingen bezahlte der Junge nur eine geringe Schreibgebühr.

Die Wanderschaft war den Glasergesellen für drei Jahre vorgeschrieben und sie führten ein „geschenktes Handwerk“, wodurch der Geselle an jedem Ort eine festgelegte Unterstützung für Lohn und Unterkunft erhielt. Der Schutzpatron der Glaser war der Heilige Lukas, einer Legende nach galt Lukas als Maler und seine besonderen Attribute waren Arztgeräte und Malutensilien. Am Gedenktag des Patrons, am 18. Oktober, wurde unter den Glasergesellen tüchtig gefeiert. Außerdem waren die Gesellen dafür bekannt, dass sie gerne den „blauen Montag“ abhielten und damit einen zusätzlichen Sonntag einlegten. Dagegen wurde im 18. Jahrhundert von der Obrigkeit ein Verbot bei strikter Strafe erlassen, das wiederum allgemein für Handwerksgesellen galt.

Das Meisterstück bestand bei den Glasern in der Anfertigung von mehreren aufwändigen Stücken. Gefordert wurden allgemein das Maßschneiden einer rechteckigen Scheibe nach vorgegebener Zeichnung und die Einglasung mit Kitt eines hölzernen Fensterflügels. Schwieriger war die Herstellung von Bleiglasfenstern, sowohl einzelner in runden oder

Stolz verweist der Glasereibetrieb von Rudolf Jacobs, Doberanerstr. 35, auf den erfolgreichen Abschluss der Arbeiten an einem Wohnblock

ovalen Formen als insbesondere von zusammengesetzten Bleiglasfenstern: „Es müssen fünfzehn Scheiben in ihrer Höhe und Breite akkurat geschnitten werden und auf allen Seiten scharf an den Kern des Bleis zu stehen kommen, das Längs- und Querblei muss rechtwinklig und lotrecht ausgerichtet sein." Zuletzt musste eine bleiverglaste Straßenlaterne angefertigt werden, die ebenfalls nicht unkompliziert war, da sie Genauigkeit und einige Geschicklichkeit vom Meisteranwärter erforderte. Alle Arbeiten musste der Geselle innerhalb von acht Tagen in der Werkstatt unter Aufsicht des Meisters anfertigen, denn mögliche Fehlschnitte sowie anfallender Glasbruch flossen ebenfalls in die Bewertung ein, abschließend gaben die Altermänner dann gemeinsam das Urteil ab.

Noch Anfang des 19. Jahrhunderts war es keine Seltenheit, dass die Glaser die Fensterrahmen selbst anfertigten und nicht der Tischler. Dabei erzielten sie die besten Ergebnisse mit durch das Beil gespaltenem Holz, weil es sich späterhin weniger in der Form verzog als z. B. gesägtes Holz. Da gewöhnlich die Fenster damals recht klein waren, spalteten sie aus einem eichenen, astfreien Holzstock die maßgerechten Rahmenteile, die danach wie beim Tischler zusammengeleimt wurden. Solch ein Fenster hielt zwar nicht ewig, aber es hielt etliche Jahrzehnte den Winter hindurch. Jedoch gab es in Rostock im Laufe der Zeit regelmäßig Beschwerden vor dem Rat wegen gegenseitigen Überschreitens der Arbeitsaufgaben zwischen Tischlern und Glasern.

Zum Schneiden der Glastafeln benutzte man anfangs härteste Stahlstifte und Schmirgel. Eingefasste Diamantsplitter kamen vermutlich erst nach dem 16. Jahrhundert zum Einsatz. Die Bleiumfassungen wurden vom Glaser selbst gefertigt. Die gegossenen Bleistränge waren 60-80 Zentimeter lang, wurden zu Rahmenfeldern geformt und miteinander verlötet. In Kirchenfenstern wurde die Bleirute als grafisches Mittel genutzt und die Glasscheiben farbig gehalten. Größere Fenster mussten sehr stabil sein, deshalb erhielten die Randbleie doppelte Stärke. Zur Anfertigung der Nuten in den Bleieinfassungen benutzte man einen Nuthobel, ab dem 15. Jahrhundert wurde der Bleizug oder die Ziehmaschine erfunden. Besonders für große Kirchenfenster kamen Bleiglasfenster nicht ins Holz, sondern wurden an Eisenstäben vorgehängt.

1800 arbeiteten in Rostock zehn Glasermeister, 1817 zählte man neun Glasereien, 1836 13 Glaser und drei Glashändler und 1850 waren hier 15 Meisterbetriebe und drei Glashändler ansässig.

Christian Plothe

Das Glaserhandwerk vor der Industrialisierung am Ende des 19. Jahrhunderts ist der Beruf, den Christian Plothe ausübt. Ergebnis seiner Arbeit ist „Glas, auf das man schaut, nicht durch das man sieht, Handwerk, das mit angewandter Kunst einhergeht", wie er es nennt. Dabei fasst er sein Arbeitsfeld sehr weit. Nicht nur das opulente bunte Kirchenfenster ist Gegenstand seiner Arbeit, sondern auch Gebrauchsgegenstände, wie etwa der zerbrochene gläserne Lampenschirm. Im Gegensatz zum Bauglaser, dessen Arbeit auf die neuzeitlichen Technologien im Bezug auf den Werkstoff Glas

ausgerichtet ist, setzt seine Tätigkeit gleichermaßen technisches wie historisches und künstlerisches Verständnis sowie die Fähigkeit zu kunstfertigen Entwürfen voraus.
Noch bis vor 150 Jahren war der Künstler meist auch der Ausführende seiner schöpferischen Gedanken. Diese Einheit vom Entwurf bis zur Ausführung blieb bestehen, bis durch die Industrie Massenware in das Glaserhandwerk Einzug hielt. Christian Plothe hingegen steht bis heute in deren Tradition.
Zu den Auftraggebern seiner Glas-Atelierwerkstätte gehören allermeist Kirchgemeinden als Bewahrer kirchlichen Kulturgutes, aber auch öffentliche Auftraggeber und Privatkunden, die Glasmalereien besitzen – sie verkörpern oft einen hohen ideellen Wert, weil familiär weitergegeben und darum erhaltenswert.

So oder noch stärker beschädigt erhält Christian Plothe viele Stücke.
Ein weiter Weg, ehe solch ein altes Kirchenfenster in neuem Glanz erstrahlen kann.

Neben der detailgetreuen authentischen Aufarbeitung von Bleiverglasungen in zahlreichen Stadt- und Dorfkirchen zählt die Restaurierung von Glasmalereien oder historisch wertvollen Stifterscheiben zu Christian Plothes Betätigungsfeld. Das Gebiet der Glasmalerei, das im 19. Jahrhundert wiederentdeckt wurde und an dessen Ende eine Renaissance erlebte, gehört ebenfalls zum Arbeitsfeld der Kunstglaswerkstätte. Daneben beherrscht der Glasgestalter die Neuanfertigung in Bleiprofile gefasster Glasfelder, die auch das Wohlwollen der Denkmalpflegebehörden finden – wie beispielsweise die Fenster in der frühbarocken Fassade des Schlosses Rossewitz, das Spielstätte des Musikfestivals Mecklenburg-Vorpommern ist.

Christian Plothes tägliches Tun geht oft sehr ins Detail. Kleinste Glasstückchen sind zum Beispiel vonnöten, wenn es darum geht, Glasmosaiken zu restaurieren – etwa den wiederhergestellten Brinckman-Brunnen, der durch sein mobiles Dasein (der dritte Standort, seitdem Paul Wallat ihn im Jahre 1914 schuf) arg gelitten hat, oder die Wappen in der Fassade des Ständehauses, die manchen Stein in der Krone des mecklenburgischen Stiers einbüßten. Mancher entscheidende Quadratzentimeter Glas fand sich in Großvater Plothes Zigarrenkiste, in der er statt der leichten St. Georg seltene Farbglasreste aufbewahrte – ein glücklicher Umstand, wenn man bedenkt, dass der Quadratmeter-Preis solcher manuell gefertigten Gläser heute das 20- bis 45-Fache betragen würde.
„Ja, ist es denn teuer?", wird er oftmals gefragt. Der immense Zeitaufwand – für Laien kaum zu erahnen – wird klar, wenn man bedenkt, dass jedes Stückchen Glas von Hand in Form gebracht, in Bleiprofile gefasst, gegebenenfalls mehrschichtig bemalt und eingebrannt werden muss. Also ist der Erhalt der Unikate „preiswert, im Vergleich mit Dingen, die austauschbar sind", wie der Glasgestalter weiß.
Die Geschichte der Glaswerkstätte Christian Plothe in Rostock begann 1921 mit Alfred Plothe, der in der Kasernenstraße 33 – der heutigen Budapester Straße – seine Geschäftsräume einrichtete. Neben Glashandel und Glasschleiferei verlegte sich Christian Plothes Großvater auf Ladenbau und Spiegelherstellung, so erfolgreich, dass er auf Gewerbeausstellungen mit Auszeichnungen geehrt wurde.
Ab 1948 setzte der Sohn des Firmengründers, der gerade aus der Kriegsgefangenschaft heimgekehrte Carl-Alfred Plothe, die Arbeit seines 1941 verstorbenen Vaters fort. Glashandlung, Glasschleiferei, Spiegelbelegerei für private und gewerbliche Kunden boten ein lukratives Geschäftsfeld nach dem Krieg.
Mit dem Eintritt Carl-Alfred Plothes ins Rentenalter kehrt auf dem Hof der Budapester Straße 33 zunächst Ruhe ein. Zehn Jahre liegt die Werkstatt brach, bevor Christian Plothe die Familientradition wieder aufnimmt.
Der 1954 als zweiter Sohn Carl-Alfred Plothes geborene Christian wächst in der Budapester Straße „zwischen den Glaskisten" auf. Er wird mit dem Handwerk seines Vaters groß, weiß, welche Handgriffe vonnöten sind, um buntes Glas mit dem Diamantschneider

Auch moderne Glasgestaltungen kommen aus der Werkstatt Christian Plothes

in Form zu bringen, mit selbst gezogenen Bleistegen zu versehen und Raute für Raute zu einem Kunstwerk zusammenzufügen, wie es bei den Vorvätern üblich war.

Doch die Arbeit mit dem zerbrechlichen Material macht Christian Plothe erst später zu seinem Broterwerb. Nach der Schule studiert er Schiffsmaschinentechnik, fährt als Schiffsingenieur zur See – zunächst auf Handelsschiffen der Deutschen Seereederei, später beim Seenotrettungsdienst bzw. bei der Deutschen Gesellschaft zur Rettung Schiffbrüchiger. 1999 geraten die brachliegenden Geschäftsräume des Vaters wieder ins Blickfeld des Sohnes.

Christian Plothe entsinnt sich seiner Vertrautheit mit dem Werkstoff Glas; dass es allerdings nicht Spiegel und polierte Glaskanten sein sollten, ist ihm frühzeitig klar.

Nach verkürzter Ausbildungszeit im Glasergewerbe kann er 2001 der Handwerksordnung Genüge tun und sein eigenes Firmenschild – das dritte an dieser Stelle – anschrauben. Damit gibt es am Ort der vormaligen Spiegelmanufaktur seines Großvaters und Vaters wieder eine Glaswerkstätte.

Die Glaserei entspricht Christian Plothes Neigungen – allerdings nicht denen der Silikonspritze und der Isolier-, Schall- und Brandschutzverglasung, sondern denen des Leinölkitts und des mundgeblasenen Farbglases. Er verlegt sich auf das Restaurieren historischer Bleiverglasungen. In aufwändiger Puzzlearbeit fügt er zu Bruch gegangene Scheiben im Sinne der Erhaltung des Originals wieder zusammen, lässt hochbetagte Glasmalereien erneut sichtbar werden, verhilft Jahrhunderte alten Stifterscheiben zu neuem Glanz. Er verarbeitet uraltes, mundgeblasenes Glas aus Großvaters Vorrat, aus Abbruchhäusern oder fertigt Gläser mit historisch nachempfundenen Strukturen im eigenen Schmelzofen an. Bleiruten in unterschiedlichen Anmutungen zieht Christian Plothe auf einem aus Familienbesitz stammenden Bleizug aus dem Jahre 1777 in Handarbeit selbst. Der Einsatz von Chemikalien beim Reinigen historischer Glasmalereien ist bis auf verdünntes Ethanol tabu; Klebstoffe, sofern sie zum Einsatz kommen, härten spannungs- und vergilbungsfrei aus. Farben rührt er selbst an, die Patina alter Gläser empfindet er so täuschend echt nach, dass es für den Uneingeweihten mühsam ist, die Rekonstruktionen im Original zu entdecken.

Plothes Motivation, „so viel zu erhalten wie möglich und nur so viel zu ersetzen wie nötig", überzeugt Kirchenbaubeauftragte wie Landesdenkmalpfleger und die Forschungsstelle für Glasmalerei an der Berlin-Brandenburgischen Akademie der Wissenschaften Potsdam, an deren Werkstattgesprächen er teilnimmt. Deren Projekt zur modellhaften Sanierung von Kirchenfenstern bringt zu Tage, dass sich in der Chorverglasung der Rostocker St. Nikolaikirche nach dem Krieg eingesetzte Gläser aus den Regalen der Firma Plothe finden. Nach nahezu 60 Jahren gelangen sie für die Zeit der Restaurierung wieder nach Hause.

Christian Plothe hinterlässt seine behutsame Handschrift in etlichen mecklenburgischen und vorpommerschen Stadt- und Dorfkirchen, darunter in dem Dorf Schlemmin, dessen Kirchenfenster reichhaltig mit Familienwappen geschmückt sind. In Rethwisch entdeckt er Namen in den barocken Stifterscheiben, die heute noch im Ort wohlbekannt sind.

Die Kirche in Groß Zicker auf der Insel Rügen zieren seit dem Frühjahr 2009 zehn Stifterscheiben aus dem 16. Jahrhundert, die in der Glaswerkstätte Christian Plothe aufgearbeitet wurden. „Als die Fragmente der maritimen Darstellungen auf dem Lichttisch vor mir lagen, erschienen sie mir vertraut", erzählt Christian Plothe. Kein Wunder: Ein Motiv der Stifterscheiben, das sich als Kunstdruck in einem Kalender der Deutfracht-Seereederei Rostock fand, zierte für vier Wochen die Kabinenwand des damaligen Schiffsmaschineningenieurs. Ostern 2000, wenige Monate vor der Geburt seiner dritten Tochter, war er den noch unsanierten gläsernen Darstellungen, die die maritime Welt um 1595 zeigen, beim Urlaub in Groß Zicker erstmals physisch begegnet.

Nicht alltäglich ist der Auftrag zur Fenstergestaltung in den Gefängniskapellen zweier Haftanstalten des Landes. Plothes Glasgestaltungen helfen hier, den Insassen Einsichten zu vermitteln und die Aussicht auf die Gitter zu nehmen.

Um die historischen Handwerkstechniken weiterzuvermitteln, beschäftigt er seit einigen Jahren junge Leute. Sie sind interessierte und engagierte Abiturienten, für ein Jahr angestellt in einer der beiden Jugendbauhütten in Mecklenburg und Vorpommern, die der Deutschen Stiftung Denkmalschutz angegliedert sind.

Martina Plothe

Glockengießer

Der Glockengieſſer.

Ich kan mancherley Glocken gieſſn/
Auch Büchſen/darauß man thut ſchieſſn/
Auch Mörſer/damit man würfft Feuwr
Zu den Feinden/ gar vngeheuwr/
Auch Ehrn Häfen auff dreyen beyn/
Auch Ehrin öfen/ groß vnd klein/
Auß Glocken Ertz/künſtlich gegoſſn/
Lydus hat dieſe Kunſt außgoſſn.
P ij Der

Glocken hatten für die Menschen schon immer eine hohe Symbolkraft. Seit alters her läuteten Glocken zum Kirchgang, zur Einleitung von Fest- und Bußtagen, zum stillen Gebet, zu Hochzeit, Beerdigung, Dank- und Freudenfeiern, als Warnzeichen bei Feuer- und Hochwassernot, bei Unwetter und Sturm, bei feindlichem Einfall, in Kriegs- oder Friedenszeiten. Glockenguss gibt es seit dem 5. Jahrhundert, er wurde von Nordafrika nach Europa gebracht. In Deutschland kommen Glocken seit dem 8. Jahrhundert in Kirchen und Klöstern vor. Anfangs sahen sie noch klein aus, ähnelten in der Form eher Bienenkörben, waren teilweise aus Blech genietet oder wurden bereits gegossen. Die Glocken wurden anfänglich ausschließlich von Mönchen gearbeitet. Um 1200 entstanden die Zuckerhutform und hundert Jahre später die heute noch existierende Kelchform, dabei wurde die Glocke hoch und schmal geformt und mit einem Ring eingefasst. Ihr Gewicht konnte bis über 4.000 Kilogramm betragen. Seit dem 9. Jahrhundert sind außer den (glockengießenden) Mönchen auch herumziehende Glockengießer bekannt und im 13. Jahrhundert übernahmen größere Städte den Glockenguss selbst, sie ließen Glockengießer sesshaft werden und benannten Straßen und Plätze nach dem Handwerk, wie in Rostock bekanntermaßen den Glockengießerhof oder in Lübeck die „Klokengeterstraße“.

In einigen Städten bildeten die Glockengießer mit anderen Gießern des Metallhandwerks (Gelb-, Roth- oder Stückgießern oder den Beckenschägern u. a.) ein gemeinsames Amt, eine Zunft, von Rostock gibt es diesbezüglich keine Nachrichten.

Der vermutlich älteste Nachweis eines Glockengießers in Rostock stammt aus dem Stadtbuch von etwa 1254 bis 1275. Personen benannten sich damals üblicherweise im Nachnamen nach ihren ausgeübten Berufen, so wurde ein Ludolfus Stormclocke sechsmal hier erwähnt.

In einer plattdeutschen Handwerkerkundschaft in Reimform vom Anfang des 18. Jahrhunderts heißt es, das in Rostock „saeven Klocken so daeglich schlan“. Zur damaligen Zeit besaß Rostock sieben Kirchen. Bei zumindest drei Glocken in den vier Pfarrkirchen und ein bis zwei Glocken für ein klangvolles Geläut in den anderen Gotteshäusern besaß Rostock zu dieser Zeit eine stattliche Anzahl von Glocken. Warum es vermutlich so viele und verschiedene Kirchenglocken gab, erklärt die kirchliche und religiöse Praxis. Je nach Funktion und Gebrauch gab es die (kleine) Betglocke, deren Klang zum stillen Gebet und zur Andacht mahnte; die (laute) Frühglocke, erinnerte morgens um halb 7 Uhr die Bürger an den eine Stunde später stattfindenden Frühgottesdienst; die Kindtaufglocke, die Totenglocke, die mächtige und größte Fest- und Hauptgottesdienstglocke usw.; und jede Glocke bzw. das Geläut war am einmaligen Klang zu erkennen. Insgesamt sind die Glocken heute in Anzahl und Vielfalt nicht mehr nachweisbar, es sei denn, schriftliche Quellen verweisen darauf. Das Alter des Metalls führte zu Rissen und Sprüngen, so mussten die Glocken auch wieder umgegossen werden. Vor allem durch die jüngsten Kriegszeiten wurden viele alte Glocken vernichtet.

Die älteste Glocke von Rostock besitzt die St. Marienkirche, mit schöner Majuskelinschrift wurde sie 1290 gegossen und ist heute zugleich eine der ältesten Glocken Mecklenburgs. Eine andere Glocke in St. Petri von 1554, aus St. Marien übernommen, stammt vom Glockengießer Hans Lavenpris.

Die bekannteste Glockengießerei Rostocks im Spätmittelalter war die von Rickert de Monkehagen. Aus der berühmten norddeutschen Werkstatt finden sich Glockenarbeiten auch über die Stadtgrenze hinaus, was durchaus üblich war, denn Glocken wurden früher vor Ort gegossen, so war die Glockengießerei mitunter ein Wandergewerbe. Hilfskräfte wurden meist erst am Arbeitsort rekrutiert, entweder übernahm der Glockengießer per Kontrakt die Arbeit komplett oder

die Gemeinden stellten selbst Rohstoffe, Material und Zubehör inklusive Kost und Logis bereit. Arbeiten aus dieser Rostocker Glockengießerei existieren noch heute in Anklam, Baumgarten (1376), Burow (1442), Biestorf, Altentreptow (1431), Greifswalder Dom (Bet- und Professorenglocke 1440) oder im Schweriner Schloss (1464).
1463 goss der Glockengießer Rickert de Monkehagen eine Bronzeglocke für die Klosterkirche der Zisterzienserinnen Rostocks. Entsprechend der Ordensregeln ist die Glocke klein und von geringem Umfang, sie bringt ca. 110 Kilo auf die Waage. Die lateinische Inschrift auf der Schulter der Glocke enthält das Baujahr (MCCCC LXIII) und den Spruch „o rex glorie christe veni cum pace" (O Christus, Ehrenkönig, komme mit Frieden). Bei den Zisterzienserinnen verrichtete die Glocke die Zeitansage, die religiöse Uhr lief im Drei-Stundentakt, beginnend um drei Uhr morgens gliederte sich so der Tagesablauf. Die Glocke ging nach der Reformation in den Universitätsbesitz über, erfüllte hier zeitweise eine Funktion, ging dann sozusagen aus technischen Gründen in Ruhestand und wurde am 11. September 2005 in der Universitätskirche nach der Restaurierung wieder in Betrieb genommen.
Glockengießer hatten keine einfache Auftragslage und ihr spezifisches Arbeitsfeld änderte sich mit der technischen

Neue Glocken für die Marienkirche

Entwicklung. Mit dem Aufkommen der großen Feuergeschütze fanden sie auch Arbeit in der Kriegstechnik. 1623 kamen nach Rostock zwei Glockengießer aus Lothringen, die dem Rat zwei Kartaunen (Kanonen) gießen durften. Das war eine langwierige Angelegenheit, denn der Herstellungsprozess von der Gussform bis zum Produkt war nicht einfach zu bewerkstelligen. Das Gießhaus stand damals am Rosengarten vor dem Steintor, davor auf der Lastadie. Sie brauchten den ganzen Herbst und Winter allein für die Anfertigung der Gussformen. Selbst für die Stadtbürger war das ein aufregendes Ereignis, unter großem Menschenauflauf gelang am 30. November 1624 der erste Guss, der zweite Versuch schlug jedoch völlig fehl, konnte aber am 19. Dezember erfolgreich wiederholt werden.
Der Glockenguss unterlag durchaus einem besonderen Handwerksgeheimnis, Mischungen und Rezepturen blieben in der Familie, die immer vom Vater auf den Sohn übertragen wurden. Schließlich sollte jede Glocke unverwechselbar und dann noch abgestimmt mit den anderen Glocken des Gotteshauses klingen. Die Magie des Glockenklanges hielt das Handwerk am Leben, andererseits prägte sie den Alltag der Menschen im Laufe der Jahrhunderte.
Das Glockengießerhandwerk und die Technologie verlangten ihnen einige technische Kenntnisse ab. Denn die Glocke erhielt ihren funktionellen und speziellen Ton durch die entsprechende Metallmischung in Form und Guss.
In der Glockengießerwerkstatt befand sich in der Erde die mit Steinen ausgemauerte Gießgrube mit Platz für eine oder mehrere Glocken und Platz für einige beim Guss beschäftigte Arbeiter. Zuerst mauerte man in der Grube den Kern aus Backsteinen und bewarf ihn dann mit Lehm, über den der Gießer die Schablone bewegte und setzte, bis der Lehm ganz glatt erschien. Auf diese Lehmschicht wurde das Glockenmodell (Dicke, Hemd) ebenfalls in Lehm aufgetragen und man brachte auf das Hemd die Inschriften und Verzierungen auf. Dieses Modell wurde mit einer Talgschicht überstrichen und dann wieder mit Lehm beworfen (Mantel). Der Mantel wurde abgehoben, das Lehmmodell entfernt, und der Mantel wieder in der gleichen Lage über den Kern gesetzt, sodass in den entstandenen Hohlraum die Glockenspeise fließen konnte.

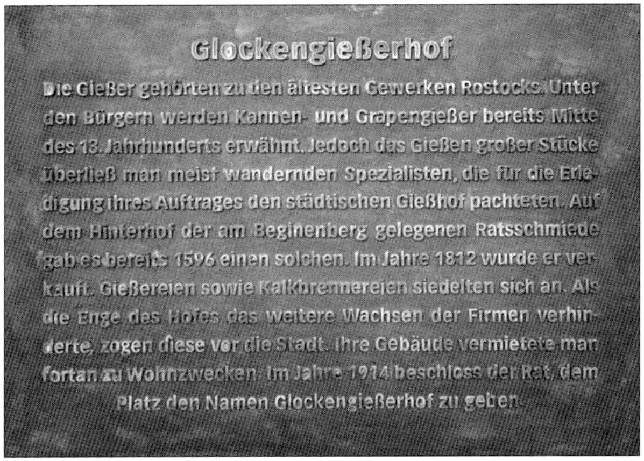

Informationstafel Auf dem Beginenberg

Als Glockengut oder auch Glockenspeise verwendete man allgemein Glockenbronze aus einer Mischung von 78 Prozent Kupfer und 22 Prozent Zinn. Doch im Einzelnen hinterließ der Glockengießer auch hierüber keine Nachrichten, das wurde exakt erst im 19. Jahrhundert durch chemische Analysen des alten Glockenmetalls festgestellt. Natürlich gab es noch andere Dinge zu berücksichtigen. Die Schönheit der Glocke in ihrer Gestalt hing von der Schablone ab, auch sie war Eigentum und Geheimnis des Glockengießers, das von Generation zu Generation in der Meisterfamilie vererbt wurde. Neben dem Metall nahm das Profil der Glockenwandung, Rippe genannt, großen Einfluss auf die Klangqualität. Für die Herstellung der Gussformen (Hemd, Mantel) benutzten die Meister zur Festigung des kalkfreien Lehms Pferdemist, Kälberhaare, Ziegelmehl, Bienenwachs, Rindertalg, Hanf und Spreu, alles einheimische Materialien, und als Brennmaterial dienten Holz und Holzkohle. Als technisches Zubehör waren noch Klöppel, Joch, Jochlagerung, Glockenstuhl und Läutevorrichtung nötig. Manchmal kam es auch vor, dass alle Beteiligten sich in den Maßen verrechneten, die Glocke war zu schwer geraten, die mangelnde Statik des Kirchturms hielt das Gewicht nicht aus und deshalb musste man separat neben der Kirche einen hölzernen Glockenstuhl aufrichten.
War die Glocke gegossen, dann häufig unter großen Schwierigkeiten 80 Meter hoch hinauf auf den Turm in die Glockenstube befördert, konnte endlich richtig gefeiert werden. Die Glocke erhielt in allen Ehren die kirchliche Weihe und ihren Segen sowie einen Schutzpatron. Mit viel Hoffnung übergab die Kirchgemeinde sie ihrer Bestimmung, gerade so, wie es in Schillers Lied von der Glocke heißt: „... Dies sei fortan ihr Beruf [...] hoch überm niedern Erdenleben [...] soll sie schweben."
Bekannte Rostocker Glockengießereien der Neuzeit waren die von Ernst Siedenbaum (etwa zwischen 1690 und 1710), die von Johann Valentin Schultze (um 1767) oder Johann Christian Haak (um 1837). Sie hinterließen mit Nachfolgerbetrieben zahlreiche Glockengüsse in Mecklenburg und in der Mark Brandenburg.

Glockengießer-Skulptur von Thomas Jastram, 2008

Seit dem Jahr 1852 kamen Gussstahlglocken in Mode, insbesondere von der Firma des Vereins für Bergbau und Gussstahlproduktion in Bochum. Bei beinahe gleichem Gewicht wie die bronzenen kosteten sie nur halb so viel Geld. Doch das geschulte, musikalische Ohr stellte schon einen gehörigen Unterschied zwischen einer Glocke aus Bronze oder aus Stahlguss fest. Viele Glocken gingen im 1. und 2. Weltkrieg durch die Kriegseinschmelzungen gänzlich verloren. Glocken zu Kanonen, das hatte schon Napoleon in seinen Kirchen vorgemacht. Mecklenburgische Glocken wurden noch Ende des 2. Weltkriegs in den Schmelzhütten Oranienburg und Hamburg-Wilhelmsburg zu Kriegszwecken eingeschmolzen.
In den Kriegsjahren von 1917 und 1940/1942 musste fast jede Gemeinde eine Glockenabschiedsfeier begehen, obwohl Pfarrer, Gemeindemitglieder und Denkmalpfleger sich nachhaltig für den Erhalt der Glocken einsetzten, denn sie galten immer schon als Wegbegleiter der Gemeinden. Gottes Wege

sind unergründlich – ein gern strapazierter Ausspruch, aber so manche Glocke konnte doch auf wundersame Art und Weise hinübergerettet werden.
Auf dem Beginenberg/Glockengießerhof erinnert seit 2008 eine Bronzeplastik von Thomas Jastram an die Glockengießertradition.

Glockenritzer

Rostocks Kirchen gehören zu ältesten Denkmälern, die manche kunsthistorische Besonderheiten in sich bergen und heute dadurch wertvolle Auskunft über längst vergangene Zeiten und deren Meister erzählen, die sie einst erschufen. Eine dieser kunsthandwerklichen Besonderheiten sind die Glockenritzungen in den Glocken der Gotteshäuser. Rostock zählte zu den deutschen Glockengießerstädten, die sich einen namhaften Ruf hier im Norden erwarben. Insbesondere zum Ende des 14. und Anfang des 16. Jahrhunderts wurde dieser Ruf durch die Gießerwerkstatt des Rickert de Monkehagen geprägt und weitergegeben. Viele mittelalterliche Kirchenglocken wurden mit religiös-sinndeutenden Verzierungen angefertigt, diese handwerkliche Art der Ausschmückung wurde früh von Rostocker Meistern ausgeführt. Eines der bedeutenden Verfahren hierfür war das Ritzen bzw. Reißen in das empfindliche Rohmaterial. Insgesamt sind heute auf deutschem Boden 325 Exemplare geritzter Glocken mit Inschriften und Zeichnungen als besonderem Schmuck erhalten. Im Ausland wurden bisher 11 Stück solcherart geschmückter Glocken aufgefunden.
Ursprünglich waren die christlichen Glocken als reine Klangkörper gefertigt worden, um mit ihrem besonderen Glockenklang der Gemeinde dienlich zu sein. Allmählich setzten sich ab dem 11. Jahrhundert vereinzelte Namenszeichen, karge Inschriften oder einzelne figürliche Darstellungen mit religiöser Symbolik auf den Glocken durch. Künstlerisch gehörten die Zeichnungen zur mittelalterlichen Grafik, die sich am Material entfaltete, handwerklich begeisterten sich meist Kupferstecher an so einem Auftrag oder äußerst begabte Glockengießer hinterließen ihre individuellen Spuren. Eine bleibende Profession etwa als „Glockenritzer, Glockenreißer“ oder Glockenzeichner konnte sich kaum herausbilden, denn die Aufträge waren vermutlich zu gering, um den Lebensunterhalt ausreichend zu sichern. Wie bei vielen Künsten des Mittelalters blieben auch die Namen dieser Glockenkunsthandwerker meist unbekannt. Außerdem ist das Auftreten von Glockenritzungen zeitlich und räumlich eingegrenzt, was kunsthistorische und denkmalpflegerische Untersuchungen anhand von Glockenanalysen ergaben. Bemerkenswert ist dabei, dass diese geschmückten Glocken nicht nur speziell dem Spätmittelalter angehörten, sondern auch territorial von der Nord- und Ostsee her zu den natürlichen Grenzen von Weser, Werra, Thüringer- und Frankenwald, Erzgebirge, Neiße und Oder begrenzt zu finden waren. Die früheste datierte Glocke mit einer geritzten Darstellung stammt aus dem 12. Jahrhundert, um 1500 verschwanden die schönsten Schmuckelemente bereits wieder, da der Gebrauchsverlust hoch war.
Im Kern ist die Glockenritzung ein besonderes künstlerisches und handwerkliches Verfahren zur Verzierung einer Bronzeglocke, denn jede Fertigungsart von derlei schmückenden Elementen hängt allgemein eng mit dem Guss zusammen. Zur Herstellung einer Glocke sollten stets drei Formteile gearbeitet werden: Kern, falsche Glocke bzw. Hemd und Mantel. Nach dem ältesten Verfahren, dem Wachsausschmelzverfahren, wurden die Verzierungen auf die geformte, weiche Wachs- oder Talgmasse eingeschnitten und erschienen nach dem Guss auf der Glocke vertieft. Seit dem 12. Jahrhundert löste das „Mantelabhebverfahren“ die Wachsausschmelze ab. Zunächst wurde dabei der hohle Kern aufgemauert, auf diesen nach einer Wachsschicht das Hemd (oder die falsche Glocke) aus Lehm gelegt und ebenso mit Talg und Wachs überzogen; über das Hemd kam der Mantel aus Lehm. Beim Trocknen durch Wärme schmolzen die Talg- und Wachsüberzüge, der Mantel ließ sich vom Hemd abheben, das Hemd vom Kern abschlagen und zwischen Kern und Mantel blieb der erforderliche Gussraum frei.
Die Verzierungen konnten dabei auf der falschen Glocke (Hemd) angebracht oder wie bisher in Wachs eingeschnitten werden. Die Herauslösung des Mantels ermöglichte nunmehr eine dritte Verzierungsweise: die Einritzung der Zeichnung in den Mantel. Der Künstler oder Schreiber ritzte das Darzustellende mit einem Stichel in die Innenwandung des

Ganz in der Tradition historischer Glocken weisen auch die neuen für St. Marien entsprechende Verzierungen auf

abgehobenen Mantels ein. Auf der gegossenen Glocke erschienen dann diese zierlichen Liniengebilde als wenig aufgesetzte, erhabene Striche. Das Einritzen oder Reißen, wie man früher sagte, geschah seitenverkehrt, um die Darstellung oder Inschrift nach dem Guss richtig erscheinen zu lassen.
Die Ritztechnik begann mit der Darstellung von Inschriften und ging erst danach zur Gestaltung von Ornamenten u. a. über. Die Glocke aus der Marienkirche zu Rostock aus der Zeit um 1300 weist eine hervorragende Arbeit mit Inschrift auf. Reich verzierte Buchstaben von zehn Zentimetern Höhe wurden hier spiegelbildlich in den spröden Lehm gearbeitet. Am Ende hinterließ der unbekannte Meister eine Inschrift, die ein erstaunlich hohes handwerkliches Können voraussetzte. Nachdem Schrift und Ornament als Ritzungen zum festen Bestandteil der Glockenzier geworden waren, begann man, figürliche Ritzungen auf Glocken anzubringen. In der Wahl der Darstellungen nahmen die „Reißer" allgemeine Symbole und religiöse Ideen der christlichen Ikonografie auf: Heiligenritzungen, Schutzpatrone der Kirchen, Darstellungen aus dem Leben Christi wie die Kreuzigung. Aber auch persönliche Stifterbildnisse und traditionelle Tierdarstellungen wurden als Motive aufgenommen.
Die Gestalten auf der Glocke der Rostocker Marienkirche von 1409 oder die Johannesfiguren auf einer Glocke in Rerik um 1460 (zerstört im 2. Weltkrieg) fanden immer wieder besondere Anerkennung. Bei der Rostocker Glocke von St. Marien aus der ursprünglich hier ansässigen Werkstatt des Rickert de Monkehagen aus dem Jahr 1409 stehen die Figuren, wie die Muttergottes, auf Felsenboden oder Erdhügeln. Die Darstellung des Bartholomäus und der Johannesfigur zeigen einen weichen Stil in voller Entwicklung. Die Gestalten tragen schwungvoll gefaltete Gewänder, die in fließenden Linien auslaufen.
Die älteste Glocke der Marienkirche, um 1290 datiert und mit einem Durchmesser von 170 Zentimetern, wurde mit einer schönen Majuskelinschrift versehen, man findet keine figürliche Darstellung darauf. Die zweitälteste Glocke von St. Marien, Gussjahr 1379 mit einem Durchmesser von 177 Zentmetern, gibt weder Inschriften noch Figuren preis. Auf der alten Glocke der zerstörten Jakobikirche, Gussjahr 1400 mit einem Durchmesser von 169 Zentimetern, ist der Patron Jakobus der Ä. dargestellt. Eine Glocke der Nikolaikirche aus dem 15. Jahrhundert mit einem Durchmesser von 170 Zentimetern und ohne Inschrift, zeigt die Figuren von Nikolaus (Patron) und Maria mit Kind, sie enthalten das Gießerzeichen des Rickert de Monkehagen.
Die im 2. Weltkrieg vernichtete Glocke von St. Nikolai aus dem Jahr 1394, im Durchmesser von 170 Zentimetern und ohne Inschrift, zeigte Nikolaus, Katharina, Maria mit Kind und den Bettler. Auch diese Arbeit stammte ebenfalls aus der Gießerwerkstatt von Monkehagen.
Später, also im Verlauf des 18. Jahrhunderts, machten hier ansässige Glockengießer wie Siebenbaum und Schultze über die Stadt- und Landesgrenzen hinaus von ihrem meisterlichen Können reden.

Goldschmied

Das Goldschmiedehandwerk zählt mit zu den ältesten kulturtechnischen Berufen. In der 2. Hälfte des 13. Jahrhunderts werden Goldschmiede bereits in 50 Städten des deutschen Reichsgebiets erwähnt. In Norddeutschland zählte Lübeck als führende Hansestadt während der Blütezeit des hansischen Städtebundes zu den bekannten Goldschmiedestädten, Köln aber nahm bis ins 14. Jahrhundert den bedeutendsten Rang ein. Seit dem ausgehenden Mittelalter verlagerte sich

Zigarrendose, 1829, Goldschmied Kerfack

das Schwergewicht auf süddeutsche Städte, zunächst auf Nürnberg und dann auf Augsburg, aber auch Residenzstädte wie Dresden und Berlin wurden Zentren dieses Handwerks.

Der erste Rostocker Goldschmied „Johannes aurifaber“ ist etwa von 1259 bis 1288 in den alten Stadtbüchern nachweisbar. Im 13. Jahrhundert werden in den Urkunden und Akten sechs, im 14. Jahrhundert 18 Goldschmiede genannt. Eine Zunft wird 1338 als vorhanden genannt. Im Jahr 1822 arbeiteten hier neun und 1867 12 Goldschmiedemeister (davon zwei als Graveure) und bis 1888 bestand das Amt der Goldschmiede. Seit dem Jahr 1569 sind Amtsrollen, Meisterbücher, Einschreibebücher, Schriftverkehr u. a. überliefert. Insgesamt sind in der Hansestadt von den Anfängen bis Ende des 19. Jahrhunderts etwa 100 Goldschmiedemeister nachgewiesen; rechnet man auf einen Meister bis zu 3 Gesellen, dann beschäftigten sich ca. 300 Menschen mit diesem Handwerk. Goldschmieden verarbeiteten edle Metalle wie Gold und Silber, in neueren Zeiten auch Platin, zu verschiedensten Gebrauchs- und Repräsentationsgegenständen der Alltagskultur. Das Material, das sie verarbeiteten, war das wertvollste, was einem Handwerker in die Hände kam. Aus den Werkstätten stammen Becher, Zuckerdosen, Löffel, Löffelchen, Fischgabeln, Sahnekännchen, Salznapf, Teesieb, Vorlegeschaufel, Leuchter, Verzierungen, Pokale, Patene, Deckelhumpen, Oblatendosen und solche sakralen Gegenstände wie: Abendmahlskelche, Taufkannen, Taufbecken, Klingelbeutelfassungen. Schmuckgestaltungen in vielerlei Arten und Formen gehörten von jeher zu den filigransten Anfertigungen und sie fanden zu jeder Zeit Auftraggeber als Zeichen besonderer Wertschätzung. Im Mittelalter waren die Fürstenhöfe, Kirchen und Klöster die Hauptauftraggeber für Gold- und Silberarbeiten. Später ließ sich so mancher Handelskaufmann kostspielige Dinge anfertigen. Mit den kostbaren Gebrauchsgegenständen und wertvollen Schmuckstücken wurden sozialer Stand und Wohlhabenheit präsentiert, nicht nur wenn Gäste ins Haus kamen, sondern ebenso in der Öffentlichkeit.

So gehörte das Goldschmiedehandwerk in Rostock zu den besser situierten und angesehenen Professionen. Das zeigte sich auch darin, dass viele der Meister sich als passable Hausbesitzer nachweisen lassen. Nicht selten sind Goldschmiedehandwerker im ersten Bürgerstand als Schwiegersöhne ehrwürdiger Ratsfamilien zu finden. Der Goldschmied Jacob Friedrich Borgwedel (1734-1810) war z. B. so wohlhabend und angesehen, dass er sich in der St. Marienkirche begraben lassen konnte.

Die hohen Anforderungen des Handwerks in Verbindung mit technischem Wissen und praktischer Fertigkeit bedingten eine verhältnismäßig lange Ausbildung. Die Lehrzeit betrug bis ins 16. Jahrhundert hinein vier Jahre, danach wurden vier bis sechs Gesellenjahre, einschließlich der Wanderjahre, verlangt, ehe sich der Gold- und Silberarbeiter um eine Meisterstelle bewerben konnte. Dann war die Anfertigung eines Meisterstücks obligatorisch, das zumeist in der Herstellung eines Ringes mit gefasstem Stein, einem geschnittenen Siegel und einem Trinkbecher nach freier Wahl bestand.

Zuckerkasten, 1842, Goldschmied Kerfack

Annonce, 1933

Eine besondere Spezialisierung, wie im süddeutschen Raum auf Silbergießer, Silberdreher oder Silberkistler, bildete sich in Rostock naturgemäß nicht heraus. Hier blieb es traditionell beim Gold- und Silberarbeiter. Gold wurde für kleine Formate, insbesondere für Schmuck, üblicherweise in Gusstechnik (durch Ausschmelzen oder im Sandgussverfahren) verarbeitet. Für größere Produkte, wie einem Trinkbecher, wurde zuerst Gold zu Blech geschmiedet, dann aus dem Blech der Hohlkörper geschlagen (Aufziehen), eventuell der Henkel gegossen und angeschmiedet, und abschließend die Oberfläche durch Ziertechniken (Ziselieren, Gravieren oder Emaillieren) dekoriert, oder in filigraner Arbeit wurden Edelsteine in Gold gefasst. Das meistverarbeitete Material war aber Silber, das für viele „festliche" Gebrauchsprodukte des repräsentativen sowie religiösen Lebens zur Anwendung kam.

Gold und Silber waren natürlich zwei äußerst kostbare Materialien, die streng nach dem festgelegten Gewicht berechnet und gehandelt werden mussten, damit auch Fälschungen und Übervorteilungen ausgeschlossen wurden. Ein selbstsüchtiger und gewinnsüchtiger Meister hätte sonst leicht Silber mit Kupfer, Gold mit etwas Silber oder auch Kupfer oder mit beidem vermischen können, was dem Kunden nicht aufgefallen wäre. Für Gold- und Silberwaren galt bis zur Einführung einer einheitlichen Maß- und Gewichtsordnung das Kölner Markgewicht (heute 233,86 Gramm).

Beim Silber wurde die Mark in 16 Lot und ein Lot wieder in vier Quent oder 18 Gran unterteilt. Eine Mark Feingold setzte sich aus 24 Karat zu je 18 Gran zusammen. Reines Gold ohne Beimischung war daher 24-karätig. Bei einem Zusatz von 8 Karat, blieb das Gold noch 16-karätig. Silberfrei von jeder Beimischung war 16-lötig, zwei Karat Zusatz machten das Silber 14-lötig. Üblich im Mittelalter war 15-lötiges Silber und 18-lötiges Gold. Im 18. und 19. Jahrhundert erreichte der Feingehalt 12 Lot.

Und woher Gold und Silber nehmen? Ihr Material bezogen die Goldschmiede oft als Bruchsilber oder über die städtische Münze. Ein großer Anteil dieser edlen Materialien steckte in den damals umlaufenden Münzen. Erst die Reichsmünzordnung von 1559 erlaubte dem Goldschmied das Brechen und Schmelzen von Münzen zum eigenen Bedarf. Üblich war auch die Anlieferung älteren Silbers und Goldes durch den Auftraggeber.

Goldschmiedearbeiten einzelner Meister waren gewissermaßen auch ein Aushängeschild der Stadt Rostock, die im Mittelalter wie andere Städte auch die Stempelung der Stücke verordnete. Als Stadtbeschaumarke kam das „R", das Initial der Stadt Rostock, zur Anwendung. Ab dem 16. Jahrhundert durften eigene Meistermarken verwendet werden und ergänzten die Stadtbeschaumarken, die im Meisterbuch des Goldschmiedeamts eingetragen wurden. Durch das Reichsgesetz von 1884 galt eine allgemeine Stempelpflicht. Die Marken dienen heute als wichtiges Hilfsmittel zur Bestimmung von Provenienz und Künstler, wenn z. B. auf dem Flohmarkt erworbene Gegenstände auf ihren „tatsächlichen" materiellen Wert bestimmt werden sollen. Häufig lässt sich dabei der ideelle Wert des Käufers nicht übertrumpfen.

Annonce, 1933

Insgesamt sind die noch vorhandenen originalen Exponate Rostocker Goldschmiedekunst zählbar. Einige Stücke sind in Privatbesitz gelangt, andere werden in Museen Mecklenburgs oder im Kunst- und Gewerbemuseum zu Hamburg aufbewahrt oder sie befinden sich als sakrale Kleinkunst in den Rostocker Kirchen.

Einige ältere Rostocker Goldmacherstücke befinden sich sogar in der staatlichen Rüstkammer zu Moskau, wurden von den Zaren erworben oder ihnen als Geschenk überreicht.

Grapengießer

Die Grapengießer (de Gropengether) waren Buntmetallhandwerker, sie verarbeiteten Bronze sowie Kupfer und Zinn zu Kesseln, Töpfen und ähnlichen Gerätschaften. Mit den Grapengießern waren die Gewerke der Kannengießer und Apengether bzw. Rotgießer verwandt. Grapengießer (lat. fusores ollarum) lassen sich bereits im 13. Jahrhundert in einigen mecklenburgischen Städten nachweisen. In Rostock wird im Jahre 1259 ein Fredericus gropengethere erwähnt, 1299 an Johann den Grapengießer ein Erbe neben der Badestube zu St. Peter verkauft und in Malchow wird im Jahre 1287 Tumarus, ein Grapengießer (fusor ollarum), als Zeuge bei einem Verkaufsgeschäft namhaft gemacht.

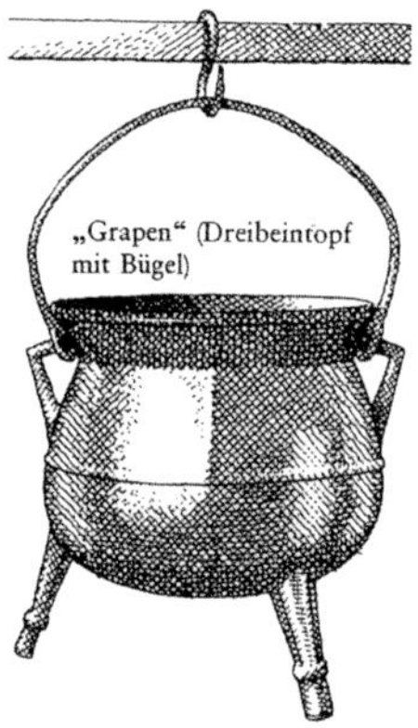

„Grapen" (Dreibeintopf mit Bügel)

Ob die Grapengießer in Rostock schon im 13. Jahrhundert ein eigenes Amt bildeten oder alsbald mit den Kannengießern vereinigt waren, kann nicht mit Gewissheit bejaht werden; jedenfalls müssen sie in Rostock um 1279 zahlreich gewesen sein, weil eine Straße, die grapenghetere strate, und ein Strandtor nach ihnen hieß. Die Grapengießerstraße existiert teilweise noch heute, aber mit anderer Straßenführung; damals verband sie die Lange Straße mit dem Grapengießertor (in Turmform) und kreuzte auf dem Wege die Große Lastadie (heute Lastadie) und den Aalstecherbruch (heute Aalstecherstraße). In Höhe des Grapengießertors befanden sich die Werftplätze der Lastadie und vor dem Tor auf dem Strand ein Teerhof.

Nach dem Rostocker Kämmereiregister mussten Grapengießer oder Grapenhändler 1325 von jeder Verkaufsstätte, die sie führten, regelmäßig einen Jahreszins von acht Schillingen entrichten.

Die erste Nachricht von einer Grapengießerzunft ist von 1340; schon 1361 sind die Grapen- mit den Kannengießern in einem Amt vereinigt, von 1482 und 1558 sind im Rostocker Stadtarchiv Abschriften von Zunftrollen der gemeinsamen Grapengießer- und Kannengießerzunft überliefert. Amtsbücher der Grapengießer und Kannengießer sind von 1575 bis 1865 erhalten, danach wurde das Amt aufgehoben. Das emsige und lebhafte Werkeln der Grapengießer führte zu überregionalen Vereinbarungen im Rahmen des Hansebundes. So wurden zwischen den Grapengießern von Hamburg, Lübeck, Rostock, Stralsund, Wismar, Greifswald und Stettin in den Jahren 1354 und 1361 Verträge abgeschlossen, um unter anderem die Metallmischung der Erzeugnisse genau festzulegen. Das sollte die Qualität der Produkte, die Beschaffung von Materialien, den Marktverkehr und den guten Ruf ihres Gewerks sichern und befördern. In den Hansebeschlüssen von 1354 sind strenge Regeln für die Wanderschaft der Gropengethergesellen enthalten, nämlich, dass die Gesellen vor dem Fortgang aus der Stadt, um anderswo zu dienen, den „stadbref" erwerben sollten, worin stehen sollte, dass sie sich gut „ghehandeld" (geführt) hätten. Andernfalls sollten die Gesellen keine Aufnahme bei den Meistern in anderen Städten finden. Bekanntermaßen gab es schwarze Schafe überall und so mancher Geselle rang lange Zeit um die Wiederherstellung seines Rufes vor dem Altermann (Gewerksältester) und nicht selten auch vergebens. Die Handwerkerehre hatte redliches Gewicht in der Bürgerschaft und vor dem städtischen Rat.

Die Grapengießer wollten ihre Produkte in eigenen Werkstätten verkaufen und selbst mit den gefertigten Waren zu Markte ziehen, natürlich um den Absatz zu sichern. Deshalb erhoben sie gegen den Verkauf der Grapen durch die Kesselflicker (ketelbütere) Protest und erreichten 1367 einen Beschluss. 1376 musste jedoch die Vereinbarung in Stralsund erneuert werden, da sich scheinbar die Kesselflicker kaum an die geltende Abmachung hielten.

Fabrikate der Grapengießer wurden aus Bronze oder Kupfer unter einem Zusatz von Zinn, oder ganz aus Eisen, hergestellt. Zum Guss des Metalls wurde eine Form, die häufig aus Lehm, Bienentalg, Hanf, Spreu usw. bestand, hergestellt. In die Formen wurde das Metall gegossen und je nachdem entstanden große Kessel, flache Tiegel und vor allem der typische (norddeutsche) kugelförmige Topf mit zwei Henkeln und drei Füßen. Den dreibeinigen Topf konnte man bequem auf die Feuerstelle setzen, ohne dass er umfiel. Er brauchte nicht mehr an einer Kette über

Spätestens 1358 sind mehrere Grapengießer in der nach diesem Berufsstand benannten Straße bezeugt (vgl. Münch, Ernst, 2006)

die Feuerstelle gehängt werden. Das Besondere an diesen Grapen, wie sie benannt wurden, war das Material, denn für die Speisenzubereitung und ebenso in kugelförmiger Form gab es lange vorher die tönernen Kochtöpfe. Das neue Material veränderte auch die Kochgewohnheiten, zwar war es schwer und robust, doch der Braten wurde schnell heiß und gar und die Wärme hielt nachhaltig. Mit diesen Metalltöpfen wurde der im späten Mittelalter so beliebte „Grapenbraten", ein kräftig gesottenes Fleischgericht, zubereitet. Solche Küchengerätschaften fehlten in keinem adligen, bäuerlichen oder städtischen Haushalt und sie wurden nunmehr vielfältiger: Es gab Grapen zum Kuchenbacken, den Kuchengrapen oder Grapen zum Branntweinbrennen. Sehr bekannt waren die Swien-Grapenbraden, der traditionelle Schweinebraten, aber das war schon eine Besonderheit, da für den damaligen Normalverbraucher allerhöchstens bis zweimal die Woche Fleisch auf den Tisch kam. Meist gab es in Mecklenburg nur sonntags und mittwochs Fleisch und diese Fleischtage fielen an den vielen religiösen Fastentagen dazu noch aus. Für den Bauern galt: „Gausbrad sall de best sien, un Swiensbrad is't" (Gänsebraten soll der beste sein, und Schweinebraten ist es). Zu großen Festlichkeiten tischte man in alter Gewohnheit noch einen besseren Grapenbraten auf, der sollte dann ein Rindsbraten sein, zum Beispiel zur Brautkost anlässlich von Hochzeiten, für die Amtskost bei Vergabe des Meistertitels an einen Handwerker oder bei der Ratskost zur Amtseinführung neuer Ratsmannen.

Bei archäologischen Grabungen wurden gelegentlich verschiedenste Grapen aus dieser Zeit aufgefunden, aber häufiger lassen sie sich in schriftlichen Quellen insbesondere in Testamenten, Erbschaften, Heiratsmitgiften usw. nachweisen. Solche Grapen gehörten immer zum Hausrat und hatten einen soliden Wert, der sehr geschätzt wurde. Das gilt sowohl für das Inventar von Privatpersonen wie für das von öffentlichen Einrichtungen der Städte oder Klöster. So ist 1284 im Rostocker Stadtbuch ein Vertrag enthalten, nach welchem die Stadt zwei „ollas" (Grapen) im Gewicht von 3,5 Schiffpfund übernahm. Das Doberaner Kloster besaß im Jahre 1312 „unam magnam ollam" im Wert von 24 Mark und „sex ollas mimutas", zusammen im Wert von zwei Mark, und in dem Vermächtnis einer gewissen Frau Wobbe zu Rostock an die Franziskanermönche in Rostock sind „ollae majores et minores" (größere und kleinere Grapen) vererbt worden. Dietrich, der Pfarrer zu St. Peter in Rostock hinterließ im Jahre 1345 seinem Nachfolger „1 ollam et unum caldarium auricalceum" (einen Grapen für ein Warmbad). Es scheint, die Grapengießer damals haben für die Ewigkeit gewerkelt.

Aus Estland stammt ein altes Sprichwort, das aber keinesfalls für Mecklenburg zutrifft. Die Esten sagten, dass der Tontopf, in dem die Gutsfrau einmal gekocht hat, stolzer sei als der eiserne Grapen, in dem die Bauersfrau alle Tage kocht. Der mecklenburgische Grapen jedenfalls wurde in allen Ständen wegen seiner guten Nutzbarkeit und Haltbarkeit geschätzt.

Der Grapen war im Norden Deutschlands im Grunde ein Allerweltsgerät und von daher fand er weiteren Eingang in die Kulturgeschichte sowohl im weltlichen wie sakralen Leben. Zwei Beispiele seien hier noch angeführt:

Eine der ältesten pommerschen Adelsfamilien benannte sich nach dem Grapen, das waren die Herren von Grappe (auch Grape), die ebenso in Mecklenburg Güter erwarben; sie führten einen Grapen im Adelswappen.

In der spätmittelalterlichen christlichen Malerei erhielt der Grapen auf drei Beinen bei der Darstellung des heiligen Erasmus in den Kirchen von Bernitt, Gänschenburg, Granzin, Neustadt-Röbel, Kavelsdorf und anderen Gotteshäusern die Rolle eines Attributs.

Hufschmied

„Smitt man to, smitt man to – dat Pierd kriecht hüt 'n niegen Schoh."

Der Hufschmied zählt in der Handwerksgeschichte zu den Grobschmieden, die eben alle sehr grobe Produkte herstellten. Das Standeszeichen des Hufschmieds bzw. des Pferdeschmieds ist der Hammer, Werkzeug und Bedeutungsträger zugleich. Hufschmiede besaßen mehrere heilige Schutzpatrone, der wichtigste Patron war der hl. Eligius (1. Dezember).

Zu Zeiten, als noch keine motorisierten Fahrzeuge und Maschinen die Arbeit der Reit-, Last- und Zugtiere verrichteten, war der Hufschmied auch in einer großen Stadt wie Rostock, und nicht nur auf dem Lande, ein viel beschäftigter Mann. Die Ackerbürger hielten selbst Pferde, und viele Fuhrunternehmen zählte die Handelsstadt. Der erste nachweisbare Rostocker Hufschmied (hofslagere) ist in einem Stadtbuch des Jahres 1259 verzeichnet, für das Jahr 1800 weist der Mecklenburg-Schwerinsche Staatskalender 30 Hufschmiede und für 1850 46 Pferdeschmiede (allerdings zusammen mit Schlossern) für Rostock nach.

Das Arbeitsgebiet des Hufschmieds umfasste wesentlich den Hufbeschlag von Pferden und die Produktion eiserner Radreifen für den Wagenbau, mitunter auch die Herstellung und Ausbesserung von Zimmeräxten, Beilen, Sensen, Sichel usw. Selbstredend stellte der Hufschmied die zum Hufbeschlag benötigten Nägel selbst her. Zu seinen besondern Arbeitsgeräten zählten Hufmesser, Hufklinge, Hufraspel, Zange und Hufhammer. Wie schon betont, das schon seit Hunderten von Jahren. Das Hufeisen, welches wahrscheinlich im 9. Jahrhundert entdeckt wurde, wurde für den Transport fast ebenso bedeutungsvoll wie Rad und Wagen. Das Hufeisen war praktisch der Schuh für das Pferd.

Der Hufbeschlag betraf das Umlegen von Hufeisen, d. h. das Hufeisen wurde abgenommen, der Huf abgefeilt und das alte Eisen wieder angelegt, oder das Neuanlegen von Hufeisen.

Vor der Industrialisierung wurden die Hufeisen vom Schmied noch selbst gefertigt, insbesondere nutzte er die Winterzeit, um sich einen Vorrat anzuschaffen. Er brauchte verschiedene Größen, denn auch Pferde haben unterschiedliche Füße. Das Rohmaterial Eisen bezog er meist über die Eisenkrämer in Stangen verschiedener Stärke (Schablonier-eisen, Krauseisen). Als Brennstoff zum Schmieden diente bis zur Industrialisierung Holzkohle, die Steinkohle kam nur in einigen teilen West- und Nordwestdeutschlands zur Anwendung. Heute ist die Zeit, da der Schmied sein Hufeisen von Grund auf selbst zu schlagen hatte, vorbei. Mittlerweile wird mit Rohlingen gearbeitet, die bereits die typische U-Form besitzen und deren Schenkel schon Nagelfalz und Nagellöcher aufweisen.

Das Beschlagen des Pferdes erforderte Kraft und Geschicklichkeit. Zuerst mussten die alten Hufnägel über dem Horn außen aufgebogen, mit dem kleinen Hufhammer zurückgeschlagen und mit der Abreißzange herausgezogen werden, um dann mit der gleichen Zange das Eisen abnehmen zu können. Dann wurde der freigelegte Huf mit Messern und Raspeln wieder in Form gebracht, von Teilen des inneren Hufs wurde Fäulnis entfernt. So ein Huf wächst regelmäßig nach wie beim Menschen die Fingernägel. Nun kam das geschmiedete Hufeisen drauf und das musste passen. Zwischen Huf und Eisen durfte nicht viel Luft sein, damit eindringende Steinchen den Huf nicht beschädigen. Nach dem Einschlagen der Hufnägel wurden die hervorragenden Spitzen abgekniffen und noch zu sehende Reste leicht angekrempt gegen das Horn geschlagen. Um Verletzungen durch Kanten zu vermeiden, erfolgte ein Feinschliff des Eisens, zum Schluss ging es ans Einfetten.

Landeslehrschmiede Rostock, 1924

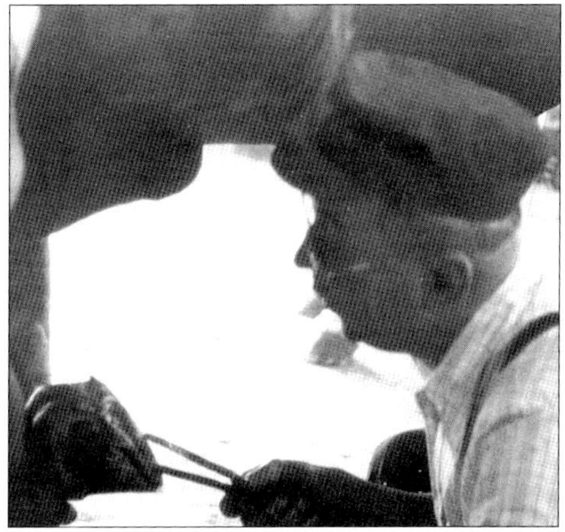

Ausführung des Hufbeschlags

Die Prozedur dauerte für das Tier nicht länger als 30 Minuten, sie war aber für den Hufschmied eine harte Arbeit. Vielfach wurde der Schmied durch den ständigen Umgang mit den Pferden zum Tierkundigen. Sein Rat zur Tierhaltung, Pflege und bei Krankheiten der Pferde war gefragt. Ein guter Hufschmied konnte bei Problemen wie Hufrehe, Hufrollenentzündung, Hornspalten etc. helfen; er konnte die Hufen korrigieren, damit sie steiler oder flacher wurden. Regelmäßige Hufpflege garantierten das Wohlbefinden und die Gesundheit der Pferde. Etwa alle zwei Monate brauchten die Pferde ihre Pediküre und Beschlagung.
Damit der Hufschmied seine Profession erfüllen konnte, brauchte er Bildung.
Schon in den dreißiger Jahren des 20. Jahrhunderts wurde die Pferdekraft durch leistungsfähigere Motorkraft ersetzt und in den Jahren nach 1945 fast vollends. Der Hufschmied verlor damit weitgehend sein Arbeitsfeld. Heute ist Mecklenburg-Vorpommern wieder ein Pferdeland, was sich herumgesprochen hat. Doch der Hufschmied ist selten und kann nie mehr so arbeiten wie früher. Die Schmiede fährt heute im Mobil zu den Pferden und muss mitunter weite Wege zurücklegen.

Einer der letzten Hufschmiede: Wilfried Fischer

Eigentlich müssten alle Pferde lahmen, denn als offiziellen Handwerksberuf gibt es den Hufschmied heute nicht mehr – eigentlich! Sogenannte „Metallbauer“ sind eben jetzt bei der IHK angesiedelt. Nur Umwege und Zusatzqualifikationen – der Sohn von Wilfried Fischer hat das hinter sich gebracht – befähigen erneut, dieses alte „Handwerk“ auszuüben – als Dienstleistung. Wilfried Fischer hingegen ist noch richtig in die Handwerksrolle eingetragen und darf dies auch bleiben – bundesdeutsche (und manchmal verwirrende!) Gesetzgebung eben.
Doch das alles ist letztendlich Spökenkiekerei, wichtig ist und bleibt, was Wilfried Fischer in der Hauptsache macht: Er war und ist Hufschmied mit Leib und Seele – und das in 4. Generation!
Auf dem gleichen Grundstück in Klein Schwaß, wo sich heute sein Betrieb befindet, eröffnete der Urgroßvater Albert Fischer 1896 seine Schmiede. Dessen Sohn Hermann übernahm die Geschäfte 1932 und übertrug diese an den Vater von Wilfried. Nach PGH-Eingliederung musste die Schmiede 1964 wegen Zentralisierungsmaßnahmen in der Landwirtschaft schließen,

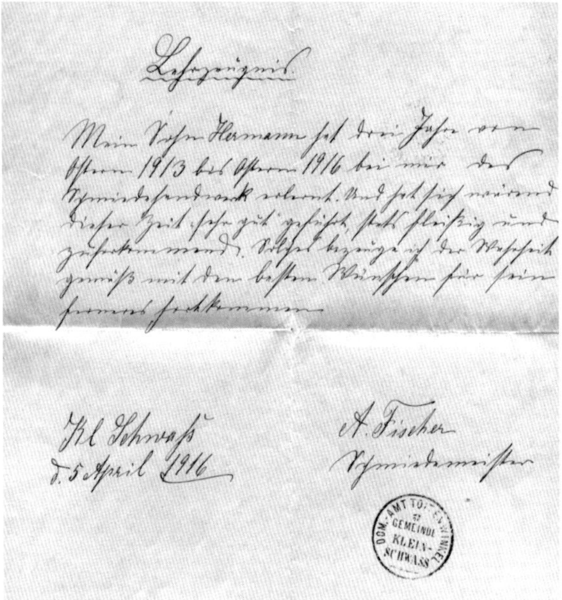

Lehrzeugnis.

Mein Sohn Hermann hat drei Jahre von Ostern 1913 bis Ostern 1916 bei mir das Schmiedehandwerk erlernt. [illegible]

Kl Schwaß d. 5 April 1916

A. Fischer
Schmiedemeister

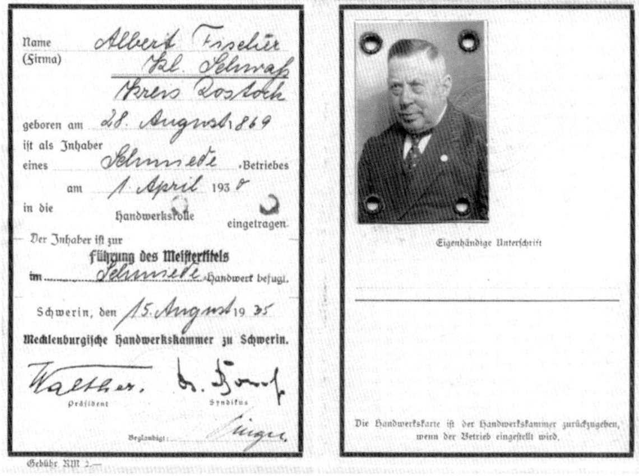

Name (Firma) Albert Fischer, Kl. Schwaß, Kreis Rostock

geboren am 28. August 1869

ist als Inhaber eines Schmiede Betriebes am 1. April 193[illegible] in die Handwerksrolle eingetragen.

Der Inhaber ist zur Führung des Meistertitels im Schmiede Handwerk befugt.

Schwerin, den 15. August 193[illegible]

Mecklenburgische Handwerkskammer zu Schwerin.

Walther. [illegible]
Präsident Syndikus

Beglaubigt: [illegible]

Gebühr RM 2.–

Eigenhändige Unterschrift

Die Handwerkskarte ist der Handwerkskammer zurückzugeben, wenn der Betrieb eingestellt wird.

Meisterbrief.

Nachdem der [illegible] geboren zu [illegible] am [illegible] 189[illegible] vor der unterzeichneten Prüfungs-Kommission seine Befähigung zum selbständigen Betriebe des Schmiede-Handwerks nach den bestehenden Prüfungs-Vorschriften dargethan hat, ist demselben zum Ausweis hierüber das gegenwärtige Zeugniß ertheilt worden.

[illegible] den [illegible] 189[illegible]

Die Innungs-Prüfungs-Kommission.

A. Sölder [illegible]

Auf Grund des vorstehenden Zeugnisses ist obiger Meister zum Mitglied unserer Innung auf- und angenommen worden.

[illegible] den [illegible] 189[illegible]

Der Vorstand der Schmiede-Innung:

[illegible] A. Sölder [illegible]

Bund Deutscher Schmiede-Innungen.

sein Vater kam im Karosserie- und Fahrzeugbau unter, ehe er 1972 in der Tierklinik anfing, wo es viel Arbeit für diesen Berufszweig gab. Wilfried Fischer konnte dort bei seinem Vater in die Lehre gehen und schon frühzeitig mit Hufen aller Art Bekanntschaft machen – schließlich gehörten auch Zootiere zu den Patienten. In den 70er Jahren entstanden in der DDR zunehmend Sektionen für den Pferdesport – es gab erneut großen Bedarf an Hufschmiedarbeit. Somit entschloss sich der Vater, ab 1979 seine noch vorhandene Schmiede zu reaktivieren und wieder selbstständig zu arbeiten. Ab 1986 trat Wilfried Fischer auch in den Betrieb seines Vaters ein, um dann 1993 das Geschäft zu übernehmen. Wie seine Vorfahren auch, hat er die Meisterprüfung abgelegt. Und um „Meister seines Fachs" zu bleiben, ist sein Grundsatz, sich fachlich ständig weiterzubilden. Er ist in der Lage, so mit dem Eisen umzugehen, wie das schon Schmiede vor 200 Jahren taten. Nicht von ungefähr ist er auch als Experte gefragt, wenn in der Denkmalpflege Metallteile originalgetreu nachgebildet werden sollen, wie z. B. am Ständehaus in Rostock. So darf er sich mit Fug und Recht als „Restaurator im Handwerk" bezeichnen. Solche Aufträge fordern ihn heraus und er experimentiert dann, um beste Ergebnisse zu erzielen. Was für Unterschiede: An einem Tag zieht er Wagenräder auf, wie vor

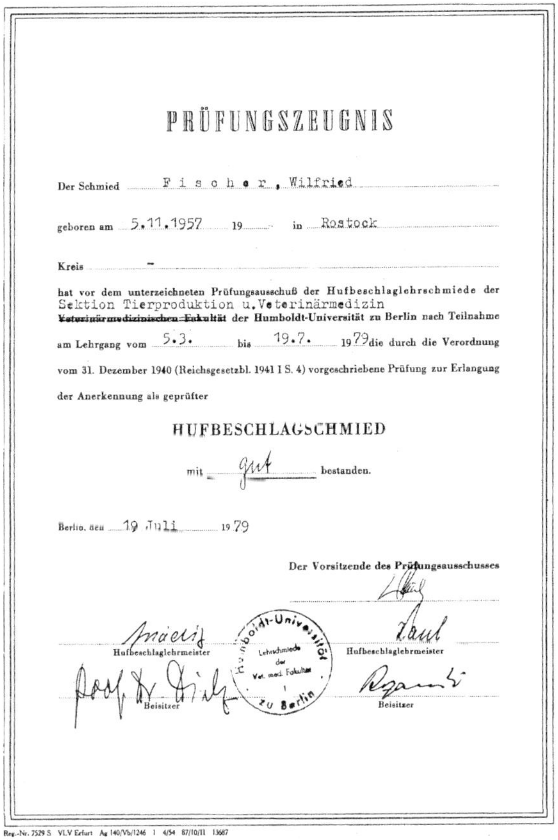

PRÜFUNGSZEUGNIS

Der Schmied Fischer, Wilfried

geboren am 5.11.1957 19 in Rostock

Kreis –

hat vor dem unterzeichneten Prüfungsausschuß der Hufbeschlaglehrschmiede der Sektion Tierproduktion u. Veterinärmedizin ~~Veterinärmedizinischen Fakultät~~ der Humboldt-Universität zu Berlin nach Teilnahme am Lehrgang vom 5.3. bis 19.7. 1979 die durch die Verordnung vom 31. Dezember 1940 (Reichsgesetzbl. 1941 I S. 4) vorgeschriebene Prüfung zur Erlangung der Anerkennung als geprüfter

HUFBESCHLAGSCHMIED

mit gut bestanden.

Berlin, den 19 Juli 1979

Der Vorsitzende des Prüfungsausschusses

Hufbeschlaglehrmeister

Humboldt-Universität zu Berlin – Lehrschmiede der Vet. med. Fakultät

Hufbeschlaglehrmeister

Beisitzer

Beisitzer

Reg.-Nr. 7529 S VLV Erfurt Ag 140/Vb/1246 1 4/54 87/10/11 13687

Hunderten von Jahren, am nächsten werden hochwertige Pressluftmeißel für einen Großkunden „geschärft“. Moderne Hilfsmittel, wie Lufthämmer, erleichtern heute etwas die Arbeit. Trotzdem ist nach wie vor voller Körpereinsatz gefragt, auch im Umgang mit den Tieren. Das betrifft z. B. den Rostocker Zoo, für den Wilfried Fischer seit Jahrzehnten arbeitet. Pferde sind jedoch heute das Kerngeschäft – rund 95 % des Auftragsvolumens! Dabei sah das nicht immer so rosig für Hufschmiede aus. Zuerst wurden in der DDR wegen der „Mechanisierung der Landwirtschaft“ Anfang der 60er Jahre die Pferde abgeschafft, dann kam es aber nach der Wende noch viel schlimmer. Die großen volkseigenen Güter (die inzwischen wieder Pferde hatten), wurden aufgelöst, „es entstand in vielen Bereichen ein luftleerer Raum und keiner wusste, wo es hingeht“, wie Wilfried Fischer heute rückblickend sagt. Seine Frau war auch arbeitslos geworden, zwei Familien und die Gesellen sollten von der Schmiede leben, für die es kaum noch Kunden gab. Eine wirtschaftlich sehr, sehr schwierige, existenzbedrohende Zeit, und vielleicht auch nur durch das Beharrungsvermögen des echten Mecklenburgers und den familiären Zusammenhalt überbrückbar. Viele der kleinen Kunden, die damals das Überleben sicherten, sind heute noch bei den Fischers. Fast das gesamte damalige „Begrüßungsgeld“ für die komplette Familie wurde beispielsweise genutzt, um den ersten transportablen Schmiedeofen für 560 DM per Trabi aus Bad Bramstedt zu holen. Eine wichtige Zukunftsentscheidung, denn nun konnte man, in einem selbst umgebauten alten Ford Escort, mit der mobilen Schmiede auch weiter entfernte Kunden erreichen. Genutzt wurde dieses Fahrzeug übrigens, bis es wirklich „Schrott“ und nichts daran mehr zu „löten“ bzw. zu schmieden war.

Gott sei Dank hat sich die Situation inzwischen verändert. Vater und Sohn Fischer – jeder wirtschaftlich eigenständig, aber Hand in Hand arbeitend, sehen noch ein großes Wachstumspotenzial. Heute gehören auch solche Kunden zu ihrem „Stamm“, wie das Gut Darß oder die Rennbahn in Bad Doberan. Nicht von ungefähr wirbt jetzt ihr Logo und die Bezeichnung „Equine Pedicure Service“ auf den beiden als mobile Schmiedewerkstatt eingerichteten IVECO-Transportern für das Unternehmen. Auch ein bisschen Fach-Englisch haben sich die Fischers „draufgedrückt“, um sich mit den ausländischen Kunden gut verständigen zu können. Wie sagte doch gleich Wilfried Fischer? – „Stillstand ist Rückgang“, aber danach sieht es beim Hufschmiedemeister Fischer nicht aus.

Redieck & Schade

Hutmacher

„Son Hot steiht jeden Minschen woll, un wir sein Koppuck noch so holl!“

Hüte wurden ursprünglich aus Filz gefertigt. Dieses textile Flächengebilde wurde schlichtweg aus Wolle oder anderen Tierhaaren in spezieller Bearbeitung hergestellt. Heute entdeckt das Kunsthandwerk wieder die modische Kopfbedeckung in ursprünglichen Formen und darüber hinaus wird aus dem in solcher Weise zugearbeiteten Naturmaterial ebenso modische Oberbekleidung hergestellt, was einer modischen Weiterentwicklung dieses alten Handwerks gleichkommt.

Gut behütete Damen posieren vor dem Geschäft von Schneidermeister Mellahn, Anfang 20. Jahrhundert

Der Hut besitzt eine lange Kulturgeschichte, erst im 12. Jahrhundert gelangte er aus Asien mit den Kreuzzügen in das europäische Abendland. Da trugen ihn die Könige, Herzöge, Päpste und Bischöfe zum Schutze des Hauptes und zum Zeichen ihrer hohen Herkunft als Bekrönung. Der königliche Hut hatte die Form eines Kegels, war ein Spitzhut und aus Wolle. Je nach Träger wurde er modifiziert angepasst. Die große Masse der Ritter, Bürger und Bauern blieb im 13. Jahrhundert auf dem Kopf unbedeckt, außer in Kriegszeiten, da trug man den metallenen Helm. Das 14. Jahrhundert gab dem hochherrschaftlichen Spitzhut freie Bahn, ebenso der (geistlichen) Kapuze der Mönche. Die Kegelform wurde etwas abgestutzt und die Krempe aufgeschlagen, damit wurde die Tendenz zum Schlapphut für jedermann möglich. Männer verschiedener sozialer Stellungen begannen einen Hut zu tragen, sodass zur traditionellen Arbeitsbekleidung eine Kopfbedeckung stets dazugehörte. Als Frauen begannen Hüte zu tragen, kamen modische Ansprüche hinzu.

In den ersten Zeiten des Handwerks waren in Rostock die Filzmacher und Hutmacher noch nicht spezialisiert, bevor sich das Handwerk im 18. Jahrhundert in Filzmacher und Hutmacher trennte. Deshalb hießen die mittelalterlichen Handwerker auch noch Hotfilter (abgeleitet von Hut und Filz). Anfänglich fertigte man aus Filz hauptsächlich Hüte, daneben Schuhwerk (Pantoffeln), Gamaschen, Reitsocken usw.

Der erste Rostocker Hutfilter wird in den ältesten Stadtbüchern um 1261 genannt. Das ist im Vergleich zu anderen Städten sehr früh, Lübeck oder Danzig weisen erst 1321 und 1340 Hutfilter auf. Seit 1292 ist in Rostock eine Straße mit dem Namen Hutfilterstraße (platea pileatorum) überliefert, sie trägt heute die Bezeichnung Kleine Wasserstraße zwischen Großer Scharrenstraße und Großer Wasserstraße. Nach dem Kämmereiregister von 1325 unterhielten die Hutfilter Verkaufsstellen und mussten für jeden Laden zwei Schillinge im Jahr an den Rat zahlen. Eine erste Amtsrolle der Rostocker Hutfilter stammt aus der Mitte des 15. Jahrhunderts. Etwa zur gleichen Zeit hatten die „Hotfiltere“ für die Stadtverteidigung drei Bewaffnete zu stellen. 1524 wurde eine Vereinbarung zwischen Hamburg, Lübeck, Lüneburg, Mölln, Rostock und Wismar über die Behandlung der Gesellen getroffen.

In Amtssiegel der Hutfilter zu Rostock ist ein mit zwei Krempen aufgesteifter Hut zu sehen. In der Regel waren für die Ausbildung drei Lehrjahre vorgeschrieben. Als Meisterstück mussten die Gesellen innerhalb von acht Tagen einen Hut von ganz feinem Haar, einen von Kamelhaar und einen von guter Wolle verfertigen. 1770 hatten die Hutmacher einen Repräsentanten im Rostocker Hundertmännerrat.

In Mecklenburg war es Brauch, dass die wandernden Hutmachergesellen am Sonntag von den ansässigen Hutmachern im Wirtshaus freigehalten wurden, was bisweilen einigen Unmut wegen des zügellosen Benehmens der jungen Männer

Am Strand von Warnemünde war die entsprechende Kopfbedeckung einfach ein standesgemäßes Muss und natürlich auch Schutz gegen die Sonne

Hutmachern. Als das ehemals schwedische Vorpommern nach 1815 preußisch wurde, versuchten die mecklenburgischen Hutmacher in Damgarten, Richtenberg oder Stralsund, den Markt mit ihren Hüten in Beschlag zu nehmen. Aus Richtenberg kam die „ungeheure" Nachricht, dass zwei Hutmacher aus Mecklenburg an einem einzigen Markttag den Bürgern zusammen 29 Hüte verkauften. Die Hutmacher aus Gnoien übertrafen sich gegenseitig im Hausierhandel und statteten die pommerschen Dörfer Pantlitz und Tribohm komplett mit Hüten aus, sodass der Bedarf der Bauern an Kopfdeckungen über Jahre gedeckt schien. Andererseits verweigerten die Hutmacher aus dem mecklenburgischen Ribnitz ihren Berufskollegen aus dem neuvorpommerschen Barth und Damgarten den Zugang zum Markt. Auch auf die Rostocker Märkte zu kommen, wurde den Nachbarn aus Neuvorpommern erschwert. Dies ging einige Zeit so, dann wurden Recht und Ordnung wieder hergestellt.

bei den Meistern hervorrief. Abhilfe war dringend notwendig. Um 1800 wandelte man dieses Privileg in eine Geldzahlung von acht Schillingen um, 1826 wurde die Zechgabe auf sechs Schillinge gesenkt.

1800 arbeiteten zehn Hutmachermeister in der Seestadt Rostock, für 1837 wies die amtliche Zählung neun Hutmachermeister aus. Die Hutmacher hatten vor anderen Berufen einen nicht unwesentlichen Vorteil, sie konnten die Waren gut auf Vorrat arbeiten. Der Meister konnte also mit seinen Waren auf die umliegenden Märkte ziehen und handeln. Großen Ärger gab es mit den mittelmäßigen Meistern und den sogenannten Fuschern, die oftmals zum Hausieren aufs Land zogen und sogenannten Nahrungseindrang betrieben. In solchen unredlichen Fällen wandte sich das ehrbare Gewerk mit den Alterleuten und den Mitmeistern an den Hohen Rat. Dem heimischen städtischen Hutgewerbe gewährte der Rat sicheren Konkurrenzschutz gegen auswärtige Händler und Kaufleute, die ebenfalls fremde Hutwaren zu den Markttagen anboten. Jedoch gab es auch hier feste Bestimmungen, die streng überprüft wurden. Beispielsweise durften die Kaufleute auf dem Markt nur Hüte in einer bestimmten Anzahl feilbieten. Trotzdem entstanden manche Querelen unter den

Das Hutmacherhandwerk erforderte einige Geschicklichkeit und Kraft in den Händen. Das Material zum Filzen für gröbere und feste Hüte lieferte in erster Linie die heimische Schafwolle. Für feinere Filze wurden die Haare von Feldhasen und Kaninchen bevorzugt. Als feinste Sorten galten ursprünglich die Biber- und Otterhaare unter den Herrschaften. Die besten Biberhaare wurden dabei aus dem fernen Kanada und Nordamerika eingeführt.

Ende des 18. und Anfang des 19. Jahrhunderts wurden neben Wolle und Biberhaaren erfolgreich neue Materialien verwendet, das waren feine Seide und einfaches Stroh. Beide Materialien verlangten moderne Techniken. Die Heimat der Strohflechterei war Italien, aber auch im deutschen Norden, im vorpommerschen Penkun, beherrschte man die Strohhutflechterei bestens. Auch in Rostock etablierte sich eine Strohutflechterei. Aus dem Seidenhut, zunächst als äußere Verzierung des Filzhuts, wurde schließlich kombiniert mit einer

Metallfeder der schwarze klappbare Zylinderhut zum Frack und für den Schornsteinfeger gemacht. Verschiedene Versuche mit Maulwurfshaaren, Pappel-, Diestel- und Wollgraswolle hatten das Ziel, neue Materialien zu finden oder alte zu ersetzen, sie brachten aber nicht den gewünschten Erfolg.
Grundarbeit des Hutmachers war es, aus einer bestimmten Menge Wolle oder Haare, ohne etwaige Bindemittel, einen so festen Stoff zu filzen und diesem ohne Naht eine Form zu geben, sodass aus einem Stück ein Hut gefertigt werden konnte.
Die früheren Hutmacher erzeugten das Haarmaterial noch in eigenen Werkstätten. Als Erstes mussten die aufgekauften Felle mit verdünntem Scheidewasser, das Quecksilber und Arsenik enthielt, gebeizt werden, um die Haare besser herunterschneiden zu können. Typische Berufskrankheiten der Hutmacher waren nicht zu vermeiden. Die enthaarten unbeschädigten Felle wurden dann den Beutlern und Schuhmachern verkauft, beschädigte Felle nahmen die Leimsieder ab. Dann erfolgte die Hauptarbeit: das Fachen. Dafür war ein Fachbogen notwendig (erfunden im 15. Jahrhundert), eine etwa zwei Meter lange gebogene Stange, mit der die gebeizten Haare durch Schwingen aufgewirbelt (in Flocken geschlagen) wurden, bis sie eine flaumige Schicht bildeten. Durch den Bogen entstand von Anfang an die dreieckige Form. Mehrere solcher Fache wurden mit dem Fachsieb weiter verdichtet und anschließend zusammengefilzt, bis die riesige kegelförmige Mütze (Trichter) entstand. Dann erfolgte das Walken in einem Kessel. Der Hut sah bis dahin wie ein Topf aus, deshalb wurde er jetzt in Form gebracht (fassoniert). Der Kopf wurde ausgestoßen und der Rand aufgebogen und glatt gezogen. Anschließend erfolgten Einfärben, Trocknen, nochmals Waschen und Trocknen, und sollte er besonders steif werden, wurde Leim aufgetragen und die Rohform über dem Ofen gedämpft, sodass der Leim völlig in den Filz einzog. Als letzte Arbeiten kamen verschiedene Zurichtungen an die Reihe: Bügeln, Bürsten, Futter und Schweißbänder einnähen, Hutkrempe umsäumen, Ausstaffieren mit Band, Tresse oder Federn.
Im Verlauf des 19. Jahrhunderts fand die Hutfabrikation maschinell statt, wodurch einige Erleichterungen geschaffen wurden. Die Einführung der Fachmaschine verdrängte die herkömmliche Technik des Fachbogens. Ab 1870 kamen industriell gefertigte Wollhüte auf dem Markt. Der Hut konnte preiswerter verkauft werden und fand rasche Verbreitung. In der Folge wurde das kleine Handwerk der Hutmacher zusehend vom Markt verdrängt. Viele Hutmacher kauften selbst von der Industrie Halbfabrikate (Stumpen) ein und beschränkten sich auf das Ausstaffieren. Einigen Hutmachermeistern blieb selbst nur der Übergang zum Huthandel. 1907 arbeiteten im Großherzogtum Mecklenburg-Schwerin noch 16 Filzhut- und Mützenmachereien mit 20 Beschäftigten.

Klempner

Das Klempnerhandwerk hat lange Traditionen, es lässt sich bis ins späte 14. Jahrhundert zurückverfolgen, das erstaunt sicher manchen Zeitgenossen. Die Klempnerei ist ein so altes Gewerbe, das sich bis in die heutige moderne Zeit hinein mit Blecharbeiten verschiedenster Materialien wie Eisen, Messing, verzinntem Eisen und Zinkblech beschäftigt. Inzwischen hat sich vieles im Arbeitsprozess verändert. Ursprünglich war die Verwendung von Kupferblech den Klempnern zumeist verboten und ausschließlich den Kupferschmieden vorbehalten. Die traditionellen handwerklichen Wurzeln des einfachen Klempners sind bei den gewöhnlichen Schwarzblechschmieden des Mittelalters zu finden, denn Schwarzblech war das geläufige und viel benutzte einfache Eisenblech. Das beste Blech lieferten lange Zeit bis Ende des 18. Jahrhunderts die sächsischen Bergwerke im Erzgebirge und Vogtland, den Norden belieferte die Blechschmiede zu Eberswalde und darüber hinaus bezog Rostock per Schiff große Mengen an englischem Blech von der Insel.
Frühe Nachrichten über das Klempnerhandwerk sind aus Rostock sehr spärlich überliefert. Vermutlich reihten sich die Klempner nach dem ältesten Stadtbuch zunächst in die Handwerksgruppe der Leuchtenmacher ein, denn Leuchten aus Blech, wie Straßen- oder Handlaternen zu verschiedensten Zwecken, waren in dunklen Jahreszeiten lebenswichtig. Neben dem Leuchtenmacher gab es den traditionellen Fackelmacher, dessen Feuer offen brannte. Die hauptsächlich benutzten Laternen waren kleine geschlossene Hohlkörper mit Löchern für die Wohnungen, durch die das brennende

Kerzenlicht scheinen konnte. Mobil dienten sie als Handleuchte für die Stadtwachen und alle anderen Bürger. Selbst für die Studenten bildete die Laterne ein wichtiges Begleitutensil. Wenn Schlag 21 Uhr die Wächterglocke mahnte und die Schankwirte Rostocks zum Schließen der Bierhäuser aufriefen, hatten noch anwesende, trinkfeste junge Männer sich eiligst in ihre Regentien (Schlafstätten) zu begeben. Nach dieser Wächterglocke durften sich die Studenten nur in Ausnahmefällen und dann mit brennenden Fackeln oder Laternen innerhalb der Stadtmauern bewegen, nach damaliger Studienordnung drohte ansonsten eine empfindliche Bestrafung.

Um 1850 existierten in Rostock 19 Klempnerwerkstätten, 1907 arbeiteten im Großherzogtum Mecklenburg-Schwerin 225 Klempnermeister mit 497 Beschäftigten.

Die für Norddeutschland typische Bezeichnung Klempner geht auf die Geräuschkulisse beim Hämmern auf Blechmaterial zurück. Nach dem Sprachkundler Jacob Grimm wurde die Berufsbezeichnung Klempner vom althochdeutschen „klampern“ abgeleitet, was letztendlich „Lärm machen“ bedeutete. Andere bekannte Bezeichnungen wie Blechschmied, Blechner, Blechschläger bzw. Blechenschläger (Bremen) oder Blickenschläger (Hamburg) wurden nach der Tätigkeit und dem Material schlicht benannt. Im Südwesten Deutschlands, von Westfalen bis Lothringen, gehörten dagegen Gürtler oder Spengler (abgeleitet von einer Spange) zu den Haupterzeugnissen der Klempnerarbeit. Von Baden bis zur Oberpfalz gehörten auch die Flaschner, die insbesondere Blechflaschen herstellten, zu den Klempnern. Also die Besonderheit der einzelnen Landstriche brachten eben jene besonderen Zuordnungen der einzelnen Handwerker hervor, was generell auch für andere Handwerke galt und die ganze Kulturgeschichte spannend macht.

Der Klempner fertigte in der Neuzeit allseits bekannte Gebrauchsgüter des Alltags an: wie im Mittelalter Blechlaternen, dann aber als technische Neuheiten Öllampen, Bettwärmer, Kaffeekannen, Küchengeräte wie Kaffee- und Teebretter, Kuchenbleche, Stürze für Teller und Schüsseln, Trichter, Reibeisen, Vorratsdosen, Müllschaufel, Gießkanne, Fischeimer, Wassereimer, Kannen, Reise-, Feld- und Pulverflaschen, Teekessel, Ofenrohre, Dachspitzen, Sargbeschlag und -verzierungen, Vogelbauer, Windfahnen sowie andere kleine Bauteile an Gebäuden – kurzum, allerhand Gerätschaften aus dünnem Blech, die zur Bewältigung des täglichen Lebens irgendwie vonnöten waren, und gab es sie noch nicht – erfand ein kluger und geschickter Handwerker sie.

Die Lehrzeit bei den Klempnern ging recht lange, sie betrug sechs Jahre ohne Unkosten für den Meister und bei Vergütung durch die Eltern (Lehrgeld etc.) vier Jahre. Gesellen wanderten wenigstens drei Jahre. Als Meisterstück wurde Anfang des 19. Jahrhunderts eine gut ausgearbeitete Laterne, eine Lampe und ein drittes Stück, das sie selbst wählen konnten, gefordert. Die Klempner hatten ein „geschenktes Handwerk“, nach Berlin einwandernde Gesellen erhielten beispielsweise vom Meister vier Groschen zum Geschenk. Die Klempner besaßen auch ein sogenanntes „kramendes“ Handwerk, das bedeutete, dass sie zum Verkauf der Produkte einen Laden halten durften oder zum Verkauf in andere Städte gehen konnten. Nach einem Gerichtsurteil des Oberappellationsgerichts der vier freien Städte Deutschlands zu Lübeck (1845) konnten Klempnerwaren „gewöhnlich“ lackiert sein, durften aber in der Bemalung keine Kunstfertigkeit aufweisen.

Mit der Fertigung von Weißblech (von verzinntem Eisenblech) auf den Blechhämmern seit dem 17. Jahrhundert konnte der Klempner seine Tätigkeit auf die Anfertigung von Dachrinnen und Ablaufrohren erweitern, wenn auch zunächst nur in bescheidenem Maße.

Der Ablauf von Regenwasser vom Dach musste überall auf Vordermann gebracht werden. Rostocks Giebelhäuser aus dem Mittelalter stießen mit den Dachflächen aneinander und waren traditionell nur mit witterungsanfälligen Holzdachrinnen ausgestattet, wobei in der Regel die Rinnen über die straßenseitige Hausfront etwas hervorragten und ohne Abfallrohr endeten. Bei starkem Regen ergoss sich das Wasser vom Dach herab auf die Straße, was im Laufe der Zeit den Ärger der Bürger nach sich zog. Mit der Verkleidung der Holzrohre mit Blech und der Anfertigung von direkt an der Hauswand abführenden Rohren in den Rinnstein hatten die Klempner alle Hände voll zu tun. Doch beauftragte noch nicht jeder Hausbesitzer eine Klempnerei mit noch sehr teuren Weißblechrinnen, viele Eigentümer ließen nach wie vor das Regenwasser vom Dach fließen, wie es wollte.

Mit der Erfindung des verzinkten Eisenblechs 1810 durch die Königliche Eisengießerei zu Berlin erhielt der Beruf neue Impulse. Das witterungsbeständige, korrosionsfeste Material eignete sich bestens im Bauhandwerk für Dachrinnen, Fall- und Ablaufrohre, Blechverkleidungen von flachen Dächern, auf Kuppeln und Türmen, für Dachkehlen, für den Einbau von Dachfenstern, Fensterbänken, Erkern, Gauben, Gesimsen oder Friesen. Am 7. Februar 1858 verordnete der Rostocker Rat, dass alle an Straßen gelegenen Häuser und Gebäude innerhalb eines Jahres mit Dachrinnen aus Metall und Wassertrommeln auszurüsten sind. Die neue Hausbesitzerpflicht brachte dem Klempnergewerk viel Arbeit.
Ab Mitte des 19. Jahrhunderts machten die Versorgung der Haushalte mit Wasser und Gas, der Bedarf an Wasch- und Badeeinrichtungen den Metallhandwerker zu einem Bau- und Architekturklempner und zum Vorläufer des heutigen Installateurs, der seine Produkte in der Werkstatt vorfertigte und auf dem Bau montierte. Die Arbeitsbedingungen wurden komplizierter. So schleppte der Klempner neben Hammer, Zirkel, Falzzange, Spitzzange, Blechschere, Winkelmaß, Zollstock, verschiedenen Meißeln und hölzernen Gerüsten stets einen von ihm selbst angefertigten Blechofen, Lot und „Lötflammer“ mit. Das brachte ihm manchen Spott ein, im plattdeutschen Volkshumor wurde er im Vergleich mit dem Grobschmied, der mit großem Feuer tagtäglich arbeitete, als „de Sünnenschmied“ belästert.

Gründungsurkunde der Innung von 1881

Seit Anfang des 19. Jahrhunderts wurden Dächer neben Ziegeln auch mit Blech gedeckt, was den Klempnereien Großaufträge einbrachte. Gute Erfahrungen hatte man seit alters her mit der Kupferdeckung gemacht. Das bis heute erhaltene, mehrmals erneuerte Kupferdach von St. Marien bekam die Kirche erstmals 1472. Aber die Kupfereindeckung war sehr teuer und wurde selten in Auftrag gegeben. Zum Einsatz kamen vielmehr Eisenblech (vernietet), verzinntes Blech (gefalzt und verlötet) und Zinkblech in Tafelform, je nach Preiseinsatz des Bauherrn. Als Arbeitsunterlage diente eine Bretterverschalung oder dicht aneinandergesetzte Sparren. Die Qualität der Dachdeckung hing von dem eingesetzten Material und von der Gewissenhaftigkeit der Arbeiter ab.
Mitte des 19. Jahrhunderts setzte die fabrikmäßige Produktion von alten und neuen Klempnerwaren ein, insbesondere durch den Einsatz von Stanzmaschinen und der Drehbank, um Blech modern, schnell und maßgerecht anzufertigen. Maschinen vollbrachten das, was vorher sehr aufwändig und nur in kleineren Formen mit Hammer und Amboss möglich war. So entstanden aus Blechen riesige Dampf-

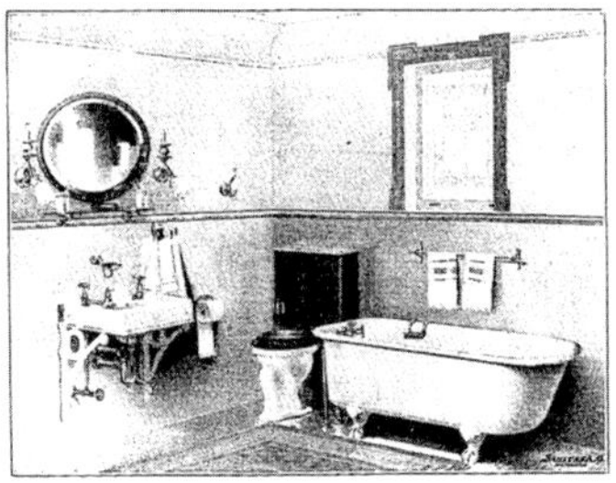
Gutbürgerliche Badausstattung in den 1920er Jahren

Das hier angeheftete Statut der neu errichteten

Klempner-Innung zu Rostock

wird in Gemäßheit §. 99 der Gewerbe-Ordnung hiedurch allen Inhalts genehmigt und bestätigt.

Gegeben im Rathe zu Rostock am 9 Juli 1881

Aug. Rusch,
Rathssecretair.

Detail der Innungspapiere von 1881

kessel, Gasometer, hausgroße Wasserbassins und man schuf die neuen Metalldampfer für die Seeschifffahrt. Der technische Fortschritt war enorm. Wenngleich das kleine Handwerk von dieser industriellen Entwicklung nicht profitieren konnte, so blieb dem Klempner immer noch das Baugewerk und für den Hausgebrauch die künstlerische Form. Handwerklich gefertigte Gerätschaften aus Blech konnten weiterhin einmalig und schön sein.

Die wirtschaftliche Situation veranlasste auch einen Teil der Klempner Mitte des 19. Jahrhunderts sich den Reihen der Auswanderer anzuschließen. Im Jahr 1853 wanderten aus den Städten Mecklenburgs etwa 1770 Menschen aus, darunter befanden sich neben Arbeitern und Tagelöhnern hauptsächlich Handwerker, darunter 17 Klempner. In Amerika bestanden gute Arbeitsmöglichkeiten für sie; Gefäße, die in Mecklenburg auch aus Ton und Holz hergestellt wurden, kannte man dort vorwiegend in Blechmaterial verarbeitet. Jedoch mussten sie sich auf moderne Arbeitsbedingungen einstellen, Traugott Bromme empfahl 1853 in seinem „Hand- und Reisebuch für Auswanderer und Reisende nach Nord-, Mittel- und Südamerika" allen Gewerbetreibenden und Glück suchenden Klempnermeistern, ihr Werkzeug daheim zu lassen. Amerikanische Blechschmiede verwandten längst mechanische Schneide- und Stanzmaschinen, ausschließliche Handarbeit war nicht mehr aktuell.

Die Chronik der Klempnerei Kobrow in Rostock

Der Firmengründer, Paul Kobrow, Geburtsjahr 1898, erlernte den Beruf des Klempners bei der Firma Schröder-Krentzien in Rostock, Lange Straße. Die Lehrzeit war auf vier Jahre festgelegt und dauerte von Ostern 1913 bis Ostern 1917. Nach Abschluss der Lehrzeit mit bestandener Gesellenprüfung meldete er sich als Kriegsfreiwilliger. Die Weltwirtschaftskrise Anfang der 20er Jahre brachte Not und Elend über das ganze Volk. Paul Kobrow arbeitete in dieser Zeit in verschiedenen Betrieben als Klempnergeselle, um sein Können und Wissen zu vervollständigen. Sein Ziel war die Selbstständigkeit. Die dafür erforderliche Meisterprüfung legte er am 1. Mai 1925 vor der Meisterprüfungskommission Rostock mit der Note „Gut" ab. Der 1. Mai war auch das Datum zur Gründung eines eigenen Betriebes mit Sitz Burgwall 16 in Rostock. Aus meiner Erinnerung hatte die Werkstatt eine Größe von ca. 2 x 6 Metern, mit Zugang durch den Hausflur, für heutige Ansprüche kaum vorstellbar.
Auf der Innungsversammlung am 7. April 1926 erfolgte die Aufnahme von Paul Kobrow in die Klempner- und Installateur-Innung, so auch dokumentiert laut Mitgliedsbuch der Innung unter der Nummer 61.

Aufgrund der räumlichen Verhältnisse erfolgte eine Betriebsverlegung in die Lagerstraße 20 und etwa Mitte der 30er Jahre in die Wokrenterstraße 24. Dies war der Betriebssitz bis ins Jahr 1976.

Die Anfangsjahre nach der Betriebsgründung waren schwer; gezeichnet von den Auswirkungen der Weltwirtschaftskrise und daraus resultierender Armut unter der Bevölkerung gab es nur wenig Arbeit und Aufträge. Viele Aufträge wurden in Schwarzarbeit ausgeführt und gingen somit dem Handwerk verloren. Damit stand das Be-

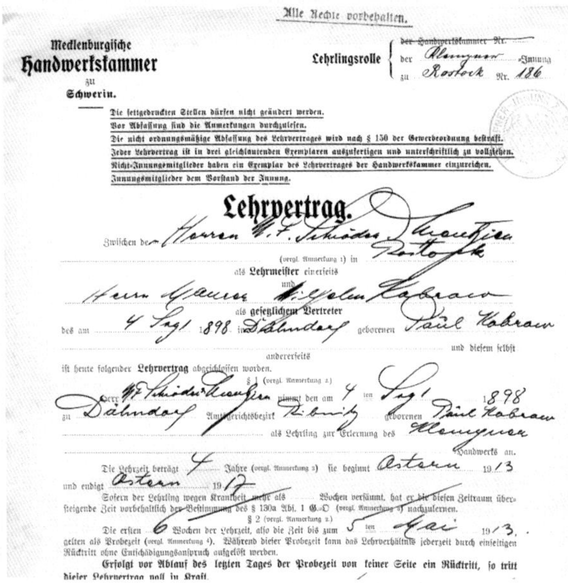
Alle Rechte vorbehalten.

Mecklenburgische
Handwerkskammer
zu
Schwerin.

Lehrlingsrolle { ~~der Handwerkskammer Nr.~~ / der Klempner Innung / zu Rostock Nr. 186

Die fettgedruckten Stellen dürfen nicht geändert werden.
Vor Abfassung sind die Anmerkungen durchzulesen.
Die nicht ordnungsmäßige Abfassung des Lehrvertrages wird nach § 150 der Gewerbeordnung bestraft.
Jeder Lehrvertrag ist in drei gleichlautenden Exemplaren auszufertigen und unterschriftlich zu vollziehen.
Nicht-Innungsmitglieder haben ein Exemplar des Lehrvertrages der Handwerkskammer einzureichen.
Innungsmitglieder dem Vorstand der Innung.

Lehrvertrag.

Zwischen dem Herrn W. F. Schröder ... Rostock (vergl. Anmerkung 1) in
als **Lehrmeister** einerseits
und
Herrn ... Kobrow
als gesetzlichem Vertreter
des am 4 ... 1898 in Dähndorf geborenen Paul Kobrow
und diesem selbst
andererseits
ist heute folgender **Lehrvertrag** abgeschlossen worden.

§ 1 (vergl. Anmerkung 2.)
Herr W. F. Schröder ... nimmt den am 4ten ... 1898 zu Dähndorf Amtsgerichtsbezirk Ribnitz geborenen Paul Kobrow als Lehrling zur Erlernung des Klempner Handwerks an.

Die Lehrzeit beträgt 4 Jahre (vergl. Anmerkung 3) sie beginnt Ostern 1913 und endigt Ostern 1917.

~~Sofern der Lehrling wegen Krankheit mehr als ... Wochen versäumt, hat er die diesen Zeitraum übersteigende Zeit vorbehaltlich der Bestimmung des § 130a Abs. 1 G.-O. (vergl. Anmerkung 3) nachzulernen.~~

§ 2 (vergl. Anmerkung 2.)
Die ersten 6 Wochen der Lehrzeit, also die Zeit bis zum 5ten Mai 1913, gelten als Probezeit (vergl. Anmerkung 4). Während dieser Probezeit kann das Lehrverhältnis jederzeit durch einseitigen Rücktritt ohne Entschädigungsanspruch aufgelöst werden.

Erfolgt vor Ablauf des letzten Tages der Probezeit von keiner Seite ein Rücktritt, so tritt dieser Lehrvertrag voll in Kraft.

Auszug aus dem Lehrvertrag von Paul Kobrow, 1892

kämpfen der Schwarzarbeit ganz oben auf der Liste von Innungen und Verbänden (vergleichbar mit heutiger Zeit).

Auch die Konkurrenz unter den Handwerkern war groß. Ich kann mich gut erinnern, dass in jeder zweiten Rostocker Straße, die zur Warnow führte, ein Klempnerbetrieb seinen Sitz hatte. Für die Kunden eine besondere Situation, konnten sie sich immer den freundlichen, billigen und zuverlässigen Betrieb aussuchen. Dieser Zustand aber galt nicht nur im Klempnergewerk, dies traf auch für Bäcker, Schuhmacher, Fleischer Schlosser, Friseure und sonstige Gewerke zu.

Anfang der 30er Jahre und insbesondere nach Machtübernahme der Nationalsozialisten war reichlich und überreichlich Arbeit vorhanden. Neben vielen Industriebetrieben wie Heinkel, Arado usw. entstand der Stadtteil Hansaviertel, der Klinik-Komplex sowie die Siedlungen Dierkow (Ost und West) sowie Reutershagen. Aus den „Klempnereien" wurden nun Klempner, Installateure und Heizungsbauer. Die Betriebsgröße nahm in dieser Zeit deutlich zu. Meine Eltern berichteten von einer Betriebsgröße von über 30 Mitarbeitern. Das Büro wurde verstärkt durch einen Ingenieur für Heizungsbau und eine weitere Bürokraft.

Auf der Innungsversammlung im April 1938 wurden Hans Wendt zum Obermeister und mein Vater zum Schriftführer der Innung gewählt. Mit der Wahl ging der Innungsschrank in die Nutzung des Schriftführers. Ebenso musste dieser von ihm aufbewahrt werden.

Aus meinen kindlichen Erinnerungen weiß ich noch, dass sich ein großer Schreibtisch in unserem Wohnzimmer befand, an dem mein Vater jeden Abend saß und fast immer auf der Schreibmaschine klapperte. Bestimmt ging es nicht nur um betriebliche Dinge, auch die ehrenamtlichen Aufgaben mussten mit abgearbeitet werden. D. h., alle aktuellen Ordner aus Betrieb und Ehrenamt befanden sich in der Wohnung.

In einer Bombennacht 1942 wurde unser Wohnhaus ausgebombt und brannte vollständig aus. Nur die wichtigsten persönlichen Dinge konnten gerettet werden. Alles andere wurde ein Raub der Flammen.

Der Innungsschrank befand sich glücklicherweise nicht in der Wohnung. Er stand im Hinterhaus, wo Werkstatt, Büro, Garagen usw. angeordnet waren. Die Innungsunterlagen aus dieser Zeit aber gingen unwiederbringlich verloren. Auch aus der Nachkriegszeit existieren nur spärliche Unterlagen.

Die wenigen existierenden Unterlagen wiesen auf die große Not der Bevölkerung hin. Durch die ungeheuren Bombardierungen war Rostock sehr stark zerstört. Die Versorgung mit den nötigsten Dingen wie Lebensmitteln, Wasser, Gas, Elektrizität und vielem mehr lag völlig darnieder. Jetzt war das Handwerk gefragt, aber wie helfen? Viele Männer waren im Krieg gefallen, Material war so gut wie nicht vorhanden. Noch vorhandenes Material wurde durch die sowjetische Besatzungsmacht überwiegend beschlagnahmt. Die Versorgung mit Azetylen, Lötlampenbenzin und anderen notwendigen Kleinmaterialien erfolgte auf Zuteilung, die Verteilung durch die Berufsgruppenleitung.

Aus dieser Not heraus war jeder Handwerker bemüht, „Materialreserven" zu erschließen. Aus zerstörten Flugzeug- oder Werkhallen und Ruinen wurden alte Rohre, Blech und überhaupt alles Brauchbare ausgebaut. Aus diesem Altmaterial, oder besser Schrott, wurde dann versucht, Gebrauchsgegenstände wie z. B. Kochhexen aus Dural (hartes Aluminium aus dem Flugzeugbau)

oder Töpfe und Pfannen herzustellen. Es fehlte ja so ziemlich alles auf allen Ebenen.
Dieser Zustand änderte sich in den ersten Nachkriegsjahren kaum, erst Anfang der 50er Jahre kam Bewegung in das Bauhandwerk. Durch die umfangreiche Bombardierung und Zerstörung vieler Wohnhäuser und die Ansiedlung von Flüchtlingen aus den ehemaligen Ostgebieten kam es zu einer unvorstellbaren Wohnungsnot. Der Wiederaufbau der Stadt musste geplant und begonnen werden.
Diese Arbeiten begannen in Rostock zunächst im Bereich der östlichen Altstadt. Fast der gesamte Wohnungsbestand von der Marienkirche bis zum Alten Markt lag in Schutt und Asche.
Durch den nun einsetzenden Bauboom, auch im Klempner- und Installateurhandwerk, entstand ein neues Problem. Es existierten zwar viele kleine Betriebe, diese waren aber nicht leistungsfähig. So wurde aus der Not heraus die Arbeitsgemeinschaft der Klempner und Installateure gegründet. Die Auftragsabwicklung, Materialbereitstellung und Abrechnung ging nun uber diese Arbeitsgemeinschaft. Auch wurden größere Aufträge sehr oft von mehreren kleinen Betrieben gemeinsam abgearbeitet. Und trotzdem war es keine leichte Zeit. Die Handwerker hatten keine Fahrzeuge, um Werkzeug oder Material zu den Baustellen zu transportieren. Alles musste per Handwagen auf manchmal langen Wegen bewegt werden. Dies war größtenteils die Arbeit der Lehrlinge. Aber auch Hunde wurden mit vor diese Wagen gespannt. Ich erinnere mich, dass mein Vater einmal eine Arbeit in einem Dorf angenommen hatte, ca. 30 Kilometer von Rostock entfernt. Auch dieser Transport erfolgte auf jene Weise. Nach Fertigstellung des Auftrages war dann aber in der Werkzeugkiste ein halbes Schwein. Etwas für die Familie, die sehr unter Hunger litt.
Am 1. September 1953 begann Joachim Kobrow (geb 1938) die Lehre als Klempner und Installateur in der Firma Hans Wendt in Rostock-Gehlsdorf. Die ersten 10 Wochen bestanden darin, mit einem Gesellen Dachrinnen an Neubauten in der Rostocker Altstadt anzubringen. Der Tagesablauf: Fahrt mit der Straßenbahn nach Gehlsdorf, Schiebwagen mit dem nötigen Material beladen und dann alleine Richtung Altstadt, ca. fünf Kilometer. Nach einer Stunde musste ich die Baustelle erreicht haben, sonst gab es Theater. Den Tag über Dachrinnen anbringen und dann nach Fertigstellung des Auftrages mit dem Handwagen wieder nach Gehlsdorf. Danach mit der Straßenbahn wieder Richtung Heimat. Klagen über diese Situation gab es nicht – wer hatte denn schon ein Auto? Auflösen von Lehrverhältnissen wegen solcher oder ähnlicher Situationen waren zu dieser Zeit kaum zu verzeichnen. Es war ja immer noch die unmittelbare Nachkriegszeit. Viele Väter waren nicht aus dem Krieg heimgekommen, so war es für die Mütter auch nicht einfach, entsprechende Lehrstellen zu finden. Eine Ausbildung in Wunschberufen war nur selten möglich.
In der Berufsschule stellte sich dann heraus, dass viele Lehrlinge nur den Abschluss der 5. Klasse hatten. Auch ein Ergebnis des Krieges. Diese Jungs stammten meistens aus den ehemaligen deutschen Ostgebieten – eine Beschulung war wohl nicht möglich und auch durch die Flucht von dort war an Schule überhaupt nicht zu denken. Und doch weiß ich, wie diese Betroffenen sich ins Zeug legten, um die vorhandenen Defizite aufzuarbeiten und auszugleichen.
Weitere große Arbeiten, die ich noch in guter Erinnerung habe, waren die Dachklempnerarbeiten an dem Hauptpostamt in Rostock auf dem Neuen Markt. Alles in Kunststoff, Blech gab es ja zu dieser Zeit nicht. Aber trotzdem war es sehr interessant, diese Giebel, Abdeckungen und Einfassungen mit Kunststoff abzudecken und einzufassen. Ebenso wurden alle Klempnerarbeiten im neu entstandenen Wohngebiet Reutershagen durch die Firma Wendt ausgeführt. Aber auch Kleinreparaturen mussten mit erledigt werden, so wurden z. B. geplatzte Wasserrohre aus Blei repariert oder undichte Böden in Kochtöpfen durch Löten oder Einpassen eines neuen Bodens wieder gebrauchsfähig gemacht.
Meine Lehrzeit endete nach bestandener Facharbeiterprüfung am 30. August 1956. Danach beendete ich auch meine Tätigkeit in der Firma Wendt und ich trat dann in den väterlichen Betrieb ein.
Hans Wendt war für mich ein sehr strenger Meister, von mir als Meistersohn erwartete er besonders viel. Ob ich seine Vorstellungen immer erfüllt habe? Ich habe jedenfalls viel gelernt, war ein Lehrling wie jeder andere und musste mich auch entsprechend einbringen und beweisen. Das während der Lehrzeit erworbene Wissen und Können war für mich ein gutes Fundament für mein späteres Arbeits- und Berufsleben. Auch heute rate ich immer wieder Handwerksmeistern, ihre Söhne in fremden Betrieben ausbilden zu lassen!
Der väterliche Betrieb bestand bei meinem Eintreten aus zwei Gesellen und zwei Lehrlingen. Die Gesellen hatten schon das Rentenalter erreicht, sie konnten sich mit meiner Einstellung zur Arbeit und dem Tempo nicht mehr anfreunden und verließen

schon bald die Firma. Die Lehrlinge mussten sich meinem Arbeitsstil anpassen.
Schon nach kurzer Zeit konnten Arbeiten von der Arbeitsgemeinschaft übernommen und ausgeführt werden. So z. B. die Installation von zwei Doppelhäusern in Gubkow mit Verlegen einer 700 Meter-Wasserleitung aus Vinidur, heute bekannt unter der Bezeichnung PVC hart, ebenso der Neubau in der Doberaner Straße, Ecke Margaretenstraße.
Im Jahre 1958 kam es zur Gründung der PGH Waterkant und wenig später der PGH Fritz Reuter. Seit dieser Zeit spielte die so erfolgreiche Arbeitsgemeinschaft der Klempner und Installateure so gut wie keine Rolle mehr. Fortan wurden die sozialistischen Genossenschaften bevorzugt mit Arbeiten und dem dazu erforderlichen Material versorgt. Aber trotzdem war immer noch genügend Arbeit vorhanden; die noch vorhandenen Privat-Betriebe bekamen nun begrenzt die Materialzuteilungen über die Einkaufs- und Liefergenossenschaft (ELG) Metall und die Produktionsgenossenschaften und volkseigenen Betriebe direkt von der Baustoffversorgung. Ebenso war auch die Bezahlung der Gesellen so geregelt, dass sie weit weniger Lohn bekamen als die Mitarbeiter in den PGHen und volkseigenen Betrieben (VEB). Die Materialknappheit aber spielte in all den Jahren eine besondere Rolle – bis zum Ende der DDR.
Am 3. August 1962 legte Joachim Kobrow vor der Meisterprüfungskommission des Bezirkes Rostock die Meisterprüfung als Klempner- und Installateur ab. Nur wenige Wochen später bestand er die Prüfung als Plast-Lehrschweißer im Zentralinstitut für Schweißtechnik der DDR in Halle/Saale. Diese Prüfung war notwendig geworden aufgrund eines Treffens mit meinem Lehrmeister Hans Wendt. Er führte Plastschweißer-Lehrgänge an der Schweißtechnischen Lehranstalt des Handwerks in Rostock durch. Wegen seines hohen Alters (Ende 60) suchte er dringend einen Nachfolger. Dass er dabei an seinen ehemaligen Lehrling gedacht hat, berührte mich doch sehr!
Die Grundprüfung, P I, musste von jedem Lehrling besucht und bestanden werden. Der Aufbaulehrgang, P II, von Gesellen, die die Meisterprüfung ablegen wollten, oder Mitarbeitern, die Druckleitungen oder Apparatebau für chemische Anlagen oder sonstige gefährlichen Medien anfertigten und einbauten.
Heute nicht mehr vorstellbar: Das gesamte PVC-Material (Polyvinylchlorid) und später auch das Polyäthylen wurde in Form von Halbzeugen oder auch Halbfabrikaten geliefert. Das heißt, jeder Rohrbogen- oder Abzweig, jede Kantung an Folien oder Tafelmaterial musste manuell angefertigt werden. Um solche Arbeiten fachgerecht auszuführen, waren diese Lehrgänge erforderlich, um Kunststoffe fachgerecht schweißen, warmformen und kleben zu können. In der Zeit von 1962 bis 1975 brachte ich etwa 2000 Leuten das ABC der Kunststoffverarbeitung bei. Lehrgänge außerhalb, in Bergen, Wismar, Schwerin, Demmin usw., wurden meistens auf die Wochenenden verlegt.
Von Mai 1964 bis Oktober 1965 absolvierte ich den Grundwehrdienst bei den Grenztruppen der NVA.
Meine Frau Christa war ständig mit in der Firma tätig, zu DDR-Zeiten als „mithelfende Ehefrau“ und nach der Wiedervereinigung in einem ordentlichen Arbeitsverhältnis. Arbeitsverhältnisse zwischen Eheleuten gab es zu DDR-Zeiten nicht.
Am 1. Mai 1966 übernahm ich den väterlichen Betrieb. Mein Vater hatte versucht, die Firma als „Kobrow und Sohn“ zu firmieren, dies wurde aber von staatlicher Stelle abgelehnt. Entweder würde die Firma so weiter geführt oder an den Sohn übergeben. So war ich nun mit 28 Jahren der jüngste selbstständige Meister in der Berufsgruppe!
Ich muss aber ehrlich gestehen, dass ich unsere Chancen auf langjähriges Führen dieses Betriebes nur gering einschätzte. Für mich und meine Frau war klar, dass spätestens 1970 Schluss sein würde und wir dann einer PGH beitreten oder eine neue PGH gründen müssten. Eine andere Einstellung konnte man zu dieser Zeit überhaupt nicht haben. Viel zu dominant waren die PGHen und VE-Betriebe, die wenigen Privatbetriebe spielten so gut wie keine Rolle mehr.
Umso mehr überraschten uns Mitteilungen Anfang der 70er Jahre, in denen von Regierungsmitgliedern ein Mittelstand im Staat angemahnt wurde. Kaum zu glauben, aber wahr, und plötzlich wurden wieder, wenn auch in sehr kleiner Zahl, private Handwerksbetriebe zugelassen!
Aufgrund der Abrisskonzeption für die nördliche Altstadt Anfang der 70er Jahre musste eine Betriebsverlegung erfolgen, aber wohin? Bei Nachfragen im Stadtbauamt wurde mir von dem zuständigen Mitarbeiter verächtlich und ironisch mitgeteilt, dass für unseren Betrieb kein Ersatzgelände bereitstünde und wir uns einer PGH anschließen oder eine neue PGH gründen sollten. Mit dieser Aussage fand ich mich natürlich nicht ab und versuchte mit aller Vehemenz, dieses zu verhindern. Schließlich erfuhr ich dann von Parteiveteranen aus dem Wohngebiet, dass unser Betrieb in Reutershagen, im ehemaligen Plattenwerk, angesiedelt werden sollte. Bei meiner Nachfrage im Stadtbauamt

bestätigte man mir zynisch diesen Beschluss und so zogen wir dann im Frühjahr 1976 mit Sack und Pack nach Reutershagen und wurden Mieter bei der VEB Kommunale Wohnungsverwaltung Rostock.
Unsere neuen Betriebsräume wurden vorher als Schlosserei und Schmiede im ehemaligen Plattenwerk genutzt. Trotzdem war der Beginn dort nicht einfach. Der fehlende Wasseranschluss, keine Heizungsmöglichkeit sowie kein Telefon verzögerten doch sehr den Umzug. Der glückliche Umstand für uns war der feststehende Sprengungstermin unserer Immobilie in der Altstadt. So konnte ich durch Verweigerung des Umzuges erreichen, dass alle meine berechtigten Forderungen erfüllt wurden.
Unser Einzugsgebiet war ja nach wie vor die nördliche Altstadt. So mussten wir dann gezwungenermaßen täglich dorthin pendeln, ein kleiner Raum in der Lagerstraße 34 diente uns als Anlaufpunkt und kleine Werkstatt. Ein Geselle konnte von hier aus die täglich anfallenden Kleinreparaturen ohne großen Aufwand erledigen. Erst ein Beschwerdeschreiben an den damaligen Oberbürgermeister brachte dann doch eine Veränderung bezüglich unseres Einsatzgebietes. Wir konnten von nun an in unserer unmittelbaren Umgebung tätig werden.
Jährlich wurde in unserer Firma ein Lehrling ausgebildet. Nach bestandener Facharbeiterprüfung verließen sie aber meistens wegen besserer Verdienstmöglichkeiten den Betrieb oder aber der Betrieb hatte keine Möglichkeiten, sie weiter zu beschäftigen. Das Steuersystem bzw. die Materialknappheit waren die besonderen Wirkungskriterien.

Am 1. September 1982 begann Thomas Wegner in unserem Betrieb die Lehrzeit zur Ausbildung als Installateur, Fachrichtung Gas/Wasser. Nach gutem Prüfungsabschluss blieb er weiter in der Firma und entwickelte sich zu einem guten und verlasslichen Mitarbeiter. Der Abschluss der Meisterprüfung war sein großes Ziel. Nach Absolvierung der Armeezeit begann Herr Wegner im September 1990 mit den Vorbereitungskursen zur Meisterprüfung. Am 3. Dezember 1993 bestand er die Meisterprüfung vor der Meisterprüfungskommission in Rostock. Ab Januar 1994 wurde Herr Wegner dann als Meister im Unternehmen eingesetzt.
Nach der Wende bekam das Wort Eigentum eine völlig neue Bedeutung. Zu DDR-Zeiten waren Immobilien eine Belastung, nun aber waren auch wir bemüht, das Betriebsgelände und die Werkstatt-Immobilie käuflich zu erwerben. Dies gelang dann, wenn auch mit Schwierigkeiten.
Im Jahre 1994 bauten wir die vorhandene Immobilie total um. Durch den Überbau entstand im Obergeschoss ein Raum von ca. 300 Quadratmetern, der zunächst vermietet, dann aber für eine eigene Badausstellung hergerichtet wurde. Für unseren Betrieb eine sinnvolle und von den Kunden gern genutzte Einrichtung.

URKUNDE

IN WÜRDIGUNG DER BESONDEREN VERDIENSTE FÜR DAS HANDWERK WIRD

HERRN OBERMEISTER JOACHIM KOBROW

DIE EHRENNADEL DES HANDWERKS IN GOLD VERLIEHEN.

ROSTOCK / NEUBRANDENBURG, DEN 28. JUNI 1998

HANDWERKSKAMMER OSTMECKLENBURG-VORPOMMERN

PRÄSIDENTEN HAUPTGESCHÄFTSFÜHRERIN

Der Betrieb hatte zu dieser Zeit eine Belegschaft von ca. 20 Mitarbeitern. Durch gute und zuverlässige Arbeiten war das Unternehmen gleichermaßen bei Privatkunden wie auch anderen Auftraggebern hoch angesehen. Diesen guten Ruf zu erhalten, hatte und hat immer Priorität. Schulungen und Qualifizierungen von Mitarbeitern waren und sind unerlässlich. Ein gutes Betriebsklima ist die Grundlage für gute Leistungen.
Aber auch zwei verlässliche Mitarbeiter sollen in dieser Chronik erwähnt werden. Herbert Lindemann, seit 1964, und Norbert Wähner, seit 1967 haben in den vielen Jahren treu zum Betrieb gestanden. Erst bei Erreichen des Rentenalters verließen sie den Betrieb.

Nach über 35-jähriger Selbstständigkeit übergab Joachim Kobrow im Januar 2002 den Betrieb an Thomas Wegner. Es war ein „problemloser" Übergang. Das Vertrauen zu Thomas Wegner gab den Ausschlag, ihm die Übernahme des Betriebes anzubieten. Alle Mitarbeiter wurden übernommen, so konnte der Betrieb ohne Komplikationen weiterlaufen.

Joachim Kobrow

Weiterführung eines traditionsreichen Handwerks-unternehmens

Die Übernahme der Firma Kobrow und Weiterführung unter dem alten Namen, mit der juristisch notwendigen Ergänzung des neuen Inhabers, erfolgte im Januar 2002.

Auch wenn die eigentliche Weiterführung des Geschäftsbetriebes als Einzelunternehmen dann ohne Probleme vollzogen werden konnte, hatten sich doch in der Umsetzung einige Hürden aufgebaut. Vor allem vor dem Hintergrund der zum damaligen Zeitpunkt stark abflauenden Konjunktur und der einsetzenden neuen Bewertungskriterien der Finanzwirtschaft, wie dem Basel-2–Rating, setzten auch für das Handwerk neue Umfeldbedingungen ein.

Auch wenn es bei unserer Unternehmensübergabe um die Weiterführung eines wirtschaftlich leistungsfähigen und gesunden Betriebes ging und vor allem der Erhalt von 14 Arbeitsplätzen im Vordergrund stand, war die allgemeine Verunsicherung für die Banken deutlich spürbar. Deren Pläne und Forderungen in Anspruch nehmen zu müssen, hätte vermutlich das perspektivische Aus eines der ältesten Rostocker Handwerksbetriebe zur Folge gehabt. Die Bereitschaft zum Kauf der Firma und der dazugehörigen Immobilie stand für mich damals jedoch zu keinem Zeitpunkt in Zweifel. Neben meiner persönlichen, zum damaligen Zeitpunkt fast 20-jährigen, Erfahrung in unserem Unternehmen war es sehr wichtig, dass die gewohnten Ansprechpartner und Mitarbeiter für unsere Kunden erhalten blieben. Die weitere konsequente Orientierung und Ausrichtung unseres Unternehmens an neuen innovativen Techniken hinsichtlich der rasant fortschreitenden Entwicklungen trug zur Festigung und vor allem regionalen Stabilität bei.

Ein wesentlicher Bestandteil unserer Strategie war die permanente Aktualisierung und der weitere Ausbau unserer Badausstellung, welche in diesem Umfang bei Handwerksbetrieben in der Hansestadt wohl ihresgleichen sucht. Ein weiterer Schwerpunkt war der Ausbau unseres Kundendienstes im Bereich der Wartung und Instandhaltung von Heizungs- und Sanitäranlagen.

Die positive Entwicklung unseres Betriebes hat zur Folge, dass das Unternehmen weiter expandiert. Nach Umstrukturierungen auf dem Firmengelände und innerhalb des Firmengebäudes konnten Gewerberäume für einen weiteren Rostocker Handwerksbetrieb geschaffen werden. Mehrere neue Arbeitsplätze wurden geschaffen.

Am 1. Januar 2005 wurde nach reiflicher Überlegung das Einzelunternehmen in eine GmbH umgewandelt.

Die Mitarbeiter bleiben alle im Unternehmen und sind bis heute bei uns tätig.

Der Erhalt, die weitere Entwicklung und Förderung des Sanitär,- Heizungs- und Klima-Handwerks in der Hansestadt Rostock und im Landkreis Bad Doberan waren für mich auch die Hauptgründe, sich der Wahl und Berufung zum Obermeister der Innung im Frühjahr 2007 zu stellen.

Alle 20 Mitarbeiter unserer Firma, vom Auszubildenden bis zum Geschäftsführer, sind bestrebt, die Tradition des Unternehmens, das seit mittlerweile 85 Jahren in Rostock beheimatet ist, weiterhin positiv zu gestalten und gemeinsam in eine erfolgreiche Zukunft zu führen.

Auch wenn eine Löschung des Firmennamens Kobrow aus rechtlichen Gründen jederzeit möglich gewesen wäre, stand dieses für uns niemals zur Debatte. Im Gegenteil, wir sind der Überzeugung, dass die Tradition dieses alten Handwerksbetriebes gewahrt werden sollte.

Thomas Wegner

Klutenstreicher

Klutenstreicher waren Bauhandwerker des 18. und 19. Jahrhunderts, die für die massive Lehmbauweise arbeiteten. Obwohl in den norddeutschen Städten der massive und mehrgeschossige Backsteinbau vorherrschte, war der Holzbau nicht gänzlich verschwunden. Mit Ende des 18. Jahrhunderts erfuhr die Lehmbauweise wieder eine Renaissance, ein wichtiger Vorzug lag in wirtschaftlichen Überlegungen begründet. Durch Vermauerung von „Luftziegeln" bzw. „Kluten" konnte der Bauherr unter dem üblichen Baupreis bleiben. Ungebrannte Ziegel waren billiger zu erwerben, denn zu der Fertigung brauchte es weder teures Brennmaterial, noch Brennöfen und infolgedessen keine weiteren Arbeits- und Hilfskräfte.

Bereits 1736 hatte der Leipziger Architekt Richter wieder den Lehmbau propagiert, allerdings noch in einer anonymen Schrift. Nach 1790 gab der Franzose Cointeraux weitere Anstöße, indem er den Stampflehmbau in der Gegend von Lyon beschrieb. Danach sollte es möglich sein, auch technisch repräsentative Projekte mit Gewölben, Kuppeln und mehrgeschossigen Wohngebäuden mit prächtig gestalteten Fassaden in verschiedenen Lehmbautechniken aufzuführen. Der preußische Geheime Baurat David Gilly in Berlin und Begründer der Berliner Bauakademie setzte sich für die neue Bau-Technik nachhaltig ein. Seine Darstellung im Handbuch der Landbaukunst (1797) löste eine kontroverse Diskussion aus und beeinflusste für Jahrzehnte die Entwicklung des Lehmbaus. Mit dieser Wiederbelebung waren auch Lehmbauspezialisten gefragte Bauleute, die mit natürlichen heimischen Baumaterialien umzugehen verstanden.

In Rostock bildete sich das Handwerk der Klutenstreicher heraus. Nach 1800 entstanden einige Wohnbauten mit Luftziegeln, um den ansteigenden Wohnungsmangel, der durch die innerstädtische Besiedlung entstanden war, zu mildern. Der Wohnungsbestand Rostocks Anfang des 19. Jahrhunderts setzte sich steuertechnisch aus Vollhäusern, Buden und Kellern zusammen. 1817 verzeichnete Rostock 846 Vollhäuser, 1.029 Buden und 126 Wohnkeller. Die wertvollsten privaten Gebäude der Stadt waren die Vollhäuser, mehrstöckige mittelalterliche Giebelhäuser und neuere Querhäuser aus bestem Backstein gebaut. Bei den Buden, den einfachen Wohnunterkünften, nahm man erhebliche Abstriche hin und die Kellerwohnungen wollte der Rat wegen der Gesundheitsschädigung für die Bürger ganz abschaffen. Trotzdem entspricht das damalige Wort „Bude" nicht unserer heutigen Vorstellung von notdürftiger Behausung usw. Die Buden waren in der Regel schmale einstöckige Gebäude, maximal erweitert durch den Ausbau eines Dachzimmers, zumeist mit gebrannten Ziegelsteinen oder in Fachwerk mit Ziegeln erbaut. An diesen Buden entstand aufgrund der Wohnungsnachfrage die Marktlücke für den Lehmbau. Skeptische Stimmen wurden laut und bemängelten die Qualität der Kluten im Vergleich zum festen Backstein. Hauptsächlich ging es um die Haltbarkeit der Luftsteine auf lange Sicht und, was noch viel problematischer erschien, um die Beständigkeit bei extremen Witterungseinflüssen. Doch im geschäftigen Rostock jener Jahre galt ein Sprichwort: „Wer baut, der hat nicht mehr viel vom Leben", denn es wurde schnell gebaut und das Haus sofort bezogen, das Gemäuer konnte nicht vollständig austrocknen, sodass der Bau früher oder später vom gesundheitsgefährdenden Schwamm befallen war.

Das natürliche Material der Klutenstreicher war tonhaltige Erde (Lehm), die zu ungebrannten Ziegeln oder Lehmpatzen mit Zusatz von Getreidestroh, Flachs oder Hanfstreben verarbeitet wurde. Weil das Baumaterial nicht in den Brand kam, wurde es unter der Bezeichnung Luftziegel oder ägyptische Ziegel bekannt und gehandelt. Dabei blieb die Arbeit der Klutenstreicher durchaus mit der Tätigkeit von Ziegelstreichern im herkömmlichen Ziegelbrand ähnlich, denn Kluten- wie Ziegelstreicher gaben die rohe, gepresste Ziegelmasse zum Abschluss mit Handstrich in eine Form.

Jedoch ließ sich der Lehm als Rohmaterial nicht sofort verarbeiten. Im Sommer und Herbst wurde das Rohmaterial aus den Ton- bzw. Lehmgruben gegraben, in der Betriebsstätte in ein bis zwei Schichten über der Erde gelagert und über die Winterzeit dem Frost ausgesetzt. Der Wechsel von Frost und Tauwetter sollte die Erdbrocken auflockern. Ab dem Frühjahr erfolgte das Einsumpfen des Lehms in Bassins.

Die Anfertigung der Luftsteine war mitunter ein kleines Geheimnis. Einige Meister gaben dem Lehm feinkörnigen, scharfen Sand oder grobkörnigen Kies hinzu. Auf die richtige

Mischung kam es dann an, zu viel Sand konnte den Stein brüchig machen. Gleiches galt für die pflanzlichen Zusätze beim Lehmpatzen. Das geschmeidige Rohmaterial stampfte der Klutenstreicher mit großer Kraftaufwendung in rechteckige Holzformen, sodass die entsprechende Ziegelform mit hoher Materialdichte, die die spätere Festigkeit des Steins garantierte, entstand. Überschüssiger Lehm wurde abgestrichen. Die Form wurde nach vorläufiger Abtrocknung abgezogen und der Stein zur Trocknung gegeben. Ein Klutenstreicher schaffte etwa 800 bis 1.000 Stück Luftsteine pro Tag. Die Maße der Luftsteine lagen allgemein erheblich über denen der gebrannten Ziegelsteine. Die Steine mussten dann volle zwei Jahre in einer offenen Ziegelscheune oder unter einer anderen Überdachung lagern, um vollkommen auszutrocknen. Ein Luftstein von guter Qualität zeigte im Innern die gleiche Farbe und Tönung wie äußerlich.

Bis etwa 1850-60 war der Lehmbau ein viel diskutiertes Thema unter Spezialisten. Baufachleute und Architekten setzten sich vehement für den Lehmbau ein. In den Nachrichtenblättern der Gewerbevereine wurden die Vorteile des Lehmbaus befördert. Noch im Jahr 1852 arbeiteten im Großherzogtum Mecklenburg-Schwerin insgesamt zehn Klutenstreicher, davon in der Seestadt Rostock vier Meisterbetriebe, danach wurden die Klutenstreicher zum seltenen Handwerker. Die Material-Herrschaft im Bau übernahmen wieder die traditionellen gebrannten Ziegel. Im Verbund mit Portlandzement, Stahl und Glas begann eine neue Ära des Bauens. 1899 arbeiteten in Deutschland 11.000 Ziegeleien mit 218.000 Beschäftigten, die Zahl der Arbeitsplätze wurde nur noch von den Bergwerksbetrieben übertroffen.

Nach 1945 wurde Lehm aus Kostengründen vereinzelt erneut als Baustoff eingesetzt, danach jedoch von 1950 bis 1980 überhaupt nicht mehr verwendet.

In Ostdeutschland wollte die SMAD mit Befehl Nr. 209 vom 9. September 1947 37.000 kleinbäuerische Wirtschaftsstellen im Rahmen der Bodenreform bis Ende 1948 errichten, wozu auch die Nutzung von Naturbauweisen verordnet worden war. Bis Anfang Dezember 1948 wurden in Naturbauweisen etwa 1.200 Lehm-, 5.100 Bruchstein- und 410 Holzbauten, 1.050 Holzschindel- und 50 Lehmschindeldächer errichtet. In Cottbus entstand eine Lehr- und Versuchsbaustelle für Naturbauweisen mit Außenstelle in Brieselang, in Werneuchen eine Lehr- und Beratungsstelle und im Kreis Prenzlau eine Musterbaustelle für Lehmbauweise. Ende 1949 berichtete Sachsen-Anhalt über ca. 2.000, Thüringen über 1.500 (inklusive Ställe und Scheunen), Mecklenburg über 5.000 und Brandenburg über 1.000 Lehmgebäude. Insgesamt wurden in der damaligen sowjetischen Besatzungszone rund 10.000 Lehmgebäude errichtet.

Seit etwa 1980 gilt dem Lehmbau aufgrund eines stärkeren ökologischen Bewusstseins ein neues Interesse.

Korbmacher

„Een Ackermann, een Plackermann, gaut is't doch, wenn ein'n Handwark kann, seggt de Korfmaker."

„Nicht brech', was gebogen, geflochten ich mache – so sei eine rechte Korbmachersache", so lautet ein alter Handwerkerspruch. Die Korbmacherei ist ein altes Naturhandwerk, sie erforderte die Geschicklichkeit und Kraft der Hände, einige kleinere Werkzeuge und vor allem die Kenntnisse der Naturmaterialien in Feld und Wald. Korbflechterei ist älter als die Töpferei oder die Glasbläserei. Bevor es feste Gefäße aus Ton oder Glas gab, fertigte man allerlei Flechtware aus biegsamem Stroh, Bast, Rohr oder Weide. Der älteste Fund (Flechtnachweis) stammt aus der Stein- und Bronzezeit. Mit der weiteren Ausbildung und Vervollkommnung des Gewerks entstanden nützliche und schöne Gebrauchsgegenstände. Die Korbmacher fertigten Wagenkörbe, Tragekörbe, Siebe, Mühlkörbe, Gemüse- und Obstkörbe oder Kartoffelkiepen für den Transport, zum Abmessen und zur Lagerung; sie bauten Bienenkörbe und Fischkörbe und stellten viele nützliche Dinge für den Haushalt wie Einkaufskörbe, Wäschekörbe, Flaschenkörbe, Blumenständer, Ausklopfer, Papierkörbe, Tabletts, Untersetze, oder Fahrradkörbe her. Ihre grundlegende Technik war das Flechten, das sich bis heute verfeinerte: Feinflechterei (Weidenschienentechnik), Rahmenflechterei, Eckgeflecht, Siebgeflecht, Mattengeflecht, Mischtechnik, groß- und kleingeschlagene Arbeit (Vollweidentechnik), Sondertechniken, Bauflechterei und Rohrmöbelbau.

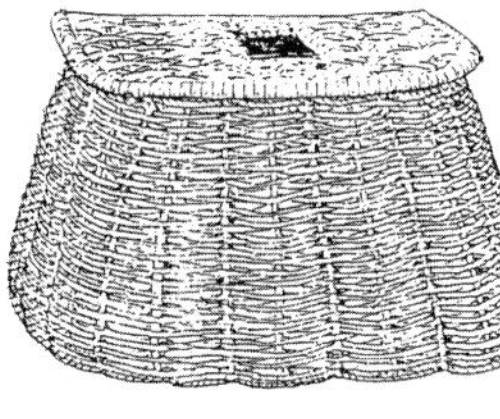

Fischkorb

Entsprechend vielfältig wurden die Korbmacher auch für andere Arbeitsbereiche gebraucht. Die Bienenzucht Mecklenburgs benötigte Bienenkörbe, die im 18. Jahrhundert zum großen Teil aus Flechtwerk gebaut wurden. Da ging mancher Auftrag an die Korbmacher, die aus Roggenstroh oder gespaltenen Weiden Behausungen für die fleißigen Immen flochten. Die Strohbienenkörbe mit Deckel und Flugloch bestanden aus leichtem Material und mussten auf einer Unterlage (Bretter) befestigt werden. Zusätzlich wurde das runde Strohgeflecht von außen und ringsherum mit Lehm bestrichen. Dagegen hielten die Körbe aus den festen Weidenruten von selbst. Die Warnemünder und Rostocker Fischer setzten in der Warnowmündung Fischkörbe aus, insbesondere auf den ziehenden Aal, die der Korbmacher „fischgerecht" für sie fertigte. Während der Kriegszeiten wurden Korbmacher z. B. bei der Artillerie beschäftigt, das waren die sogenannten Schanzkorbmacher; die gefertigten Weidenkörbe wurden mit Sand und Steinen befüllt und sollten die Mannschaft z. B. vor feindlichem Beschuss beim Ausheben eines Grabens schützen. Im historischen Küstenschutz, insbesondere beim Deichbau, diente so ein befüllter Schanzenkorb dagegen als Baumaßnahme gegen Deichdurchbrüche. Einige Erfahrung brauchte es schon für solche Flechtarbeiten.

Als Flechtmaterial verwendeten die Handwerker seit eh und je biegsame Ruten von Weiden, Linden, Reben, Hartriegel und auch der Haselnuss. Als Hauptwerkzeuge und Gerätschaften nutzten die Handwerker Weidenmesser, Pfriemen, Anstechschnitzer, Stocksäge, Hobel, Bohrer, Ahlen, Eisen zum Klopfen, Werkbrett, Weichwanne u. a. Der Weidenhobel war ein entscheidender Schritt zur Entwicklung der feinen Korbmacherei, er wurde durch den Michelauer Korbflechter Johann Puppert zu Michelau (bei Bamberg) um 1773 erfunden.

Die Weide war immer schon ein besonders geschätztes Material. Korbweide (Salix viminalis) erweist sich als sehr biegsam, zäh und dauerhaft. Sie wurde unter verschiedenen Namen bekannt wie Bandweide, Fischerweide, Grundweide, große Krebsweide, große Korbweide, Hanfweide, lange Haarweide, Spritzweide, große Flachs- oder Haarweide und Uferweide, Arintsweide, Kneyenbusch, Elbweide, Seilweide oder Wasserweide. Produkte aus Weidengeflecht schätzte die Kundschaft, weil diese langlebig und preiswert waren.

In Mecklenburg und Vorpommern gehört die Weide bis heute zur Kulturlandschaft. Als Baum, Busch oder Strauch wurde sie ab Ende des 18. Jahrhunderts beim Übergang von der kleinteiligen Dreifelderwirtschaft zur großflächigeren Koppelwirtschaft gepflanzt, sie diente als Windschutzstreifen oder als Flächengrenzmarkierung auf feuchten Flächen. Ansonsten wachsen Weiden scheinbar wild an Flussen und Bachen. Zeitweise verordnete die mecklenburgische Regierung den Bauern, aus den Weidentrieben natürliche Zäune wachsen zu lassen (Stecklingsvermehrung). Auf diese Weise sollte auf den Bauerngehöften das wertvolle Holz für die Zäune eingespart werden. Aber es gab auch Zeiten, in denen die Weide nicht geschützt wurde und auf den Fortbestand nicht Wert gelegt wurde. Die Korbmacher waren jedoch zunehmend auf eine forstwirtschaftliche Bebauung von Weidenstrauchflächen mit kurzjährigem Umtrieb in den Wäldern angewiesen. In kleineren Städten Mecklenburgs wurde mitunter das Privileg für eine Korbmacherei zugleich mit einer landwirtschaftlichen Fläche zum Weidenstrauchanbau vergeben. Die Weide wurde vielseitig genutzt, sodass das Ru-

Diese typischen Strandkörbe prägten von jeher das Bild Warnemündes, Anfang 20. Jahrhundert

tenmaterial nicht ausreichte, was sich wiederum auf den Verkaufspreis niederschlug. Die Korbmacher von Braunschweig z. B. mussten die Ruten für viel Geld aus Marsch- und Geestgebieten der Umgebung von Bremen oder hinter Hamburg einkaufen. Die Materialfrage vor Ort gibt möglicherweise auch eine Erklärung dafür, dass beispielsweise im Jahr 1818 Kopenhagen 17 und Rostock drei Korbmachereien verzeichneten, während in Hamburg die Werkstätten „der Korbmacher ganze Straßen füllten".

Für die Verarbeitung von Weide mussten einige Vorarbeiten getroffen werden. Die feinen Bindeweiden stellte der Korbmacher büschelweise in ein Wasserfass in den Keller, bis sie trieben und vollständig im Saft standen, denn dann ließ das Arbeitsmaterial sich leichter schälen. Vor Beginn der Arbeit wurden die Weidenruten erneut in Wasser eingeweicht, damit sie sich leicht biegen ließen. Für grobe Arbeiten im Sommer stellte er die Reiser acht bis zehn Tage in Wasser, für feinere Arbeiten wurden sie abgeschält und für allerfeinste Arbeiten wurden die Reiser nach dem Spalten gehobelt. Um farbige Verzierungen zu erreichen, konnten die Reiser eingefärbt werden, gewöhnlich gelb, rot, orange, blau oder grün. Damit die Farben dauerhaft blieben, erfolgte ein nachheriges Schwefeln im Schwefelkasten.

1800 arbeiteten in Rostock drei Korbmacher und 1850 vier Korbmachermeister. Von allen Rostocker Korbmachern wurde Wilhelm Bartelmann nachhaltig bekannt. Er ging mit seinem Strandkorb in die europäische Badegeschichte ein. Bartelmann hatte 1870 seinen Betrieb mit Ladengeschäft für Haushalts- und Wäschekörbe eröffnet, sein Geschäft lief gut, zunehmend versorgte er den Schweriner Hofstaat mit Korbwaren, was ihm den Titel eines „Hof-Korbmachers" einbrachte. 1882 fertigte er auf Wunsch einer adligen Dame (Elfriede Maltzahn zu Rostock) einen Strandkorb als Einsitzer an, der als Schutz vor Wind und Wetter gedacht war. Der findige Mann hatte auf die Bedürfnisse der Dame hin einen großen Wäschekorb umgewandelt. Ein Jahr später eröffnete seine Frau die erste Strandkorbvermietung in Rostock-Warnemünde. 1895 gründete Johann Heinrich Theodor Falk (1870-1953), ehedem Lehrling bei Bartelmann, seine Korbmacherei. 1906 entwickelte der Korbwaren-Fabrikant in der Wismarschen Straße Nr. 3 einen Zweisitzer, dann den Strandkorb mit verstellbarer Rückenlehne, den Halblieger und 1910 einen zweiteiligen Liegekorb, den Strandkorb von heute.

Werbung der bekannten Strandkorbfabrik Falck, 1920er Jahre

Der Siegeszug des Strandkorbs an der Nord- und Ostseeküste war nicht mehr aufzuhalten. Die erste Strandkorbfabrik entstand 1925 in Heringsdorf auf der Insel Usedom.

Der Rostocker Meister Wilhelm Bartelmann starb im Juli 1932 im Alter von 85 Jahren. Der Bombenangriff 1942 zerstörte seine Korbmacherei vollständig.

Kuchenbäcker

„Grot Rosin, seggt de Bäcker, un backt Plummen in'n Appelkoken."

Die Kuchenbäckerei und Konditorei ist eine Spezialisierung des Bäckerhandwerks, eine sehr angesehene und feine Art des Backens bereits von alters her, und weil das so war, gab es stets viel Streit und Ärger zwischen den Meistern.

1850 arbeiteten in Rostock 48 Brotbäcker und neun Kuchenbäcker bei einer Bevölkerungszahl von 22.734 Einwohnern. Im Vergleich zwischen Kuchen- und Brotbäckern ist die Anzahl der Kuchenbäcker durchaus ansehnlich. Bereits das älteste Stadtbuch von Rostock weist einzelne spezialisierte Bäckerberufe neben den Brotbäckern nach, da gab es den Schönroggenbäcker (pulchri pistores), den Semmelbäcker (semelbekere, pistorius symelarum) und Lersenbäcker (lersenbekere). Je nach

Wappen der Rostocker Bäcker

den verwendeten Rohstoffen und Zutaten unterschied man weiter Roggenbäcker, Schönroggenbäcker, Schwarzbäcker, Weißbäcker, Sauer- und Süßbäcker usw. Wohl die wichtigste historische Unterscheidung im zünftigen Bäckerhandwerk war die nach Los- und Festbäckern (auch Fastbäcker). Losbäcker verarbeiteten backtechnisch hauptsächlich Weizenmehl zu „lockerem" Weizenbrot, Semmeln und vor allem Kuchen. Festbäcker bzw. Fastbäcker dagegen verarbeiteten weißes und dunkles Mehl zu „festen" Backwaren, zu Semmeln, Roggen-, Hafer-, Gersten- oder Schrotbrot. Aus dieser Abgrenzung entstand bis zur Einführung der Gewerbefreiheit (in Mecklenburg erst 1869) ein wahrhaft zünftiger Richtungsstreit unter den deutschen Bäckern, denn schon im Mittelalter hatten die Los- und Festbäcker je eigene und konträre Zunftgesetze beschlossen.

Blick in eine mittelalterliche Backstube

Die Losbäckergesellen konnten jederzeit aus einem Meisterbetrieb austreten; die Konkurrenten, die Festbäckergesellen, hingegen mussten eine Kündigungszeit von drei Monaten einhalten. Losbackerjungen mussten eine längere Lehrzeit als Festbäckerjungen absolvieren und betrachteten sich aus diesem Grund als besser ausgebildete Bäcker. Losbäcker vereinnahmten für sich ein „geschenktes Handwerk", die Gesellen erhielten auf der zweijährigen Wanderschaft eine finanzielle Unterstützung, mit der die jungen Männer gut über die Wanderzeit kamen. Festbäckergesellen genossen diesen Vorteil nicht, denn sie gehörten zu den „ungeschenkten Gewerken", die Gesellen mussten sich während der Wanderjahre tüchtig umschauen, um einigermaßen den Lebensunterhalt zu sichern. Der Streit zwischen den Los- und Festbäckern wurde schon den jungen Leuten mitgegeben und verfestigte sich zunehmend. Beide Bäckerzünfte konnten sich nie recht einig werden und verfeindeten sich mitunter arg. Es verstieß beispielsweise gegen die Ehre eines Losbäckermeisters zu Rostock, einen Festbäckergesellen einzustellen, mitunter war dafür in den Amtsstatuten eine Disziplinarstrafe vorgesehen. Das Resultat war, das Losbäcker hauptsächlich im Süden und Südwesten Deutschlands blieben und der Norden Deutschlands sich als Standort der Festbäcker auszeichnete. Für Bäckergesellen aus Rostock war es daher ein schwieriges Unterfangen, beispielsweise nach Nürnberg zu wandern, und ein Bayer sollten sich nicht unterstehen, an die Nord- oder Ostsee zu gehen. In Niedersachsen, außer in den Reichsstädten, wurde im 18. Jahrhundert mit Gesetzen den Losbäckern der Zuzug ausdrücklich verweigert und damit den Fremden ein Berufsverbot ausgesprochen.

In Rostock ging es nicht ganz so boshaft zu. In der Seestadt sind seit dem Spätmittelalter sowohl Fest- als auch Losbäcker nachweisbar, wobei Brotbäcker die Mehrzahl ausmachten.

Streitigkeiten entstanden bei größeren Brötchen- und Kuchenbestellungen wie zu Fürstenbesuchen, Kindtaufen, Hochzeiten, Beerdigungen, Promotionsfeierlichkeiten usw. Dann pochten die Losbäcker (die Kuchenbäcker) absolut auf das Hausrecht und waren auch dem Mitbürger sehr gram, wenn er zur Familienfeier lockere Brötchen oder gar Kuchen beim Festbäcker bestellte.
In Rostock versuchte der Rat den Streit einzudämmen, indem er 1654 entschied, dass nicht gleichzeitig mehr als vier Losbäcker in der Stadt zugelassen werden durften.
Im Grunde lag es auf der Hand, die Leute brauchten hauptsächlich gutes Brot vom Fest- bzw. Fastbäcker (um im Sprachgebrauch zu bleiben) und doch mitunter einen feinen süßen Kuchen vom Losbäcker zum Nachtisch.
Wie andernorts bildeten sich auch in Rostock unter den Kuchenbäckern weitere Spezialisierungen heraus. Es gab Brezelbäcker, Fladner, Oblatenbäcker, Figurenbäcker, Kuchenbäcker, Lebzelter, Lebküchler, Pastetenbäcker, Pfefferküchler, Zuckerbäcker u. a. Meist waren das saisonale Spezialisierungen, die z. B. in der Weihnachtszeit oder zu anderen regionalen Festen betrieben wurden, um die traditionellen Sitten und Gebräuche der Leute zu bedienen. In Deutschland fiel das große Kuchenessen für die Leute auf Weihnachten, da gab es je nachdem Brezeln, Krapfen, Pfannkuchen, Wecken, Stollen, Strietz, Christbrote, Lebkuchen usw.; in England fiel dagegen das große Kuchenessen auf den Heiligen Dreikönigstag (6. Januar).
Die Bezeichnungen Fest- und Losbäcker verschwanden in Mecklenburg etwa Anfang des 19. Jahrhunderts aus dem Sprachgebrauch, man sprach nunmehr vom Brotbäcker und vom Kuchenbäcker oder vom Konditor. Noch bis vor etwa 100 Jahren (um 1907) benannte man im Amtsdeutsch des Großherzogtums Mecklenburg-Schwerin und zu Rostock die Kuchenbäcker nach ihren speziellen Produkten: Kuchenbäcker, Pfefferküchler oder Lebküchler oder eben Konditor.
Die Kuchenbäckerei erlebte dann im 19. Jahrhundert einen wirtschaftlichen Aufschwung. In diesem Jahrhundert entstanden die Konditoreien, die in typischer Weise zum Kauf und Verzehr von Kuchen und Torten bei Kaffee in gemütlicher Atmosphäre einluden. Der Süden und Südwesten Deutschlands verband Kuchen- und Tortengenuss mit dem „Glasl, dem Schoppen oder Viertl“ Wein. Die Norddeutschen bevorzugten zu den süßen Dingen einen schwarzen Kaffee oder Tee in verschiedenen Sorten. 1837 gab es in Mecklenburg 651 Bäcker und 31 Konditoren. Der Geschäftsmann las in der Konditorei auch gerne das Zeitungsblatt, um die Nachrichten und Neuigkeiten zu erfahren. Denn die Welt war inzwischen größer und moderner geworden.
Eine bekannte und überaus erfolgreiche Rostocker Konditorei wurde 1868 durch Adolf Flint in der Blücherstraße 22, neben dem Hotel „Fürst Blücher“, gegründet. 1871 verlegte man das Unternehmen in die Breite Straße 15 und 1902 zum Hopfenmarkt 16. Der Sohn des Gründers wurde Hofkonditormeister und machte mit seinen Waren die Konditorei Flint über die Stadtgrenzen Rostocks hinaus bekannt.
Im Angebot der Rostocker Konditoreien gab es bald spezielle Zuckerwaren, haltbare Biskuits, Gebäcke, Pralinen und Kekse, die seit Mitte des 19. Jahrhunderts schon fabrikmäßig erzeugt und von den Bäckern bezogen wurden. Lübeck und Königsberg lieferten Marzipan und Thorn seinen Pfefferkuchen nach Rostock. In Halle und Eilenburg wurden feine Zuckerwaren und Konfitüren produziert und aus Sachsen kamen Bonbons und Dragees an die Küste. Zu Weihnachten brachten die Dampfer fremdländische süße Waren, Schokolade, Marzipan und seltene Früchte an Land. Sie landeten oftmals in den Regalen beim Kuchenbäcker sorgfältig aufgeputzt: Früchte aus Westindien und Afrika wie Datteln, Feigen und Mangos, spanische Rosinen, Kokosnüsse, gebrannte Mandeln, Makronen, Nüsse, Pastillen, Ingwerperlen, Schokoladenplätzchen, kandierte Zimtkörner oder Zuckerbohnen. Die Schaufensterauslagen um die Weihnachtszeit waren stets belagert vom Publikum. In Zeitungsannoncen um die Jahrhundertwende wurde um die Kundschaft geworben, oftmals die genauen Liefertermine der Produkte bekannt gegeben.
Wenn auch eine bestimmte Produktpalette von den Fabriken angeboten wurde, so blieben doch die Herstellung feiner Kuchen und Torten aller Varianten weiterhin den kleinen Bäckereien vorbehalten, die durchschnittlich mit zwei bis drei Beschäftigten arbeiteten. Mit der Entwicklung des Bade- und Kurbetriebs in Warnemünde eroberten die Rostocker Konditoreien ein neues Terrain. Sie bereicherten mit Kommanditen das gesellige Leben der Badegäste und belieferten

Die bekannte Hof-Konditorei von Gustav Flint am Hopfenmarkt

Bis in DDR-Zeiten war das Café Herbst Kult

die zahlreichen Restaurants und Cafés mit ihren Waren. 1858 erwarb ein Konditormeister das Bürgerrecht. 1904 registrierte die Mecklenburgische Handwerkskammer zu Schwerin im Bäcker-Konditorgewerbe 1 Zwangsinnung mit 34 Mitgliedern, zehn freie Innungen mit 140 Mitgliedern, mit insgesamt 60 Gesellen und 94 Lehrlingen. 1908 verzeichnete das Großherzogtum drei Hofkonditoren, zu denen Fritz Gustav Flint aus Rostock zählte. Vor dem 2. Weltkrieg hatten sich die Konditoren der Region in einer gemeinsamen Innung für die Großkreise Rostock und Güstrow organisiert.
Inzwischen hat sich auch für die Konditoreien sehr vieles geändert. Heute ist wieder zu beobachten, dass es Meisterbetriebe gibt, die sehr viel Wert auf ihre spezielle Ausbildung

Konditorei Friedrich Berndt, Hopfenmarkt 26, um 1912

legen und damit das Geschäft auszeichnen. Wie auch immer, in der Kuchenbäckerei liegt eine eigene Magie für die großen und kleinen Leute, wodurch sie es in die altbekannte Sagen- und Märchenwelt oder in die Weihnachtslieder geschafft hat. Es ist der Zauber von weißem Zucker, schwarzem Kakao, süßen Rosinen, all den wunderbaren Düften, die besonders Kinderherzen höher schlagen lassen und den großen Leuten zur Oster- und Weihnachtszeit die Erinnerungen an die Kinderzeit zurückbringen.

Kürschner

Kürschner, Pelzer und Buntmacher bzw. Buntfutterer waren im Mittelalter in Mecklenburg und Pommern die typischen Bezeichnungen für das Pelz verarbeitende Handwerk. Im weiteren deutschen Sprachraum waren die Meister auch als Wild- und Grauwerker bekannt. Bereits aus dem 9. Jahrhundert ist das Wort „kursina“ im Althochdeutschen nachweisbar, was „Pelzrock“ bedeutete und aus dem Wort vermutlich die Bezeichnung „Kürsener, Kürschner“ herstammt. Nach den Sprachforschern J. und W. Grimm ist das Wort Buntmacher aus dem Schwedischen entlehnt. Die Handwerker fertigten aus rohen Fellen von Haus- und Wildtieren sehr weiche und auf jeden Fall vor Kälte schützende Pelzsachen, es entstand bestes Rau- und Rauchwerk, das sich nicht nur großer Beliebtheit erfreute, sondern gegen Wind und Kälte notwendig war. Eine Vielzahl von Kleidungsstücken wurde auf

Der Kürschner.

Wol her/ich fütter Röck vnd Schaubn/
Mach schürtzbeltz/brustthůch/Vehehaubn/
Von Zöbel/Marder/Vehe vnd Lüchsen/
Von Hermlein/Jlter/Wölff vnd Füchsn/
Von Welschen Kröpffen vnd Geißfeln/
Von Wammen/Rücken/Klaw vnd Keln/
Wer mir thut seines Geltes gönnen/
Der thut mich allzeit willig finden.

N ij Der

Maß für den Kunden zugeschneidert und auf den Märkten ein flotter Handel mit diesen Rauchwaren (Pelzen) betrieben. Die Menschen in dieser Zeit hatten ein natürliches Verhältnis zu Tieren und deren Fellen, sie wurden für den Kürschnerbedarf (Kaninchen, Lamm, Ziege) gezüchtet oder als Wildtiere erlegt; ohne dem hätte es ganze Handwerkerbereiche nicht gegeben.
Wärmendes Pelzwerk war zu allen Zeiten sehr begehrt und das Warenangebot bereits im Mittelalter breit gefächert, man unterschied in Verarbeitung und Qualität nach Tierarten, um daraus entsprechende Bekleidungsstücke zu verfertigen. In jedem Fall sollte ein Pelzwerk vor allen Wetterkapriolen schützen, denn ein harter Winter war ohne einen „echten“ Pelz kaum zu überstehen. Frau und Mann trugen deshalb „pelzene“ Röcke, Mäntel, Überwürfe, Mützen, Strümpfe, Handschuhe. Vor ungefähr 500 Jahren kam der Modeartikel Muff auf den Markt, der heute noch bekannt ist und gelegentlich auf den großen Modenschauen wieder entdeckt wird. Die Verarbeitung der Pelze war immer vielfältig, so zeigte man im Mittelalter den Pelz nicht immer nach außen, oftmals war die Haarseite nach innen gekehrt (z. B. bei Handschuhen). Selbstverständlich diente Pelzwerk als schmückender Besatz an der Kleidung, z. B. als Kapuzenverbrämungen, Ärmelbordüren bis hin zu separaten Gebrauchsgegenständen. Edles Pelzwerk kostete viel Geld und blieb in reicher Ausstattung oftmals den vornehmen Herrschaften und Bürgern vorbehalten. Doch war der Pelz auch nicht aus der Bauerntracht wegzudenken. Beispielsweise gehörte im Fürstentum Ratzeburg zur bequemen Haustracht des Mannes eine mit Pelz gefütterte Samtmütze dazu, und für draußen trug der Bauer seine Pelzmütze bzw. später die Pelzkappe. Die Bauersfrau trug dagegen pelzbesetzte Handschuhe.

Die Kürschnerei zählte aufgrund der Nachfrage in allen Städten zu dem ganz alten Handwerk. 1190 erlaubte der Wendenfürst Niklot dem 1186 von Borwin wieder aufgebauten Kloster Doberan, wenn die Brüder jährlich sechs Pfennige zahlen, auf seinem Markt zu Rostock Felle ohne Zoll frei kaufen und verkaufen zu können. Vom Privileg profitierten u. a. auch die Klosterhandwerker, namentlich die Kürschner und Schuster.
Rostocker Kürschner sind von 1250-1288 zahlreich vertreten, sie wurden 21-mal als pellifices (lat.) in den ältesten Stadtbüchern genannt. Auch über Felle gibt es erste Aufzeichnungen, die vermutlich aus dem Norden und Osten eingeführt wurden. Einmal sind Zobelfelle erwähnt. Nach dem Kämmereiregister verfügten die Kürschner hier über Verkaufsplätze auf dem Markt, für die sie jährlich eine Abgabe von neun Mark an den Rat zu entrichten hatten. Der Fellverkauf war nur den Kürschnern, Pelzern und Buntmachern gestattet. Kein Händler oder Hausierer, durfte es wagen Pelzwerk an den Mann oder an die Frau zu bringen, es sei denn, es war ihnen von den Pelzern der Stadt vertraglich erlaubt worden.
Aufgrund des florierenden Bedarfs an Pelzwerk organisierten sich die Handwerker frühzeitig in Zünften oder Ämtern. Die älteste Kürschnerzunft wurde 1160 im französischen Rouen errichtet. Auf 1226 ist der Stiftungsbrief der Baseler Kürschner datiert; 1273 bildeten die Kürschner von Breslau, 1277 in Braunschweig und 1280 in Berlin eine Zunft. In Rostock ist die Kürschnerzunft bzw. das Amt der „kortzewerteren“ erstmals 1393 erwähnt worden, es bestand vermutlich schon einige Jahrzehnte vorher. Um 1400 trat eine Altpelzerzunft auf, von der aber etwa 50 Jahre später nichts mehr zu hören ist. Zur Stadtverteidigung hatte dieses Handwerksamt im 15. Jahrhundert 20 Bewaffnete zu stellen. Die älteste, erhaltene Amtsrolle im Stadtarchiv Rostock stammt von 1568, in den Jahren 1639, 1663, 1686 wurde sie mit Zusätzen erneuert. Gelegentlich gab es gemeinsame Ämter zwischen Kürschnern und Gerbern, Handschuhmachern, Sattlern oder Schustern, da alle Gewerke Leder verarbeiteten. Die verschiedenen Zusammenschlüsse hingen oft von der Anzahl der Meister in den Gewerken ab. Die hansischen Kürschner des deutschen Nordens achteten streng auf die gebietsmäßige Zugehörigkeit. 1540 vereinbarten sie, schwedische, dänische, „un-

deutsche oder kulitzen (slawische)" Jungen von Lehre und Amt auszuschließen.

Mitunter machte die Verwendung und Verarbeitung von einfarbigen oder mehrfarbigen (bunten) Haustier- oder Wildtierfellen die Unterscheidung zwischen Kürschnern, Pelzern und Buntmachern aus, was auf eine Spezialisierung im Häuteaufkauf und der Arbeitsverwendung schließen lässt. Im Verlauf des 18. Jahrhunderts verlor sich die Berufsbezeichnung Buntmacher und es gab in Rostock einmütig Kürschner und Pelzer. Um 1800 arbeiteten in der Seestadt neun Kürschner- und drei Pelzermeister.

Die Lehrzeit bei den Kürschnern betrug drei bis fünf Jahre. Das erworbene berufliche Wissen, die Fähigkeiten und das Können standen zum einen dem Gerberberuf sehr nahe, denn Pelzer und Kürschner mussten rohe Felle verarbeiten und waren andererseits durch die spezielle Verarbeitung nicht weit entfernt vom Schneiderberuf. Denn Kürschner schnitten ihre Felle maßgenau zu und vernähten sie mit entsprechenden Arbeitsgerätschaften, die entsprechend dem ledernen Material viel härter und grober sein mussten.

So glichen die ersten Arbeitsgänge beim Kürschner denen des Gerbers. Das Fell wurde dem Tier so abgezogen, dass der Balg erhalten blieb. Fleisch- und Fettreste wurden mechanisch entfernt, um ein sauberes Material zu erhalten, danach das Fell gewalkt, getrocknet und kurzzeitig gegerbt. Dann kam die Haarseite an die Reihe, sie wurde tüchtig gekammt und danach wurde das Fell in einer Tonne mit Wärme behandelt. Mitunter erfolgte abschließend das Färben bzw. Blenden der Pelze. Dies geschah, um ein farbiges Fell oder einen gebleichten Farbton zu erhalten oder um gar kostbare Edelfelle zu imitieren. Preiswerte Marderfelle erhielten so das Aussehen von begehrten russischen Zobelfellen. Die Meister kannten so manchen technischen Kniff, um ihre Felle zu veredeln, was bisweilen auf Kosten der Käufer ging und streng bestraft wurde, wenn es zur Beschwerde vor dem Rat kam. Mit den abgeschlossenen Arbeitsgangen entstanden die sogenannten Rauchwaren, die rohen und fertig zugerichteten Felle, die nun erst weiterverarbeitet wurden. Zugleich war hiermit aber die gröbste, dreckigste und lauteste Arbeit beendet.

Als Meisterstück wurde vom Gesellen verlangt: erstens je einen Frauen- und Männermantel mit Pelzwerk zu füttern, zweitens eine Mütze gleichfalls mit Pelz zu füttern sowie mit einem „Gebräme" aus Pelz zu verzieren, und zum Dritten eine „Palatine" aus Marderfell herzustellen.

Die Rostocker Stadtbürger hatten mit dem Handwerk der Kürschner mitunter einigen Ärger. Wie die Loh- und Weißgerbereien verbreiteten die Pelz-Betriebe besonders im Sommer unangenehmen Geruch. Der Rat ließ deshalb die Fertigung nur am Stadtrand zu. Trotzdem zählten die Rostocker Fellproduzenten zu den wohlhabenden und angesehenen Bürgern. Meister aus ihrem Gewerk wurden auch in das Hundertmännerkollegium gewählt.

1692 zog der junge Hamburger Kürschnerhandwerker Hinrich Krahnstöver nach Rostock und erwarb ein Wohnhaus in der heutigen Kröpeliner Straße 93. Die aus der Familie stammenden Meister bekleideten die Ämter der Altermänner bei den Kürschnern und Buntfutterern. In der St. Marienkirche erinnert ein Grabstein an Hinrich und seinen Enkel, den Kürschnermeister Johann Andreas Krahnstöver. Das Kürschnerhandwerk wurde in der Familie über viele Generationen weitergegeben, aber auch andere Gewerke waren in der Familie vertreten. Insgesamt lebte die Familie über sieben Generationen in der Hansestadt und spielte eine bedeutende Rolle in der Wirtschaft Rostocks.

1872 arbeiteten in Rostock 12 Kürschnermeister. 1907 gab es im Großherzogtum Mecklenburg-Schwerin insgesamt 67 Gewerkbetriebe der Kürschnerei und Pelzwarenzurichtung mit 143 Beschäftigten. Nach wie vor wurden die besten Felle für die Kürschnerei aus östlichen Ländern, aus dem Zobel-Land Russland, importiert. Auf den Rauchwarenaktionen des 19. Jahrhunderts erlangten bereits Bisam und Sumpfbiber eine große Rolle. In Leipzig oder Frankfurt/Oder handelte man Nordamerikas Waschbärfelle. In seiner Heimat nahm er 1875 Platz drei innerhalb des Pelzaufkommens ein und sein Pelz erreichte später auch Mecklenburg. Das kurze Fellhaar wirkte ebenmäßig und fiel durch seinen Glanz ins Auge. Aus seinem Balg wurden hauptsächlich Jacken und Mäntel gefertigt. Aus dem Grannenhaar konnten zudem Pinsel und aus dem Unterhaar Hüte hergestellt werden. Der Waschbär wurde nach 1945 im Nordosten heimisch. Mit dem Marderhund gibt es inzwischen einen zweiten „pelziger Neubürger"

und heimischen Pelzlieferanten. Die vorhandene Waschbären- und Marderhundstrecke in Deutschland wird auf etwa 70.000 Stück geschätzt. Der Marderhund aus Ostasien, der vor 80 Jahren in Osteuropa einwanderte und nun weiter westwärts zog, unterliegt der Fellqualität des Waschbären. Der Marderhund besitzt ein ungewöhnlich langes, zuweilen mähnenartiges und dichtes Haarkleid, er trägt zu dick auf und ist deshalb für Jacken und Mäntel weniger geeignet. Doch für wärmende Kragen, Kapuzenverbrämungen und ähnliche Einfassungen benutzten ihn die Kürschner vorzüglich.
Der Mensch hat sein Verhältnis zu Tieren im Laufe der Jahrhunderte sehr gewandelt, sie sind lange nicht mehr lebensnotwendiger Teil seines kulturellen Alltags, was durchaus widersprüchlich bemerkt wird. Denn verschiedenste Arten tierischer Mitbewohner auf dieser Erde wurden durch die menschliche Gier nach Luxus bereits ausgerottet.

Lohgerber

„Bäter Lohkäs, as gorkeen Käs."

(Die verbrauchte Eichenrinde = Lohe, wurde in Formen getreten – „Lohkäs", getrocknet und als Brennmaterial genutzt bzw. verkauft. – Anm. d. Red.)

Lohgerber, die auch Rotgerber genannt wurden, gehörten zum Leder erzeugendem Gewerbe. Die Lohgerber unterschieden sich hauptsächlich von den Weißgerbern durch die verwendeten Tierhäute und die speziellen Gerbverfahren. Ein Lohgerber verarbeitete große und schwere Häute vom Schwein und Rind nach vegetabilischer (pflanzlicher) Gerbung, mit Hilfe der Lohe (Eichen- oder Tannenrinde), um strapazierfähiges Leder für allerlei Alltagsgegenstände weiterverarbeiten zu lassen. Beutler, Handschuhmacher, Hutmacher, Riemer, Sattler und Schuhmacher verfertigten daraus vielfältige Lederwaren, die praktisch waren und später genauso modisch sein sollten.
Das Lohgerberhandwerk war in Rostock seit Beginn der Stadtgeschichte bis weit nach 1900 durchgängig präsent. Kein Wunder, denn von der Gerberei lebten und profitierten nicht nur die direkten Lederproduzenten. Beispielsweise benötigten die Gerbereien große Mengen von bester Eichen- oder Tannenrinde zur Zubereitung der Lohe, die den Gerbprozess in Gang setzte. Um etwa einen Zentner Leder herzustellen, wurden vier bis fünf Zentner Lohe benötigt. Die hochwertige Eichenrinde war besonders begehrt und wurde daher eine wertvolle und gut bezahlte Handelsware, aus den einheimischen Wäldern schaffte man große Mengen der begehrten Eichenrinde nach Rostock und Hamburg. Am „Altstädter Schilde" (heute Am Wendländer Schilde) vor der St. Nikolaikirche in Rostock wurden für die Gerbereien zentrale Lohmärkte abgehalten (spätestens 1599 bezeugt und als Platzbestimmung geführt). Der hohe Rindenbedarf beeinflusste die Land- und Forstwirtschaft nicht günstig, was gebietsweise auch zum Baum- und Waldsterben führen konnte, wenn nicht zielstrebig Schälwaldkulturen eingesetzt wurden. Ein kritischer mecklenburgischer Zeitgenosse bemerkte Ende des 18. Jahrhunderts wohl zutreffend, dass Rostock und Boizenburg (Verkauf nach Hamburg) durch den massiven Loheverkauf den Mecklenburgern die Wälder raubten.
Die Herstellung der Lohe in großen Bottichen gehörte bereits zum Arbeitsprozess der Gerber und erforderte eigene Rezepturen, die sich von Meister zu Meister wohl verschieden. Jedoch kam allen gleich, dass die Eichenrinde zum Gebrauch fein gemahlen sein musste, also waren auch Mühlenbetreiber gefragte Partner. In neuerer Zeit bemühten sich Mechaniker, Techniker und Chemiker um Verbesserungen bei der Loheherstellung. Durch die zunehmende Mechanisierung konnte sie vereinfacht und die dafür gebrauchte Zeit verkürzt werden, jedoch blieb die Gefahr der Gesundheitsschädigung.
1796 arbeiteten im Herzogtum Mecklenburg-Schwerin 94 Lohgerber, davon allein in Rostock 60 Meister. Große Lohmühlen zum Mahlen der Eichenrinde mit rotierenden Steinen wurden in Rostock, Neubrandenburg und Woldegk betrieben. Für das Jahr 1800 sind in Rostock 47 Lohgerber und zwei Lohmühlen aufgeführt. Im Jahr 1817 zählte man in den Städten von Mecklenburg-Schwerin zusammen 104 Rotgerber, wovon wieder allein auf Rostock 48 Meister kamen.
Die Geschichte der Loh- bzw. Rotgerber in der Seestadt Rostock ist lang. Erstmals wird das Gewerk mit insgesamt acht Meistern im Stadtbuch von 1254-1274 genannt. Bei der Handwerkerrevolte gegen den Rat von 1312 hatten auch die Gerber ein handfestes Wörtchen mitzureden. In der

Sogenannte Kundschaft (eine Art Auskunft/Legitimation/Weiterempfehlung) für den aus Leipzig stammenden Gesellen Johann Benjamin Nauman, 1799

St. Nikolaikirche ließen sich die Gerber im ersten Viertel des 15. Jahrhunderts für ihre religiösen Bedürfnisse eine Kapelle erbauen (Gerberkapelle/Nordsakristei). Für die Bezahlung der Pfarrdienste zahlte jeder Meister das „Predigtstuhlgeld". Für die Amtsgeschäfte, für Geselligkeit und Unterhaltung unterhielten die Gerber nachweisbar seit 1429/30 einen Schütting (Gemeinschaftshaus) im Gerberbruch, der als Gaststätte bis in das 20. Jahrhundert hinein existierte. Um 1583 verzeichnete das Amt etwa 20 Meisterbetriebe.

1594/95 zählten die Rotgerber durchaus zu den bessergestellten und angesehenen Handwerksmeistern. Bei der Erhebung der Steuerzahlung vom „Hundertsten Pfennig", einer Abgabe von immobilem Vermögen, rangierten sie in der Steuerhöhe nach der Gruppe von Ratsherren, Pastoren, Professoren, Kaufleuten und Bierbrauern, aber verglichen mit anderen Handwerkern wie Böttchern, Bäckern oder Gewandschneidern, entrichteten sie die zweithöchste Steuer.
Die Grundmittel einer Gerberei besaßen einen hohen finan-

ziellen Wert, sodass danach gestrebt wurde, die handwerklichen Traditionen in der Familie zu behalten. Berufsweitergabe und Betriebsübergabe erfolgten hauptsächlich an den Meistersohn, womit zugleich lange gesammelte Erfahrungen unter dem Siegel der Verschwiegenheit vom Vater auf den Sohn weitergegeben wurden. Während dem Meistersohn freie Heiratswahl zustand, mussten die Gesellen des Gerberamts die ledigen Amtstöchter und freien Witwen vom Fleck weg heiraten. Erst dann konnten nachrückende junge Männer über das Amt hinaus freien. Nur in wenigen Handwerken lassen sich lineare Handwerkerdynastien und familienbetriebene Traditionen so stark nachweisen wie bei den Gerbern.
1577 kam der Gerber Joel Schulte ins Rostocker Amt und heiratete die Tochter eines Handwerksgenossen, wie später ebenso sein Sohn Zacharias ein Gerbermädel freite und danach eine Enkelin wieder mit einem Gerber verheiratet war. Von seinen Urenkelkindern war ein Zacharias mindestens in zweiter Ehe mit einer Gerbertochter verheiratet, von ihren sieben verheirateten Kindern blieben mindestens fünf Kinder bei Verheiratung in der Gerbertradition.
Sehr wichtig in der Gerberarbeit waren gute, heile Tierhäute, ohne Löcher oder sonstige Beschädigungen. Das Aussuchen und der Aufkauf der qualitativ besten Felle z. B. vom Knochenhauer, aber auch vom Abdecker, wurden sehr gründlich besorgt. Mitunter gab es zu den Märkten Vorkaufsregelungen für Gerber, sodass ihnen die Häute zuerst angeboten werden mussten. Doch nicht immer hielt man sich daran. Frühzeitig wurden schon rohe Tierhäute aus dem Norden und östlichen Ländern per Schiff eingeführt. In der Rostocker Schifffahrtsliste aus dem Jahr 1785 wurde gelistet, dass innerhalb eines Jahres in Rostock sieben Schiffe voll beladen mit Leder angekommen waren. Die grünen Häute wurden in der Regel in Ballen und noch mit Hornzapfen und Klauen geliefert. Ende des 19. Jahrhunderts lieferte sogar China ungegerbte Tierhäute nach Norddeutschland, wodurch eine Gefahr der Ansteckung mit Milzbrandkeimen für die Gerber entstand, da chinesische Lieferungen durch die Länge der Transportwege mitunter in mangelhaftem hygienischen Zustand ankamen. Über den Schutz und Umgang mit rohen Tierhäuten und Fellen gab es strenge Verordnungen, um die Gesundheit der Arbeitskräfte zu schützen, dazu gehörten regelmäßige Kontrollen der Gerbereien durch städtische Beamte.

Blick in den Rostocker Gerberbruch, um 1910

Lohgerber arbeiteten auf eigenen Gerberhöfen, sämtliche zweckmäßige Räumlichkeiten für Arbeiten und Wohnen lagen beieinander. Zum Reinigen der großen Felle wurde fließendes Wasser benötigt, so lagen die Werkstätten an Bächen oder Flüssen und, wenn nicht vorhanden, zumindest an Teichen. In manch anderer Stadt kam es vor, dass aus diesem Grund eine anständige Ledergerberei nicht angelegt werden konnte. Der Gerberbruch in Rostocks Altstadt wurde als Platz oder Gebiet (pallus cerdonum) 1289 erstmals erwähnt, er bot den Gerbern beste Arbeitsbedingungen. Das Territorium grenzte – wie der Fischerbruch im Osten – fast an die Warnow, ein Seitenarm durchfloss das Gebiet und insgesamt war der Flecken außerhalb der Stadtmauern gelegen. Der von der Siedlung entlegene Standort war schon wichtig für das Zusammenleben mit den Stadtbürgern, denn das Gerberhandwerk brachte eine unangenehme Geruchsbelästigung mit sich, was oftmals für tüchtigen Ärger in der Umgebung sorgte. Obgleich die Stadtobrigkeit bei der Platzauswahl stets weitsichtig handelte und viele Aspekte berücksichtigte, z. B. Himmelsrichtung, vorherrschende Windrichtung, Lage und Benutzung am Wasser, Schutzvorrichtungen etc., gab es mitunter dennoch Unfrieden mit den Mitbürgern und auch zwischen den einzelnen Gewerken. Doch die Gerber verstanden das Handwerk und ließen sich nicht einfach verdrängen. Durch die Ansiedlung mehrerer Gerberhöfe entstand im 13. Jahrhundert die Straße Gerberbruch, mit einem Zugang in die geschützte Stadt durch das „Garber Dohr“ (Gerber -Tor).

Als die Stadtväter 1804 Rostocks Straßen neu verzeichnen ließen, entstand eine weitere nach Gerbern benannte Straße, man erteilte der bis dahin verschiedentlich bezeichneten Verbindungsstraße östlich der Stadtmauer zwischen Gerber- und Küterbruch die Bezeichnung Lohgerberstraße.

Ansicht vom „Lohgerberhof", Gemälde von Elisabeth Schmidt im Kulturhistorischen Museum Rostock

Der Arbeitsprozess für den Lohgerber war körperlich anstrengend und musste gut durchorganisiert sein. Zunächst wurden gebündelte Felle über mehrere Tage in das Wasser hineingehängt, das tat der Gerberknecht. Entweder hing das Bündel am Steg oder am Floß oder gleich vorne am Ufer. Die Wasserströmung spülte Knochensplitter, Blut und Schlachtreste ab. Band aber der Knecht seine Bündel nicht fest genug, konnten ihm schon mal die Felle davonschwimmen. Bei schlechten Anlagen stand er dabei auch mit den Beinen im kalten Wasser, sodass regelmäßige Erkältungen und rheumatische Krankheiten auf Dauer nicht ausblieben und die Gesundheit schnell ruinierten.

Nach der Grobreinigung im Wasser begann die mechanische Reinigung der Häute. Bei kühler Witterung und im Winter war die Arbeit am Wasser außerordentlich hart und im Sommer gaben die Häute und Abfälle einen unausstehlichen Gestank ab. Mit einem Scherdegen wurden erst die Haare entfernt und gesammelt. Denn mit den Borsten ließ sich ein gutes Geschäft mit den Filzmachern bewerkstelligen. Danach kamen die Häute in eine Schwitzkammer, wo durch die Wärme eines Schwelfeuers die Reste von Fleisch, Talg und Fett in Gärung gerieten, und anschließend der Gerbknecht wieder mit dem Scherdegen letzte Rückstände abschabte. Die Abfälle wurden anfangs im Fluss belassen, das ging aber nur so lange gut, bis sich die Bürger wieder und wieder über das verschmutzte Warnowwasser beim Rat beschwerten.

Blick in den Grubenhof der Gerberei Lemmerich Anfang der 1930er Jahre

Nach dem ausführlichen Reinigen erfolgte die eigentliche Gerbung, wobei die Felle nach spezieller Art gar gemacht wurden. Die Gerbknechte legten die gereinigten Häute in eine Grube (Lohgrube), die inzwischen mit Gerberlohe gefüllt war. Vermutlich gab auch die rotfarbene Lohe diesem Berufsstand seinen

Namen. Die Gerberlohe bestand aus im Wasser eingeweichter, fein gemahlener Eichenrinde, diese Rinde enthielt den wichtigen Gerbstoff Tannin zur Bildung der Gerbsäure. In dieser Mischung, die zwei bis drei-mal erneuert wurde, lagerten die Häute sechs Monate lang. Bei überaus großen und schweren Kuh- und Ochsenhäuten, war eine Gerbzeit von bis zu drei Jahren auch keine Seltenheit. Dazu war schon ein größeres Betriebskapital erforderlich. Nach der Gerbung wurden die Häute erneut gewaschen, darauf getrocknet und gewalkt und erst zum Schluss entfernte man die Hornzapfen und Klauen und brachte das Leder in Form. Um ein gutes festes Leder zu erhalten wurden die Arbeitsschritte oftmals wiederholt, bis die entsprechende Qualität erreicht war. Das fertige Leder wurde auf Märkten der Umgebung oder darüber hinaus weiterverkauft.
1858 erwarben zwei Lohgerbergesellen das Bürgerrecht. 1872 arbeiteten in Rostock 51 Lohgerbermeister. Nach Einführung der Gewerbefreiheit 1869 gründete sich das Lohgerber-Amt per 22. Oktober 1887 zu Rostock neu.

Maurer

„Ik mütt Hülp hebben, säd' de Murer, de Koem is all."

Historische Steinbauten sind heute unwiederbringliche Quellen der kulturellen Stadtgeschichte und bilden mithin ein steinernes Gedächtnis vergangener Zeiten. Aber die ersten Bauten

Die Steine wurden oftmals mittels Lastkahn auf der Warnow herangebracht und von hier auf Wagen geladen

waren vermutlich aus Holz in der Block- und Fachwerkbauweise entstanden. Für den mittelalterlichen Steinbau entstanden als Baubetriebe im Süden Deutschlands aufgrund des natürlichen Steinmaterials (Sandstein, Granit) die Bauhütten und das Steinmetzhandwerk. Hier im Norden war natürliches Steinmaterial (Granit) knapp, es mussten Ziegel gebrannt werden und mit der neuen Backsteinbauweise setzte sich das Gewerk der Maurer durch. Die ältesten Stadtbücher von Rostock weisen zwei Maurermeister im 13. Jahrhundert auf, in jener Zeit herrschte aber sicher noch der Holzbau vor. Etwa ab dem 14./15. Jahrhundert errang der Steinbau in Rostock sowohl für die Errichtung privater Bürgerhäuser als auch im städtischen Kommunalbau die Oberhand.
Bereits im 13. Jahrhundert gab es Anzeichen über einen gewissen Wohlstand im Rostocker Maurergewerbe. Ein gewisser Maurermeister Borchard besaß um 1260 einen ansehnlichen Grundbesitz innerhalb und außerhalb der Stadtmauern. In diesen frühen Zeiten setzten die Meister nicht nur Gebäude auf, sie handelten auch mit allen notwendigen Baumaterialien. Die frühen Maurermeister waren daher tätig wie umsichtige Bauunternehmer. Alte Rechnungen belegen große Ziegellieferungen, die sie für den städtischen Rat oder für Privatleute arrangierten. Erwähnt werden der Empfang der Ziegel und die dafür bezahlte Summe, ebenso eine ausgestellte Rechnung für das Wegschaffen von Ziegelsteinen. Im 15. Jahrhundert bildeten die „Murleute", wie sie auch genannt wurden, ein eigenes Amt und stellten für die Stadtverteidigung 10 Bewaffnete. Die erste, erhaltene Amtsrolle der Maurer stammt von 1530.
Augenscheinlich ist, dass nach den Maurern in Rostock im Unterschied zu den Bäckern, Böttchern, Goldschmieden, Malern oder Weißgerbern keine Straße benannt wurde. Der Grund liegt wohl darin, dass Maurermeister in oder bei ihrem Wohnhaus in der Regel keine Werkstatt führten. Der Wohnsitz des Meisters erwies sich als unbedeutend für das zu führende Handwerk. Gearbeitet wurde nach Aufträgen auf den wechselnden Baustellen, wo sich verschiedene Bauhandwerke zusammenfanden und wo selbst die Ziegel gebrannt und der Kalk gelöscht wurden. Bei den Maurern wie bei den Zimmerleuten entstanden bereits im Spätmittelalter großbetriebliche Formen der Arbeitsorganisation. Gegenüber anderen Gewer-

ken konnten deshalb die Maurermeister auch bei der Anzahl der eingestellten Gesellen und Lehrlinge großzügiger verfahren. Die Vielzahl der Gesellen und Lehrlinge sowie Hilfskräfte auf einem Bauplatz und das Vorherrschen des Geldlohns verlangten vom Meister eine exakte Arbeitsplanung und allgemein ein sehr geschicktes Unternehmertum. Bei der Lohnzahlung ließ man dem Meister keine freie Hand, dafür galt die vom Amt und vom Rat verfasste Maurerlohntaxe.

Die Maurerarbeit war im Grunde vielseitig, einerseits wurde teilweise in der Gruppe gearbeitet und andererseits wurden zeitlich parallele Arbeiten ausgeführt. Die Gesellen mussten kooperativ, solidarisch und mit wachsamem Auge zu Werke gehen, um einen Unfall zu vermeiden. Neben den Gesellen und Lehrlingen leisteten Hilfskräfte wie Mörtelrührer, Sandschipper, Steinträger und Tagelöhner Arbeit. In einigen Regionen war die körperlich schwere Arbeit auf dem Bau nicht ausschließlich Männerarbeit. In schlesischen, bayrischen und sächsischen Gebieten wurden bis ins späte 19. Jahrhundert auch Frauen zum Kalk- und Ziegelsteintragen eingestellt.

Die spätmittelalterliche und auch noch frühneuzeitliche Maurerarbeit war fachmännisch präzise und äußerst gediegen, das ist sicher ein Grund, weshalb sich bis heute gotische Bauwerke in Backstein erhalten haben. In der Regel wurde ein Bauwerk nur selten von außen verputzt, mitunter auch nicht von innen, was insbesondere bei den mächtigen Kirchenbauten der Fall war. Die norddeutsche Backsteingotik zeichnet sich eben durch die Sichtbarkeit des Ziegelwerks aus, was eine sorgfältige Stein-auf-Stein-Verbindung voraussetzte. Andererseits nahm diese Arbeitsweise eine sehr lange Arbeitszeit in Anspruch, die nicht selten über Generationen von Bauleuten hinweg andauerte.

Der gotische Ziegelverband gibt dem Mauerwerk ein harmonisches Aussehen, in jeder Ziegelschicht wechseln regelmäßig Läufer und Binder so miteinander, dass der Binder einer Schicht auf die Mitte des Läufers in der nächst unteren und oberen Schicht gesetzt wird. Um teures Backsteinmaterial zu sparen, verfüllte man den Kern der bis zu 60 Zentimeter dicken Mauern mit Bruchsteinen oder Gusswerk (wie mit Beton) aus. Ein Maurerhammer gehörte noch nicht zu den wichtigen Werkzeugen der Gesellen, denn die Ziegel wurden noch nicht zerschlagen, um kleinteiliges Material zu erhalten. Eck-, Quartier-, Form- und Ziersteine wurden maßgerecht beim Ziegelmeister bestellt, denn jegliche Ziegel wurden, wie benötigt, eigens geformt, in ihrer Gestalt gebrannt und die schönsten noch glasiert. Die Gesellen mauerten mit zähem Mörtel, damit keine Reste auf die fertiggestellten Steinflächen fielen, sie etwa verunreinigten und kalkige Flecke hinterließen. Die Fugenarbeiten wurden sobald als möglich verrichtet, damit sich der Fugenzement mit dem noch nicht abgebundenen Mörtel verbinden konnte. Auf diese Weise wurden sowohl Ziegel als auch Mörtellage vor dem Eindringen von Feuchtigkeit geschützt. Das waren nur einige Arbeitsprinzipien, die auf die Ewigkeit und Schönheit des Mauerwerks großen Einfluss hatten, die aber bereits ab Mitte des 19. Jahrhunderts langst der Vergangenheit angehörten.

Schon der Maurerlehrling verdiente sich in der etwa dreijährigen Lehrzeit nicht leicht sein Brot. Aufgrund der harten körperlichen Arbeit lag das Eintrittsalter der Lehrjungen deutlich höher als bei anderen Handwerken. Die Arbeit im Freien, gleich zu welchen Witterungsbedingungen und noch dazu auf hohen Holzgerüsten, erforderte von den Jungen manche körperliche Überwindung. Ebenso wie die Gesellen erhielten die Lehrjungen Lohn und wohnten auch nicht beim Meister. Der Umgangston und die Sprache auf dem Bau waren vermutlich rauer als in einer warmen Werkstatt. Noch Anfang des 19. Jahrhunderts wurde verordnet: „Ein jeder Meister soll seinen Lehrjungen gewissenhaft mit allem Fleiß und gründlich unterrichten und mit demselben christlich und vernünftig umgehen, nicht aber mit unverdienten oder auch übermäßigen Schlägen und anderem unchristlichen Bezeigen demselben zusetzen und dadurch die Lehr-Jahre zu verlaufen gleichsam nötigen, noch auch solche Jungen mit übermäßigen Haus- und Handarbeiten, also dass sie dadurch an der tüchtigen Erlernung des Handwerks gehindert werden, belegen […].“

Nach erfolgreich abgeschlossener Lehre, zu der auch eine Prüfung im Lesen, Schreiben und Katechismus gehörte, begab sich der Geselle auf die Wanderschaft, um dann als Polier arbeiten zu dürfen. Die Maurerwanderjahre waren von besonderer Bedeutung für die persönliche Erfahrung im Baugewerk. Mehr noch als in jedem anderen Beruf konnte ein Geselle anhand von regionalen Baustilen so viel Neues und

Beim Bau der Füsilier-Kaserne in der Ulmenstraße

Modernes an Baumaterialien und Methoden erfahren. Um 1840 wurden den Maurergesellen als vorzügliche Wanderorte die Städte Berlin, Dresden, Karlsruhe, Kassel, Hannover, Stuttgart und Wien empfohlen; das waren lebendige Städte, die rasant wuchsen und in denen bereits alter und neuer Baustil aufeinandertrafen.

Um 1800 arbeiteten in Rostock vier Maurermeister (die Stadt zählte 615 Wohnhäuser), 1850 waren es sieben Maurermeister, grob geschätzt arbeitete jeder Maurermeister mit 20 bis 25 Gesellen. Arbeitsbeginn war im Sommer zwischen vier und fünf Uhr und Arbeitsende zwischen 18 und 19 Uhr. Mit drei Pausen arbeitete man 11 bis 13 Stunden an den Sommertagen. Im Winter reduzierte sich die Arbeitszeit auf sieben Stunden, wenn überhaupt aufgrund der Witterung gearbeitet werden konnte. Wenngleich die Maurergesellen und späteren Gewerkmeister nicht die Stellung eines ausgebildeten Baumeisters einnehmen konnten, wurden doch an die Besten dieses Handwerks hohe Anforderungen gestellt, damit ein Gebäude solide und schön zum Stehen kam. Deshalb wurde Ende des 18. Jahrhunderts das noch zumeist zünftige Bauhandwerk in den Ländern und bei den Stadtverwaltungen unter Polizeiaufsicht bzw. unter baupolizeiliche Aufsicht gestellt. Ab 1805 sollten im Herzogtum Mecklenburg-Schwerin nur noch Maurer- und Zimmermeister gewerblich tätig sein können, die vom Bau-Kondukteur Severin zu Schwerin geprüft wurden. 1810 waren im Herzogtum vier Landbaumeister prüfungsberechtigt: Severin in Schwerin, Haase in Wismar, Barcha in Ludwigslust, Brandt in Güstrow und Wünsch in Wittenburg. Auch die Stadt Rostock verabschiedete in dieser Zeit die erste Polizeiordnung, die notwendige Bauvorschriften enthielt und somit Konsequenzen für das Bauen brachte. Entgegen anderen Handwerken wurde beispielsweise die Meisterprüfung eines Gesellen vom herkömmlichen Zunftgeschehen getrennt. Der zugelassene Geselle musste als Erstes vor einer Prüfungskommission, die sich aus dem Stadtbaumeister bzw. Stadtbaudirektor und erfahrenen Gewerkmeistern zusammensetzte, sein vorhandenes Fachwissen nachweisen. Gefragt wurde nach Baugrunduntersuchungen, Baustilen, Mauerverbänden, Gewölbearten, Schornsteinröhren, Ziegelsteinarten, Mörtel oder Zement. Erstellt werden sollte dann eine Zeichnung von einem Gebäudeteil mit Kostenvoranschlag. Als zweite Hürde kam der schwierigste Teil an die Reihe. Vom Anwärter wurde verlangt, einen Musterbau auf eigene Rechnung und Gefahr zu errichten. Der Stadtbaumeister übernahm während dieser Zeit die Baubetreuung. War das Meisterstück fertiggestellt, so wurde eine sorgfältige Entscheidung durch die Prüfungskommission getroffen.

Für den Bau und die Instandhaltung von öffentlichen Bauten (Ballhaus, Komödienhaus, Mühlen, Rathaus, Scharren, Stadttore, Wachhäuser) der Stadt Rostock hielt sich der Rat schon seit alten Zeiten einen besoldeten Rats-Maurermeister,

seit Ende des 18. Jahrhunderts waren Baumeister und der Bauschreiber in dieser Verantwortung. Beiden „Angestellen" des Rats standen mit dem Baumeisterhaus und dem Bauschreiberhaus städtische Gebäude zur eigenen Nutzung gegen Miete zur Verfügung.
Die Städte Rostock, Schwerin und Wismar verzeichneten nach 1830 mit wachsender Einwohnerzahl, mit gestiegener repräsentativer und wirtschaftlicher Kompetenz ein großes Baugeschehen. Um dem erhöhten Bauhandwerkerbedarf entgegenzukommen, ordnete die Regierung unter Friedrich Franz I. 1840 für die mecklenburgischen Maurer- und Zimmergesellen an, dass für sie auch die einheimischen Städte Rostock, Schwerin und Wismar als angemessene Wanderorte Geltung hatten und nicht unbedingt das Ausland zur Wanderschaft bevorzugt werden sollte.
Im weiteren Verlauf des 19. Jahrhunderts stiegen die Betriebsgrößen im Maurerhandwerk weiter an, etwa auf 50 Beschäftigte pro Betrieb. 1858 erwarben drei Mauerergesellen das Bürgerrecht. Für die Rostocker Baumeister der 60er Jahre, für Storrer, Friedrich Wilhelm Schwedler, L. Rudeloff oder Julius Studemund, gab es viele Aufträge. 1872 zählte die Stadt 13 Maurermeister-Unternehmen und fünf Privatbaumeister, letztere arbeiteten ohne Gesellen und Lehrlinge und ausschließlich für freie Architekten.
Die Gründerzeit mit dem wirtschaftlichen Aufblühen trieb die Baubranche voran, wobei Spekulationen und Pleiten

Auch das Warnemünder Kurhaus ist ein Beispiel für das Neue Bauen in Rostock, 1920er Jahre

nicht ausblieben. Der Lohn wurde nun nicht mehr vom Rat festgesetzt, sondern zwischen Unternehmer und Gesellen frei ausgehandelt, teilweise vollzog sich bereits der Übergang zum heutigen Stundenlohn.
Nach Einführung der Gewerbefreiheit 1869 in Mecklenburg gründete sich die gemeinsame Maurer- und Zimmermeister-Innung per 26. Februar 1884. Im gesamten Großherzogtum Mecklenburg-Schwerin arbeiteten 1907 im Baugewerbe 349 Maurerbetriebe mit 3.166 Beschäftigten. Und gebaut wurde nicht mehr nur nach alter Tradition.
In einzelnen Objekten kam das „Neue Bauen" (Bauhaus) mit Eisen und Stahl, mit Glas und Beton auch in Rostock zum Tragen, was sowohl eine Frage der Statik als auch eine Frage der Ästhetik war. Mit dem Architekten und Stadtbaumeister bzw. Stadtbaudirektor Gustav Wilhelm Berringer, geboren am 17. Februar 1880 in Rostock und gestorben am 17. August 1953 in Berlin, besaß Rostock einen wichtigen Vertreter des Neuen Bauens. 1924 wurde Berringer zum Stadtbaudirektor berufen und arbeitete in dieser Position bis zu seinem vorzeitigen Ruhestand 1934. Für die Neue Sachlichkeit stehen das Krematorium, das Warnemünder Kurhaus, das Innerstädtische Gymnasium und zahlreiche markante Wohnbauten in verschiedenen Stadtteilen. Eine Straße im heutigen Stadtteil Dierkow wurde nach Berringer benannt.

Müller

„Dat is'n anner Kuurn, säd de Möller un beet up'n Muuskoetel."

Mühlen spielten im mittelalterlich-frühneuzeitlichen Wirtschaftsleben eine erstrangige Rolle. Die Leute kauften Getreide und ließen es dann in der nahe gelegenen Mühle zu Brotmehl mahlen. Nach Kriegen oder durch Missernten herrschte oft Getreidemangel und große Hungersnot kam über die Leute, weil die Felder verwüstet waren. Die Seestadt Rostock betrieb eine sorgsame Getreide- und Mühlenpolitik, damit die Grundernährung mit gewöhnlichem Brot für die Stadtbevölkerung gesichert werden konnte. Der Rat begrenzte anfangs die Kornausfuhr, ließ ein zentrales Kornhaus errichten und verpflichtete die Bürger, sich selbst auf bestimmte Zeit mit Korn zu bevorraten. Korn- und Malzmühlen

Der Müller.

Wer Korn vnd Weitz zu malen hat/
Der bring mirs in die Mül herab/
Denn schütt ichs zwischen den Mülstein
Vnd mal es sauber rein vnd klein/
Die Kleyen gib ich treuwlich zu/
Hirsch/Erbeiß /ich auch neuwen thu/
Dergleich thu ich auch Stockfisch bleuwn/
Würtz stoß ich auch mit gantzn treuwen .
Der

sicherten ebenso den regulären Bedarf der Bäcker an Mehl und der etwa 250 Brauereien der Stadt an Malz für Bier. Auch bei den Bäckern verlief die Produktionskette über die Stationen Getreideeinkauf, Mahlen und Backen.

Erste Müller von Rostock sind in den ältesten Stadtbüchern ab 1260 nachweisbar, bis 1273 sind insgesamt 13 Müller verzeichnet. Auch die Anzahl der Mühlen der Stadt war beträchtlich. Für die Lage der Mühlenwerke wurden natürliche Bedingungen ausgenutzt, immer wichtig war der Standort an Wasserläufen, Bächen oder etwa Anhöhen für eine gut laufende Mühlentechnik. Wassermühlen nutzen die Wasserkraft der Warnow und die Windmühlen den kräftigen Wind an der See. Vier Wassermühlen wurden in der Kröpeliner-Tor-Vorstadt erbaut; über ein Dutzend Wassermühlen arbeiteten östlich der Stadtmauern an einem Nebenarm der Warnow und fast ein Dutzend Windmühlen standen auf den Hügeln vor dem Kröpeliner Tor. Noch Ende des 18. Jahrhunderts arbeiteten an der Nordseite des Mühlendamms sechs Wassermühlen.

Die Bedeutung des Mühlenbetriebs für die Sicherung der Ernährung von Rostock führte dazu, dass Straßen, Brücken und Tore nach Mühlen benannt wurden. Der Mühlendamm ist seit 1262 nachweisbar, den Eingang zum Mühlendamm bildete das ehemalige Mühlentor (molendor), 1268 erstmals erwähnt. Eine Mühlenstraße (platea molendini) ist seit 1266 bekannt, die Straße Bei den Viergelinden seit 1277 (heute: An der Viergelindenbrücke) sowie die Viergelindenbrücke (Ersterwähnung 1325) selbst.

Mühlen wurden in Rostock schon beizeiten zum begehrten Objekt des Immobilienmarktes, insbesondere die Mühlenlage vor dem Kröpeliner Tor. Vertreter der städtischen Oberschicht erwarben dort Grundstücke an exponierten Standorten, ließen Mühlen darauf erbauen und verpachteten sie an fleißig arbeitende Müller, mit denen ein Kontrakt auf eine bestimmte Zeit über Pflichten und Rechte geschlossen wurde. Mitunter ließ ein reicher Ratsmann auch einen Müller gegen Pacht auf seinem Grundstück den Mühlenbetrieb einrichten. Auffällig wurde mit Besitzanteilen an einzelnen Mühlen gehandelt, sie wurden innerhalb der Familie vererbt, überschrieben oder verschenkt. So ist gar ein Priester nachweisbar, dem bis 1293 ein Viertel der Ölgards-Mühle (später Vögen-Mühle) gehörte. Ja, Mühlen konnten damals eine gute Finanzanlage sein. Fast alle Wind- und Wassermühlen vor dem Kröpeliner Tor befanden sich im Privatbesitz, lediglich eine Wassermühle existierte dort zeitweise städtisch, die aus dem Besitz von Fürst Waldemar 1286 dem Rat geschenkt wurde.

Diese Privatbesitzer von Mühlengrundstücken versuchten sich weitgehend der Wirtschaftspolitik des „Hohen Rats“ zu entziehen, dem es permanent um eine gute Mehlversorgung der Stadtbevölkerung ging. Den Eigentümern gelang es auch, von ihren Müllern, Knechten und Lehrjungen den Zunftgeist fernzuhalten. Am 15. April 1417 schlossen 14 wohlhabende Mühlengrundstücksbesitzer einen Vertrag zur gemeinsamen Verwaltung ihrer Kornmühlen unter Leitung eines Mühlenmeisters ab. Vermutlich sollte sich danach das Mehl verteuern, jedenfalls protestierte die Bürgerschaft in einem Bürgerbrief an den Rat und erzwang 1428 die Aufhebung dieser „Monopolbildung“.

Ein anderes Gewerbebild wiesen die Mühlen am Mühlendamm auf. Hier waren die Mühlen überwiegend städtisch und wurden vom Rat verpachtet. Die Wasser-Müller nahmen den Zunftgedanken auf, bildeten für sich ein Mülleramt und dem Rat gelang es, auf das Gewerbe hinreichend Einfluss zu nehmen. Die erste vom Rat bestätigte Amtsrolle der „Müller-Companschaft“ am Mühlendamm entstand 1490, sie wurde 1584 revidiert und 1712 nochmals erneuert. Für die Erlangung des Meistertitels musste ein Müllerknecht (Geselle) einen halben Taler in die Amtslade geben. Wenn ein Geselle in das Amt eintrat, musste er vier Schillinge zahlen. Generell konnte nur derjenige Müllerknecht werden, der die Zunftordnung per Eid anerkannte. Kollegial wurde bei wechselnden Mahlgästen

(Kundschaft) gehandelt. Brachte beispielsweise ein Brauherr seine Gerste einem anderen Müller als vorher zum Malzen, musste der Müller den vorherigen Müller erst um Erlaubnis fragen, ob er den Mahlgast annehmen darf, bei einer Ablehnung war der Mahlgast abzuweisen.
Mit den Müllern außerhalb des Amtes erwiesen sich die Meister aber nicht solidarisch. Der gegenseitige Umgang war deutlich ablehnend, mitunter etwas feindlich gestimmt. Das betraf hauptsächlich die Müller „hinter dem Berge", also die, die vor dem Kröpeliner Tor mahlten, und ebenso die vor dem Steintor. Noch 1712 durften sie nicht in das Amt aufgenommen und sollte ihnen auch jegliche Hilfe verwehrt werden. Die angedrohte Strafe war auf je eine Tonne Bier für die Kämmerei und das Amt sowie auf zwei Schillinge zugunsten von Armen festgelegt worden.
Der Rat setzte zu Mitte des 19. Jahrhunderts eine sehr hohe Mühlenpacht an, sodass die Wassermüller das Mehl den Bäckern zu hohen Preisen verkaufen mussten, damit sie selbst existieren konnten. Dafür genossen die Meister gegenüber den privaten Windmüllern den Vorzug, dass sie allein rheinische Mühlensteine benutzen durften.
Der Arbeitsalltag war in allen Mühlen ähnlich. Von morgens bis abends wurden die Kornsäcke entgegengenommen, gezählt und gewogen. In der Stadt galt als einheitliches Getreidemaß der Rostocker Scheffel. Der Scheffel war ein genormtes Hohlmaß und wurde unterteilt in kleinere Einheiten wie Metzen. Das Anheben, Buckeln oder Am-Flaschenzug-Hochziehen voller Getreidesäcke war schwer. Deshalb verordnete der Rat kurz nach 1800 zugunsten der Gesundheit der Müllergesellen, einen ganzen Scheffel auf mehrere leichtere Säcke zu verteilen. Während des Mahlgangs musste immer wieder Korn aufgeschüttet werden, was der Meister streng kontrollierte. Das durchgelaufene Mahlgut wurde gesiebt und musste je nach Vermahlungsgrad wieder aufgeschüttet werden. Dann folgten das Abfüllen in Säcke und Abmessen, bevor das Mehl der Kundschaft übergeben werden konnte. Am Ende waren die Mühle zu reinigen und periodisch die Wellenlager zu schmieren, verschlissene Teile auszuwechseln und in Abständen die Mahlsteine nachzuschärfen.
In der Regel beschäftigte der Müllermeister zwei oder drei

Blick auf die Warnemünder Mühle, um 1905

Gesellen. Der Meister führte die Aufsicht, der 1. Geselle (der Bescheider) war für die Annahme und Abgabe des Mahlguts verantwortlich, der 2. Geselle für den Mahlgang und ein Müllerbursche (Lehrling) für das Aufräumen und Fegen.
Einen wichtigen Unterschied im Arbeitsprozess gab es zwischen Wind- und Wassermühlen. Wassermühlen konnten fast das ganze Jahr hindurch arbeiten, wenn die Wasserläufe in Ordnung waren, ausgeschlossen bei strengem Winter oder Niedrigwasser im Sommer. Es kam auch vor, dass eine Wassermühle stillgelegt werden musste, weil das Wasserbett ausgetrocknet war.
Mit den Windmühlen war es weit schwieriger, die Mahlbetriebe waren jeden Tag von der Windkraft abhängig. Deshalb ließen die Windmüller bei günstigen Verhältnissen durcharbeiten, mitunter auch bei Nacht oder an Sonn- und Feiertagen, was den Kirchenherren nicht recht war.
Seinen Lebensunterhalt oder den Müllerlohn (die Matte) verdiente der Müller in Naturalien. Er bekam von der Kundschaft keine Barschaft, sondern ihm stand die Müllermetze zu, das war ein fester Teil der gemahlenen Mehlmenge. Damit er dazu noch eine kleine Begünstigung erfuhr, wurde die Müllermetze vom Maß her größer gehalten als die Metze für das Mahlgetreide. Einen kleinen Teil vom Mehl verwendete er für sich zum Eigenverbrauch, den größten Anteil verkaufte er weiter an die Bäcker oder an Händler. Erst über diesen Naturalientausch kam er zu seinem Geld.
Mühlenmeister wurde man durch Kauf oder Pachtung einer

Mühle oder durch Belehnung vom Landesherrn. Auf Meister- und Gesellenprüfungen und auf eine geregelte Lehrausbildung wurde in früheren Zeiten verzichtet. Erst im 17. Jahrhundert kamen Forderungen nach gesetzlichen Prüfungen im Mühlenhandwerk auf, die dann schnell eingeführt wurden.

Um 1800 arbeiteten in Rostock sechs Wassermüller, vier Windmüller, ein Grützmüller, zwei Lohmüller und ein Walkmüller, zehn Kornmesser kontrollierten auf den Märkten und in den Lagerhäusern der Handelsleute, im Hafen beim Verschiffen und gelegentlich auch bei den Müllern, dass der Scheffel richtig gemessen wurde.

Im letzten Viertel des 19. Jahrhunderts flossen in die Müllerei industrielle Neuerungen ein. Anstelle des Mahlganges wurden Walzenstühle eingeführt. Statt der Mahlsteine zerkleinerten Porzellan-, später Hartgusswalzen mit glatter und geriffelter Oberfläche das Getreide. Förderschnecken und Elevatoren (Hebewerke) ersetzten schwere körperliche Arbeit. Nach 1900 hob der Elektrobetrieb die Abhängigkeit von Wind und Wasser auf. 1907 verzeichnete das Großherzogtum Mecklenburg-Schwerin insgesamt 528 Mühlen mit 1.641 Beschäftigten.

Nach dem 1. Weltkrieg begann allgemein das „Mühlensterben" in den Städten. Handelsmühlen mit kräftigem Kapital eroberten großräumig den Markt und belieferten die Abnehmer. Damit gehörten die Tage, da jedermann sein Korn zur Mühle brachte, der Vergangenheit an.

Reifer

„Ick treck mien Arbeit in die Längde un ward doch tau recht Tied färig, secht de Reeper."

In Norddeutschland wurden die Seiler im niederdeutschen Sprachgebrauch als Reifer und Reper (auch Reeper, ganz früher repwindere, repslagere) bezeichnet. Reifschläger auch Reepschläger nannte man die Handwerker in den Küstenstädten, da sie hauptsächlich sehr starke und geteerte Schiffstaue für die unmittelbar vor der Haustür liegenden Schiffe anfertigten. Die Produkte der Seiler und Reifer wurden ursprünglich vielfältig gebraucht und waren nicht aus dem Arbeitsalltag wegzudenken, dazu gehörten seit alters her Taue,

Seile, Stricke, Stränge, Schnüre, Bindfäden usw. Denn sämtliche Arbeitsgerätschaften und Dinge mussten zusammengebunden, festgehalten, gehoben, gezogen oder fortgeschafft werden und dafür brauchte man verschiedenste Seilqualitäten bis hin zum festen Tau. Angefangen zum Hochheben von schweren Feldsteinen beim Bau von Kirchen und Burgen, für den Glockentransport auf einen hohen Kirchturm, für die Schiffstakelung, zum Lenken der Segel, zum Treideln (Ziehen) oder Festmachen der Schiffe und vielen anderen Verrichtungen. Neben geschmiedeten Ketten war dieses Arbeitsmittel beweglich und fest verarbeitet, sodass es gehörige Massen aushalten konnte. Viele frühe mechanische Gerätschaften, wie Hebel, Walzen, Flaschenzüge, Rammen und Göpel, hätten ohne Seile nicht funktionieren können.

Rostock besaß ebenso wie Hamburg, Lübeck oder Wismar eine Reiferbahn. In der Enzyklopädie von Klügel aus dem Jahr 1817 wird die Stadt Rostock in Mecklenburg beschrieben mit 12.507 Einwohnern, 2.182 Häusern, einer Universität, mit Gerberei, Branntweinbrennerei, Leinweberei, Ankerschmiede, Schiffbau, Reeperbahn und sehr wichtigem Handel aus dem Seehafen bei dem Flecken Warnemünde.

Beinahe alle Zünfte in Rostock – die Bäcker, Böttcher, Bootsbauer, Dachdecker, Fischer, Fleischer, Kürschner, Maurer, Müller, Sattler, Schiffbauer, Schmiede, Segelmacher oder Zimmerleute, selbst der Scharfrichter – brauchten den Reifer. Doch nur wenige mittelalterliche Zeugnisse über Reifer und Seiler sind erhalten.

In Rostock wird 1280 ein Reifer namens Hinricus Repwin-

Willkomm des Amtes der Reepschläger, 1678

dere in den ältesten Stadtbüchern erwähnt. Einige Jahre früher, um 1261, gab es in Bremen einen Nicolaus Selslaghere und 1265 in Hamburg einen Ricardus Repslegere. Erste Amtsrollen in Norddeutschland datieren dies 1375 in Hamburg, 1387 in Wismar und 1390 in Lübeck. Die genaue Entstehungszeit einer Rostocker Amtsrolle ist nicht belegbar. Aber Anfang des 15. Jahrhunderts hatte das Amt der „Repere" zehn Bewaffnete zu stellen und noch 1782 zählte das Amt zehn Mitglieder.

Das Material, aus dem Seile gefertigt wurden, war hauptsächlich Hanf und nur für sehr dünne Seile kam auch Flachs infrage. Die natürlichen Bedingungen in Mecklenburg hätten einen einheimischen Hanfanbau wohl zugelassen, jedoch fehlte das spezielle Wissen und auch wirtschaftliche Interesse der Bauern. So wurde vom Spätmittelalter bis weit in das 19. Jahrhundert hinein Hanf in großen Quantitäten importiert. Riga und Reval waren bedeutende Umschlagplätze für russischen Hanf. Dagegen sehr wertvoll von der Qualität her, aber wesentlich teurer, waren rheinischer und italienischer Hanf.

Die Seilerarbeit begann bereits mit der Vorbereitung des Hanfs für die weiteren Arbeitsschritte. Aus dem Hanfrohmaterial musste zunächst der Faden hergestellt werden, der gesponnen wurde. Als wichtigstes Handwerkszeug wurde dafür das Seilerrad benutzt, das in einem Holzbock stand, mit einem Vor- und Hinterrad. Es ähnelte dem Handrad zum Spinnen; wann es erfunden wurde, ist unbekannt.

Für längere Fäden brauchte der Seiler einen Gehilfen, das konnte ein Lehrling oder Tagelöhner sein, der das Rad drehte. Der Seiler trug den Hanf um seinen Leib oder in einer Schürze. Er knüpfte eine Öse aus einem Büschel Hanf und hängte diese in den Haken ein. Das Spinnen vollzog sich beim Rückwärtsgehen des Seilers, während zugleich der Lehrling das Rad drehte und den Faden aufwickelte. Auf der Länge der Strecke wurde der Faden mit Holzgabeln oder Rechen gestützt. Die Arbeitsleistung konnte allgemein bei 15 Meter Faden pro Minute liegen. Die Stärke des Fadens bzw. des Garns richtete sich am Ende nach dem herzustellenden Endprodukt. Stärkstes Garn wurde für die dicksten Taue (Ankertaue) gebraucht. Bei einer 1.000-1.200 Fuß langen Bahn (bis zu 360 Meter), rechnete man etwa drei Pfund Hanfverbrauch auf einen Faden. Von der Strecke, die der Handwerksmeister abschritt, stammen die Bezeichnungen Seiler- und Reiferbahn. Der Seiler fertigte Fäden bis zu 50 Metern Länge, die Seilerbahnen befanden sich meist parallel zur Stadtmauer. Dagegen konnte die Fadenlänge beim Reifer über 300 Meter betragen, er brauchte viel Platz, die Reifer- oder Reeperbahn lag deshalb oft außerhalb und weiter entfernt von der Stadtmauer. In Rostock befand sie sich vor dem Steintor, woran die heutigen Straßen Reiferbahn und Reiferweg in der Steintor-Vorstadt noch erinnern.

Der weitere Arbeitsgang lag in der Herstellung der Litzen

Reste der Rostocker Reiferbahn

bzw. Schnüre aus mindest zwei Fäden. Dabei wurden mehrere gespannte Fäden wieder unter Benutzung des Seilerrades und eines speziellen Seilergeschirrs miteinander verdreht. Die Richtung bei der Verfertigung der Litze musste der Richtung beim vorangegangenen Spinnen entgegengesetzt sein. Auch hierfür musste die zweite Person das Rad drehen.

Im letzten Arbeitsschritt wurden einzelne Litzen zu einem Tau oder Seil miteinander verdreht. Eine Litze bestand aus mindestens zwei Fäden, ein Seil aus mindestens zwei Litzen und ein Tau aus mindestens vier Litzen. Starke Taue erforderten großes Geschirr.

In der Seestadt Rostock fertigten bis in die zweite Hälfte des 19. Jahrhunderts die Reifer bzw. Reeper hauptsächlich Produkte für den Schiffbau. Über jeden Schiffsneubau wurde ein Baukontrakt zwischen Kapitän und Schiffsbaumeister abgeschlossen, mit dem Ziel, dieses see- und segelfertig abzuliefern, woran auch das Handwerk der Reifer beteiligt war. Die größten Segelschiffe, Vollschiffe und Barken wurden in Rostock in der Zeit von 1839 bis 1885 gebaut. Für diese Schiffe mit einem Rauminhalt von über 180 Lasten wurden kräftige Taue und Seile gebraucht. Die wichtigsten Reiferartikel im Schiffbau waren Ankertaue, stehendes und laufendes Tauwerk.

Das stärkste Tauwerk bildeten die Ankertaue (Kabeltaue, Trossen) mit einem Umfang bis über 60 Zentimetern, die zusammengedreht aus drei Strängen zu je drei Litzen oder Kardeelen (jede mit 191 Fäden) bestanden, sodass auf der bestellten Länge insgesamt 1719 Fäden verarbeitet werden mussten. Die starken Taue benutzte die Schifffahrt früher zur Befestigung des Ankers (abgelöst durch die Ankerkette) und dann weiterhin als Schlepptau. Mittelstark war das stehende Tauwerk (etwa von 6-40 Zentimetern im Umfang) für Wanten, Stagen und Pardunen, das die Masten befestigte, damit diese auf dem Schiff ausgespannt stehen blieben, daher der Name „stehendes Tauwerk". Relativ dünnes Tauwerk war das laufende Tauwerk, das über Rollen beweglich war und zum Ziehen und Einholen der Segel diente. Weiterhin lieferte der Reifer Lieke (zum Einfassen der Segel), Garn zum Strecken der Heringsnetze und alles Segelgarn (zum Reparieren und Ausbessern der Segel).

Sämtliche Reiferprodukte für den Segelschiffbau waren direkt dem Wasser oder der Feuchtigkeit ausgesetzt und erforderten daher einen besonderen Schutz für die Naturfasern. Über Jahrhunderte half hier das Teeren des Materials, was wiederum vom Wissen und der praktischen Erfahrung des Meisters abhing. Zu viel oder zu harzreicher Teer machte die Seile nach dem Trocknen brüchig. Bei sehr dicken Tauen half nur, schon vorher einzelne Fäden oder zumindest ganze Litzen zu teeren.

Die Entwicklung von Technik und Industrie brachte bereits Mitte des 19. Jahrhunderts das stabile Drahtseil hervor. Es war zwar wesentlicher fester als ein Hanfseil, aber auch starrer und weniger beweglich, denn ein geteertes Hanfseil ist noch zu 10-15 % dehnbar. Deshalb erfand man das „Drahtseil mit Seele", es wurde für die Beweglichkeit im Innern mit Hanfseil ausgestattet. Mit der zunehmenden Konkurrenz, nicht zuletzt durch Hanffabriken in einigen Regionen Deutschlands, änderte sich die Produktpalette. Die Seiler mussten flexibel sein und sich dem heimischen Markt anpassen, sodass immer noch ausreichend Arbeit vorhanden war. Zu den ferneren Arbeiten des Reifers gehörten Peitschenschnüre, die geklöppelt wurden, und verschiedene Arten von Bindfäden (Spagats) sowie Wäscheleinen. Hauptsächlich in der Ratsschreiberei, bei Kaufleuten, bei den Handwerkern und in den Haushaltungen war starker

Der Rostocker Fotograf Karl Eschenburg dokumentierte das aussterbende Handwerk

Auf dem Netzboden des damaligen Fischkombinats in Marienehe: Aus Seilen wurden auf herkömmliche Art Netze gefertigt.

Bindfaden ein unentbehrlicher Artikel. Gröberer Spagat wurde hauptsächlich zum Binden genommen, feinerer zum Nähen für Sattler, Schuster, Handschuhmacher, Beutler oder Matratzenmacher. Auf Knäuel gewunden, wurde Bindfaden nach Gewicht abgesetzt. Die Leute brauchten Fliegennetze, Fischer- und Vogelnetze, Strickleitern, Spannseile, Sackband, Maurerschnur oder Gewichtsschnüre für Uhren; die Liste der Seiler- und Reiferprodukte ließe sich noch fortsetzen. 1858 erwarb ein Reifschlägergeselle das Bürgerrecht. Im Jahr 1907 arbeiteten im Großherzogtum Mecklenburg-Schwerin 108 Reifer- und Seilermeister mit 180 Beschäftigten.

1931 wurde in Rostock die letzte gedeckte Bahn der an der Paulstraße gelegenen Reiferbahn, zwischen Alexandrinenstraße und Hermannstraße, zugunsten von Promenadenanlagen abgebrochen. Eines der letzten Wahrzeichen des alten Rostocker Handwerks verschwand aus dem Stadtbild.

Riemer

„Die Sattlerzunft wird fröhlich blüh'n, solang sie darf vom Leder zieh'n. Und ohne eine Straf' zu leiden, aus fremder Haut darf Riemen schneiden."

Kaum jemand kennt heute die alte Handwerkerbezeichnung der Riemer; sie gehörten zum Leder verarbeitenden Handwerk und die Riemenfertigung verweist auf eine starke Spezialisierung innerhalb dieses Gewerks. Denn in den frühesten Zeiten arbeiteten die Menschen hauptsächlich mit ihrer körperlichen Kraft: Lasten heben, tragen, drücken usw. Um eine Ware z. B. von A nach B transportieren zu können, brauchte man neben einem stabilen Behältnis auch entsprechende Hilfsmittel, um sie zu befestigen, sie zu heben, ziehen usw., und solche Hilfsmittel aller Art und zu jeglichem Gebrauch stellten die Riemer her. Die Riemer bzw. Riemenschneider, niederdeutsch auch remensnidere (lat. incisores corrigiarum, corrigicide), bildeten in Rostock mit den Beutlern, Sämischbereitern und Gürtlern ein Amt und stellten Anfang des 15. Jahrhunderts 20 Bewaffnete für die Stadtverteidigung. Sie fertigten auch Arbeitsgeschirr und Zaumzeug für die tägliche landwirtschaftliche Arbeit mit den Pferden und Rindern, wozu sehr stabile Gurte und Riemen nötig waren, um die Arbeitstiere optimal führen zu können. Arbeitskommandos reichten alleine nicht aus, um die Tiere im Zaum zu halten und das Tagwerk zu bewältigen.

Der Kürschner.

Wol her/ich fütter Röck vnd Schaubn/
Mach schürtzbeltz/brustthüch/Behehaubn/
Von Zöbel/Marder/Behe vnd Lüchsen/
Von Hermlein/Jlter/Wölff vnd Füchsn/
Von Welschen Kröpffen vnd Geißfeln/
Von Wammen/Rücken/Klaw vnd Keln/
Wer mir thut seines Geltes gönnen/
Der thut mich allzeit willig finden.

N ij Der

In den ältesten Stadtbüchern von Rostock sind erstmals vier Riemer nachweisbar. Die Riemenschneider zahlten in den 70er Jahren des 13. Jahrhunderts an die Stadt eine jährliche Abgabe von drei Mark, nach dem Kämmereiregister von 1325 wurde die Gebühr in gleicher Höhe beibehalten. Die älteste Amtsrolle der

Rostocker Riemer hatte den Titel: „Rollengerechtigkeit der Büdeler, Semischbereiter, auch Riemer und Gördeler" (1407 und 1590). Im Amt waren damals vier Gewerke miteinander vereinigt. Nach dem Rollenbuch ereigneten sich einige Rechtsstreitigkeiten: 1603 Riemer mit den Sattlern, 1618 Beutler mit Corduanbereitern, 1622 Beutler und Riemer mit einem Handschuhmacher, 1629 und 1642 Riemer und Zaunschläger mit einem Sattelmacher. Andererseits verbot eine aus dem 16. Jahrhundert stammende Schmiederolle den Riemern das Feilhalten von unbeledertem Schmiedewerk, das wiederum nur den Schmieden zukam. Im Jahr 1782 nutzten die Riemer gemeinsam mit den Gerbern ein Wirtschafts- und Versammlungshaus vor dem (ehemaligen) Petritor. Der Rat wollte wegen der Geruchsbelästigung nicht, dass jeder Riemer einen eigenen Gerberhof bei seinem Anwesen betrieb. Die gemeinsame Nutzung zeugt davon, dass die Riemer die Ledererzeugnisse nicht unabhängig von den Gerbern machen konnten.

1800 fertigten 20 Riemer in Rostock Lederwaren an. Die rohen Häute erhielten sie in großem Maße von den Knochenhauern der Stadt. Aus den Ochsen- und Rindshäuten gerbten die Riemer selbst schwarzes lohgares Geschirrleder. Auch weißgares Rindsleder (Alaunleder) wurde zu vielerlei Arbeitsgeschirren verwandt, aber noch mehr zu Halftern für die schweren Arbeitstiere, die in Mecklenburg in dieser Zeit noch die Ochsen und Kühe waren.

Damalige Pferdedroschkenbetreiber waren auf Riemen aller Art angewiesen, Hopfenmarkt, um 1900

Die Arbeit der Riemer wurde im Laufe der Jahrhunderte umfangreicher und spezieller. Man Unterschied um 1800 die Riemer in Geschirrmeister, Galanterieriemer und Landriemer; der Bedarf war derart gestiegen, dass sich eine Spezialisierung auszahlte. Geschirrmeister und Geschirrarbeiter machten das passende Brust- und Kummetgeschirr der gehobenen Art für die Kutschpferde, für ein-, zwei-, vier- oder sechsspännige Einspann, und das Zaumzeug für die herrschaftlichen Reitpferde. In der Geschirranfertigung bestand die umfangreichere Riemerarbeit.

Galanterieriemer dagegen fertigten feine kunstvolle Lederwaren für die Leute an, wie stilvolle mit Gold oder Seide bestickte Ledergürtel für den Ratsherrn oder die Offiziere. Dazu passend gab es elegante lederne Pistolentaschen und Degenhalter, die sehr beliebt waren bei den hohen Herren und auch der Eitelkeit schmeichelten. Dagegen bediente der Landriemer, trotz der Bezeichnung wohnte er in der Stadt, den „gemeinen" Mann in seinen praktischen Bedürfnissen, damit die Hose nicht rutschte und damit er mit seinem Pferd oder Ochsen die tägliche Arbeit verrichten konnte.

Als Grundwerkzeuge benutzten alle Riemer ein entsprechendes Nähzeug (Ahlen und Nadeln), Schneidewerkzeuge (Messer, Scheren), Locheisen und Reifelhölzer, letztere zum Einprägen von Verzierungen, Namen, Marken usw. Geschirr, Zaum und Zügel bestanden zum Großteil aus einzelnen Riemen, die nach Bedarf passend zusammengeschnallt wurden. Eine solide Riemerarbeit konnte daher jedem Reitpferd angelegt werden.

Zur Herstellung wurde schwarzes oder braunes Leder in schmale Streifen zugeschnitten. Der Zuschnitt erfolgte nach vorgezeichnetem Aufmaß mit einem scharfen Ledermesser durch des Meisters geübte Hand. Jeweils zwei Lederstreifen wurden zu einem Riemen zusammengenäht, versteppt, vernietet und mit Beschlägen und Stickereien verziert. Zum Nähen erwarb der Riemer dicken Bindfaden vom Seiler, den der Riemer der Haltbarkeit wegen noch in Schwarzpech tauchte. Je nach Auftrag entstanden zu den verschiedensten Anlässen praktische oder auch luxuriöse Geschirre und Zaumzeuge für herrschaftliche Kutsch- oder Reitpferde.

Nicht nur Pferd und Wagen waren in Rostock lange Zeit die hauptsächlichen Transportmittel, sondern auch kräftige

Männer, nach denen die Trägerstraße benannt wurde. Um 1800 verzeichnete die Seestadt 44 Träger- und 14 Karrenfahrerbetriebe, beide Betriebsarten arbeiteten mit Gesellen, Gehilfen und Tagelöhnern und meldeten immer wieder Bedarf an Riemerwaren an. Die Träger und Karrenfahrer transportierten die per Schiff eingetroffenen Waren in Körben auf dem Rücken oder auf den Schubkarren zu den Handelshäusern und Werkstätten, auf zum Teil langen, unebenen Wegen, in der Stadt. Zur Sicherung des Transports benutzte man neben Seilen bevorzugt lederne Halte- und Trageriemen der verschiedensten Art. Die Trägerarbeit war körperlich schwere Mannsarbeit.

Unter den Riemern verschiedener Regionen, hauptsächlich unter den Gesellen, gab es manche argen Zwistigkeiten. Zum einen gab es die Seestädter und zum anderen die Oberländer bzw. Landstädter. Solche Unterscheidungen gab es ja ebenso bei den Böttchern, Drechslern oder Schmieden. Die Gesellen der Seestädter und Oberländer pflegten regionale Bräuche, die sich teilweise gegeneinander richteten, die mitunter so weit entarteten, dass die Gesellen nicht miteinander arbeiten wollten. Selbst innerhalb Mecklenburgs spitzte sich die Konkurrenz zwischen beiden Handwerkslagern derart zu, dass Rostock und Wismar geschütztes „seestädtisches" Territorium waren und ab dem kleinen Städtchen Laage sich die Oberstädter ansiedelten. Erstmals schritt die mecklenburgische Regierung am 16. Juli 1785 gegen den unlauteren Trubel und Handwerksmissbrauch ein und verbot die Unterscheidung zwischen See- und Landstädtern bei den Riemern. Ähnliche Verordnungen wurden zu dieser Zeit auch in den Städten Hamburg und Lübeck erlassen. Nach einigen Jahren hatten die Gesellen das staatliche Verbot wieder vergessen und den Handwerksfrieden langsam, aber sicher heruntergespült. 1820 loderte diese alte Auseinandersetzung erneut auf. Es wurde öffentlich von den Altmeistern beklagt, dass in Bützow und Röbel keine Riemer aus Rostock aufgenommen wurden. Der Zwist zwischen Gesellen der Landstädter und Seestädter wurde tatkräftig ausgetragen, so mancher Riemer trug tüchtige Blessuren davon – zu Ehren seiner Handwerkerriege. Herzog Friedrich Franz schritt energisch gegen die Spaltung des Handwerks ein und erneuerte am 5. Mai 1820 das Verbot zur Unterscheidung der Gesellen in „Land- und Seestädter".

Die Lehrzeit bei den Riemern betrug mindestens drei Jahre, von den Gesellen forderte man vier absolvierte Wanderjahre, bevor die jungen Leute Anwartschaft auf den Meistertitel anmelden konnten. Besonders empfohlene Wanderorte Anfang des 19. Jahrhunderts mit bester Riemerausbildung waren: Barby, Berlin, Bremen, Frankfurt a. M., Hamburg, Herrenhut, Kassel, Lübeck, München, Neudietendorf, Paris, Prag, Straßburg und Wien. Als Meisterstück mussten die Riemer Prachtgeschirr für Pferde und einen Zaum, nebst dem Vorder- und Hinterzeug zu einem Sattel, anfertigen.

1854 gab es im Großherzogtum Mecklenburg-Schwerin insgesamt 308 Riemer und Sattler.

Als Rostock 1881 die Pferdebahn als neuartiges städtisches Nahverkehrsmittel einrichtete, konnten die Riemer der Stadt davon bis 1904 (ab dann elektrisch) gut profitieren. Für den „tierischen" Antrieb lieferten die Riemer das Geschirr, Zügel, und Peitsche und verdienten später mit Reparaturarbeiten ihr Geld. Sie sorgten mit ihrem Handwerksprodukt dafür, dass die Personenwagen von den Pferden von Haltestelle zu Haltestelle gezogen werden konnten.

Auch die Verbesserung des mechanischen Antriebs mit der Dampfmaschine in der Industrie und Landwirtschaft im 19. Jahrhundert war zunächst ein Gewinn für das Riemerhandwerk. Zur Kraftübertragung auf die verschiedenen Maschinenteile wurden feste Riemen benötigt, die das Handwerk als besondere Leistung liefern konnte. Mit Beginn des 20.

Auch die Pferdebahn benötigte feste Riemen...

Jahrhunderts gab es einen entscheidenden Bruch in der Entwicklung des Riemerhandwerks. Durch die Elektrifizierung übernahm die elektrische Maschine in nie gekanntem Umfang menschliche Arbeit, das traditionelle Riemerhandwerk konnte mit der Industrialisierung nicht Schritt halten. Im Großherzogtum Mecklenburg-Schwerin entstand die erste „Ledertreibriemenfabrikation“. 1907 bestanden im Großherzogtum Mecklenburg-Schwerin noch insgesamt 359 Gewerbebetriebe der Riemer und Sattler zusammen mit 660 Beschäftigten.

Sattler

„Einen Sattel, der den Rücken deines Pferdes aufreibt, sollst du selbst dann verbrennen, wenn sein Kopf aus Gold wäre.“

Der Sattler.

Wolher/wer Sättel hab zumachn/
Den Edlen/vnd zu Reysing sachn/
Schön Sättel für das Frauwenzimmer/
Darauff sie Höflich prangn jmmer/
Auch Stächsättel/vnd zum Thurnier/
Allerley art findt jr bey mir/
Auch Sättel für Bauwrn vnd Fuhrleut/
Gut Roß Kumaht ich auch anbeut.
Y Der

Sattler und Schildmacher bildeten in der frühen Rostocker Zeit ein gemeinsames Amt und gehörten zum Leder verarbeitenden Handwerk. Die Handwerker verfertigten Sättel für den Pferderitt oder (Schutz)Schilde als Bestandteil der kompletten Ritterausrüstung zum Kampf oder zur Repräsentation. Sattler (lat. sellifices) und Schildmacher (lat. scildere, clipeatores) benutzten mit den Materialien Holz und Leder eine gemeinsame Arbeitsgrundlage; der Sattler bezog ein dem Pferderücken angepasstes Holzgestell mit starkem Leder, während der Schildmacher auf eine mit Eisen verstärkte Holzfläche Leder aufzog und diese mitunter noch bemalte.

Schildmacher vertraten ein ehrbares, sehr altes Handwerk, das etwa nur bis Ende des 14. Jahrhunderts Bestand hatte. Ein erster Nachweis für Rostocker Schildmacher stammt aus dem Jahr 1282. In einer Urkunde von 1282 stellte der Rat zu Rostock für den Lübecker Rat ein wohlwollendes Gesellenzeugnis von den Alterleuten des Amtes der Schildmacher und Sattler aus.

Die Meister erhielten Aufträge von den fürstlichen Höfen und von der adligen Ritterschaft. Eine gute Auftragslage herrschte immer vor ritterschaftlichen Turnieren und im Unterschied zur Rüstung war der Schild auch relativ schnell herzustellen. Bis in das 10. Jahrhundert hinein wurden die Schilde in runder Form bzw. oval, ab dem 11. Jahrhundert in mandelförmiger Form angefertigt. Solche Schilde konnten fast mannshoch, durchaus von beachtlichem Gewicht sein und schützten damit den gesamten Körper. Diese mittelalterlichen Schilde bestanden aus ein oder zwei mit Leder überzogenen Lindenholzschichten und waren teilweise auch mit Eisen beschlagen. An der äußeren Seite, mittig, schützte eine eiserne Ausbuchtung (Schildbuckel) die besonders gefährdete Stelle, an der von innen die Hand den Schild festhielt. Da die Gerätschaft recht schwer war, wurde der Schild meist mit einem Riemen (Schildfessel) ausgestattet, damit der Ritter ihn um den Hals hängen konnte und einen zusätzlichen Halt gewann. Zu guter Letzt erhielt der Schild eine äußere Bemalung, die ursprünglich mit furchterregenden Ungeheuern und Drachen versehen war, später mit dem Wappen des Ritters. Die Blüte der Schildmacherei dauerte bis Anfang des 14. Jahrhunderts, es folgte der Plattenharnisch, womit sich die Kampftechniken verbesserten und den veralterten Schild abschafften. Das endgültige Aus für die Schildmacher brachte die Erfindung der Feuerwaffen mit sich, vermutlich traten die Schildmacher nun in das aufstrebende Sattlerhandwerk ein. Nach einer anderen Auffassung entstand aus dem Schildmacherhandwerk das Malergewerk. Historische Spuren der ehrbaren Schildmacher und Schilderer finden sich in Rostock durch nach ihnen benannten Plätzen und Straßen: Beim Altstädter Schilde, heute Am Wendländer Schilde, und Am Mittelstädter Schilde (existiert heute nicht mehr). Die Plätze sowie auch die Grundform des Hopfenmarkts (heute Universitätsplatz) ähneln der alten dreieckigen Schildform.

Im 15. Jahrhundert hatte das Sattleramt für die Rostocker Stadtwehr fünf Bewaffnete zu stellen. Die frühere Entwicklung des Sattlerhandwerks in den Seestädten war hauptsächlich auf die Herstellung von Pferdesätteln spezialisiert. Bei

Strafe war den Sattlern verboten, Riemerware, Geschirr oder Zaumzeug, herzustellen. Im Verlauf des 19. Jahrhunderts und spätesten mit Einführung der Gewerbefreiheit änderte sich diese Festlegung. Durch den arbeitsmäßigen Umgang mit dem Ledermaterial lag auch die Riemenfertigung in ihren Fähigkeiten. Der Sattler konnte den Riemer durchaus ersetzen, umgekehrt konnte aber kaum ein Riemer anständige, solide Sättel anfertigen.

Unübertroffene Sattlerqualitätsarbeit zeigte sich darin, dass der Sattel sowohl zur Anatomie des Pferdes als auch zum Reiter passte. Ein weicher, federnder Sitz für Reiter und Pferderücken zeichnete ihn aus, der gleichzeitig die Kommunikation des Reiters mit dem Pferd durch entsprechende Beinbewegung erlaubte, solche Sättel bürgten für handgefertigte Meisterschaft. Allerdings gab es in der praktischen Umsetzung einige Hindernisse. Denn der Anspruch, dass jeder Sattel ein Unikat sein sollte, war früher mehr die Ausnahme als die Regel und nur am fürstlichen Hof möglich oder wenn der adlige Herr vom Lande gutes Geld zahlte. Oft musste der Sattler mit seinen Produkten in Serie gehen, beispielsweise wenn durchs Militär lohnende Aufträge in Aussicht standen. Das betraf hauptsächlich die Kriegszeiten, sodass Sattler gelegentlich an der Kriegskonjunktur teilnehmen konnten. Die Bremer Sattler rüsteten 1813 französische Ulanen aus und nach deren Rückzug belieferten sie die durch Norddeutschland ziehenden „vaterländischen Truppen“ (Blüchers Armee). Anteilig profitierten auch mecklenburgische Sattler in diesen Zeiten von der Auftragslage.

An Militär mangelte es in Rostock nicht. Die Seestadt beherbergte fast durchweg landesherrliche Garnisonen unter verschiedenen Namen, wodurch in die Stadt zusätzlich Lohn und Brot kamen. Deshalb rang der Rat zu Rostock im Grundvertrag der Stadt Rostock mit der Landesregierung zu Schwerin vom 13. Mai 1786 dem Schweriner Herzog den Paragrafen 29 ab: „Die Montur für die hiesige Garnison, und was dieselbe sonst braucht, soll aus Rostock genommen, und von den Gewerken gefertigt werden.“ Neben militärischen Uniformen, Stiefeln, Nahrungsmitteln und Viehfutter zählten auch die Pferdesättel dazu. Aber die vertragliche Zusage war über die vielen Jahre nicht zu halten, zu wechselnden Zeiten und Regierungen wurden Militärhandwerker bei der Garnison eingestellt. Den alteingesessenen Rostocker Sattlermeistern waren die Garnisonssattler ein Dorn im Auge, denn sie hatten meist keine Meisterschaft vorzuweisen und waren nur Gesellen. Tatsächlich arbeiteten Militärhandwerker außerhalb der Zünfte ohne Meistertitel, ohne je ein Meisterstück angefertigt zu haben; im zivilen Bereich hätte man sie als sogenannte Bönhasen (Pfuscher) aus Rostock verjagt. Kurzum, garnisonseigene Sattler waren nichts anderes als Flicksattler, die demgemäß für Reparaturen zuständig waren.

Zur Grundlage der Sattlerarbeit gehörte die Anfertigung des Sattelbaums, der ein Grundgerüst für die weitere Arbeit bildete. Er wurde früher aus Buchenholz angefertigt, in elf Einzelteile grob gehauen, dann geschnitzt, geformt und zusammengesetzt, dafür gab es eine deutsche und eine englische Variante. Ob zu dieser komplizierten Holzarbeit jeder Sattler fähig war oder ob das Modell vom Schreiner, Stellmacher oder Tischler bestellt wurde, war regional verschieden und meist im Amtsprivileg festgelegt. Wichtig war, dass sich der Sattelbaum dem gekrümmten Rücken des Pferdes anpasste und daher formgerecht nachempfunden wurde. Das erforderte vom Sattler, einige Kenntnisse in der Anatomie des Pferdes zu besitzen, diese Krümmung nannte man in der Sattlersprache „eine Tracht anfertigen“ und war gerne als Meisterstück gefordert. In heutiger Zeit hat es der Sattelmacher einfacher, er kann auf industriell geleimtes Sperrholz, Plaste, Metall und Federn zur Herstellung des Sattelbaumes zurückgreifen.

War der hölzerne Sattelbaum kunstvoll gefertigt, wurden zwei Gurte angenagelt, über diesen Leinwand ans Holz geleimt, darauf gepolstert, ausgefüttert und abschließend mit Leder überzogen. Von der Form und Funktion her gab es verschiedene Sättel: deutscher, englischer, ungarischer, japanischer Sattel, Damensattel, Turniersattel, Jagdsattel, Offizierssattel usw. Der Damensattel, auch Quersattel genannt, sollte dem zierlichen und selten zu Pferde kommenden Frauenzimmer behilflich sein, mit einer Lehne im Rücken und einem Brett zum Aufstellen der Füße. Von der Sorte gab es noch eine billige Ausführung ohne Fußbrett, dafür mit einem Gestell vorn über dem Kopf des Pferdes gelegt. Dieser Sattel hieß Crispinensattel und war lange Zeit bei den schwedischen „Bauernweibern“ im Gebrauch.

In der Zunftzeit führten die Sattler ein geschenktes Hand-

werk, die Gesellen erhielten auf der Wanderschaft vom Meister entsprechend Unterstützung für Kost und Logis. In Nürnberg und Augsburg mussten die Sattler als Meisterstück zwei große Turniersättel, mit Sammet oder Tuch überzogen, anfertigen. Hier im Norden wurde als Meisterstück ein kompletter deutscher Sattel, nebst Zaum und Halfter, ein Frauenzimmersattel und ein vollständiges Pferdegeschirr verlangt. Im Verlauf des 19. Jahrhunderts vollzogen sich im Sattlerhandwerk enorme Wandlungen, die das Berufsbild noch einmal aufwerteten. Zu der Besattlung von Pferden kam die „Sattelung" der neueren Transportmittel hinzu. Die ständig steigende Zahl der Personenbeförderungen bedingte den Bau von neuen Kutschwagen, Droschken im Post- und Reiseverkehr und dergleichen. Der Sattler fand hier lohnende Aufträge zur Polsterung von Sitzbänken aller Art. Weiterhin wurden damalige Kutschwagen, Chaisen und Droschken innen wie außen mit Leder verkleidet. Auch dieses Arbeitsfeld eroberte sich der Sattler und wurde hierin als Tapezierer bekannt.
Auf der Allgemeinen Deutschen Gewerbeausstellung 1846 in Berlin stellte unter Katalognummer 3.026 der Sattlermeister Christian Reppien aus Rostock aus: „Einen wattirter Sattel, welcher sich durch gutes englisches Leder auszeichnet; die Form so wie die übrigen Arbeiten gehören zu den besseren der Art. Der Preis ist angemessen gestellt."
Zwischen 1856 und 1865 stieg die Zahl der Sattlermeister um sechs Stellen. 1858 erwarb ein Sattlermeister das Bürgerrecht. 1872 zählte Rostock 33 Sattler-Unternehmen, darunter fünf aus der Familiendynastie Hachmeister. Nach Einführung der Gewerbefreiheit in Mecklenburg 1869 gründete sich die Sattler-Innung per 11. April 1888 zu Rostock neu. 1940 wurde die Handwerksorganisation unter der Bezeichnung Rostocker Tapezierer- und Sattlerinnung geführt.
Sattler machten nun auch elegante und zweckmäßige Reisekoffer aus Leder. Die Sattler haben ihr Handwerk über den Pferdesport hinaus bis in die heutige Zeit erhalten, dabei veränderten sich ihre Produkte und Angebote entsprechend den alltäglichen Erfordernissen: als Polsterei, Autosattlerei, Bootssattlerei usw. Sattler oder artverwandte Berufe der Region können sich heute in der Raumausstatter-, Sattler- und Segelmacherinnung Rostock organisieren.

Schiffszimmerleute

„Dat is mi tau rund in mienen vierkantigen Kopp, seggt de Timmermann."

So wie heute die Schiffe im Hafen das besondere Flair der Hansestadt Rostock prägen, so war es ganz gewiss auch mit der Stadtgründung am Meer.
Die Rostocker Seefahrt erfolgte zu allen Plätzen der Ost- und Nordsee, nach Frankreich, England oder ins Mittelmeer. In der hansischen Zeit war sie hauptsächlich auf Handelsfahrten nach Bergen, Riga und Schonen und den Heringsfang ausgerichtet. Die reichen und einflussreichen Fernhändler brauchten für die zu transportierenden Waren große Lasten tragende und sichere Schiffe. Erste Schiffseigentümer und Teilhaber an Schiffen sind bereits in den ältesten Rostocker Stadtbüchern aufgeführt. Ein ganzes Schiff besaßen 1267 Ludbert in der Neustadt, 1270 Heinrich von Münster und Hermann Bars, um 1272 wird der Schiffseigner Amelung aufgeführt. 1292 kaufte Heinrich Nirgends ein Schiff von den Rostocker Bürgern Arnold und Rotger. Wie viele Großsegler hier in früheren Zeiten fuhren und am Ort gebaut wurden, ist nicht mehr zu ermitteln. Einen Einblick können erst die seit 1497 geführten dänischen Sundzollregister mit registrierten Rostocker Schiffen zeigen. Einen weiteren, aber vagen Anhaltspunkt, kann die Zahl der in den Schifferkompanien organisierten Schiffer geben. 1676 zählte die Schiffergesellschaft 57 Mitglieder, 100 Jahre später noch ebenso viele. Genauere Angaben sind eben erst aus späterer Zeit datiert.
Um 1793 betrug die Rostocker Flotte 93 Schiffe, von denen aber nur 12 am Ort selbst gebaut wurden. Bis 1868 steigerte sich der Schiffsbestand auf 397 Fahrzeuge mit 51.172 Lasten. Im Vergleich der bedeutendsten deutschen Seehandelsplätze im Jahr 1836 nahm Rostock mit 116 Schiffen hinter Hamburg mit 200 und Stettin mit 120 Schiffen einen respektablen dritten Platz ein. Die weitere Statistik des Großherzogtums Mecklenburg-Schwerin erfasste für Rostock um 1800 an Berufen 98 Schiffer, 18 Schiffsnachprahmer und vier Schiffszimmermeister, und für das Jahr 1850 sind 88 Schiffer, 35 Schiffsnachprahmer und drei Schiffszimmermeister angegeben.

Diese Schiffswerft bei Wismar verdeutlicht die Art des Bauens alter Segelschiffe in dieser Region, Mitte 19. Jahrhundert

Seit 1791 gab der Schiffbaumeister Johann Friedrich Meyer, der ursprünglich aus Stralsund kam, dem Schiffbau in Rostock wichtige Impulse. Er verstarb aber schon am 9. November 1798. Ihm folgten die drei Schiffbaumeisterfamilien Ramm, Dethloff und Warnck, die in zwei und die letzte sogar in drei Generationen den Holzschiffbau zu Rostock in der ersten Hälfte des 19. Jahrhunderts bestimmten.

Um ein neues Schiff zu erbauen, schloss der Besteder (Besteller, Auftraggeber, Eigner) mit dem Schiffsbaumeister einen schriftlichen Kontrakt ab, einen Mählbrief, der enthielt: Größe des Schiffs, Schiffstyp, Beschaffenheit und Ausrüstung, Zeit der Ablieferung und Bezahlung. Die Ablieferung bedeutete stets, ein Schiff in see- und segelfertigem Zustand zu übergeben. In Rostock galt auch dann ein Bauauftrag als abgeschlossen, wenn die Zimmermannsarbeiten begannen. Unter Leitung und Verantwortung eines erfahrenen Schiffbaumeisters liefen sämtliche Bildhauer-, Blechschmiede-, Blockmacher-, Böttcher-, Glaser-, Kupfer-, Maler-, Reifer, Schmiede-, Schlosser- und Segelmacherarbeiten ab. Dabei war ebenso klar, was der Schiffbaumeister nicht zu liefern hatte, nämlich Proviant, Heuern, Hafenkosten, Schiffspapiere und nautische Instrumente. Zur Bezahlung des Schiffes waren Ratenzahlungen zu genau festgelegten Bauabschnitten und Terminen üblich. Der Kontrakt wurde im Duplikat ausgefertigt und von beiden Seiten unterschrieben. Zum Schluss leistete der Schiffszimmermeister vor dem Gewett der Stadt einen Eid, dass er mit seinen Arbeitern das benannte Schiff in Rostock für einen hiesigen oder auswärtigen Auftraggeber erbaut habe, woraufhin der Bielbrief (Schiffsfahrzeugpapiere) vom Gewett auf Pergament ausgestellt wurde. Da die Zimmerung wesentlich die Güte des Schiffs ausmachte, enthielt der Bielbrief auch stets den Passus des „tüchtigen und gesunden eichenen Bauholzes“. Seine Aushändigung an den Reeder erfolgte erst nach geglücktem Stapellauf und erfolgter Schiffstaufe.

Große Werften im heutigen Sinn gab es Anfang des 19. Jahrhunderts noch nicht, sie entstanden in Rostock erst mit dem Eisenschiffbau vor dem Kröpeliner Tor nach 1850.

Für den Segelschiffbau existierten Schiffsbauplätze an der Warnow, die die Stadt an die Baumeister verpachtete. Die Pacht erhob die Stadt in Form eines Kielgeldes, der Meister bezahlte pro Elle gebauten Kiels 12 mecklenburgische Schillinge. Die Bauplätze mit kleinen Hellingen lagen eng aneinander „Am Strande“ zwischen Fischertor und Badstübertor. In der Nachbarschaft befanden sich die nötigen Holzlagerplätze. Die allgemeinsten Anforderungen an den Rostocker Schiffbau bis etwa 1850 waren erstens eine möglichst große

Traditionelle Handfertigung eines Holzkutters (Zeesboot)

Lastenaufnahme für Holz, Getreide oder Kohlen, zweitens auf ein flaches Schiff wegen der Untiefen in Ost- und Nordsee und der flachen Häfen, und drittens auf ein halbwegs schnell segelndes Schiff. Größere gekupferte Vollschiffe und Barken ab 200 Lasten für die Fahrt auf den Weltmeeren wurden in Rostock erst nach Aufhebung der englischen Navigationsakte 1850, die den freien Seehandel brachte, erbaut.

An der handwerklichen Kunst, Schiffe zu bauen, waren einige Berufe beteiligt. Die Zimmerleute bauten den Rumpf, Masten und Kajüten aus bestem Holz, sie zimmerten aus einzelnen Teilen das „Seegebäude" zusammen. Der meistgebaute Schiffstyp Anfang des 19. Jahrhunderts war die Galeasse mit bis zu 90 Lasten und 25 Metern Länge, die insbesondere für den Getreidetransport gut geeignet war. Zwischen 1800 und 1875 erfolgten etwa 550 Rostocker Segelschiffsneubauten, darunter Galeassen, Schoner, Schonerbriggen, Schonerbarken, Briggen und Barken.

Der Neubau eines hölzernen Schiffs war nicht mit einigen Monaten Arbeit bewältigt, mitunter dauerte er ein bis zwei Jahre. Für die Zimmerleute kamen ständig Reparaturen und Ausbesserungen an anderen Schiffen hinzu, die durch Sturm, Strandung, Fäulnis oder Havarien seeuntauglich geworden waren. Allerdings schränkte die Hafenordnung vom 11. März 1853 „das Zimmern und Ausbessern der Schiffe zu Warnemünde" auf Notfälle ein und war nur mit ausdrücklicher Erlaubnis des Gewetts möglich. Die Rostocker Schiffsbaumeister beschäftigten in der Regel zehn Zimmerleute, eine rühmliche Ausnahme bildete der Schiffsbaumeister Warnck, der in der hellen Jahreszeit bis zu 40 Gesellen Arbeit geben konnte.

In Rostock erhielten die Schiffszimmerleute 1504 eine eigene Rolle, die Hamburger und Lübecker erst 1544 und 1560. Für den Beruf des Schiffszimmermanns musste eine dreijährige, fleißige, lehrsame und gehorsame Lehrzeit absolviert werden. Nach Erteilung der Lossprechung und Erhaltung des Lehrbriefs war man ein Werkmann. Früher bestand dann strenger Wanderzwang, 1764 milderte der Rat den Wanderzwang, späterhin kam er wieder auf die Tagesordnung. Innerhalb eines Jahres war die Wanderschaft anzutreten und danach nachzuweisen, dass man ein Jahr bei einem fremden Meister gearbeitet hatte und ein Jahr lang zur See gefahren war. Ohne Seefahrtsnachweis erfolgte keine Gesellenaufnahme in die Zunft, denn der Zimmermann musste schon selbst Erfahrungen über Schiffe und über die Arbeit der Besatzung und Kapitäne mitbringen. Eine zweijährige Seefahrtpraxis wurde dann auch Voraussetzung für den Erwerb des Meistertitels. Seit 1822 wurden die Bedingungen auf drei Jahre Wanderschaft außerhalb Rostocks und davon auf mindestens zwei Jahre außerhalb Mecklenburgs erhöht. Empfohlene Wanderorte für Schiffszimmergesellen im Jahr 1842 waren in Norddeutschland Bremen, Hamburg, Stettin und Danzig. Rostock hatte ebenfalls einen guten Ruf unter den Schiffbauern, weil die Stadt als Ort bekannt war, in dem die Gesellen bei erfahrenen Schiffsbaumeistern ihr handwerkliches Geschick und fachliches Wissen vervollkommnen konnten. Die Anzahl von 150 eigenen Handelsschiffen in der Seestadt sprach schon für sich.

Die Arbeit der Schiffszimmerleute erwies sich als eine körperlich anstrengende Tätigkeit. Sie wurde hauptsächlich in der Sommerzeit ausgeübt, die in Rostock von März bis zum 18. Oktober ging, denn im Winter blieb die Arbeit fast gänzlich aus. Der Tagesverdienst lag in Rostock um 1850 etwa bei 15-22 Groschen, geringfügig höher als in Stettin und Greifswald. Dazu kam gewöhnlich die Erlaubnis, das Abfallholz als Brennholz für die Familie nutzen zu können. Auf den Schiffbaustellen ging es immer lebhaft und laut vom frühen Morgen bis zum späten Abend zu. Die gesägten Bohlen für die Planken mussten gebogen werden, in Rostock verwendete man dafür nur Eichenholz. Nur für kleine Schiffe, Kähne und Boote nahm man auch Planken von Nadelholz. Es galt die einfache Formel, je größer die Schiffe, desto länger, breiter und dicker musste das Plankholz sein. Holzlängen um die 20 Meter waren keine Seltenheit. Anfangs wurden angefeuchtete Bohlen auf einem eisernen Bock (Brennbock) unter starkem Feuer erhitzt und mit großer Krafteinwirkung der Muskelmänner den Rundungen des Schiffs angepasst. Durch langjährige Erfahrungen wurden einige Arbeiten erleichtert und man kannte auch kleine Tricks, wie das Einreiben mit Salz, um das Holz biegsamer zu machen. Ab 1819 half eine verbesserte Dampfkiste zum Erweichen und „Elastischer"-Werden der Hölzer, eine Sache, die in Holland schon länger praktiziert wurde. Unebenheiten beseitigten die Zimmerleu-

Werbung eines Rostocker Unternehmens, 1920er Jahre

te mit dem Schlichteisen. 20 bis 24 Zimmerleute benötigten einen langen Arbeitstag, der schon morgens um drei Uhr begann, um vier bis sechs Planken herzustellen. Weitere große gebogene Hölzer mussten hergestellt werden, die Bänder, an denen Boden und Wände befestigt wurden. Qualitativ sehr gutes Holz wurde für die Masten und den Kiel verarbeitet, es musste lang, gerade, dick und völlig astfrei im Holz sein. Als Kielholz kam auch Buche zum Einsatz, die unter Wasser gute Eigenschaften zeigte; jedoch gleich ob Buche oder Eiche, Kielholz forderte einen hohen Einkaufspreis.

Damit das Schiff garantiert dicht wurde, legten die Zimmerleute zwischen den einzelnen Planken Hanf und Pech ein, nahmen zum Schluss ein heißes Brenneisen, um die verpichten Fugen innen und außen zu glätten. Diese Arbeit nannten sie das Kalfatern.

1858 erwarben 5 Schiffszimmergesellen das Bürgerrecht. Diese Schiffszimmerleute zu Rostock waren raue Burschen, denen vornehme Manieren nicht immer nachgesagt wurden. Manchen Streit und Unmut hatten sie mit ihrem Amt ausgetragen, obgleich sie oftmals keine Schuld trugen. Der Segelschiffbau war enorm abhängig von Aufträgen und die Arbeit selbst von der Saison. Der Lohn war nicht immer ausreichend und die Meister stellten entgegen den eigenen Zunftgesetzen gelegentlich fremde Gesellen als Tagelöhner ein, um Kosten zu sparen. Dazu gab es Streitigkeiten zwischen Haus- und Schiffszimmerleuten, die immer mal wieder aufkamen: Fahrzeuge mit Kiel durften nur von Schiffszimmerleuten, aber flache Fahrzeuge ohne Kiel, wie Prahme zum Ziegeltransport, konnten sowohl von Schiffs- als auch von Hauszimmerleuten erbaut werden.

Nachfahren der Schiffszimmerleute
Bootsbauer Ekkehard Rammin

Der 1937 in Bodstedt geborene Ekkehard Rammin hat wohl schon den Geruch von diesem Gemisch aus Wasser, Holz und Teer mit der Mutterbrust eingesogen. Jedenfalls blieb er bis heute daran „kleben". Nicht, wie der Großvater auf See, sondern eher in Ufernähe, die Voraussetzungen für die Fahrt in See mit seinem beruflichen Werdegang absichernd. Als Schiffsrohrschlosser, später auch als Lehrausbilder tätig, um seine Kenntnisse an den Nachwuchs zu vermitteln, arbeitete bei dem 1953 gegründeten „VEB Bootsbau und Reperaturwerft" in Barth. Sein Rüstzeug dürfte er dabei beim Bau von Holzkuttern, deren Längen zwischen 12 und 24 Metern lagen und die als Reparationsleistungen für die Sowjetunion bzw. für die mecklenburgische Fischerei benötigt wurden, bekommen haben. Bereits ab 1956 wurde jedoch zunehmend auf Stahlbau umgestellt und es entstanden zahlreiche Spezialschiffe, von Schuten über Schlepper bis hin zu Küstenbooten. Nach Feierabend fertigte er aber schon mal den einen oder anderen der zu DDR-Zeiten sehr begehrten Angelkähne aus Kiefernholz, denn der ursprüngliche Bootsbau, der Umgang und die Auswahl des Holzes fesselten Ekkehard Rammin frühzeitig. Mit der Wende arbeitete er noch in der SAB Barth GmbH und deren Maritimen Bereich, ehe er sich mit einem kleinen Werftbetrieb für 11 Jahre selbstständig machte, bevor er in den Ruhestand ging. In dieser Zeit entstanden neun Bootsneubauten. Und irgendwie muss sich seine Begeisterung für diesen Beruf übertragen haben, denn beide Söhne sind in seine Fußstapfen getreten und mit ihren Betrieben in Barth ansässig.

Solide Handarbeit ist beim Holzbootbau unerlässlich

Ekkehard Rammin weiß, dass Bootsbau eine langwierige Angelegenheit ist. Nichts für Menschen, die schon übermorgen ein fertiges Ergebnis haben wollen. Aus der Geschichte ist ihm bekannt, dass frühere Bootsbauer in Barth für Holzschiffe in Handarbeit mit einer Länge von mehr als 12 Metern durchschnittlich ein Jahr benötigten. Er selbst hat als „Alleinkämpfer“ für ein 11 Meter-Boot ca. ein ¾ Jahr gebraucht, obwohl natürlich heute auch bestimmte Arbeitsgänge durch moderne Arbeitsgeräte erleichtert werden (beispielsweise, wenn statt des Handhobels ein elektrischer Hobel genutzt wird).

Über den Bootsbau befragt, ist er ein wandelndes Lexikon. Nicht nur, weil er sich mit der Geschichte befasst hat – so erfährt bei ihm das seit Jahrhunderten in dieser Region gebaute Zeesenboot größte Beachtung –, sondern aus eigener praktischer Berufserfahrung. Dabei ist die Holzauswahl von äußerster Wichtigkeit, ehe man überhaupt an die Umsetzung eines Bootsbauplanes gehen kann. „Steven, Kiel und Spanten sollten immer frisches Holz sein, damit das ganze ‚Spannung' bekommt, denn trockenes Holz würde brechen.“ Der ideale Feuchtigkeitsgehalt muss bei ca. 18–22 % liegen. Für die Außenhaut wird trockenes Holz verwendet. Für den Rumpf entscheidend ist der Geldbeutel des Auftraggebers: Wählt er einen in Kraweel-Bauweise, wobei die Planken dicker sind und auch erstmalig nach fünf Jahren nachkalfatert werden müssen, oder ein Klinker-Boot mit einer schwächeren Beplankung. Und eines bleibt bestehen, auch heute bedeutet Holzbootsbau Handarbeit, bis hin zum vielfachen Kalfatern des Holzes. Ekkehard Rammin schwört auf die Bauweise mit herkömmlichem Werkzeug, um am Ende Boote mit höchstem Qualitätsanspruch fertigen zu können. Grundsätzlich und unabhängig von Werkzeug und Material seien für diesen Beruf „handwerkliches Geschick und Erfahrung“ unerlässlich. Leider, da ist er sich sicher, wird dieser alte Handwerkszweig eher zurückgehen, denn die sogenannte „industrielle“ und billigere Fertigung mit Plastik ist deutlich auf dem Vormarsch. *Redieck & Schade*

Schlosser

„Rückt Mudders eis mit sure Snut
denn Husdörschlötel nich herut,
wi Schlössers kennen sone Saken,
daun heimlich di noch eenen maken!“

Die Schlosser gehörten im Mittelalter zu den Kleinschmieden, also den Metall verarbeitenden Gewerken, so wie die Nadler, Schwertfeger oder Messerschmiede. Besonders mit der Verfertigung von Schlössern und den dazugehörigen Schlüsseln erfüllten sie bereits im Mittelalter ein natürliches Sicherheitsbedürfnis sowohl für den Privatmann als auch für die Öffentlichkeit. Rostock besaß mit neun Stadttoren und 13 Strandtoren die meisten Tore einer mecklenburgischen Stadt und die wurden regulär morgens mit einem großen langen Schlüssel auf- und abends wieder zugeschlossen, damit die Stadtbewohner vor Dieben, Räubern, Vagabunden usw. geschützt waren. Ebenso behütet wurden die schweren und dicken Eichentüren der Kirchen mit großen Schlössern und langen Schlüsseln. Üblicherweise wurde nach dem ortsansässigen Handwerk der Kleinschmieden auch in Rostock eine Straße benannt, die erstmals 1267 nachweisbar ist. Ungefähr im 17. Jahrhundert wurde sie umbenannt in Sackpfeifenstraße, so ist sie auch heute noch bekannt. Nach dem Kämmereiregister von 1325 bezahlten die „fabri serarum“ jährlich um Michaelis für ihre Verkaufsstellen zwei Schillinge an den Rat. Die Produkte der Schlosser waren überaus begehrt, selbst die verschiedenen Rostocker Handwerksämter waren allesamt auf Schloss und Schlüssel angewiesen. Denn wichtige Amtsschriften und die Barschaft wurden zumeist in einer mit zwei Schlössern versehenen Lade verwahrt. Wohlbehütet unterstand die Lade dem wortführenden Altermann, der den Schlüssel zum ersten Schloss besaß, und dem zweiten Altermann, der den anderen Schlüssel für das zweite Schloss bewahrte. Denn es sollte auf jeden Fall jedweder Missbrauch verhindert werden. Aber auch Reisende benutzten bereits verschließbare Koffer und Truhen, um sie durch die fahrende schwedische Post von Hamburg nach Stettin, über Wismar und Rostock, vor Wegelagerern und Diebereien möglichst zu sichern.

Schlosser waren sehr gewandte Handwerker, die nach Bedarf der Leute arbeiteten. Es gab wohl kaum nützliche Dinge, die sie nicht herstellten. Zum Beispiel verfertigten sie auch Türanklopfer in verschiedensten Modellen, vom zierlichen Ring bis hin zum kräftigen Hammer, welche an Haustüren hingen und zum Einlass begehren (Klopfen) dienten. Schlosserarbeiten wurden ebenso bei Hausbauten gebraucht, so gehörten vielseitige Beschläge, Scharniere, Bänder, Riegel, Haus- und Stubentürdrücker aus Eisen zu ihren Produkten, die sie auf Bestellung für das Baugewerk zuarbeiteten. Sämtliche hölzernen Türen und Fenster wurden damit zusammengehalten oder beweglich gemacht. Unter der Bezeichnung Anker schmiedeten sie eiserne Kreuze, die dem Mauerwerk im Giebel den Halt gaben. Mit der modernen Zeit gab es zunehmend auch in diesem Gewerk feine Spezialisierungen z. B. für Hausratsgegenstände. Die ersten Plätteisen, frühe Geldschrankmodelle, selbst eiserne Rollläden für Türen und Fenster wurden von ihnen erdacht und angefertigt. Bekannt wurden auch die Kunstschlosser, die sich einen besonderen Ruf durch ihre künstlerisch feinen Arbeiten erwarben. Denn die Möbelfertigung bediente sich im Verlauf der verschiedenen Kunststile der schmückenden Schlösser für allerlei Gebrauchsgegenstände wie einen Schrank, die Truhe, Schatulle, das Klavier, Jagdkisten, für einen Pult oder den Sekretär, wodurch der Wert des Gegenstandes erhöht wurde. Noch heute gibt die Art und Weise und das verwendete Material eine Auskunft über die zeitliche Entstehung alter Möbel.

Kunstvolles Meisterstück eines Schlossers

Schlosserei von Heinrich Rewoldt in der Karlstr 19, 1913

Dabei gab es auch Schlossermeister, die fast schon mit Instrumentenbauern zu vergleichen waren. Bekannt wurde Friedrich von Hahn auf Remplin als berühmter Astronom, der an seiner Seite einen tüchtigen Schlosser hatte. Hahn erfand den Mechanismus zur Bewegung der Teleskope, sein überaus begabter Gärtner lieferte die Zeichnung dazu und sein gewandter Schlosser, der ihm stets zur Hand war und selbst Sekundenuhren herstellte, setzte die Ideen um und baute die komplizierte Mechanik.

Die Arbeit im Schlosserhandwerk war vielseitig und so war auch die Werkstatt ausgerüstet; zu den wichtigsten Werk-

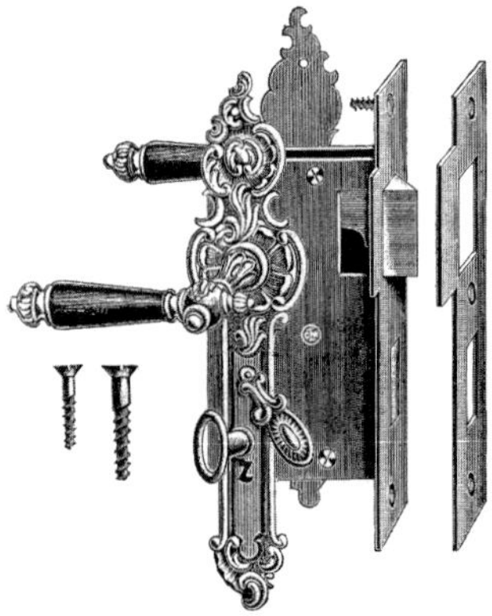

zeugen gehörten Amboss, Schraubstock, Hämmer, Dorn, Meißel, Bohrer, Feile, Zange und Blechschere. Als Hilfsmittel für schwierig zu formende Gegenstände wurden Stempel, Punzen und Grabstichel gebraucht. Weiterhin wurden Messinstrumente wie Winkel, Zirkel, Schablone und Zollstock benötigt. In der Werkstatt war die Esse die wichtigste Einrichtung für den Fortgang der Arbeiten. Der Amboss des Schlossers unterschied sich vom Amboss des Grobschmieds nur durch die Größe, er wog etwa zwei Zentner. An der schmalen Seite war noch ein Horn angebracht, dass Sperrhorn hieß, da der Schlosser beim Schmieden oft das Eisen biegen musste. Außer dem Schmiedeamboss benutzte der Schlosser zusätzlich einen Stockamboss.

Die Lehrzeit betrug im Rostocker Schlosserhandwerk drei bis vier Jahre. Vom Lehrling wurde gefordert, dass er männlichen Geschlechts, getauft, moralisch unbescholten und von beglaubigter ehelicher Herkunft war. Das Aufnahmealter lag durchschnittlich bei 14 Jahren. Im 16. Jahrhundert konnte sich ein Schlossergeselle in der Regel bereits nach zwei Jahren Wanderschaft um eine Meisterstelle bewerben. Als Meisterstück musste der Kandidat in der Regel drei verschiedene Schlösser anfertigen. Aber die wahre Meisterschaft zeigte sich in seinen vollendeten Arbeiten. Denn Schloss und Beschlag wurden technisch zweckmäßig und mit der Entwicklung des jeweiligen Raumes ästhetisch zugleich verfertigt. Manche frühe Erfindung gibt es noch heute, der sogenannte Bartschlüssel z. B. ist bis heute als Grundform des gebräuchlichen Schlüssels geblieben. Die Schlossfertigung begann immer mit der Schmiedung des Schlüssels aus einem Eisenstab; am vorderen Ende war der breite Bart über dem heißen Feuer zu schlagen, zu formen und daran mit Sägen und Feilen die einmaligen Einarbeitungen vorzunehmen, das hintere Ende bekam die gerundete Reute (Griff) geschmiedet. Genau nach dem Profil des Schlüsselbarts wurde das Schlossinnere so exakt gefertigt, dass nur dieser und kein anderer Schlüssel passte.

Seit dem 16. Jahrhundert kannte man das deutsche und danach das verbesserte französische Schloss. Die erste Variante war ein einfaches Türschloss, der Schlüssel ließ sich nur halb drehen, demzufolge der Riegel nur wenig verschieben, und das Schloss bot nur geringe Sicherheit gegen Einbruch. Man brauchte damals zum Öffnen eines Geldkastens mit halber Drehung einen kolossalen Schlüssel, der zum Schließen viel Kraft erforderte. Das änderte sich mit einer modernen Erfindung ab 1728, da gab es dann auch einen kleineren Schlüssel. Ging aber der Schlüssel verloren, war die Not groß und es musste ein Handwerker gerufen werden. Denn zu den Diensten des Schlossers gehörte auch das Aufsperren, wenn der Rostocker Bürgersmann mal seinen Türschlüssel verlor und nicht in die Wohnung kam. Dann halfen ihm die Gesellen und Lehrlinge mit dem Dietrich und Sperrhaken aus der Not, allerdings nur mit Erlaubnis des Meisters, und erhielten dafür ein sattes Trinkgeld.

Auf der Berliner Gewerbeausstellung im Jahr 1844 präsentierte der Rostocker Schlossermeister H. Küchenmeister seine verfertigten französischen Schlösser von hervorragender Qualität. Die Besatzung eines sehr auffälligen Haustürschlosses bestand aus einer französischen Lilie mit Kolbenreifen. Küchenmeister hatte in Berlin bei der Hamannschen Fabrik als junger Mann gelernt und in Rostock sein handwerkliches Können weiterentwickelt. 1850 arbeiteten 46 Schmiede und Schlosser in der Seestadt Rostock, 1872 wurden 22 Schlossermeister registriert.

Mit der Entwicklung von Industrie und Technik Anfang des 19. Jahrhunderts verschlechterte sich die wirtschaftliche Situation. Anfangs konzentrierte sich die fabrikmäßige Herstellung von Schlosserwaren auf die massenhafte Produktion von Vorhängeschlössern, die keine große Sicherheit boten, und auf die Erzeugung von Gewehrschlössern. Erst in der zweiten Hälfte des 19. Jahrhunderts verdrängten gegossene und getemperte Schlösser oder Schlossteile die handgeschmiedete Arbeit. Die Industrialisierung zu Ende des 19. und Anfang des 20. Jahrhunderts nahm dem Schlosser seine traditionellen Arbeiten weg und brachte ihn in neue Arbeitsfelder. Jetzt mussten diese Maschinen gewartet und repariert werden, so wurden aus ehemals selbstständigen Schlossern und Gesellen oft Arbeiter bei der Pferdebahn, der ersten Straßenbahn, in den Fabriken, Werften, in der Brauerei usw. Im Jahr 1907 gab es im Großherzogtum Mecklenburg-Schwerin noch 275 Schlossereien mit bis zu 1.105 Beschäftigten.

Schmied

„Tau Läwenstiet möt man gaut äten un drinken, seggt de Smitt, naher kann man dat nich mihr.“

Heute existieren in ganz Mecklenburg etwa wieder 25 Schmieden, 1852 besaß das Großherzogtum Mecklenburg-Schwerin etwa 600 Schmieden (einschließlich Schlossereien). Die Industrialisierung hatte das traditionelle Schmiedehandwerk bereits vor ca. 130 Jahren allmählich aus der Alltagskultur zurückgedrängt. Im 20. Jahrhundert fielen insbesondere mit dem Ersatz der Pferdestärke durch Motorenkraft in vielfältigen Wirtschafts- und Industriebereichen letzte Bastionen der Schmieden: Beim Militär wurden die Pferde durch Motoren ersetzt, im Verkehrs- und Transportwesen wurden die Pferde samt Kutschen durch Omnibusse und Dampflokomotiven ersetzt sowie mit der Zeit ebenfalls in der Landwirtschaft.
Heutzutage lebt Schmiedearbeit hauptsächlich in speziellen Dienstleistungen sowie im kunstgewerblichen und kulturhistorischen Bereich. Durch eine neue Renaissance des Pferdes generell leben Pferdesport und Pferdezucht wieder auf und damit ist das gute alte Handwerk wieder gefragt.
Das Schmiedehandwerk ist der älteste Metall verarbeitende Beruf und gilt als ältestes Handwerk in der Arbeitskultur überhaupt. Auch in Rostock beginnt die nachweisbare Handwerksgeschichte mit der Schmiede (lat. faber) und sie gilt als das Grundhandwerk. Dabei waren Feuer, Eisen, Hammer und Amboss ihre besonderen Arbeitsgegenstände und übten von jeher eine große Anziehungskraft auf den Menschen aus. In Rostock ist ein Schmied urkundlich erstmals 1219 unter dem Namen eines Henricus faber nachweisbar. Das Schmiedehandwerk muss im Mittelalter in der Seestadt bedeutend gewesen sein. Zwei wichtige Stadtstraßen erhielten in den ersten Jahrzehnten nach der Stadtgründung nach dem Handwerk ihren Namen. Die in der Altstadt gelegene Altschmiedestraße, erstmals 1280 im Stadtbuch als strata fabrorum antique civitatis erwähnt, existiert noch heute. Allerdings wurde sie 1792 Kleinschmiedestraße genannt. Die Altschmiedestraße bildete eine der drei wichtigen Nord-Süd-Verbindungsstraßen zwischen Altem Markt und Am Wendländer Schilde, sie lag damals am Rande der Stadtsiedlung, nahe der Stadtmauer, und dahinter befand sich unmittelbar die Warnow. Dieser Standort war sehr praktisch und bewusst bestimmt worden, denn im Falle eines durch das Schmiedefeuer verursachten Brandes war somit ausreichend Löschwasser vorhanden.
Die zweite Schmiedestraße (platae fabrorum) taucht in Urkunden im Jahr 1357 auf. Sie war die östliche Verlängerung der Langen Straße und befand sich zwischen der Lagerstraße und dem Burgwall. Im Zweiten Weltkrieg wurde sie durch Bomben zerstört und dann überbaut. Die Alterleute des Schmiedeamts unterhielten bereits im 14. Jahrhundert für die religiöse Betreuung eine Vikarie in St. Petri.
Mit fortschreitender Arbeitsteilung im Eisen verarbeitenden Handwerk trat eine Spezialisierung der Arbeitstätigkeiten ein, die sich auch in den Bezeichnungen und Berufscharakteristika zeigte, weshalb zwischen Grobschmiede (Huf- und Ankerschmiede), Klein- bzw. Feinschmiede (Schlosser, Messerschmiede, Nadler) und Waffenschmiede (Platen- und

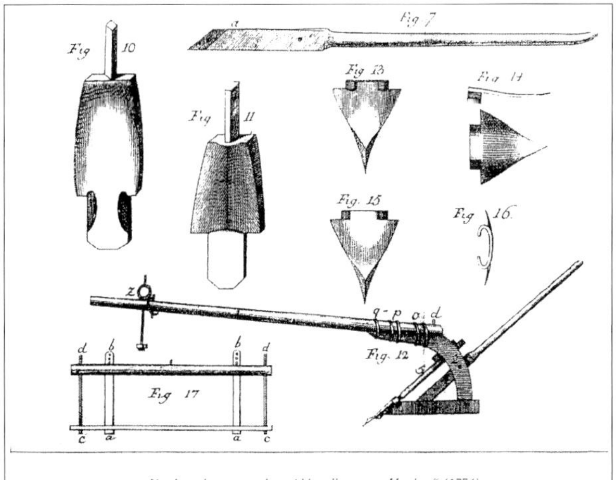

Werkzeichnung aus der „Abhandlung vom Haaken“ (1774)
1 Der Haakenbaum, 2 Der Haakenkrümmel 3 Das Haakenhöfft 4 Der Sterz, 5 Das Haakbrett oder Reeste 7a Der Sterz mit der Wurzel 10–11 Das Haakbrett, 12 Die Befestigung durch d Stifft und o p q Die Weeden, 13–16 Das Haakeisen, 17 Das Haakenjoch mit dem Jochbaum und dem Kehlholz, a–b Die Jochscheiden, c–d Die Jochsticken

Blick in die Schmiede von Wilhelm Albrecht (gegr. 1892), Strandstraße 94, in den 1920er Jahren. Bemerkenswert die große Anzahl von Mitarbeitern

Helmschläger, Schwertfeger) allgemein unterschieden wurde. Dann gab es die feinen Schmieden, die sich in Kupferschmiede und Goldschmiede unterteilten. Hier wurden rotes Kupfer und da wertvolle Edelmetalle wie Gold und Silber in edle und schöne Formen gebracht. Zum Teil aber auch für ganz praktische, nützliche Zwecke z. B. für vielerlei Gegenstände der Hauswirtschaft, Töpfe und Pfannen aus Kupfer vielleicht, die über dem Rauch hingen. Aber wer in den Stand versetzt war Geld, zu besitzen, ließ es nicht an prächtigen Schmucksachen und modischem Kleinkram fehlen. In wirtschaftlich guten Zeiten wurden kostbare und repräsentative Auftragsarbeiten von der Herrschaft bestellt.

Die Differenzierung des Schmiedehandwerks dauerte bis in die neuere Zeit hinein. Nach einer Berufszählung von 1933 gab es folgende spezialisierte Schmiede: Achsenschmied, Ankerschmied, Bergschmied, Blechschmied, Federschmied, Feuerschmied, Gesenkschmied, Grobschmied, Hammerschmied, Handschmied, Hüttenschmied, Hufschmied, Karosserieschmied, Kettenschmied, Kunstschmied, Nagelschmied, Radreifenschmied, Spatenschmied, Wagenschmied, Zeugschmied usw.

Museales Utensil der Nagelschmiede

In jedem Fall und zu allen Zeiten musste aber das Schmieden gelernt sein. Dazu beherrschte der Schmied die vier wichtigsten Elemente seines Handwerks. Aus der Erde erhielt er sein Rohmaterial, die Luft lenkte er so, dass die Glut in der Esse entfacht wurde. Das Feuer selbst diente ihm zur Formung des Eisens und schließlich nutze er das Wasser, um seine Produkte zu härten. Auf diese Weise wurde ein hartes, scheinbar unzerbrechliches Material nur mit Manneskraft bearbeitet: Formen, Biegen, Spalten, Feuerschweißen und Brechen gehörten zu den regelmäßigen Arbeitsschritten.

Im glühenden Zustand wurde das Eisen unter Verwendung verschiedenster Hämmer in entsprechende Formen gebracht. Zur Kennzeichnung der richtigen Temperatur hatte der Schmied eigene Begriffe: „Rotglut", „Weißwarm" oder „Kirschrot". Der angestrebte Arbeitsgang erforderte jeweils besondere Glutzustände des Eisens, die noch nicht durch Hilfsmittel messbar waren (etwa ein Thermometer). Der erforderliche Glutbrand war also eine praktische Sache der Erfahrung, die ein Lehrling nur vom Meister erlernen konnte. Um den „Meister des Feuers" gab es in den Märchen und Geschichten viel Mystik und Magie. Das Schmiedehandwerk war eine handfeste und schwere körperliche Arbeit. Zur Feuerung der Esse brauchte der Schmied ausreichendes Heizungsmaterial, das bis Anfang des 19. Jahrhunderts aus Holzkohle bestand. Im 16. Jahrhundert gab es zwei Vertreter des Schmiedehandwerks, die über den Kohlenhandel der Stadt eine entsprechende Aufsicht führten. Wichtig war die Qualität des Grundmaterials Roheisen, meist als Stab- und Stangeneisen oder Flacheisen gehandelt. Die Rostocker Schmieden bezogen das Roheisen in der Regel aus umliegenden mecklenburgischen Eisenhütten, aus Dömitz, Grabow oder Neustadt. Das qualitativ beste Eisen zum Verschmieden kam aber von weiter her über die Ostsee, aus dem benachbarten Schweden unter dem Namen Ösamund. Solche verfertigte Schmiedeware kam den Käufer meist sehr teuer im Preis, doch die Qualität in Haltbarkeit und Gebrauchseigenschaften war unübertrefflich.

Denn nach einer Überlieferung lautet ein Schmiedespruch: „Alles Eisen lässt sich Hämmern, nicht aus jedem wird zwar Stahl."

„Ein seltenes mecklenburgisches Handwerkerjubiläum

Am 5. August dieses Jahres feiert das in Rostock, Schmiedestraße Nr. 10, seit dem Jahre 1623 durch Aufzeichnungen im Rostocker Stadtarchiv und Hausurkunden nachweisbar betriebene Kupferschmiedegewerbe sein 300-jähriges Jubiläum.[…] Die vorhandenen Hausurkunden sind in vieler Hinsicht wertvoll, so z. B. das Wanderbuch des Michael Kleinsorge, der ab 1737 den ganzen deutschen Westen kennengelernt hatte und selbst bis zur Schweiz heruntergewandert war, so wie das Wanderbuch des Daniel Steinhorst, der seinerzeit um 1781 herum die ganzen deutschen Siedlungen des Nordens im Baltikum bereist hatte und sogar mit Hilfe eines noch vorhandenen Passes im Zeitalter der großen Katharina von Russland, der stolzen Selbstherrscherin aller Reußen, von Dorpat über Reval nach Petersburg vorgedrungen war. […] Der Tätigkeitsbereich im Hause Schmiedestraße 10 war nach oben genannten Aufzeichnungen ein äußerst vielseitiger. So wurde schon um 1700 nicht nur kupfernes Hausgerät hergestellt, sondern man befasste sich vorwiegend mit der Anfertigung von großen kupfernen Braupfannen, Destillierblasen, Gerberkesseln und Rohranlagen, mit welchen das Mecklenburger Land in weitem Umfange versorgt wurde.
Der Weltkrieg 1914 brachte die Krise für das Kupferschmiedegewerbe und verlangte eine Umstellung auf verwandte Gebiete, sodass sich der Betrieb jetzt (1923 – Anm. d. Red.) mit der Zusammenstellung von Großkücheneinrichtungen für Landhäuser, Hotels, Speisewirtschaften, Anstaltsküchen, Bäckerei- und Konditoreibetriebe befasst. Dr. St."

(Quelle: Sammlung Jan-Peter Schulze/Rostocker Anzeiger)

Schneider

„Ick straf mien Fruu mit gaude Wüürd, säd' de Snieder, dor smet hei ehr de Bibel an'n Kopp."

Ursprünglich war das Schneidern hauswirtschaftliche Tätigkeit und vor allem Frauenarbeit. Selbst deutsche Fürstinnen schnitten ihren Stoff zu und ließen die Dienerinnen nähen und die Mönche in den Klöstern erledigten diese Arbeit ebenso. Seit dem 12. und 13. Jahrhundert wuchs der Kleiderbedarf in den Städten und es bildete sich ein zünftiges Gewerbe der Männer heraus. Der erste Beleg für einen Schneider stammt aus Hamburg aus dem Jahr 1152. In Rostock gab es nach den ältesten Stadtbüchern zwischen 1258 und 1288 drei Alt- und Flickschneider. Die Kleidung blieb im 12. und 13. Jahrhundert in den einfachen Formen von Tunika und Mänteln, mancherorts wurden die Stoffe vielfältiger und farbiger. Mit dem Erstarken des Bürgertums im 14. und 15. Jahrhundert wurden die alten Kleidermoden in Farben und Formen durchbrochen und im wahrsten Sinne des Wortes galt „Kleider machen Leute" in den Hansestädten.

Wappen der Rostocker Schneiderinnung

Das Handwerk der Schneider in Rostock entwickelte sich zu einem überaus angesehenen Gewerk. Ein Schneideramt bestand seit etwa 1270, jedoch hat sich eine frühe Handwerksrolle nicht erhalten. Im Jahr 1325 errichteten die Schneider in Braunschweig nachweislich ihr Amt und die erste Schneiderrolle von Lübeck stammt von 1370. Etwa 1480 zählte das Rostocker Schneideramt 15 Meister. Von Anfang an besaßen die Rostocker Schneider nicht das Recht mit Rohstoffen zu handeln. Sämtliche Stoffe mussten bei den Gewandschneidern (Tuchhändlern) gekauft werden oder, was häufig der Fall war, der Auftraggeber lieferte persönlich Stoffe und Zubehör wie Knöpfe, Bänder usw. mit. Der Schneidermeister arbeitete hauptsächlich auf individuelle Bestellung der Kunden, entweder für Manns- oder Frauenpersonen, meist auch für beiderlei.
Im 18. Jahrhundert wurde es allgemein üblich, dass aus Gründen des Anstands und der Moral die Frauenkleider von Frauen angefertigt wurden. Die qualifizierteste Arbeit war unbestritten der Stoffzuschnitt nach den Körpermaßen, denn damit zeigte sich, ob der Meister sein Handwerk verstand, worauf ebenso die Berufsbezeichnung hinweist.
In Mecklenburg nannte man die Handwerker bis Mitte des 16. Jahrhunderts auch Schröder und Snider, Bezeichnungen aus der mittelhochdeutschen Sprache (etwa 1050-1350), wovon Snider in das Plattdeutsche und in die englische Sprache eingegangen ist.
Der genaue Zuschnitt des Stoffes verlangte Augenmaß sowie einige Fingerfertigkeit, denn war der Stoff einmal verdorben,

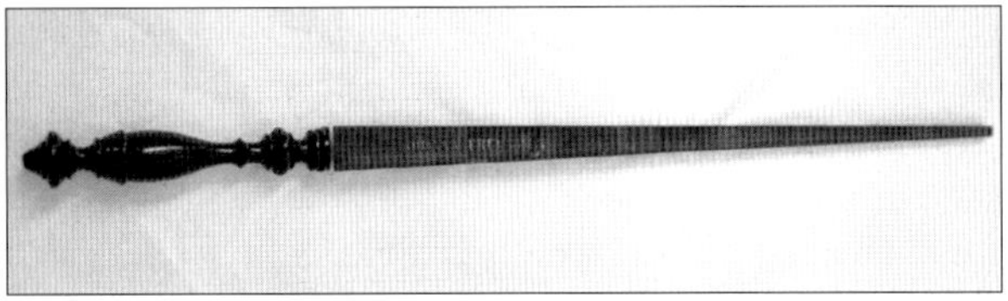

Schneiderelle von 1856

konnte der Meister dafür vor dem Rat verklagt werden und hatte eine entsprechende Strafe zu zahlen. Einzige Hilfsmittel der Schneider waren Schnüre, Papierstreifen und Zuschneideschere, die ein wichtiges Symbol des Handwerks wurde. Kein Meister überließ je dem Gesellen oder gar dem Jungen das Zuschneiden von Stoffen, wobei es durchaus üblich war, dass der Meister in seiner Werkstatt bevorzugt Frauen, auch Soldatenfrauen oder Dirnen (junge Mädchen) beschäftigte, worüber es oftmals zum lauten Unmut vor dem Rat durch die Gesellen kam. Bei größeren Auftragsarbeiten für Hochzeiten oder Trauerfeierlichkeiten durfte der Meister zusätzliche Hilfskräfte im Tagelohn aufnehmen.

Nach dem Zuschneiden begann die Arbeit des Nähens. Mit Stichen durch Nadel mit Faden wurden die einzelnen Stoffteile zusammengefügt, Schnittkanten befestigt und Verschlüsse angebracht. Nähnadel und Fingerhut waren hierfür wichtige Schneiderutensilien. Die Nähnadel bezog der Meister von nebenan vom Nadler. Im Mittelalter war die Nähnadel noch recht unvollkommen, grob und nicht rostfrei, dementsprechend konnten ordentliche Nähte nur durch saubere Arbeit erreicht werden. Als Nähfaden dienten Leinengarn und Wolle, in der Neuzeit kam der gezwirnte Baumwoll- oder Seidenfaden in Mode. Schneiderarbeit war immer eine Einzelanfertigung, sodass die Produktivität begrenzt blieb, und bei dicken Stoffen war die Verarbeitung auf Dauer körperlich anstrengend. Sehr dicke Stoffe verarbeiteten in der Regel nur Männer und nur die Herren pflegten den typischen Schneidersitz, das war eine Arbeitshaltung im Sitzen mit überkreuzten Beinen.

Den Fingerhut brauchte der Schneider zum Selbstschutz vor Stichen in den Mittelfinger der rechten Hand, damit wurde auch die Kraft auf die Nadel durch den Stoff besser bewältigt. Die besten Fingerhüte fertigten die Drechsler, Knochenschnitzer oder Gelbgießer. Neben dem geschlossenen Fingerhut zum Überstülpen gab es auch einen offenen Nähring, der die Fingerspitzen frei ließ und vor allem aus der Herrenschneiderei bekannt war.

Zur letztendlichen Fertigstellung der Hemden, Kleider oder Hosen benutzte der Schneider seit dem späten Mittelalter das Bügeleisen, um den Stoff und insbesondere die Nähte auszubügeln. In der Schneiderei verwendete man Hohl- und Volleisen aus Guss- oder Schmiedeeisen, später auch aus Stahl. Hohleisen füllte der Meister mit glühenden Holzkohlen und Volleisen erwärmte er im Ofen. Im plattdeutschen Volksmund hieß das Bügeleisen auch scherzhaft „Sniderbrade“, weil dem Glätteisen oft ein stoffversengter Geruch anhaftete. Nur ein geglättetes Kleidungsstück wurde dem Käufer präsentiert, denn es war immer der Anspruch, dass eine zweckdienliche Kleidung nicht nur solide, sondern auch schön in der Verarbeitung sein sollte.

Das Schneiderhandwerk verlor in der Neuzeit gegenüber dem Spätmittelalter an Status. Zwar wechselten die Moden so rasch und so grundlegend wie noch nie in der Kleidungsgeschichte, doch nicht alle Leute in den Städten konnten davon profitieren. Staats- und Ratspolitik bestimmten, was die Stadtbürger nach ihrer sozialen Stellung und dem Ansehen in der Gemeinschaft an Kleidung tragen durften und erst später entschied der Geldbeutel der Leute darüber. Der Rat zu Rostock erließ 1576 eine Polizeiordnung mit Ständeordnung, worauf erstmals 1587 eine Kleiderordnung folgte und 1591 eine Hochzeitsordnung festgelegt wurde. 1617 wurde sie revidiert, womit die Kleidungsbedürfnisse für lange Zeit in drei Stände eingeteilt und ein Vergehen dagegen mit strenger Strafe geahndet wurde. Das bedeutete zugleich auch eine äußerliche Abgrenzung der Stände, die ebenso das soziale Verhalten untereinander regelte. Was die „edlen Geschlechter und Ratsfamilien“ tragen durften, kam den „vornehmen Bürgern“ nur noch teilweise und den „niederen gemeinen Ständen“ nicht mehr zu. Der ehrbare Rat rückte mehrfach dem „Kleiderteufel“ mit seinen modischen Neuerungen zu Leibe. Für den hohen Stand wurden z. B. die Stoffmengen festgesetzt, um eine Verschwendung von Textilien einzugrenzen. Den anteilig meisten Stoff zu einer Hose, nämlich 12 Ellen Leinwand, genehmigte die Rostocker Ordnung den Adligen

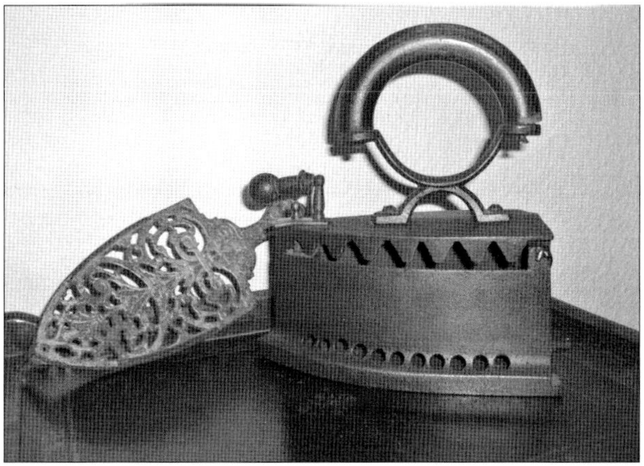

Omas Kohlebügeleisen mit verziertem Untersatz

und den Ratsherren. Ebenso waren die Farben der Kleider und die Art der Gewebe und Musterung, ob z. B. gestreift oder kariert, festgelegt. Alle diese Regeln betrafen folglich die Arbeit vieler einzelner Gewerke, neben den Schneidern die Woll- und Leinwandweber, die Färber, den Schuster usw. Die restriktiven Maßnahmen schädigten das Schneidergewerk gelegentlich und doch ließen sich die Leute allerlei einfallen, um sich modische Bedürfnisse zu erfüllen. Allerdings begann sich die Freiheit der Kleidung erst nach der Französischen Revolution durchzusetzen.

Dekorativer Rechnungsausschnitt der Schneiderei Lütje, Hopfenmarkt 2, 1903

Die Werkzeugkiste der Schneiderei (Schere, Nadel, Bügeleisen) blieb bis in die 2. Hälfte des 19. Jahrhunderts beinahe unverändert. Das Schneiderhandwerk kam mit wenig Kapital aus und setzte sich wohl wie kaum ein anderes Gewerk der Konkurrenz durch häusliche Arbeit aus. Mit Geschick und Erfahrung war das Handwerk insbesondere von Mädchen und Frauen erlernbar. Keine noch so strengen Zunftordnungen konnten den Frauenzimmern das Werkeln mit Faden und Nadel verbieten. So war den „Frauenspersonen" erlaubt, welche sich auf das Nähen von Frauenkleidern verstanden, auf Bestellung zu arbeiten. Nur durften sie mit dem Genähten auf dem Markt nicht handeln. Vom Schneiderhandwerk ausgeschlossen blieben die Weißnäherinnen, das waren Wäscheschneiderinnen, die Bett-, Tisch- und Unterwäsche sowie Leinenhosen zumeist in Hausarbeit nähten.

Die Schneider waren aber meist pfiffige Kerle und versuchten sich für die Sicherung des Unterhalts auch schon mal in anderen Arbeitsbereichen. So mancher versuchte sich in der Bildung und eröffnete neben dem Handwerk in seinem Haus eine kleine Schule zum Lesen-, Schreiben- und Rechnenlernen. Diese sogenannten Winkelschulen und Schulhalter (1817 verzeichnete Rostock 10 Schulhalter) waren ein Dorn in den Augen der hohen Ratsherren zu Rostock. Doch man musste die Winkelschulen dulden, solange die Ratsschule oder eine andere Schule nicht alle armen Kinder aufnahm.

1783 rangierten die Schneider mit 58 Meistern hinter den Schustern in der Betriebszahl an 2. Stelle, 1817 gab es 89 Schneider. 1872 zählte Rostock 137 Herrenschneider und 44 Schneiderinnen. Nach Einführung der Gewerbefreiheit 1869 gründete sich die Schneider-Innung per 18. März 1888 zu Rostock neu.

Allerdings wurden Schneider in diesen Zeiten selten wohlhabend. Ausnahmen bildeten die Hofschneider, die speziell für die herzoglichen Familien und Höfe in Güstrow und Schwerin für hohen Lohn schneidern konnten. Besser erging es denjenigen Schneidern, die vom Militär, von den Ratsherren, durch die Kaufmannschaft

oder vom Theater ausreichend Aufträge erhielten. Obwohl viele Bürger im 18. und im 19. Jahrhundert diesen Beruf ausübten, gab es in Rostock unter den Schneidern etliche verarmte Existenzen. Im Vergleich zu anderen Handwerkern, die wirtschaftlich ihren Unterhalt sichern konnten, gab es nicht wenige Schneider, die wie das „arme Schneiderlein" lebten. Und wenn einer so arm wie das Schneiderlein war, sagte man im Volksmund, „drum drünk hei de Bottermelk ut'n Fingerhut" (Wossidlo-Sammlung).
Doch blieb die Schneiderei in Mecklenburg auch nach der Erfindung der Nähmaschine und mit der einsetzenden fabrikmäßigen Textilproduktion eine Existenzgrundlage für viele Menschen. Nicht alle Modebedürfnisse ließen sich schon damals per Fließbandarbeit erfüllen. 1907 existierten im Großherzogtum Mecklenburg-Schwerin 3.685 Schneidermeisterbetriebe mit insgesamt 5.911 Beschäftigten.

Schneidermeister Uwe Bössow

Man schrieb das Jahr 1948. Rostock war nach dem Krieg eine geschundene Stadt. Die Zerstörungen waren allgegenwärtig. Und doch blickten die Menschen hoffnungsvoll in eine noch ungewisse Zukunft, wovon hier berichtet werden soll. Das war auch in der Kröpeliner-Tor-Vorstadt so, die in ihrer Gesamtheit einigermaßen in Takt geblieben war. Dort war vier Jahre zuvor, am 19. Januar 1944, Uwe Bössow zur Welt gekommen. 66 Jahre später, im Jahre 2010, ging er in den Ruhestand und blickte in einem Gespräch auf die Geschichte seiner Familie zurück.

Vater und Sohn Bössow

Uwe Bössow mit den Lehrlingen Cornelia Kurby (links) und Petra Herrmann

Uwe Bössows Arbeitsleben war das eines Schneiders. Er hatte es seinem Vater Franz Bössow zu verdanken. Der hatte am 1. März jenes Jahres 1948 den wahrlich hoffnungsvollen Schritt in die Selbstständigkeit gewagt. Das Schneiderhandwerk war damals in Rostock weit verbreitet. Das Adressbuch von 1949/50 weist in Rostock und Warnemünde immerhin 172 Schneidermeister auf. Dazu gab es noch eine große Zahl selbstständiger Schneiderinnen. Die Kundschaft kam aus dem Umkreis und hatte die Wahl. Auch in der Kröpeliner-Tor-Vorstadt gab es viele Schneider, darunter auch jene in der Ulmenstraße, die sich angesichts der dortigen Füsselierkaserne auf Uniformen spezialisiert hatten. Alle hatten reichlich zu tun. Mit den Jahren wurden es jedoch immer weniger, viele alte Meister hatten keine Nachfolger mehr. Die Bössows wohnten 1948 in einer Wohnung in der Doberaner Straße 118. In einem Zimmer des Hauses richtete sich der Vater seine erste bescheidene Werkstatt ein. Ein Jahr später zog er in eine Werkstatt im Haus Doberaner Straße 132 um.
1956 wechselte er in die Doberaner Straße 120. Von 1996 bis 2010 war er dann noch in der Doberaner Straße 108 zu finden. „Wir waren immer in derselben Straße und immer auf der selben Seite", sagt Uwe Bössow lachend angesichts der Adressliste.
Franz Bössow, sein Vater, war in Roggendorf bei Klütz zur Welt gekommen. Nach der Schulzeit ging er bei Schneidermeister Giese in Grevesmühlen in die Lehre. 1935 ging er nach Rostock und fand eine Anstellung als Geselle bei Schneidermeister Artur Stepath in Warnemünde. 1937 heiratete er eine Rostockerin und blieb folglich in der Stadt an der Warnow.

Erster Preis für ein Modell Franz Bössows bei einer Modenschau

Bedarf für das Schneiderhandwerk war in der Nachkriegszeit reichlich vorhanden, problematisch war die Materialbeschaffung. Man machte aus allem etwas. Die Einkaufs- und Liefergenossenschaft des Schneiderhandwerks stellte die Zutaten und später die Stoffe zur Verfügung, wenn auch nicht immer in gewünschtem Umfang. Doch mit der Zeit besserte sich die Lage.

Seit 1948 gab es auch schon Modenschauen des Schneiderhandwerks, im Postsaal, in der Handwerkskammer, im Klubhaus der Neptunwerft, im Haus der Freundschaft in der Doberaner Straße oder in der Ostseegaststätte in der Langen Straße. Schneidermeister Franz Bössow hatte in seinem Handwerk gut zu tun. Uwe Bössow folgte seinem Vater wie selbstverständlich in den Beruf. Am 1. September 1958 begann er seine Lehre bei Schneidermeister Erich Rieckmann in Gehlsdorf. Am gleichen Tag nahm auch Uwe Bössows spätere Ehefrau Bärbel, die aus einer alten Rostocker Schneiderfamilie kam, die Schneiderlehre auf. Ihr Großvater war Schneidermeister Bruno Baumann aus der Margaretenstraße 48.

Erich Rieckmann war Obermeister des Schneiderhandwerks in Rostock. Von ihm übernahm Uwe Bössow 1979 das Obermeisteramt und übte es bis 1991 aus. Danach war er Stellvertreter der Innung für Damen- und Herrenschneider.

Als Lehrling trug Uwe Bössow auch die fertiggestellte Garderobe aus und lernte dabei viele Leute kennen. Einer der Kunden war beispielsweise die Familie Evert, die in Gehlsdorf eine weithin bekannte Gärtnerei betrieb.

Er habe vieles gelernt, sagt Uwe Bössow, auch Arbeitsgänge, die heute nicht mehr aktuell sind. Die Zeiten ändern sich eben. Es war aber schön und nützlich, das alte Handwerk zu beherrschen. Später kam das Wissen auch bei der eigenen Lehrlingsausbildung zu Nutzen. Etwa zwanzig Lehrlinge hat Uwe Bössow das Schneiderhandwerk gelehrt. Vier von ihnen sind noch im Beruf, unter anderem bei Theater, Film und Fernsehen.

Es gab immer ein gutes Miteinander, erzählt der Schneidermeister. Etliche Lehrlinge blieben auch nach ihrem Abschluss in der Firma. Kontakte gibt es bis heute, ein Stück Menschlichkeit von seiner guten Seite.

Gefertigt wurde außer Kleider und Blusen alles. Kostüme und Röcke gehörten, wie schon beim Vater, ebenso zum Angebot wie Mäntel, Anzüge, Westen und Hosen, auch Ledermäntel und -jacken für Damen und Herren waren sehr gefragt und wurden wie alles in bester Qualität geliefert.

Am 1. Oktober 1976 hatte Schneidermeister Uwe Bössow das Geschäft vom Vater übernommen. Ein entsprechender Ministerratsbeschluss für Förderung der Selbstständigkeit machte es möglich. Uwe Bössow war auch Vorsitzender der Einkaufs- und Liefergenossenschaft des Schneiderhandwerks, die neben den Schneidern auch Weber und Putzmacherinnen versorgte.

Außerdem arbeitete er im Preisaktiv mit. Das war für Preisbildung und Abrechnung zuständig und machte auch Stichproben. Die vom Preisaktiv erstellten Preislisten waren verbindlich.

So kann Uwe Bössow auf ein arbeitsreiches Leben im Schneiderhandwerk zurückblicken. Er tut dies mit einem guten Gefühl. Und er ist auch ein wenig stolz darauf, dass es das Maßatelier Franz Bössow fast 62 Jahre lang gab. Es ist zweifellos ein gutes Stück Handwerksgeschichte der Kröpeliner-Tor-Vorstadt. Mit dem 2010 erfolgten Wechsel ging das Geschäft an Obermeister Andreas Kiefer, der es nach kurzer Zeit aufgab.

Inzwischen kann Uwe Bössow auch ganz gut ohne Nadel leben. Der Garten erfährt noch mehr Zuwendung als ohnehin schon und dankt es mit erholsamen Stunden im Grünen. Und dann ist da auch noch das Haus in der Margaretenstraße 50 zu erhalten, das die Bössows von der Tante übernahmen. Dazu kommt die eine oder andere Reise und andere Aktivitäten, die zuvor oftmals zu kurz kamen.

Das Geschäft in der Doberaner Straße 108

Hans-Heinrich Schimler

Schokoladenmacher

Die Spanier kosteten als Eroberer die erste Schokolade im neu entdeckten Kontinent Amerika. Sie war aber dort bitter und nicht nach dem Geschmack der Europäer. Was die Spanier eher beeindruckte, war die Wirkung der Schokolade, denn sie erwies sich als nahrhaft und anregend. Im Jahr 1580 bereiteten die Spanier das erste köstliche Schokoladengetränk in Europa zu und sie waren lange Zeit neben den Portugiesen die einzigen wirtschaftlichen Nutzer von Kakao, eben auch weil sie das Monopol über die Kakaobohnen streng hüteten. Erst nach dem Dreißigjährigen Krieg schaffte es die Schokolade, in anderen Ländern bekannt zu werden. Schokolade wurde ein begehrtes Naschgut der höfischen, adligen und gutbürgerlichen Gesellschaft und wurde ein Prestigegut, das sich nicht jedermann leisten konnte. Es dauerte einige Zeit, bis Ende des 18. Jahrhunderts auch das Bürgertum sich der süßen Schokolade zuwandte.

Zur Herstellung von Schokoladen brauchte man Kakao, Zucker, Vanille und andere Gewürze. Kakaopulver war noch nicht im Handel (erst ab 1828), weshalb die Schokoladenherstellung mit dem Rösten der Kakaobohnen begann. Der Schokoladenmeister röstete die Bohnen in einer eisernen Schüssel unter niedrigem, gleichmäßigen Feuer, damit die Schalen abfielen. Danach erfolgte das Zermalmen der Bohnen, anfangs mit dem Mörser. Die Entnahme der Kakaobutter und ihr Ersatz durch andere Stoffe galten als eine Geschmacksverfälschung. Gegen 1800 kannte man bereits die Gesundheitsschokolade, die mit weniger Vanille hergestellt wurde, wobei bei Schokoladen generell mit ein, zwei, drei oder vier Vanilleanteilen auf das Pfund Schokolade gerechnet wurde. Der jeweilige Vanilleanteil ließ den Preis der Essschokolade steigen. Die Gestaltung der Schokoladenform war verschieden, es gab sie in Figuren, Kugeln, Würfeln oder flach und rund. Gestempelte Schokolade wies auf die Herkunft aus Spanien oder Frankreich hin, denn diese Länder waren bis 1800 die größten Schokoladenproduzenten.

Eine gute Essschokolade musste braun-rot, glatt und glänzend sein, je matter die Farbe, desto schlechter der Kakao. Beim Zerbrechen sollte der Bruch glatt sein und durfte keine glänzenden Punkte vorweisen, denn dann hatte der Fabrikant die Vanille durch billigeren Zucker ersetzt. Beim Kauen sollte sich die Schokolade langsam auflösen und im Munde zergehen. Derart formulierte ein Fachbuch von 1795 die sinnlichen Kriterien für qualitativ gute Tafelschokoladen.

Aber per 1794 wurde Schokolade in Mecklenburg vermutlich kaum oder nur sehr selten hergestellt. Und wenn handgefertigte Schokolade den Gaumen erfreuen konnte, dann hauptsächlich durch die herzogliche Hofküche, in den Schlössern und Villen des Landadels oder die Schokolade wurde für die hohen Herrschaften im Ausland eingekauft.

1794 kamen im Rostocker Hafen aus Bordeaux von den französischen Kolonien in Westindien 49.907 Pfund Kaffee und 706 Pfund Rocou (Farbstoff) ein. Kakao wurde dagegen nicht importiert. Der kürzeste Weg, um Kakao einzukaufen, führte zu den Händlern nach Hamburg, denn Hamburg importierte im gleichen Jahr 20.235 Pfund Kakao und 1.909.801 Pfund Kaffee. Der Rostocker Stadtarzt Dr. Nolte schreibt im Jahr 1807 über das Verhältnis der Rostocker Bürger zur Schokolade: „Die Schokolade trinkt man zwar gern, aber nicht häufig. Sie wird von den meisten mit Milch zu einem schwerflüssigen Brei gekocht, aber dennoch speiset man gewöhnlich noch etwas Zwieback oder Kaffeebrod dazu. Im Ganzen taugt die Schokolade, welche hier verkauft wird, nicht viel." Von einer verführerischen Versuchung und einem zarten Genuss für den Gaumen der Bürger konnte noch keine Rede sein. Kakao wurde damals in Rostock hauptsächlich zu Naschwerk von den drei Zuckerbäckern (um 1807) der Stadt verarbeitet, weniger zu Tafelschokolade oder Schokoladen in anderen Formen.

Mitte des 19. Jahrhunderts sollte sich der Genuss von Schokolade bei den Leuten ändern. Aus dem handwerklichen Erfahrungsschatz verschiedener Berufe, die aus Mehl, Zucker, Eiern, Nüssen, Mandeln, Kakao und Gewürzen süße Lebensmittel herstellten, wie Zuckerbäcker, Lebküchner, Konditoren, entstand die maschinelle Süßwarenindustrie. 1852 betrug der Gesamtimport des Großherzogtums Mecklenburg-Schwerin an Kakao 146 Zollzentner und an Kakaoschalen ein Zollzentner, wovon sechs Zentner Kakao aus dem Land wieder der Ausfuhr unterlagen. Die Einfuhr an Vanille betrug ein Zollzentner. Für das Jahr 1862 brachten die Handelsschiffe 50,2 Zollzentner Kakao aus Holland nach Rostock.

Der Kaufmann C. L. Friedrichs gründete 1864 in der Seestadt eine Schokoladenfabrik mit einem Fachgeschäft. Für 1875 weist das Rostocker Adressbuch die 2. Schokoladenfabrik an der Marienkirche 14 mit dem Kaufmann M. Rehberg auf. Bald konnten die Bürger in Rostock verschiedenste Schokoladensorten kaufen: Nähr-Schokolade, Eisen-Schokolade, Malz-Schokolade, Magnesia-Schokolade, Reis-Schokolade, Sago-Schokolade. Und die Leute begannen, ihr Geld für süße Leckereien auszugeben. Zu den Fest- und Feiertagen herrschte entsprechender Hochbetrieb in der Fertigung. Tafelschokoladen, Hohlkörper, Hasen oder Nikoläuse erfüllten die Kinderwünsche. Mithin wurde auch kein anderes Produkt so beworben wie die Schokolade, sodass aus dem anfänglichen Prestigegut nunmehr ein Konsumgut wurde. Um 1900 wurden auch erste Schokoladenmarken wie Stollwerk und Sarotti in Rostock bekannt, eine Konkurrenz, die das Geschäft belebte und Rostocker Produzenten zu neuen Kakao-Kreationen anregte. Die Firma Franz Stollwerk kam aus Köln, entstand am Rhein 1839 und produzierte ab 1862 Schokolade, und die Wortmarke Sarotti aus Berlin hatte sich 1894 schützen lassen.

Die stoffliche Aufgliederung von Kakao erlaubte den gezielten Ersatz einzelner Inhaltsstoffe durch preiswertere Alternativen. Teure Kakaobutter konnte durch preiswertere tierische Fette ersetzt werden. Die führenden deutschen Produzenten schlossen sich zur Qualitätssicherung schon 1867 zum „Verband deutscher Chokolade-Fabrikanten e. V." mit Sitz in Dresden zusammen. Sie einigten sich 1877, alle mineralischen Stoffe, Eichelmehl, Zichorien und Runkelrübenmehl und alle tierischen Fette auszuschließen und lediglich Farbstoffe in Höhe von zwei Prozent zuzulassen. Man unterwarf sich der chemischen Analyse durch Labore und verließ sich nicht ausschließlich auf den Geschmack. Seit dem deutschen Markenschutzgesetz von 1894 war es möglich, Qualitätsstandards für den Kunden durch Schokoladenmarken zu setzen.

Die Rostocker Firma C. L. Friedrichs erlebte trotz mancher wirtschaftlichen Widrigkeiten erfolgreiche Geschäftsjahre. In den Jahren der Weltwirtschaftskrise ging sie jedoch dann der Pleite entgegen. Die Preise für Süßwaren waren in das Unermessliche gestiegen. Wer konnte sich da schon Schokolade leisten! 1929 stellte die Firma die Produktion um und die Fabrikräume wurden zum „Bierhaus Siechen" ausgebaut. Ab 1932 konnte die Schokoladenfertigung wieder aufgenommen und das Süßwarenfachgeschäft weitergeführt werden, z. B. mit Schokoladen und Zuckerwaren sowie Japan- und Spielwaren. 1940 war der Inhaber A. Huchthausen. Heute wird die Tradition der Rostocker Schokoladenproduktion durch die Schokoladerie de Prie am Warnowufer weitergeführt.

Schornsteinfeger

„De Schornsteenfeger kann Gesell warden, wenn he baben in de Schornsteen schiten und dat ünnen wedder upfangen kann."

Keinen Handwerker erkennt man so schnell an seiner Berufskleidung wie den Schornsteinfeger, die Feuermäuer-Kehrer. Die schwarze Bekleidung hat Tradition und der Zylinderhut zählt seit ca. 1830 zu den unentbehrlichen Requisiten des Schornsteinfegers. Die Gesellen trugen dazu ein Halstuch und die Lehrjungen waren äußerlich an der zur rußigen Arbeit zweckmäßigen „Steigerkappe" erkennbar. Schornsteinfeger reinigten die Rauchfänge, Schlote, Kamine, Essen und Ofenpfeifen und überwachten die Ein-

haltung von Bau- und Brandschutzvorschriften. Heute wird das Berufsbild durch moderne, abgasarme Heizungen auf Öl- und Gasbasis erweitert.
Der Schornsteinfeger als eigenständiger Handwerker gehört zu den jüngeren Professionen und wurde bekannt unter den gelegentlichen Bezeichnungen Schlot- und Winkelfeger oder Rauchfang- und Kaminkehrer. Der Grund liegt darin, dass geschlossene Schornsteine aus Steinmaterial relativ spät im städtischen und ländlichen Hausbau durch entsprechende Verordnungen zur Pflicht wurden. Erste zuverlässige Nachrichten über Schornsteinbauten stammen aus dem Jahr 1447 aus Oberitalien. Jedoch gab es bei größeren Bauten bereits im frühen Mittelalter ausgeklügelte Heiztechniken, die ohne Schornsteine funktionierten. Ein bemerkenswertes Beispiel hierfür war der erste Vorgängerbau des heutigen Rostocker Universitätshauptgebäudes. Das Gebäude gehörte ursprünglich dem Bischof von Schwerin, der es nach der Universitätsgründung zu deren Nutzung überließ. Unter dem Namen „Weißes Kollegium am Hopfenmarkt" brannte es jedoch am 15. Dezember 1565 ab und wurde 1566 wieder aufgebaut. Als dieses Universitätshauptgebäude 1866 abgerissen wurde (wegen nicht zu behebender Baumängel), um 1867-70 den heutigen Universitätsbau zu errichten, kamen die ältesten Fundamente und Kellerreste zum Vorschein. Der Keller war mit einer Luftheizung ausgerüstet, aus der beim Heizen eines großen Ofens die warme Luft über verschiedene Lüftungslöcher und Rohrleitungen in den oberen Saal stieg und Wärme lieferte. Weitere Öfen und Rauchabzüge im Haus wurden dadurch überflüssig. Auch in alten Burg- und Schlossanlagen waren derartige Luftheizungen üblich, wie die Forschung ergeben hat, z. B. in der ostpreußischen Marienburg oder im Rathaus zu Lüneburg, im Kloster Doberan oder im Grauen Kloster zu Wismar. Nach den überlieferten Zeichnungen Vicke Schorlers von 1578-1588 wies der 2. Rostocker Universitätsbau von 1566 schon aus dem Dach herausragende Schornsteine auf, womit man wohl zur Ofenheizung übergegangen war.
Auch städtische Bürgerhäuser in Rostock wurden erst im 15. und 16. Jahrhundert mit Schornsteinen ausgestattet, jedoch bei Weitem nicht alle Häuser. Gewerbliche Betriebe, wie Schmiede, Bader, Branntweinbrenner, Bäcker usw., waren aus der Natur der Sache heraus zum Schornsteinbau und zum Kehren verpflichtet, ging es doch um die Gesundheit der Handwerker und um die Verhinderung einer Brandgefahr für die ganze Stadtgemeinde. Doch auch dort, wo im Bürgerhaus ein steinerner Schornstein angelegt wurde, war es nicht sicher, dass der Schornstein dann wirklich übers Dach, über den First, hinausragte. Darüber sind einige zeitgenössische Berichte aus Mecklenburg überliefert.
1649 gab es im Dekanshof des Domkapitels in Schwerin einen Herd von Holz und Lehm in der Küche und von ihm führte eine Art Röhre nur bis auf den Hausboden, nicht durch das Dach hinaus ins Freie. 1662 enthielt das Pfarrhaus in der Stadt Lage wohl eine Küche mit dem typischen Schwibbogenherd, doch keinen Schornstein. Noch 1705 verweist eine Visitation in Sternberg darauf, dass im dortigen Schulhaus die Kaminröhre unterm Dach endete. Wenn also der Schornstein nicht wirklich übers Dach ins Freie abgeführt wurde, konnten sich die Abgase des täglichen Herdfeuers ungehindert im Raum ausbreiten. Für die Leute war das nicht verwunderlich. Noch gefährlicher und qualmiger ging es auf dem Lande zu, wo noch Ende des 18. Jahrhunderts die sogenannten Rauchhäuser standen, das waren Bauernhäuser ohne Schornsteinführung, in denen der Qualm vom Feuer in den Dachboden aufstieg und von dort über kleine Öffnungen abgeleitet werden sollte.

Die Abzüge der offenen Kamine im Mittelalter waren meist groß bemessen, dass sich wenig Flugruß im Schornstein absetzen konnte. Von ihnen ging die Brandgefahr vor allem vom Funkenflug aus und weniger durch einen Schornsteinbrand selbst. Mit der einsetzenden Blüte des Kachelofens im 16. Jahrhundert wurde der Abzug zur besseren Nutzung der Heizenergie auch kleiner, was eine größere Gefahr der Glanz- und Flugrußbildung mit sich brachte und somit auch die Brandgefahr nicht eindämmte.

Im Spätmittelalter reinigten die Hausbewohner die Schornsteine häufig noch allein, mehr schlecht als recht, oder die Säuberung oblag den Maurern, welche die Schornsteine aufbauten und mit der Konstruktion bestens vertraut waren. In den städtischen Badestuben stellte man für diese Arbeit Badeknechte an, welche die Öfen zusammen mit den Schornsteinen reinigen sollten. Eine Reinigung vom Dach aus war noch nicht üblich. Nicht selten kam es vor, dass Kinder in die oft noch heißen Schornsteine steigen mussten und die schwere körperliche Arbeit ausführten. Diese Schornsteine besaßen gewiss noch einen großen Querschnitt, um die 1 x 1 Meter für einen Zug war keine Seltenheit, und nach oben hinaus wurden sie beim Aufbau vom Maurer lang „gezogen", um möglichst viele Räume und Öfen an den Rauchabzug anschließen zu können.

In Preußen wurden erst ab 1822 von der staatlichen Bauaufsicht „enge" Schornsteine zugelassen, wodurch zunächst Hausbauten mit bis zu acht Schornsteinen entstanden. So begann sich aber auch die konsequente Reinigung der Schornsteine vom Dach aus durchzusetzen, was vermutlich die technische Kehrmethode vom Dach abwärts hervorbrachte mit den Arbeitsgeräten: Besen, Kugel, Kratzeisen und Leiter. Jedoch konnte nicht jeder Mann Schornsteinfeger werden, denn es wurde eine gewisse Kletterfähigkeit gefordert und auch die körperliche Belastung, hoch über den Dächern der Stadt arbeiten zu können, war eine wichtige Voraussetzung. Wer auch immer da oben arbeiten wollte, der musste unbedingt mutig sein und schwindelfrei.

Die Zunftbildung unter den Schornsteinfegern ging erst später vor sich. In Berlin erhielt das Gewerk der Schornsteinfeger 1697 ein erstes Privilegium, in Leipzig konnten die Meister erst 1709 ein Innungsprivileg erwirken, in Dresden 1710

Im Schornsteinfegerhandwerk hat sich ein deutlicher Wandel vollzogen

und in Hamburg 1732. In der Regel wurde eine vier- bis sechsjährige Lehrzeit verlangt, wobei die Lehrlinge wie auch Gesellen noch bis ins frühe 20. Jahrhundert hinein im Meisterhaus wohnten. Da die Schornsteinfeger ein kleines, auf die Städte konzentriertes Handwerk bildeten, galt ihr Gewerk als „geschenktes", mit entsprechender finanzieller Wanderunterstützung für die Gesellen.

Um 1850 fegte in der Seestadt Rostock ein Schornsteinfegermeister mit seinen Gesellen und Lehrjungen die Schlote von etwa 2.500 Häusern für ca. 23.000 Einwohner. 1852 arbeiteten im ganzen Großherzogtum Mecklenburg-Schwerin 32 Schornsteinfeger, 1907 gab es 48 Schornsteinfeger, die 125 bis 129 Gesellen beschäftigten.

Für die Leute hatte der Schornsteinfeger auch immer eine symbolische Bedeutung. Seitdem es den schwarz gekleideten Mann mit Zylinder gibt, gilt er den Menschen besonders zum Jahreswechsel als Glücksbringer. Den überlieferten Bräuchen nach bietet schwarzer Ruß Schutz gegen jegliche Gefahren, Krankheiten, böse Geister und bringt das Glück ins Haus. Man sollte also schon mal den schwarzen Mann berührt haben. Der Schornstein dagegen war in der menschlichen Fantasie Ein- und Ausgang für allerlei finstere oder auch glücksbringende Gestalten, was sich in der Märchen- und Sagenwelt niedergeschlagen hat. In verschiedenen europäischen Weihnachtsbräuchen spielt der Kamin oder der Kaminkehrer traditionell eine so große Bedeutung, dass Weihnachten quasi ausfallen würde, wenn es ihn nicht geben würde. Für den Schornsteinfeger selbst war der Neujahrstag tatsächlich sein besonderer Glückstag im Jahr. Denn das Schornsteinfegerhandwerk zählte zu den wenigen Berufen, denen es gestattet war, am ersten Tag des neuen Jahres an die Haustüren der Leute zu klopfen, zum neuen Jahr zu gratulieren und als Brauch eine Gratifikation (Dankesgabe) für seine geleisteten Dienste zu empfangen.

Heutige Entwicklung des Schornsteinfegerhandwerks

Kohle war noch bis etwa 1965 der meistverwendete Brennstoff. Dadurch waren die Schornsteinfeger hauptsächlich mit dem Reinigen von Schornsteinen, Rauchrohren und Öfen beschäftigt. Im Zusammenhang mit den dann aufkommenden Öl- und Gasheizungen nahm der Umweltschutz breiteren Raum ein. (In den alten Bundesländern wurden bereits ab 1967 erste Immissionsschutzverordnungen eingeführt.) Da Schornsteinfeger von jeher neutral waren und sind, wurde ihnen die Überwachung übertragen. Zum Arbeitsfeld des Schornsteinfegers gehören somit heute, neben der Brandverhütung und Sicherheit, der Umweltschutz und natürlich die Beratung.
So haben sich die traditionellen Schornsteinfegerarbeiten nach und nach vom „Kehren" zum „Messen und Überprüfen von Heizungen" gewandelt. Dabei werden mikroprozessgesteuerte Mess- und Prüfgeräte mit großen Genauigkeiten eingesetzt und der PC gehört ebenfalls zum „Handwerkszeug".
Damit der Nachwuchs für das Handwerk – eine dreijährige Ausbildungszeit ist vorgeschrieben – im eigenen Bundesland herangezogen werden kann, wurde 1995 die Aus- und Weiterbildungsstätte des Schornsteinfegerhandwerks in Klein Schwaß durch den Umbau einer alten Molkerei eingerichtet. Neben der Ausbildung findet hier auch die Weiterbildung und fachliche Qualifizierung der Facharbeiter bzw. der Bezirksschornsteinfegermeister und die Meisterausbildung statt.
In Mecklenburg-Vorpommern haben die rund 180 Bezirksschornsteinfegermeister und ihre Mitarbeiter ca. 306.000 Gebäude zu betreuen. *Redieck & Schade*

Schuhmacher

„Dat ward hollen, seggt de Schauster, donn hadd hei de Stäwelstripp an de Schört fastneiht"

Die Schuhmacher waren wohl das wichtigste Leder verarbeitende Gewerbe. Schuhbekleidung wurde jeder Jahreszeit angemessen getragen, es sei denn, Kinder und einfache Leute liefen auf „Schusters Rappen". Die Schuster zählten mit zu den ältesten und vor allem zu den größten Gewerken, sie stellten daher die größte Anzahl der Handwerksmeister, Gesellen oder Lehrlinge. So bildeten die Schuster in Rostock bis ins 17. Jahrhundert hinein gemeinsam mit den Wollenwebern, Schmieden und Lohgerbern das Viergewerk. Diese vier Gewerke standen an der Spitze aller Gewerke bzw. Handwerksämter, gegenüber dem Rat traten sie als „wortführende" Sprecher aller Handwerker auf. Das Viergewerk besaß das Recht, wichtige Urkunden mit ihrem Siegel zu versehen, zum Beispiel im Erbvertrag von 1573 zwischen dem Herzogtum Mecklenburg und der Stadt Rostock.
Bereits im ältesten Stadtbuch von Rostock werden für die Zeit von 1254 bis 1287 auch 32 Schuster namentlich erwähnt. In den 70er Jahren des 13. Jahrhunderts genehmigte ihnen der Rat, Buden zum Verkauf der Waren auf dem Markt aufzustellen, für deren Nutzung sie an den Rat jährlich eine Abgabe von 24 Mark verteilt auf vier Raten zahlen sollten. Gleich mit den Schmieden mussten Schuster im 15. Jahrhundert für die Stadtverteidigung 40 Bewaffnete stellen. Die älteste, im Stadtarchiv erhaltene Rolle der Schuhmacher stammt vom 19. August 1634. Die wirtschaftlichen Bedingungen für die Schuhmacherei blieben lange Zeit beständig, noch in der Neuzeit um 1778 sind vier Altermänner mit 71 Meistern verzeichnet. 1800 hatte Rostock nach dem Staatskalender 139 Schuhmacher, 36 Altschuster und 28 Pantoffelmacher.
Von Anfang an war dieses Handwerk sehr spezialisiert. Da gab es die Schuhmacher, die Schuhwerk in vielen Varianten herstellten. Weiter finden wir in Rostock die Pantoffel- und Klippenmacher, sie fertigten die Holzpantoffeln für Jung und Alt an. Hier im Norden gab es für sie in vielen Orten einen anderen, meist plattdeutsche Namen: Klippen-, Pantinen-, Slarn-, Glotzen- oder Tüffelmacher usw. Glotzenmacher

Umzug der Schuhmacherzunft, 1930

(lat. glossere) hießen die Meister, weil die Holzpantoffeln im Vergleich zu Lederschuhen sehr grob ausfielen, wie Holz-Klotzen usw. Diese Klippen- oder Glotzenmacher zu Rostock sind seit dem 13. Jahrhundert mit einem Hennricus glossere (1282) in den ältesten Stadtbüchern nachweisbar. Ab dem 15. Jahrhundert bildeten unter den Schuhmachern die Klippenmacher sogar ein eigenes, wenn auch kleines, Amt; sie stellten für die Stadtwehr fünf Bewaffnete. Die älteste, im Stadtarchiv erhaltene Rolle der Pantoffelmacher stammt von 1459. Die Klippenmacher arbeiteten im Rahmen der Hanse regional zusammen. In einem Amtsrezess der Städte Lübeck, Rostock und Wismar aus dem 16. Jahrhundert bestimmten sie beispielsweise als Meisterstück: ein Paar „Klippen myt holen ledderen roet" ein Paar zu machen mit acht Riemen, sowie ein Paar Klotzen und ein Paar Sohlen. Diese Klippen waren eine Art Überschuhe aus Korkholz und Lederriemen, womit sie am Fuß festhielten. Die Klippenmacher nannten ihre Gesellen Knechte, wie übrigens auch die Müller, was in keiner Weise abwertend gemeint war. Die Lehrzeit dauerte in der Regel drei Jahre an. Im Laufe des 16. Jahrhunderts wurde in Rostock das Klippenmacherhandwerk mit dem Gewerk der Pantoffelmacher vereinigt. Späterhin wurden auch feine Pantoffeln und Hausschuhe für die gute Stube gefertigt. 1850 arbeiteten in der Seestadt insgesamt 51 Pantoffelmacher-Meister mit ihren Gesellen und Lehrlingen, 1872 hielten noch 46 Meister das Gewerk aufrecht. Am 20. April 1886 erfolgte die Auflösung des Pantoffelmacher-Amts zu Rostock durch den Rat. Die Pantoffelmacherei wurde noch einige Jahre als freies Gewerbe betrieben.

Außerdem gab es die bekannten Altschuster (niederdeutsch oltleppere), die jegliches Schuhwerk reparierten, Schuhe in jedem Falle flickten, neu besohlten oder Absätze erneuerten. Auch sie hielten auf den Märkten Buden, für die sie nach dem Kämmereiregister von 1325 drei Mark in vier Raten zu je 12 Schillingen zahlten, und sie bildeten wie in Lübeck im Mittelalter ein eigenes Amt. Auf den 24. August 1620 ist die im Stadtarchiv zu Rostock erhaltene, älteste Amtsrolle der Altschuster datiert. 1872 arbeiteten in Rostock 16 Altschustermeister. Allgemein ist diese Dreiteilung des Schuster- und Schuhmacherhandwerks hier im Norden bis zur industriellen Schuhfertigung im 19. Jahrhundert erhalten geblieben.

Innerhalb der wendischen Hansestädte war im Mittelalter die Zusammenarbeit der Schuhmacherhandwerke über die Stadtgrenzen hinaus ausgedehnt. Grundlegende Regeln, stets zum Wohle des Gewerks, wurden untereinander abgestimmt und vereinbart. 1533 trafen sich die Werksmeister aus den sieben wendischen Städten Anklam, Demmin, Greifswald, Rostock, Stralsund, Wolgast und Wismar in der Hansestadt Wismar. Man hatte wohl allerhand Probleme mit den Gesellen der Zunft, sodass die Meister mit aller Härte gegen Missbräuche vorgehen wollten. Es wurde festgelegt, dass ein Geselle, der dem Meister weglief, verklagt werden könne, und er sollte binnen drei Tagen die Arbeit wieder aufnehmen. Konnte er nicht erreicht werden, wollte man den Gesellen ein halbes Jahr von Stadt zu Stadt mit einem Brief verfolgen und seine Missetat per Steckbrief, der an einem schwarzen Brett öffentlich gemacht wurde, anprangern. Jedem Gesellen, der in diesen sieben wendischen Städten arbeitete, wurde außerdem das Glücksspiel mit Geld oder um Geld streng verboten. Einige hänselnde Gesellenbräuche traten aber immer wieder aufs Neue hervor. So unterschieden die Schustergesellen zwischen gereisten und nicht gewanderten Berufskollegen, und die gewanderten meinten, die besseren Gesellen zu sein und aus diesem Grund einige Vorteile genießen zu können. Per 29. Dezember 1813 machte die mecklenburgische Regierung unter Herzog Friedrich Franz dem Treiben ein Ende und verbot diese Diskriminierung bei fünf Reichstalern Strafe.

Allgemein zählte das Schuhmacherhandwerk im Mittelalter

zu den wirtschaftlich soliden Erwerbstätigkeiten, so brachten es die Schuhmacher von Rostock zu Ansehen unter den Stadtbürgern. Die Alterleute kauften im Jahr 1400 mit Einverständnis des Rats und des Kirchspiels in der Kirche St. Marien eine Kapelle und stellten für sich einen Priester ein. 1413 stifteten der Schuhmachermeister Klaus Moltekow und seine Frau Margareta eine ewige Messe „to der schomaker capellen". 1428 vermachte der Schuster Arnold Grotekop der Kapelle eine Rente. 1460 verliehen die Alterleute die Vikarie in ihrer Kapelle an eine andere Person. Die alte Schusterkapelle (capella officii sutorum) in St. Marien wurde 1761 von den Kirchenvorstehern erworben, nun als Vorsteherkapelle bezeichnet und um 1900 als Archiv der Marienkirche genutzt.

Die Schuhherstellung erforderte geringe Kapitalausstattung und war mit wenigen Werkzeugen und Materialien im Vergleich zu anderen Handwerken zu bewerkstelligen. An Handwerkszeug wurde gebraucht: Brustleder zum Körperschutz, Feile, Lochholz, Maßlade, Messer, Nähnadel, Stemmnadel, Zangen, Zwinge, Zuschneidebrett; an Verarbeitungsmaterialen: Leder, Garn, Holz, Pech und Zwecken.

Als erster und wichtigster Arbeitsschritt wurde der Leisten geformt, die Nachbildung des Fußes wurde aus Holz geschnitzt. Jeder Schuhtyp erforderte einen eigenen Leisten, er bestimmte die Wölbung des Gelenks (des Mittelstücks zwischen Sohle und Absatz) und damit die richtige Gewichtsverteilung. Die große Herausforderung beim Leistenschnitzen bestand darin, alle Maße zu berücksichtigen: Fußlänge, Symmetrie der Zehen, Höhe des Spanns, Umfang des Ballens usw. Denn Schuhe wurden noch nicht auf Vorrat produziert, genormte Schuhkonfektionsgrößen kannte man nicht. Jedes Schuhpaar war somit noch ein Unikat. Außerdem musste der Schuhmacher voraussehen, wie sich der Damen- oder Herrenfuß im Schuh bewegen würde. Wer beim Ausmessen schluderte, sodass später der angefertigte Schuh drückte, erwarb sich leicht den unrühmlichen Titel eines „Hühneraugenmachers".

Anhand des Leistens konnte nun das Leder zugeschnitten werden. Zuerst das Oberleder und das Futter mit einem scharfen Messer auf dem Schneidebrett, dann die Vorder- und Hinterkappen. Alle Lederteile weichte der Schuster ein, damit sie sich gut dem Leisten anpassten. Später zog der Schuster das Oberleder straff über den Leisten, heftete es leicht an und ließ es etwa zwei Wochen lang trocknen. Erst dann konnten Sohle und Absatz mit dem Schaft verbunden werden.

Der Meister nähte Brandsohle und Oberleder zusammen, danach nähte er die Laufsohle durch die Brandsohle und befestigte abschließend den Absatz an der Brand- und Laufsohle. Als Nähmaterial diente festes Hanfgarn, das in heißes, flüssiges Pech (Harzprodukt) getaucht, fest und wasserabweisend wurde. Von der exakten, haltbaren Naht hing die Qualität des Schuhwerks ab. Das benötigte Leder aller Sorten wurde von den Gerbern der Stadt bezogen. Mitunter stellten die Schuster auch das Schuhleder selbst her, was jedoch gelegentlich zu Streit unter den Handwerksleuten führte. An technologischer Hinsicht veränderte sich an diesem Arbeitsprozess bis ins 18. Jahrhundert nichts.

Dennoch verstanden die Schuhmacher ihr Handwerk bestens. Der Schuhmacherberuf war ständig den wechselnden Moden ausgesetzt, weshalb die einen Männer-, die anderen Weiber- und die nächsten Stiefelschuster wurden. Bei Männerschuhen mit niedrigem Absatz konnte der Absatz sowohl aus Holz als auch aus Leder gefertigt sein. Bei den höheren Frauenabsätzen war schon von der „Statik" her ein reiner Lederabsatz ausgeschlossen. Für beiderlei Geschlechter gab es

Schumacher Adolf Schmieter, Wismarsche Straße 18, 1913

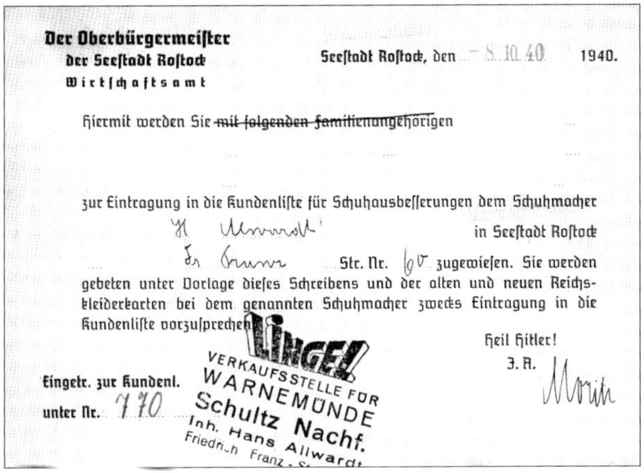

Der Oberbürgermeister
der Seestadt Rostock
Wirtschaftsamt

Seestadt Rostock, den 8.10.40 1940.

Hiermit werden Sie ~~mit folgenden Familienangehörigen~~

zur Eintragung in die Kundenliste für Schuhausbesserungen dem Schuhmacher in Seestadt Rostock Str. Nr. 60 zugewiesen. Sie werden gebeten unter Vorlage dieses Schreibens und der alten und neuen Reichskleiderkarten bei dem genannten Schuhmacher zwecks Eintragung in die Kundenliste vorzusprechen.

Heil Hitler!
I. A.

Eingetr. zur Kundenl. unter Nr. 770

VERKAUFSSTELLE FÜR WARNEMÜNDE
Schultz Nachf.
Inh. Hans Allwardt

Benachrichtigung zur Eintragung in die Kundenliste von Schuhmacher H. Moritz, Friedrich-Franz-Str. 60, 1940

sogenannte „gemeine, gewöhnliche“ Schuhe mit dickem Oberleder und dicker Sohle. Natürlich gab es Tanzschuhe von dünnem Leder mit dünner Sohle, die zu solchen „Übungen, welche hurtig und geschwind vonstatten gehen müssen“, eigens angefertigt wurden. Selbst Pantoffeln waren nicht nur bequem, sondern durchaus modern. Von den Pantoffeln kannte man zweierlei Art. Einmal für draußen lederne Pantoffeln zum Hineinschlüpfen (Futterale) mit angezogenen Schuhen je für Männer und Frauen, und zum Zweiten die feineren Pantoffeln für beiderlei Geschlechter zur Benutzung in Zimmern und Stuben. Bei dem Bedarf lief das Geschäft. Ab dem 17. Jahrhundert bildeten die Pantoffelmacher eine eigene Handwerksgruppe.

Außer Schuhen und Pantoffeln waren stets Stiefel aktuell, sozusagen als verlängerter Schuh bis zu den Knien. Der Stiefelschuster musste nicht nur die Füße ausmessen, sondern gleich die Beinlänge bis zum Knie und den Wadenumfang dazu. Diese Handwerkskunst war anstrengend, es gab kaum andere Werkzeuge zur Anfertigung, jedoch musste mehr Material und vor allem dickeres, solides Leder verarbeitet werden.

Diese sehr individuelle und zeitaufwändige Handarbeit bei den Schustern wurde um 1830 erstmals durch die Erfindung der Holzstiftnagelung aus Amerika durchbrochen. Nunmehr wurde die Sohle aufgenagelt anstatt genäht. Trotzdem brauchte ein Geselle immer noch vier Stunden, um ein Paar Sohlen aufzunageln. Einen ersten Anschub zur Massenproduktion gab die Nähmaschine ab etwa 1850, welche besonders mit der zunehmenden Verwendung von Geweben für Damenschuhe die Anfertigung der oberen Teile sehr erleichterte. Ab 1868 besorgte die Schuhpflockmaschine das schnelle Besohlen mit Holzstiften. Dies waren zeit- und kostensparende Innovationen und ein weiterer großer Impuls zur Massenproduktion. Wenig später kamen Leistenschneidemaschinen, Sohlendurchnähmaschinen, Stanzmaschinen zur Ausstechung der Sohlen nach Größen, Walzmaschinen, Absatzpresse, Schleifmaschinen und Ausputzmaschinen auf den Markt.

1872 betrieben in Rostock noch rund 200 Meister die Schuhmacherei. Wenngleich einzelne Schusterwerkstätten sich die Nähmaschine und andere moderne Maschinen zugelegt hatten, war die industrielle Fertigung in großen Fabriken und damit die Massenschuhproduktion nicht mehr aufzuhalten. Dem einzelnen Meister blieben die Genossenschaft, die individuell maßgeschneiderte Schuhanfertigung und Reparaturen am Schuhwerk, um sich der industriellen Macht zu erwehren.

Per 13. Februar 1888 gründete sich das Schuhmacher-Amt zu Rostock neu. Am 28. Juni 1902 beging das Schuhmacher-Amt seine 300-jährige Jubelfeier.

Schuhmacher-Rohstoff-Einkaufsgenossenschaft zu Rostock

Durch die Industrialisierung der Schuhproduktion kamen die Schuhmacher zunehmend in Bedrängnis. Es galt neue Wege zu beschreiten, um den Kunden gleichbleibend gute Lederqualität zu bieten und selbst günstige Einkaufspreise beim Leder zu erzielen – letztendlich konkurrenzfähig zu bleiben. Das war nur über einen Zweckverbund, eine gemeinsame Einkaufsgenossenschaft, zu erreichen. 35 Berufskollegen gründeten deshalb am 8. April 1911 diese Genossenschaft. Um Kosten zu sparen, mietete man sich bei Schuhmachermeister Hacker in der Langen Straße 30 ein. Durch die steigende Mitgliederzahl und die damit auch gewachsenen finanziellen Möglichkeiten – 1914: 68, nach dem 1. Weltkrieg: bereits 119 – wurde 1917 das Haus des Schuhmachers Thiede in der Lange Straße 67 erworden, um ausreichend Platz für Lagerhaltung und Verkauf an die Mitglieder zu haben.

1919 richtete die Genossenschaft eigens eine Stepperei ein, die von den Mitgliedern gut genutzt wurde. 1928 wurde in der Waldemarstraße eine Filiale eröffnet, um den zahlreich in der Kröpeliner-Tor-Vorstadt ansässigen Schuhmachern „die gewünschte bequeme Einkaufsmöglichkeit“ zu bieten. In diesem Sinne wurde auch ein sogenannter „Reisender“ 1931 eingestellt, der die einzelnen Mitglieder regelmäßig besuchte. 1936 blickt die Genossenschaft in einer Festschrift zum 25-jährigen Jubiläum nicht nur zurück, sondern auch optimistisch in die Zukunft, denn „seit der Machtübernahme durch den Führer geht es wieder aufwärts im deutschen Vaterlande, in unserer lieben Seestadt Rostock…“
Das Rostocker Adressbuch 1949/50 verzeichnet mit Blick auf den ursprünglichen Hauptsitz der Genossenschaft: „Lange Str. 67-69 unbebaut“. Der Krieg hatte deutliche Lücken im Stadtbild von Rostock hinterlassen. Doch es sollte auch einen Neuanfang geben. Selbiges Adressbuch weist aus: „Schuhmacher-Rohstoff-Einkaufs- und Liefergenossenschaft des Kreises Rostock-Stadt u. -Land e.G.m.b.H. Wismarsche Str. 4“.

(Quelle: Sammlung Achim Schade)

„Gesundschuh – alles rund um den Fuß, den Schuh und das Leder“

Nach dem Krieg bis einschließlich Ende der 50er Jahre wurden Dienstleistungen an Schuhreparaturen, Täschnerei und Sattlerarbeiten ausschließlich von privaten Handwerksbetrieben erbracht. Schuhmachermeister Otto Bobsin machte sich 1950 in der Badstüberstraße 35 in Rostock selbstständig. Weitere damals aktuelle Schuhmacherbetriebe waren Waack, Räth, Selnow, Ruß und Brüdigam. Sie reparierten vorwiegend Schuhe, erbrachten aber auch Täschner- und Sattlerarbeiten. Aufgrund des Versorgungsmangels wurden in den ersten Nachkriegsjahren verstärkt Maßschuhe gefertigt. Der Materialeinkauf der privaten Schuhmacher erfolgte über die ELG Leder- und Textilverarbeitendes Handwerk, die ihren Sitz in der Neuen Werderstraße 40 in Rostock hatte.

Da in der damaligen DDR das private Handwerk abgeschafft werden sollte, wurde am 9. Juli 1958 die PGH „Hans Sachs“ in Warnemünde gegründet. Sie hatte zwei Filialen in Warnemünde, H.-Heine-Str. 1 und auf der Warnow-Werft, später im neuen Stadtteil Lütten Klein in der Gdansker Straße. Sie wurde von dem PGH-Vorsitzenden Walter Paetow geführt.

In Rostock gründete sich zur gleichen Zeit die PGH „Tempo“, hier war der PGH-Vorsitzende Carl Waak. Die Hauptfiliale mit Lehrwerkstatt der PGH befand sich am Neuen Markt, weitere Filialen waren im Stadtgebiet verteilt.
Private Schuhmacher gab es in den 70er und 80er Jahren in Rostock kaum, die Betriebe Otto Bobsin, Ewald Klebe und Jochen Ruß können hier genannt werden.

Am 1. Januar 1974 wurden die Herrenschneider der PGH „Einheit“ von der PGH „Hans Sachs“ übernommen. Für kurze Zeit wurde jetzt Lederbekleidung hergestellt und repariert. Auch der Bedarf an Schuhschäften (Schuhoberteile aus Oberleder) nahm zu und so wurde die eigene Schaftstepperei vergrößert.
1979 wurde die PGH „Tempo“ Rostock an die PGH „Hans Sachs“ angegliedert. Der Bedarf an Schuhreparaturen wuchs Ende der 70er

und in den 80er Jahren stark an.
So wuchs die Mitgliederzahl, auch durch starke Lehrlingsausbildung in der PGH „Hans Sachs“, bis Ende 1989 auf ca. 130.
In der Schuhreparatur wurde der Schnelldienst – morgens abgeben und abends abholen – eingeführt. Dadurch waren Preisaufschläge von 20 % auf die staatlich festgelegten Preise möglich. Gleichzeitig erhöhte sich die Produktion von orthopädischen Schuhen ständig. 1989 wurden über 6.000 Paar Schuhe gefertigt. Das wurde durch den Einsatz von neuen Maschinen möglich. Kritisch blieb immer die Materialbereitstellung, obwohl teilweise sogar Importe aus dem Westen für spezielle Materialien geordert werden konnten.

Die PGH „Hans Sachs“ erweiterte sich 1966 um den Bereich Orthopädieschuhmacherei in der Warnemünder Heinrich-Heine-Str. 1. Fortan war die Orthopädieschuhmacherei ein wichtiges Standbein der PGH.
Die Versorgung der Versicherten mit orthopädischem Schuhwerk war ein großes Problem. Das private Handwerk konnte aufgrund der Einschränkungen (Material, Maschinen, Gesellenzahl) die Versorgung nur mit Wartezeiten von 12 Monaten aufrechterhalten. Da die PGH relativ leistungsfähig war, dehnte sie ihr Versorgungsgebiet ab 1969 auf Bad Doberan, Rügen, Bützow, Güstrow, Ludwigslust, Greifswald, Anklam und kurzzeitig auch auf Grevesmühlen und Stralsund aus. Zum überwiegenden Teil wurden für die Sprechtage Räumlichkeiten der Sozialversicherung genutzt.

Die PGH „Hans Sachs“ mit Sitz in Warnemünde war vor der Wende der leistungsfähigste Schuhmacherbetrieb in der Region Rostock.

Ein grundlegender Wandel trat mit der politischen Wende im November 1989 ein. Die Volkskammer der DDR beschloss im Februar 1990 das Gesetz zur Auflösung oder Umwandlung der Produktionsgenossenschaften.
Den Verantwortlichen war schnell klar, dass sich die beiden Bereiche Orthopädie und Schuhreparatur trennen sollten und dass nicht jedes Genossenschaftsmitglied in neu zu gründenden Gesellschaften auch Gesellschafter werden konnte.
Am 17. März 1990 beschloss die Mitgliederversammlung der PGH „Hans Sachs“ die Auflösung der PGH mit der Maßgabe, dass die beiden Bereiche nach Wertermittlung an die jeweiligen GmbH's verkauft werden sollten. Der Verkaufserlös wurde dann nach einem beschlossenen Verteilungsschlüssel (Anzahl der Arbeitsjahre und Einkommen) an die Mitglieder ausgezahlt.
Dadurch wurde der Weg frei, dass am 1. Mai 1990 die „Hans Sachs Schuhservice GmbH“ mit Geschäftsführer Walter Paetow und die „Gesundschuh-GmbH“ mit Geschäftsführer Jürgen Bobsin ihre wirtschaftliche Tätigkeit aufnehmen konnten.

Die PGH „Hans Sachs“ wurde zum 31. Dezember 1990 aus dem PGH-Register gelöscht und somit liquidiert.

Die Gesundschuh GmbH Rostock mit vier Gesellschaftern entwickelte sich auf dem Gebiet der Orthopädieschuhmacherei zu einem leistungsstarken Betrieb in MV.

1991 gründeten die Gesellschafter der Gesundschuh GmbH für den Bereich Schuhreparaturen die „Ihr Stadtschuster GmbH“ mit zwei Filialen in Rostock sowie Außenstellen in Bergen und Güstrow. Im Jahre 1995 wurde die „Hans Sachs Schuhservice“ GmbH von der „Ihr Stadtschuster GmbH“ übernommen, sodass gewissermaßen die ehemaligen Teile der PGH „Hans Sachs“ wieder unter dem Dach der Gesundschuh GmbH zusammengeführt wurden.
Beide GmbH's hatten nunmehr die gleichen Geschäftsführer und Gesellschafter und nahmen eine erfolgreiche Entwicklung. Ab 1993 wurde ein Schuhhandel für fußgerechte Schuhe in Warnemünde und ab 1995 auch in Rostock betrieben. Ein Volltreffer wurde die „Offene Werkstatt“ in der Steinstraße 12 in Rostock, die 2001 eröffnet wurde. Hier wird öffentlich gezeigt, wie die Schuhherstellung funktioniert und dass auch in das Schuhmacherhandwerk elektronische Messverfahren und Arbeitsweisen Einzug gehalten haben.
Eine weitere Filiale nahm am 1. Januar 2010 in Bad Doberan, Verbindungsstraße 2-4, ihren Betrieb auf.
Höhepunkt dieser Entwicklung ist eine „Gläserne Werkstatt“, die 2010 im Lütten Kleiner Ärztehaus eingerichtet wurde, hier kann jeder den Orthopädieschuhmachern via Internet über die Schulter schauen.
Seit dem 1. Mai 2010 führt der Orthopädieschuhmachermeister Andreas Dibbert, der das Handwerk in der PHG „Hans Sachs“ erlernte und diesen Beruf in der 4. Generation ausübt, als alleiniger Geschäftsführer beide Gesellschaften. Gesellschafter sind aktuell Andreas Dibbert und Axel Millnik.

Seefischer

„Alle Frachten lichten, säd' de Fischer, un smet sien Fruu oewer Buurd."

Jeder kennt wohl das Märchen von der missgünstigen Scholle, denn als die Fische einen Anführer unter sich suchten und um die Wette schwammen, da war der Hering vorne, da rief die Scholle neidisch: „De nackte Hiering?", und seit der Zeit blieb ihr Maul schief!

In heutiger Zeit wissen die Leute den Genuss von Hering zu schätzen und nicht nur bei uns im Norden. Fisch gehörte traditionell zu den nahrhaften und wichtigen Nahrungsmitteln, angefangen bei den einfachen Leuten bis hin zu den höheren Ständen, besonders hier am Wasser. Fisch und Fischer sind aus der Stadtgeschichte Rostocks nicht wegzudenken. Der Fischfang war über viele Jahrhunderte mit anderen Gewerken fest verbunden, ja über die Spezialisierung und Arbeitsteilung erhielten und beförderten sie einander wie z. B. den Bootsbau, die Reiferei, Garnspinnerei, die Segelmacher oder die Böttcher.

Mit Beginn der Stadtgeschichte zählte der Fischfang zu den herzoglichen Regalien (Privilegien) und durfte daher ohne fürstliche Erlaubnis nicht betrieben werden, der Fisch war sozusagen ein begehrter Landesschatz. So war es ein bedeutendes Ereignis, als Fürst Heinrich am 25. März 1252 das Privileg, die Fischerei auf der Unterwarnow von der Petribrücke bis nach Warnemünde und außerhalb des Hafens im offenen Meer zu betreiben, an die Stadt übergab. Damit wurde dem Rostocker Rat das Fischereirecht in eigener Regie übertragen.

Die mittelalterliche Seefischerei, also der Fischfang auf dem offenen Meer und im Küstenbereich, wurde hier im Hafen- und Fischerort Warnemünde und von der Stadt Rostock betrieben.

In der alten Hansezeit stand der Hering hoch im Kurs, nachweislich wurde die Heringsfischerei in der Ostsee vor Warnemünde erstmals 1288 erwähnt. Späterhin, im 15. Jahrhundert, trat der Hering in großen Schwärmen hauptsächlich in der nördlichen Ostsee vor der Halbinsel Schonen und in der Nordsee vor Bergen auf. Die südlichen Ostseestädte organisierten den Heringsfang im Hansebund nach strengen Richtlinien und gründeten auf Schonen (Falsterbö und Skanör) und in Bergen mit den Vitten zentrale Fang- und Handelsplätze. Der Hering war in dieser Zeit eine einträgliche Ware, und weil der Handel erfolgreich florierte, gründeten sich zu seinem Großhandel etliche Schiffer- und Kaufmannsgesellschaften. Je nach dem Haupthandelsort oder der Niederlassung nannten sich die Gesellschaften z. B. Rigafahrer, Schonenfahrer, Bergenfahrer oder Wykfahrer. In Rostock gingen die errichteten Kompanien der Schonen- und Bergenfahrer im Jahr 1566 in die Schiffergesellschaft über, die sich bis in das 19. Jahrhundert erhalten hatte.

Auf den Vitten herrschte regelmäßig ab Herbst, der Hauptfangzeit, ein reges und geschäftiges Treiben. Der frisch angelandete Fisch wurde dort vor Ort für den Handel in Holztonnen abgepackt und konserviert; Dorsch wurde üblicherweise getrocknet (Stockfisch), Hering aber hauptsächlich gesalzen, sodass die Fischware über einen längeren Zeitraum genießbar blieb. Selbst die Heringstonnen wurden auf den Vitten gefertigt, sodass hier neben den Fischern auch die Böttcher, Seiler und Netzflicker während der Fangzeiten arbeiteten und wohnten. Für Recht und Ordnung sorgte auf jeder Vitte ein Vogt.

Die Warnemünder und Rostocker Fischer und Schiffer betrieben im damals dänischen Skanör (Halbinsel Schonen) je eine eigene Vitte, 1494 leisteten hier etwa 30 Warnemünder Fischer ihre Abgaben an den dänischen Vogt. Die Männer aus Warnemünde fischten ebenso auf der südlichen Ostsee, waren in Brunshaupten, bei Travemünde, am Darß und am Prerowstrom am Werk.

Als die Warnemünder Fischer und Schiffer zu der Fischerei auf Falster und Schonen den Handelstransport aufnahmen, gerieten sie ab etwa 1560 in argen Streit mit ihrer Herrenstadt Rostock (urkundlich seit 11. März 1323 zu Rostock), der gerichtlich bis zum Reichskammergericht (1604) ausgetragen wurde. Der Rostocker Rat verbot den Warnemündern, von den Fahrten neben Fisch zusätzliche Waren mitzubringen, die sie danach in der Stadt zum Ärger der Kaufmannschaft vertrieben. Der Rostocker Rat beharrte immer wieder auf der geschichtlichen Tatsache, dass Warnemünde als Fischerort entstanden und Rostock von jeher eine Kaufmannsstadt sei.

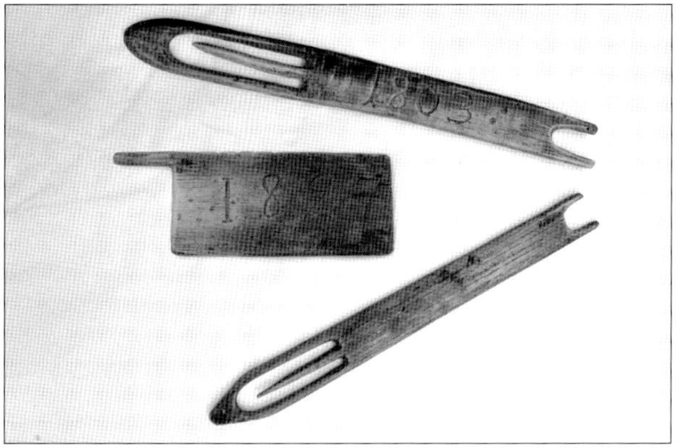

Altes Maß für die Netzmaschen

Die historische Entwicklung nach 1600 richtete den Zwist letztendlich selbst, der einst mächtige Hansebund geriet ins Wanken, löste sich schließlich auf und auch die großen Heringsbestände in der Ostsee sollten nun fast 200 Jahre ausbleiben. Vermutlich war der Hering in etwa 300 satten Fangjahren überfischt worden. Der Verlust des Herings wurde allenthalben beklagt und beschäftigte die Gemüter, so hieß es schon im Statutenentwurf zur Gründung der Rostocker Schiffergesellschaft von 1566: „Nachdem die Gabe des Herrn mit dem Heringsfang in Schonen" auf immer und ewig versiegte, blieb kein anderer Weg, als mit fremdländischen Waren den Handel zum Blühen zu bringen.
1704 berichtete der Warnemünder Pastor Bims von der Fischerei in Warnemünde, dass der Fischfang hauptsächlich von den Frauen ausgeübt wurde. Die Männer und Söhne verdienten ihr Brot als seefahrende Leute und kamen oft Monate oder gar Jahre nicht nach Hause. „Die Mütter nebenst ihren Töchtern, müßen sich aus der See ernehren mit Fischfangen, Waden zihen, Netze setzen, Netze machen p. oft mit großer Lebensgefahr wen es stürmet, da Netze und alles oft verlohren geht."
Im 18. und in der ersten Hälfte des 19. Jahrhunderts wurde vor allem Holland mit fettem Nordseehering die Heringsfängernation Nr. 1. Jährlich ab 25. Juni fischten holländische Schiffe vor der eigenen Küste und vor den orkadischen Inseln (brit. Inselgruppe, zwischen der Nordsee und dem Atlantischen Ozean, an der nördlichen Spitze von Schottland). Niederländische Fischer und Handelsleute belieferten mit tischfertigem, gesalzenem Tonnenhering nunmehr auch große norddeutsche Städte wie Hamburg und natürlich Rostock. Rostock bezog den Hering dann über Hamburg. Die Waren wurden von den einheimischen Kaufleuten bestellt und durch „Heringshöker" verkauft (1824 hatte Rostock sechs Heringshöker). Nach 1780 kamen schottischer und Gotenburger Hering hinzu, dort in diesen Gewässern sammelte sich der Hering im Frühjahr zum Laichen. Nach 1810 stellte sich der Hering auch wieder an der mecklenburgischen und pommerschen Ostseeküste ein.
Seither wurde die Seefischerei hauptsächlich in Warnemünde betrieben und in Rostock arbeiteten die Flussfischer. Die großen Fahrten wurden nicht mehr gemacht und nur selten betrieb man die Küstenfischerei bis Heiligendamm oder Müritz. Die Jollen (Fischerboote) waren bis zu 6,30 Meter lang, ab 1890 wurden sie am Bootskörper und Segel nummeriert und seit 1917 wurde das Kürzel „Wa" (Warnemünde) hinzugefügt. Die Fischerei war nun nicht mehr auf den Wind angewiesen, die Fischerboote und Kähne fuhren mit moderner Motorkraft. Die Seefischer arbeiteten mit Stellnetzen, Waden, Reusen, Angeln und Eisen (Aaleisen, Aalharke) in der Regel nördlich vom Hafen, sodass die Boote noch in Sichtweite lagen. Neue Netze wurden im Ort aus Hanf gesponnen und alte repariert. Diese anstrengende und schwierige Arbeit

Warnemünder Fischer beim Netztrocknen und Ausbessern

Warnemünder Fischersfrau nach einer Zeichnung

wurde über den Winter von Männern und Frauen ausgeführt. Hanf eignete sich gut für Netze, Flachs weniger und am besten hielten Netze aus Seide, was aber für die meisten Fischer zu teuer war. Der Hanf wurde in Rostock und Doberan eingekauft oder die Seeleute brachten gängigen Hanf aus Russland mit rüber. Einen professionellen Reifer hatte man zu Warnemünde lange Zeit nicht, aber eine kleine Reeperbahn, wo die ansässigen Fischer eigenständig mit Geschick ihre Taue drehten. Nach 1870 ließ sich mit Meister Bollwahn aus Kröpelin der erste Berufsreifer hier nieder.

Das Warnemünder Fischervolk lieferte in die Stadt: Schollen und Steinbutte, Sandaale, Heringe, Lachse, Makrelen, Dorsche und Hornfische. Dorsche waren manches Jahr sehr häufig und dann auch ziemlich wohlfeil im Preis. Sie wurden neben Schollen und Steinbutten für die delikatesten der heimischen Seefische gehalten. Auf diese Fischsorten folgten in der Rangfolge bei den Rostockern frische Lachse, die aber ein weit härteres Fleisch hatten und nicht so häufig vorkamen. Noch weniger Beifall fanden Sandaale, doch gab es auch Liebhaber. Hornfisch mit den grünen Gräten wurde hauptsächlich von der ärmeren Stadtbevölkerung gekauft. Den Hering brachten die Warnemünder Fischer auch wieder an die Hausfrau, er war allenthalben geschätzt sowohl als Armeleuteessen als auch als Delikatesse, grün gebraten und gekocht, zum Teil von den Fischern selbst gedörrt und geräuchert (Bückling). Nur das eigene Salzen bzw. der Rostocker Matjes war Anfang des 19. Jahrhunderts aus der Mode gekommen, während auf Rügen und Usedom der Salzhering wieder Furore machte und bis nach Berlin und Mitteldeutschland verkauft wurde.

Segelmacher

Gerade im Sommer ist Segeln – hauptsächlich als Freizeitsegeln – angesagt, da gibt es sportliches Fahrtensegeln oder Regattasegeln, die Auswahl an sportlichen Betätigungen zu Wasser ist groß. Nur eben geht es nicht ohne das berühmte weiße Segel, das ebenso eine Symbolkraft für Freiheit und Romantik auf dem Wasser signalisiert. Früher dagegen ermöglichte das Segeln bis zum Aufkommen der Dampfschifffahrt im 19. Jahrhundert die hauptsächlichste Fortbewegungsart für Handel und Transport zwischen fremden Ländern auf dem Wasserweg. Segelmacherei und Reepschlägerei (Reifer) waren die wichtigsten Schiffbauzulierferergewerbe, solange Schiffe ausschließlich vom Wind angetrieben wurden. Im Durchschnitt arbeiteten in Rostock immer drei Segelmachereien mit wechselnder Anzahl an Gesellen und Burschen. Segelmacherweg, Bootsbauerweg und Blockmacherring erinnern an diese traditionellen maritimen Gewerbe,

die in der Stadt ansässig waren und noch sind.

Die verschiedenen historischen Schiffstypen und Takelagen entstanden durch die zunehmende technische Entwicklung auf See, was sich nicht nur im Schiffsantrieb niederschlug. Die Anzahl und Form der Segel, die Besegelung, die Takelage samt Masten gaben neben der Zimmerung vielen Schiffstypen ihren Namen. Die früheren Rostocker Schiffe waren Hucker, Schoner und Galeassen, es folgten zeitlich die Briggen mit zwei Masten und Rahen an beiden Masten und bis Ende des 19. Jahrhunderts die dreimastigen Barken. Um ein Schiff kostengünstiger zu halten oder auch seetüchtiger zu machen, takelte man nicht selten um. So wurden z. B. aus Barkschiffen dann Dreimastschoner usw. Bis heute gilt eine alte Regel: „Ohne Groß ist nichts los", was so viel bedeutet wie: Ohne Großsegel kommt kein Boot auf Fahrt. Wenn aber auf einer langen Seereise kein kräftiger Wind aufkam, der das Schiff seinem Ziel entgegenbrachte, dann nutzte auch keine noch so ausgeklügelte Takelage. Dann war Geduld von der Mannschaft gefordert oder die Ruder wurden eingesetzt, z. B. mit der Brigantine, während auf den Flüssen das Treideln, also Ziehen der Schiffe, Kähne und Prahme vom Land aus einsetzte, um sicher in den Hafen zu kommen.

Über viele Jahrhunderte und Jahrzehnte waren nicht nur Kauffahrer-, Transport- und Reiseschiffe mit Segeln ausgestattet, sondern ebenso die Fischereifahrzeuge der Küstenfischer. In den küstennahen Bereichen der Ostsee, in den Bodden, am Salzhaff oder im Stettiner Haff fischte man durch Segeln. Man betrieb intensiv die Zeesenfischerei mit Schleppnetzen, bis schließlich Anfang des 20. Jahrhunderts durch die Motorfischkutter und moderne Hochseefischerei bessere Fangerfolge erzielt wurden. Einzig im Wismarer Gebiet einschließlich der Insel Poel blieb man der alten Arbeitstradition der Segelfischer noch lange treu, 1977 wurden dort die letzten Erlaubnisscheine ausgegeben. Heute sieht man diese historischen Segler auf Regatten als Sportboote oder in Häfen als Touristenattraktionen an. 1966 wurde das erste Zeesenboot als Sportboot registriert.

Ein Schiff zu bauen, gab immer vielen Leuten in der Stadt und aus dem Umland feste Arbeit und Brot. Die Schiffsbaukosten einer Bark von 380 Registertonnen um 1875 betrugen schätzungsweise 100.000 Mark. Über 50 Prozent davon erhielt der Schiffsbaumeister für seine Handwerksdienste und die seiner Zimmerleute. Der Segelmachermeister hatte dafür etwa 30 Segel anzufertigen und bekam rund 3.000 Mark (also etwa über drei Prozent) bezahlt. Davon gingen die Materialkosten für das Segelleinen ab und der Tagelohn für die Gesellen. In Rostock verdiente der Segelmachergeselle etwas weniger als der Schiffszimmergeselle. Das lag u. a. daran, dass im Segelmacherhandwerk ganzjährig gearbeitet werden konnte und die Arbeitszeit im Schiffbau sich auf die Sommerzeit begrenzte.

Das Handwerk der Segelmacher besitzt eine lange Tradition in der Seestadt, denn seitdem die Menschen die Segelkunst beherrschten, brauchte man Segelmacher. Vom Mittelalter bis weit in die Neuzeit hinein waren Segelmacher gefragte Fachleute. Sie arbeiteten vor Ort, im Rostocker Hafen, und

Solche Segel bezog man direkt vom Segelmacher aus Rostock, 1908

selbst zu größeren Schiffsbesatzungen gehörte ein Segelmacher. Besonders nach Stürmen, die stets mit kräftigen Unwettern verbunden waren, hatte er alle Hände voll zu tun, um die zerfetzten Segel wieder seetauglich herzurichten. Segelmacherarbeit auf Fahrt war eine körperlich anstrengende Handarbeit, die oft unter sehr schwierigen Bedingungen zu bewerkstelligen war. Der Segelmacher nahm sein Kuhhorn, in dem die Nähnadeln im Talg steckten, fädelte starken Hanffaden ein und flickte die zerrissenen Stellen im Segeltuch.

In der langen Handwerksgeschichte hat sich die Technik des Segelmachens nur wenig verändert. Der Segelmacher arbeitete auch nach Einführung der Nähmaschine weiterhin mit Schere, Garn und Nadel. Der Anteil der Handarbeit blieb bis heute im Gewerbe hoch, da die Nähmaschine nur begrenzt flexibel einsetzbar ist.

Im 19. Jahrhundert besaßen die Segelmachermeister schon geräumige Werkstätten, in denen die verschiedensten Vor-, Haupt- und Hintersegel angefertigt wurden. Überwiegend wurde je nach Bestellung vom Schiffsbaumeister gearbeitet auf: Großsegel (Schönfahrersegel), Focksegel, Leesegel, Besamsegel und viele andere Segel. Im Detail beinhaltete die Arbeit den Zuschnitt der Stoffe und die Vernähung. Der Zuschnitt eines Segels dauerte mindestens drei bis fünf Stunden. Normierte, gültige Maße, Mustervorlagen oder gar einen Segelplan gab es anfangs noch nicht. Der Meister schnitt den Stoff nach den genauen Angaben des Schiffsbaumeisters zu, die entsprechend des Schiffstyps vermessen waren. 1861 entwickelten die Rostocker Segelmacher H. Gerdes, F. L. Hansen und H. J. Flinck eine Segelberechnung für eine Galeasse, mit den dazugehörigen Maßen für Masten, Spieren usw., was sich insgesamt als Arbeitserleichterung und Zeitersparnis erwies. Zum Zuschneiden brauchte der Segelmacher eine große Auflagefläche, um die schwere Tuchbahn ausrollen zu können. Jedes fertige Segel setzte sich im Endergebnis aus einzelnen Segeltuchstoffbahnen zusammen, deren Länge die Tiefe und deren Anzahl die Breite des Segels ausmachte. Am äußeren Rand wurde das Segel ringsherum mit einem starken Saum und darin eingelegtem Tau eingefasst, das Tau wiederum diente zur Befestigung und zum Führen des Segels an Bord.

Die Form der Segel konnte dreieckig oder bisweilen abgestumpft, trapezförmig und viereckig (Spietsegel) sein. Fast alle Segel, mit denen man ab mittlerem, frischem Wind fuhr, wurden zu Reffsegeln gearbeitet, die durch Einbinden gegen Sturm kürzer gemacht werden konnten. Dafür nähte der Segelmacher quer über dem Segel das Reffband ein. Zum Nähen verwendete er eine dreieckige eiserne Nähnadel, die ihm der Nadler eigens dafür anfertigte, und damit seine Hände vor dieser derben Näharbeit geschützt wurden, benutzte er dabei Handschuhe. Bei alledem war sehr wichtig, dass das feste Tuch schadlos blieb.

Die Qualität des Segels hing natürlich schon vom verwendeten Stoffmaterial ab. Zum Segeltuch eigneten sich ausschließlich dichte Gewebe aus starkem gedrehten oder häufig gezwirnten Garn aus Hanf, das mitunter auch vermischt war mit Flachsgarn (Leinen). Russland, Holland, Frankreich und einige Gebiete in Deutschland fertigten größere Mengen davon an. Die besten Qualitäten kamen seinerzeit unbestritten aus Holland, wo es unter der Bezeichnung Cannevas (Canvas) bekannt war. Das Segeltuch wurde gewöhnlich in einer Breite von 0,50 Zentimetern und einer Länge von 15 Metern geliefert.

Während an der Nord- und Ostseeküste hanfene und leinene Segel traditionell waren, befuhren im 18. Jahrhundert amerikanische und mexikanische Kaufleute die Meere mit Baumwollsegeln. Die Baumwolle wurde bei der Verarbeitung zu Segeltuch nie geschlichtet, wodurch das Segeltuch länger der Vermoderung durch Feuchtigkeit standhielt.

Bei der Segeltuchfertigung gab es immer wieder allerhand Erfindungen. 1830 wurde zu Greenock in Schottland von drei Segelmachern für die Hand- und mechanischen Webstühle die technische Erfindung gemacht, dass sich die Fäden diagonal kreuzen konnten. In gewöhnlicher Webart kreuzen sich die Fäden im rechten Winkel. Mit der neuen Webtechnik wurde das Segeltuch reißfester, denn die Kraft des Windes greift zuerst am Segeltuch von den Ecken her an. Erfinderisch zeigten sich auch die Engländer. 1832 kam ein Patent in Umlauf, nach dessen Verfahren Segeltuch aus Kuh- und Ochsenhaaren gewebt wurde.

In alledem standen auch die einheimischen Zeesen-Fischer zwischen Wismar und Rügen nicht nach, die ihre großen Segel mit allerhand „geheimen“ Mitteln länger haltbar machten.

1917 waren in Rostock noch 3 Segelmacher verzeichnet. Arthur Ehlers aus der Koßfelderstr. 17 war einer davon

Ockerfarbe, Holzteer, Rindertalg, Pferdefett und Leinöl gehörten zu einer Mischung, mit der die Segel alle zwei Jahre kräftig imprägniert wurden. 1907 arbeiteten nach amtlicher Statistik im Großherzogtum Mecklenburg-Schwerin 108 Segelmacherbetriebe und Reepschlägereien mit etwa 180 Beschäftigten.
Die heutige Arbeit eines Segelmachers beschränkt sich nicht mehr nur auf das Zuschneiden, Nähen und Reparieren von Segeln. Die Segelmacher haben ihren Arbeitsbereich der Entwicklung der Zeit entsprechend erweitert, dabei ist die Arbeit mit der Nadel, ob mit der Hand oder maschinell, geblieben. Die kleine Zunft der rund 150 Segelmacher in Deutschland stellt inzwischen auch Zelte, Planen für Lastkraftwagen, Markisen, Sonnenschirme, Persenninge, Eckpolster für Boxringe und Werbeplanen her. Die bundesweit einzige Berufsschule für Segelmacherlehrlinge steht in der Ostsee-Stadt Travemünde und die ist ja bekanntlich nicht weit für'n Rostocker Jungen.

Seifensieder

Als sehr begehrter Kosmetikartikel oder als geläufiges Mittel und Utensil für Körper-, Kleidungs- und Haushaltsreinigung etc. gibt es Seife heute in verschiedensten Varianten und Preisen. Doch dauerte es bis ins 19. Jahrhundert hinein, dass dieser für uns heute einfache Gebrauchsartikel ein Allround-Talent wurde, quasi ein unerlässlicher Hygieneartikel. Das war nicht zu allen Zeiten so, denn obgleich das Wasser frühzeitig auch für das Wohlbefinden des Menschen anerkannt war, im Mittelalter gab es z. B. allerorten die Bäder, spielte die regelmäßige körperliche Reinigung mit Seife kaum eine Rolle. Der althochdeutsche Begriff „seifa" hat die Bedeutung von zäher, fetter und tropfender Masse, was ursprünglich als Schmierseife bekannt wurde. Jedoch einmal entdeckt und die förderliche Benutzung erkannt, nahm auch die Entwicklung der Seifensiederei ihren Fortgang. Die frühen Toilettenseifen z. B. in Kugelform waren geschätzte Kosmetikartikel, zur teilweisen Waschung bei den Damen, zur Rasur der Männer oder zur Wundheilung in Adelskreisen; für die Masse der Leute war qualitativ gute Seife ein unerschwinglicher Luxus.
Gebräuchliche Seifensorten um 1800 in Rostock waren die schwarzen Seifen aus Bielefeld, Danzig, Elbing, Königsberg, Stettin, Warschau und Wesel, grüne Seifen aus Emden und Magdeburg, weiße Seifen aus Rostock und Anklam oder braune Seife aus Emden und Minden. Sie alle hatten ihre speziellen Vorzüge. Dabei entstanden die Seifenfarben nicht durch künstliche Färbung oder andere Beimischungen usw., sondern hauptsächlich durch die jeweils verwendeten Rohstoffe, die teuer und schwer zu beschaffen waren.
Natürlich hatten Seifensieder stets geheime Rezepturen neben dem geläufigen Grundwissen. So war bekannt: Talg und Unschlitt aus der Tierschlachtung verseiften allgemein zu fester weißer Seife. Kokosbutter, am besten durch Natron verseift, ergab eine blendend weiße, sehr harte und spröde Seife. Aus Fasanenfett wurde die Seife ebenfalls sehr weiß und hart. Aus Hasenfett wurde eine gelbliche, nicht allzu harte Seife gefertigt. Aus Pferdefett entstand eine braune, sehr harte, und durch Pferdeknochenmark dagegen sehr schöne weiße Seife. Schwarze, weiche Seifen entstanden durch die Verwendung von Talg mit stark konzentrierter Aschelauge, und grüne, weiche Seifen aus Hanf- und Leinöl mit Talganteil und durch Sieden mit Ätzkali. Von der Konsistenz her unterschied man zwei grundlegende Seifenarten, die weiche und harte Seife – oder wie heute noch bekannt ist – Schmierseife und Kernseife. Die Schmierseifen dienten dabei hauptsächlich zum Reinigen der Wäsche, die Kernseife diente zur Wundreinigung.

Die Rostocker Seifensieder stellten einfache Gebrauchsartikel her: grüne, weiche Schmierseife aus dem gepressten Öl der Hanfsamen und feste, weiße Talgseife. Die erste Arbeit des Seifensieders war die Zubereitung der Seifensiederlauge durch das Auslaugen von entweder Holzasche oder (teurer) Pottasche oder Soda. Die Fette, wie (bestes) Talg, Unschlitt oder pflanzliche Öle, wurden in geschmiedeten oder gusseisernen Kesseln langsam erwärmt und dann die Lauge zugesetzt. Mitunter musste die Lauge mehrmals erneuert werden, um die gewünschte Qualität der Seife zu erzielen. Vorläufig entstand eine milchige Masse (Seifenleim), die durch anhaltendes Rühren eine dickflüssige Konsistenz erhielt. Dieser Seifenleim wurde dann abgeschöpft und in vorbereitete Seifenformen gefüllt, wo er mindestens 24 Stunden ausreifte.
Auf die richtige Lauge in der Zusammensetzung und Menge kam es an. Denn nahm der Meister zu viel Lauge, dann wurde die Seife hinterher ätzend und schadete der Haut. Verwendete er jedoch zu wenig Lauge, blieb ein Teil des Fettes oder Öles unverseift in der Seife zurück. Diese Seife blieb dadurch „fett", was ein Vorteil für die Pflege der Haut war, erzielte aber weniger Reinigungskraft. Denn allgemein verlor die weiße Seife durch die Lagerung an „Schärfe", das heißt, der Laugenanteil verringerte sich.
Nach entsprechender Ruhezeit wurde die harte Seifentafel aus der Form genommen, im Ganzen verkauft oder mit einem Messer in handliche und formschöne Stücke geschnitten, graviert oder verziert, je nach Bedarf. Über die Rostocker Weißseife hieß es: „Die Seife ist leicht, weiß und trocken, reinigt die Haut von Ausschlägen und dient besonders zum Barbieren. Die Meister sind mit der Verfertigung derselben sehr geheimnisvoll und erlauben den Gesellen nicht das Auswandern."
1800 verzeichnet Rostock die erste Seifenfabrik und keine einzelnen Seifensieder im Meister- und Gesellenverhältnis mehr, ein Indiz, dass das Geschäft mit der Seife wirtschaftlich – nach neuesten Technologien – gut florierte. Talg von den Schlachtbetrieben und Hanföl aus den Öl-Mühlen wurden ausreichend zugeliefert. Der mecklenburgische Staat und die Stadt Rostock setzen 1789 Talg auf die Akzise-Liste, womit der Einkauf von Talg zugunsten von Staat und Stadt versteuert wurde. Wegen der Seifenrohstoffe, auf die mancher Handelsmann ein gutes Geschäft witterte, kam es immer wieder zu Rechtsstreitigkeiten. Von 1782 bis 1803 klagten die Fleischer und Knochenhauer der Stadt gegen das Krämeramt, weil deren Kaufleute mit Fleischabfällen (Horn, Klauen, Talg, Unschlitt) u. a. auch mit den Seifenfabriken handelten und den Fleischern den Umsatz schmälerten. In dieser Zeit beschäftigte so eine Seifenfabrik etwa 20 bis 25 Arbeiter gegen Lohn und jeder Arbeiter führte seine angewiesene spezielle Tätigkeit aus. In J. G. Fr. Cannabich's Geografie-Lehrbuch von 1836 werden in Rostock sechs Seifenfabriken angegeben, die teilweise auch Talglichter herstellten, unter ihnen war Herrmann Fischer ein anerkannter „Hof-Lichter- und Seifenfabrikant". Er setzte sich insbesondere für die Gewinnung von Asche durch Verbrennung von Rapsstroh ein, die sowohl in der Textilherstellung als auch für die Lichter- und Seifenproduktion, bei besseren Eigenschaften, teure Holzasche aus Buche ersetzen konnte. Erst mit der Industrialisierung, neuen Produktionsverfahren insgesamt und besonders für die Textilindustrie entstand so großer Bedarf an Seifen, dass die Seifensiederei kaum mehr nachkam, dabei war es durchaus üblich, dass die Hausfrauen sich selbst Seife anfertigten. So manches Haushaltsbuch enthielt alte Rezepturen, die innerhalb der Familie weitergegeben wurden.

Steinmetz

„'n düchtiger Steinsläger kickt'n Stein ihrer intwei, as 'n anner em intweihaugt."

Allein die Berufsbezeichnung lässt erahnen, dass die Steinmetze ein sehr altes Handwerk darstellen, doch hat sich ihr Arbeitszweck sehr gewandelt. Heutzutage gibt es meist einzelne Werkstätten in den Städten und die Leute lassen sich dort ihre Grabstätten herrichten. Verschiedenste grobe und feine Steinmaterialien stehen zur Auswahl und sind bereits in verschiedensten Formen und Größen vorgearbeitet, das heißt in Standardgrößen zugeschnitten und flächenmäßig

Der Steynmetz.

Ich bin ein Steinmetz lange zeit/
Mit stangn/Winckelmäß vñ Richtscheit/
Ich auffricht Steinheuser wolbsinn/
Mit Keller/gewelb/Bad vnd Brünn/
Mit Gibelmaurn von Quaderstein/
Auch Schlösser vnd Thürnen ich meyn/
Setz ich auff festen starcken grundt/
Cadmus erstlich die Kunst erfund.

Z Der

bearbeitet worden. Der Steinmetz vor Ort verrichtet inzwischen nur die Endarbeit nach den Wünschen der Kunden. Das war früher ganz anders.

Im Großherzogtum Mecklenburg-Schwerin gab es 1854 sechs Bildhauer und vier Steinhauer, 1907 arbeiteten im Herzogtum fünf Bildhauer mit sieben Beschäftigten und 42 Betriebe beschäftigten sich mit Grabdenkmälern. Anfang des 20. Jahrhunderts existierte eine mecklenburgische Zwangsinnung für das Steinmetz- und Steinbildhauer-Handwerk, die 1934 aufgelöst wurde.

Die große Blütezeit erreichte das Steinmetzgewerbe, als man im Mittelalter allgemein im sakralen wie profanen Repräsentativbau vom Holzbau zum Steinbau überging. Im süd- und südwestdeutschen Raum erbaute man die monumentalen Kirchen und Kathedralen mit exakt zugearbeiteten Sand- oder Kalksteinen, wodurch sich die Steinmetze hier besonders ansiedelten.

Das Handwerk entwickelte sich in der gotischen Bauweise ab dem 8. Jahrhundert wahrlich zum Meisterwerk, die neue Gewölbetechnik sowie Spitzbögen oder Maßwerk erforderten handwerkliches Können, künstlerisches Vermögen und spezialisiertes Wissen. Um die riesigen kirchlichen Bauvorhaben in Aachen, Basel, Freiburg, Köln, Prag, Speyer, Straßburg oder Wien zu realisieren, entstanden die bekannten mittelalterlichen Bauhütten unmittelbar vor Ort und waren in zunftartigen Vereinigungen erfasst mit Bauherren, Künstlern, Steinmetzen, Maurern und Zimmerleuten. Da bei dieser Bauweise mit Sandstein das Gelingen des Bauwerks im großen Maße vom behauenen Stein, also von der Geschicklichkeit und Kunst des Steinmetzes abhing, galt er meist auch als der ausschlaggebende Baumeister.

Als Hauwerkzeuge dienten ein- und zweihändige Beile, weiterhin verwendete man den Holzhammer, mit dem verschiedene Meißel getrieben wurden. Dabei arbeitete der Steinmetz meist unter freiem Himmel. Wichtig für seine Lieferung war die Einhaltung der angeforderten Steingröße, denn erst maßgleiche Bausteine, deren Proportionalität und Symmetrie ergaben später die Schönheit des Bauwerks. Der Steinmetz wusste wie kaum ein anderer Handwerker mit Winkel, Messlatte, Reißnadel und Stechzirkel umzugehen, Rechnen und Geometrie gehörten zu seiner Grundausbildung. Die Arbeitsgänge waren gleich wichtig: Für jedes besondere Objekt fertigte er zuerst eine Schablone aus Holz oder für grazile Maßwerke Schablonen aus Kupfer an, danach wurde jeweils der Rohling bearbeitet. Die Technik des formbaren Sandsteins hat sich, abgesehen von dem Einsatz moderner Maschinen, kaum verändert.

Im Norden Deutschlands waren auch die Steinmetze mit ihrem Wissen und ihrer Handwerksarbeit gefordert. Doch gab es von Natur aus hier keinen Sandstein. Schweden verfügte zwar ausreichend über Sandstein, für die mittelalterliche Schifffahrt war dieser Handel aber vermutlich noch nicht so relevant. Der Transport von gefertigten Sandsteinen oder Sandsteinrohlingen aus der Sächsischen Schweiz zur Ostseeküste war zu aufwändig, weil zu weit und dem-

Werbung aus den 1920er Jahren

entsprechend teuer, zumal der Flusstransport auf der Elbe bei Dömitz oder Boizenburg endete und dann der Landweg nach Rostock benutzt werden musste. Vereinzelt gibt es alte Belege dafür, dass Sandstein für unsere Steinmetze aus Dresden und Umgebung oder Pirna bezogen wurde oder gar behauener Sandstein von sächsischen Steinmetzen bestellt wurde. Meist wurden dann aus Sandstein kleinere Kunstwerke wie Altäre, Epitaphe (Klosterkirche Ribnitz für Herzogin Ursula von Mecklenburg), Figuren, Kanzeln (Kirche Toitenwinkel), Grabsteine, Taufsteine (Güstrower Dom) usw. hergestellt.

Hier im Norden bediente man sich frühzeitig der vor Ort gebrannten Tonsteine und entwickelte die typische Backsteinarchitektur, weil alles, was der Mensch brauchte, für diese Produktion natürlich vorhanden war: Sand und Ton. Daher waren die Ziegler die größten Materialproduzenten für alle Bauvorhaben und dies in den verschiedensten Farben und Glasuren. Aber neben diesen künstlich geformten, gebrannten und getrockneten roten oder gelben Steinen gab es ebenfalls ein einheimisches Steinmaterial.

Natürliches Steinmaterial gab es auch hier im Überfluss, was wir der letzten großen Eiszeit zu verdanken haben. Das waren die großen Feldsteine aus Granit, die ausreichend auf den Ackerflächen vorkamen, wo sie der Bodenbearbeitung ohnehin hinderlich waren. So nutzte der Mecklenburger im Mittelalter diesen natürlichen Granitstein für die Verwendung seiner großen Bauten auf viele Art. Dieses Steinmaterial war für die norddeutschen Steinmetze hauptsächlichstes Arbeitsmaterial. Sie bearbeiteten die großen Feldsteine und lieferten die sogenannten Hausteine zum Bau von Burgen, Schlössern, für den Kirchenbau oder zu Befestigungs- und Wehrbauten, den Stadtmauern, Stadttoren, Wehrtürmen usw.

Vereinzelt wurden in Mecklenburg und Pommern Dorfkirchen gänzlich aus Hausteinen errichtet, in der Uckermark wurde aus dem Überfluss heraus der Quaderbau aus Granit praktiziert, oft setzte man aus Feldsteinen Wände ganz oder halb zusammen, doch überwiegend dienten sie auch unbehauen zum Unterbau einer Kirche. So wurde z. B. St. Nikolai in Rostock als Backsteinbau auf einem Feldsteinsockel errichtet. Davon gibt es sehr viele Beispiele.

Der Steinbehau von Granit war aufgrund der Härte des Materials eine körperlich schwere Arbeit, die Formung von Feldstein war aus diesem Grund gegenüber dem Sandstein stark eingeschränkt. Steinmetzarbeit wurde auf die Länge der Zeit dazu gesundheitsschädlich, denn neben der Gefahr von Verletzungen durch Steinsplitter legte sich der feine Steinstaub auf die Lungen, da einige Steinmetzarbeiten durch Trocken- oder Nassschliff erst ihre endgültige Flächenbearbeitung erhielten.

Dem Rostocker Steinmetz stand mit dem importierten schwedischen Kalkstein weiterhin ein besonderes Steinmaterial zur Verfügung, das einen Steinbau schmücken konnte, wie die Gesimse in St. Marien zu Rostock zeigen, und das außerdem ein beliebtes Material für die Bildhauerei bildete. Schriftliche Nachrichten über älteste Rostocker Steinmetze sind recht spärlich, Viten einzelner Meister daher eher eine Seltenheit. Aus Danzig wird über einen Rostocker Steinmetz, der einige Jahre in der Seestadt lebte, kurz berichtet. Ein genannter Hans Voigt, ursprünglich aus Sachsen, erhielt 1618 in Danzig das Bürgerrecht und bekam aber etliche Schwierigkeiten bei der Aufnahme in das dortige Steinmetzamt und später bei der Zuweisung eines gewünschten Gewerbeplatzes. Darum schrieb er um 1626 an den Rat zu Rostock mit der Bitte um Bestätigung seiner Meisterschaft. Er sei sieben Jahre lang in Rostock Meister gewesen und habe dort sowie in den umliegenden Städten Epitaphe, Altäre, Predigtstühle und andere Bildhauerarbeiten an Gebäuden angefertigt. Tatsächlich erhielt er wenig später die Genehmigung und wurde auch zum Baumeister der Stadt Danzig ernannt, verstarb aber bereits 1629.

Wertvolle Steinmetzarbeiten hinterließ die Bildhauerkunst in Skulpturen und Plastiken, mit in Stein gehauene Figuren. Zu ihren wohl bekanntesten Werken gehören Säulen, Reliefs (wie der Granitsockel des Blücherdenkmals von 1815-1819), Figuren, Köpfe, Taufbecken, Gedenksteine (Fritz-Reuter-Gedenkstein, Eikboomweg), Zierbrunnen usw.

Mit Veränderungen in den Bautechniken und der Materialverwendung gab es für das Steinmetzhandwerk gravierende Einschnitte, die oft die handwerkliche Existenz gefährdeten. Doch fand sich zumeist für geschäftstüchtige Meister wieder eine Bedarfslücke, die das Gewerk aufrecht-

erhielt. So ist der Steinmetz für die Entwicklung der Grabmalkultur immer wichtig geblieben. Ein bleibendes Grab mit Stein und Inschrift, Platte, Einfassung usw. ist noch heute gewünscht, aber ständigen zeitgemäßen Veränderungen in der Grabmalkultur, durch anonyme Bestattungen, Wiesenbestattung, dem Friedwald oder Feuerbestattung und u. a. m. unterworfen. Auch der Geschmack zur Gestaltung eines Friedhofes hat sich enorm geändert, obgleich es inzwischen spezifische Friedhofssatzungen gibt. Noch bis in das 18. Jahrhundert hinein ließen Angehörige angesehener Familien ein Epitaph (Grabdenkmal) in der Kirche zum Gedenken an ihre Verstorbenen aufstellen, was außerordentlich kostspielig war. Neben geschnitzten Holztafeln und Gemälden waren insbesondere Steinplatten aus Marmor, Granit, Sandstein und hier im Norden aus schwedischem Kalkstein in Mode. Der Steinmetz gestaltete diese Platten vielfältig, durch eine in Stein gehauene Abbildung der Person, Wappen, christliche Symbole und Lebensdaten, alles dargestellt mit Ritzzeichnungen oder in eingetieftem Relief. Bedeutende Rostocker Ratsherren, Pastoren oder Professoren fanden im Mittelalter und noch Anfang des 19. Jahrhunderts in den Kirchen ihre letzte Ruhestätte, begraben in einer seitlichen Gruft oder im Boden des Gotteshauses, wo die steinernen Platten noch heute an sie erinnern können. Mitunter sind Grabplatten wiederverwendet worden und enthalten Inschriften aus verschiedenen Zeiten. In der heutigen Universitätskirche, der Heilig-Kreuz-Kirche, ist eine Vielzahl von Grabplatten noch erhalten, sie sind in den Wandnischen aufgestellt und im Chor zu betrachten.
1827 gründete sich die größte Steinmetz-Werkstatt von Schmutzler am Friedhofsweg, 1910 tituliert mit Hof-Steinmetzerei. Noch 1940 existierte die gemeinsame Bildhauer- und Steinmetz-Innung von Rostock. Der Beruf des Steinmetzes und Steinbildhauers mit Spezialisierungen im handwerklichen und künstlerischen Bereich ist noch heute Ausbildungsberuf und im (künstlerischen) Baugewerbe, der Denkmalpflege und bei der Grabmalherstellung gefragt. Das Steinmetzhandwerk wie auch die Natursteinindustrie erzeugen manche Dinge, die im Wohnungsbau heute gerne eingebaut werden wie: Natursteintreppen, Bodenbeläge, Fensterbänke, Küchenarbeitsplatten, Waschtische, Fassaden usw.

Steinmetzbetrieb Thomas Scheinpflug

Briefkopf d. Fa. Scheinpflug von 1898

„Der Kaufmann zu Dresden, Carl August Traugott Scheinpflug, Besitzer einiger Steinbrüche, betreibt im Königreich Sachsen den Handel mit Naturstein."
Gegründet wurde die Firma 1846.
Der Sohn Carl August Scheinpflug, geb. am 19. August 1839, zieht von Sachsen aus auf Wanderschaft, um als Steinmetzgeselle europaweit Erfahrungen zu sammeln. Er arbeitete in Wien, Hamburg und Rostock.
Von Waren an der Müritz aus erreicht ihn der Ruf der Steinmetz-Witwe Lang. Er heiratet in die Steinmetzfamilie ein und führt den Betrieb fortan unter seinem Namen, Scheinpflug, weiter.
Ab Oktober 1882 darf er, nach einigen Jahren Arbeit am Schweriner Schloss" den Titel „Herzoglicher Hofsteinmetz" führen.
Der Warener Betrieb befasst sich zu dieser Zeit hauptsächlich mit Häuser- und Straßenbau.
Unter den Kindern, die aus dieser Ehe hervorgehen, führt schließlich Paul Adolf Ernst Julius Scheinpflug, geb. am 23. Dezember 1868 den Betrieb durch die Weltwirtschaftskrise und die Wirren des Ersten Weltkrieges.
Aus seiner Ehe mit Auguste Pauline Lehmann gehen die Tochter Margarete, geb. am 4. August1898, und der Sohn Karl August Otto Ernst, geb. am 28. Februar 1910, hervor.
Nach der Vermisstenmeldung von Karl August an der Ostfront kommt am 19. Juli 1944 Thomas Arved Scheinpflug zur Welt.
Margarete Scheinpflug führte den Betrieb durch die Leidenszeit des 2. Weltkrieges und in ein neues Gesellschaftssystem, bis Thomas Scheinpflug, inzwischen Architekt, den Betrieb 1972 sicher durch den Sozialismus bringt und ihn 1988 nach Rostock versetzt.
Nachfolgerin und jetzige Inhaberin des Familienbetriebes ist seine Tochter Claudia Maruniak, geb. Scheinpflug.

Steinsetzer

Am bekanntesten sind heute die alten Steinsetzerarbeiten durch die wenig beliebten alten Kopfsteinpflasterstraßen. Durch Modernisierungen im Straßen- und Wegebau gibt es sie inzwischen nur noch vereinzelt, aber mit neuartigen Steinmaterialien werden noch immer gepflastert: Park- und Gartenwege, Bürgersteige, Betriebs- und Hofauffahrten, Kundenparkplätze usw. und wenn nicht, dann ist das Geschrei der Leute sehr groß. Moderne Steinpflasterung bedeutet heutzutage ebene, saubere und trockene Flächen zu errichten und ist daher Bestandteil jedes neuen Bebauungsplanes. Das war ursprünglich ganz anders.

Die Tätigkeit der Steinsetzer ist vermutlich so alt, wie es mit Steinen ausgelegte Plätze, Wege und Straßenbauten gab. Feste Pflasterstraßen entstanden in den deutschen Ländern Schritt für Schritt mit Ende des 18. Jahrhunderts; in Mecklenburg in der ersten Hälfte des 19. Jahrhunderts, um 1826. Vor dieser Zeit wurden Straßen und Wege über Land in diesen Regionen in Sand belassen oder in besserer Ausführung mit quer zum Verlauf verlegten Holzbohlen und Sand gefestigt, das waren die „Knüppeldämme", wozu auch starke Weidenzweige verwandt wurden. Auf letztere Art legte man auch städtische Straßen an. In der Stadt Rostock wurde auch härteres Eichenholz mit verarbeitetem Unterbau eingesetzt, um eine Langlebigkeit des Straßenbaus zu erreichen. Im Mittelalter gab es frühe Formen von vereinzelten Pflasterungen, insbesondere befestigte man Hauptstraßen und Marktplätze, wie archäologische Ausgrabungen von unteren Bodenschichten nachweisen. Beispielsweise hatte sich Am Amberg ein altes etwa 1,5 Meter breites Wegepflaster aus faustgroßen und kleineren Steinen erhalten. Rechnungsbelege für die Pflasterung des Markts in der Mittelstadt (1423) sowie für die Neupflasterung am Hopfenmarkt (1456) belegen diese frühen Steinsetzer-Arbeiten. Da steinerne Wegeführungen um diese Zeit eher selten und dann eine Zierde der Stadt waren, weisen Straßenbezeichnungen noch heute auf die Benutzung von Steinmaterial hin, z. B. die Steinstraße. Mit zunehmendem Handel und Wandel und dem Bedürfnis nach Reisen mussten durch verschiedene verkehrstechnische Neuerungen schließlich auch die Straßen modernisiert werden.

Im Herbst 1825 beschloss der mecklenburgische Landtag, die erste Straße im Land ab der preußischen Grenze von Warnow über Grabow und Ludwigslust nach Boizenburg zu „chaussieren". Damit konnte in naher Zukunft die von den Händlern stark benutzte Strecke von Berlin nach Hamburg durchgängig gepflastert verlaufen. Für Handel und Gewerbe Mecklenburgs sowie für die Reisenden waren die vorhandenen Landwege teilweise die schlechtesten Strecken in norddeutschen Gegenden. Fritz Reuter z. B. lässt sich in seinen Briefen über den Zustand der Verkehrswege böse tadelnd aus. Er beschrieb darin unebene Sandwege, mit tiefen Löchern und bei Regen mit Pfützen, Schlamm und Morast ausgestattete Straßen. Der schlechte Zustand ruinierte trotz gefederter Postkutsche die Gesundheit der Reisenden übel und schwer beladene Frachtwagen mussten ungewollten Aufenthalt wegen Achsenbruchs einlegen.

Mit dem 1826 in Mecklenburg begonnenen Chausseebau, der letztlich mit Nebenstraßen usw. bis Anfang des 20. Jahrhunderts andauerte, wurden erstrangige Bauvorhaben eingeleitet, die unter Leitung von Regierungskommissionen standen. Sie erforderten nicht nur hohe finanzielle Aufwendungen von Staat und Gemeinden, sondern griffen auch in die alte Kulturlandschaft und das Alltagsleben der Leute ein. Beim Bau der neuen Straßen setzte sich schnell der Begriff „Kunststraßen" durch. Alte, teilweise aus dem Mittelalter noch bestehende Wegeführungen wurden zugunsten effektiverer verkehrstechnischer Verbindungen und Anbindungen stark verändert oder auch völlig neu gebaut. Die Straßen wurden mit gewölbter Pflasterung angelegt und seitliche Abzugsgräben trocken und sauber gebaut, mit dem dazugehörigen Sommerweg passten sie sich dem modernen Fuhrwerksverkehr an. Beiderseitige Baumbepflanzungen an den Rändern sollten die Reisenden vor Wind und Sonne in der Landschaft schützen. Dazu gab es einen ökonomischen Nutzen für die Leute der Umgebung, denn über den Grasschnitt aus den Gräben, die Weidennutzung oder zur Obsternte (bei

Obstbaumalleen) wurden regelmäßig Pachtverträge abgeschlossen.
Vor allem brachte der Straßenbau viele Arbeiter in Lohn und Brot, zunächst aber kaum den Mecklenburger Bürgern. Die ersten Straßenbauten vergab die Regierung an mit Dampfmaschinen und schweren Eisenwalzen anrückende Engländer, die im Chausseebau sehr erfahren und bewandert waren. Interessiert wurden die Arbeiten nach der „Mac Adam'schen Wegebaumethode“ von den preußischen Wegebauexperten begutachtet, denn Mecklenburg war das erste deutsche Land, das diese Straßenbaumethode einführte.
Jetzt waren die einheimischen Steinschläger und Steinsetzer gefragt. Denn als Material zum Straßenbau wurden anfangs nur die heimischen Steine, die Feldsteine, verarbeitet, die in ihrer natürlichen Größe und Form unbrauchbar waren. Die Steinschläger bearbeiteten große und unförmige Steine in die geforderten Maße um, was sehr mühsam und körperlich schwere Arbeit war. Gegen die Härte des Granits half zunächst Hitze, die Steine wurden sozusagen mürbe gemacht. Dafür wurde ein Holzsteinhaufen aufgebaut, auf Holzbretter schichtete man Steine, darauf wieder Holz und wieder Steine usw., dann wurde das Holz abgebrannt, sodass die Steine rösteten, damit sie beim Schlagen leichter zersplitterten. Später ersetzte man die lodernden Holzsteinhaufen durch Blechtonnen, in denen die Steine gebrannt wurden. Trotzdem blieb diese Methode der Hauarbeit mit gestählten Hämmern, Meißeln und Picken immer körperlich schwer.
Gutsbesitzer um Rostock freuten sich, wenn ihre Tagelöhner beim Pflügen auf riesige Felsblöcke stießen, da konnte mit Steinmaterial für den Straßenbau oft ein gutes Geldgeschäft gemacht werden. Bei riesigen Granitblöcken half nur Sprengstoff, was auch dann besonders im 19. Jahrhundert viele Unfälle mit sich brachte, wenn die Arbeiter nicht ausreichend umsichtig arbeiteten.
Neben den professionellen Steinschlägern arbeiten im Chausseebau zahlreiche Hilfsarbeiter, die dann „Steinklopfer“ genannt wurden. Als ungelernte Arbeiter waren auch sie zahlreichen Verletzungen ausgesetzt, insbesondere Augenverletzungen. Ein blau geschlagener Finger

Die Leistungspalette eines Steinsetzmeisters der 1920er Jahre verdeutlicht diese Werbung

gehörte zur Arbeit dazu, aber eine Augenverletzung konnte die Existenz der Arbeiter in Gefahr bringen.
Im „fortschrittlichen“ Sachsen ging man hier um 1859 voran, und verordnete den Steinklopfern Brillen mit Drahtgewebe auf Staats- oder Unternehmerkosten.

Der Anfang des 19. Jahrhunderts einsetzende staatliche Straßenbau inspirierte auch die Städte in Mecklenburg, den Fortschritt der Zeit aufzunehmen und das Stadtbild zu verändern. „Im Freimüthigen Abendblatt“ vom 20. März 1826 heißt es über Rostock: „Die Wege auf den Wällen sind chaussiert aber nicht nach ‚Mac Adamscher‘ sondern nach mecklenburgischen Art, nämlich geebnet und mit Sand verdeckt. Die Verschönerung der Straßen und Trottoirs beginnt nun auch, die Bewohner des Neuen Markts sind dabei, diesen gelobten Platz mit solchen zu schmücken.“
Mit der Anlegung von gepflasterten Bürgersteigen bzw. von „Trottoirs“ beschäftigte man sich in Rostock Anfang des 19. Jahrhunderts aus den Bedürfnissen einer wirtschaftlich wachsenden Stadt heraus. Mit steigendem Personen- und Fuhrwerksverkehr wurden erhöhte Gehwege für die Straßenpassanten (17.398 Einwohner und 2.182 steuerpflichtige Häuser um 1827) unumgänglich. Rostock war eine florierende Handelsstadt. Fuhrwerksverkehr gab

es in der Seestadt reichlich an Kutsch-, Post-, Bier-, Mehl- oder Getreidefuhren. Dazu kamen die zahlreichen Träger zu Fuß, die Waren in Körben oder mit Karren zwischen Hafen und den Stadtteilen hin und her transportierten. In täglichen Spitzenzeiten passierte es schon, dass entgegenkommende Fuhrwerke die schmalen Straßen, Gassen und Gänge verstopften. Wie in Hamburg oder anderen Orten passierten nicht selten Zusammenstöße, sodass der Rat zu Rostock eine allgemeine Verkehrs-Regelung und über die Verbesserung der Straßenzustände diskutierte. Zunächst hatten die Ratsherren die „Gassenordnung" vom 14. April 1730, die 1779 erstmals verändert wurde, per 6. November 1826 erneut überarbeitet, um den baulichen Zustand der Straßen nach und nach zu verändern. Damit sollten sich ebenso die hygienischen Bedingungen für die Einwohner verbessern. Bei der Pflasterung der Straßen setzte der Rat auf das Können städtischer Steinsetzermeister und auf die „holsteinsche Pflasterung".

Erstaunlicherweise waren zahlreiche Grundstücksinhaber gar nicht mit der Pflasterung der Gehsteige einverstanden. Sie nutzten den öffentlichen, schmalen Weg vor dem Haus für Treppenstufen, Vorkeller oder zur gelegentlichen Ablage. Mitunter sperrte man den parallelen Weg zur Straße an seinen Grundstücksgrenzen mit Zäunen ab, zum Schutz des Eigentums, wie man meinte, und ließ die Leute mitten auf der Straße laufen. Mit der modernen Gassenpflasterordnung wurden die Hauseigentümer gezwungen, die Bürgersteige für die öffentliche Nutzung freizugeben. Um 1830 waren in Rostock die wichtigsten Straßen gepflastert und erstmals mit 140 Laternen (auf Rapsöl- und Rübsölbasis) ausgestattet, was das Städtebild modern veränderte. Immerhin handelte es sich um 98 Gassen und Straßen innerhalb der Stadtmauern.

Das größte Straßenbauprojekt des 19. Jahrhunderts stand der Stadt noch bevor, der alte Kanal zwischen Alt- und Mittelstadt wurde wirtschaftlich nicht mehr gebraucht, sollte zugeschüttet und zur Pflasterstraße (heute Grubenstraße) ausgebaut werden.

Stellmacher

„Paßt, klemmt un hett Luft, säd' de Stellmaker."

Siegel des Amtes der Stellmacher zu Rostock, 1792

Die Stellmacher oder Rademacher gehörten zum Holz verarbeitenden Handwerk, sie verfertigten Räder aus Holz für Karren, Fuhrwerke und Kutschen aller Art. Alle früheren Transportmittel für den Personen- und besonders die für den Handelsverkehr sind nicht vorstellbar ohne die moderne Erfindung der runden Holzräder. Mitunter wurden in den Stellmacherwerkstätten auch vollständige Fuhrwerke angefertigt, weshalb im Süden Deutschlands auch vom Wagner gesprochen wurde. Tatsächlich gehörte der vollständige Bau eines Wagens in diesem Gewerk häufig zum Meisterstück. Daneben wurde auch allerlei Gebrauchswerkzeug hergestellt, Leitern, Werkzeugstiele oder die verschiedensten landwirtschaftlichen Gerätschaften z. B. zum Flachsbrechen die Brake, auch Schwinge genannt. Was die Leute für ihre tägliche Arbeit an Geräten brauchten, wurde verfertigt.

Noch im Mittelalter bildeten Stellmacher und Rademacher jeweils spezialisierte getrennte Berufe, bevor sie sich im Laufe der Zeit und vor allem mit der technischen Entwicklung zu einem Gewerk vereinigten. Bis dahin arbeiteten sie einander zu, vom Rademacher kamen die Räder und der Stellmacher lieferte das Wagengestell.

In Rostock wurde 1286 der erste Rademacher und 1278 der erste Stellmacher in den ältesten Stadtbüchern erwähnt. Das Nettelbladt'sche Verzeichnis von 1514 nennt eine gemeinsame Amtsrolle der Rade- und Stellmacher. Im Jahr 1782 führte das Amt zwei Alterleute. In vielen mecklenburgischen Orten hieß der Beruf jedoch bis in die jüngste Zeit hinein konsequent Rademacher. Dieses Handwerk war auch eine der wenigen Professionen, die nach dem landesgrundgesetzlichen Erbvergleich auf dem Lande ausgeübt werden durfte. Das war hauptsächlich durch ihre Wichtigkeit für die landwirtschaftliche Arbeit geschuldet, wodurch sich die Rademacher ihren Lebensunterhalt

auch in wirtschaftlich schwierigen Zeiten sicherten. Um 1800 arbeiteten in Rostock zehn Stellmacherbetriebe, 1850 waren 12 Meister mit Gesellen hier tätig.
Doch der Neubau von Gebrauchsgegenständen war nicht die Hauptarbeit. Denn die Stellmacher beschäftigten sich stets mehr durch Reparaturarbeiten als durch eine Neuarbeit auf Bestellung. Von der schweren Last brach vom Wagen die Runge ab, die Halterung für die Deichsel ging entzwei. Da zerbrach die Achse, die noch Anfang des 19. Jahrhunderts aus Holz gefertigt und mit Holzteer geschmiert wurde. Das Rad musste repariert werden und erst, wenn dies nicht mehr möglich war, wurde es durch ein neues Rad ersetzt.
An der Herstellung eines Rades arbeiteten zunächst der Rademacher und abschließend der Schmied, der das Rad mit einem Eisenreif beschlug. Der Rademacher fertigte dabei die gesamte Holzarbeit. Das Rad hat die Aufgabe, sich um die Achse zu drehen und so die Fortbewegung zu ermöglichen. Es besteht aus der Radnabe, den Speichen und der Felge. Alle Last überträgt sich von der Felge her über die Speichen auf die Radnabe. Eine Felge wurde aus den sogenannten Felgenteilen zusammengebaut. Immer zwei Speichen bekamen ein Felgenteil. Ein Rad für den gewöhnlichen Ackerwagen hatte 12, Kutschen dagegen 14 bis 16 Speichen. Die Felge umschloss ein eiserner Reifen.
Für die Räder musste aufgrund der hohen Belastungen sorgfältig das Material ausgewählt werden. Zur Herstellung der Speichen eignete sich am besten Eschen-, Eichen und Akazienholz. Das Speichenholz wurde aus gerade gewachsenem, auf passende Länge geschnittenem Holz gespalten, dann an einem schattigen Ort oder im Holzschuppen aufgestapelt und musste dort je nach Stärke unterschiedlich lange trocknen. Für einen Zentimeter Holzstärke benötigte man etwa ein Jahr. Damit das Holz keine Risse bekam, wurde ein Teil der Rinde fleckweise, nie in Streifen oder ganz, entfernt. Man nannte diese Vorsorge das Holz „plätzen" oder „kippen". Die Speichen wurden dann weiter mit dem Ziehmesser und dem Hobel geformt. Vorn bekamen sie das sogenannte Schild und hinten wurden sie oval abgerundet. Die Radarbeit erforderte hohe Genauigkeit und spezialisierte Werkzeuge. Die Felgenteile wurden entweder mit Schablonen oder dem Felgenzirkel auf Bohlen aus Buche oder Esche angerissen und mit der Säge ausgeschnitten. Damit das Rad am Ende auch rund lief, mussten die Felgenteile ganz genau gearbeitet werden. Als Werkzeuge dienten Beile, Ziehmesser, spezielle Hobel und Haltevorrichtungen, verschiedene Sägen und der eindrucksvolle Nabenbohrer.

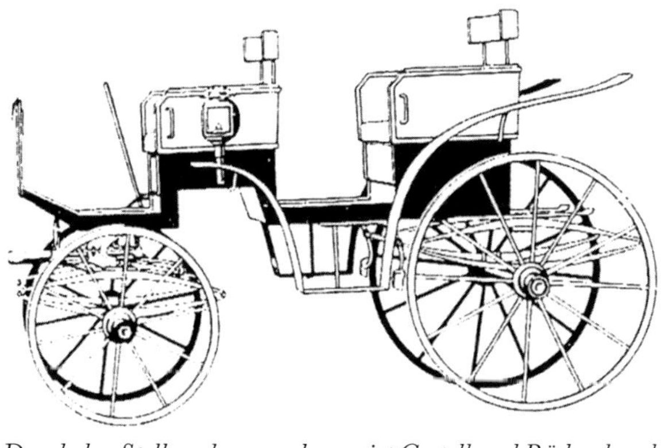

Durch den Stellmacher wurden meist Gestell und Räder der alten Kutschen geliefert, weitere Gewerke wirkten mit.

Die Herstellung von kompletten Wagen und Kutschen war die Aufgabe mehrerer Gewerke. Der Stellmacher fertigte das Gestell und die Räder für die Ackerwagen, bei den Lastenwagen und Kutschen noch den Kasten dazu; der Schmied machte die Beschläge, Bänder und zog die Eisen auf die Reifen auf; der Schlosser die Bremse; die Sattler und Riemer übernahmen die sogenannte schwarze Arbeit (Ausstattung der Lehnen, Sitze, des Daches mit Leder und Herstellung des Riemenzeugs) und schließlich sorgten die Maler für eine entsprechende Lackierung. So eine Kutsche zählte durchaus zum Schmuck eines Stadtbildes und die Besitzer gehörten zu den besseren Ständen. 1800 boten in Rostock vier Mietkutscher ihre Dienste den Bürgern und Gästen an.
Der für die Landwirtschaft typische vierrädrige Ackerwagen bestand aus Vorder- und Hintergestell mit je zwei Rädern, die durch den sogenannten Langbaum verbunden waren; später konnte er auch als ganzes Stück gefertigt werden. Jedenfalls ließ sich der Wagen für die jeweilige Arbeit schnell umstellen: Er wurde benutzt als Rungenwagen ohne Seitenbretter zum Holztransport, zum Mistfahren mit unterschiedlichen Brettern an den Seiten, zur Viehablieferung wurde ein Holzkasten daraufgesetzt, lose Schüttgüter wie Saatkorn,

Kartoffeln, Rüben oder auch Sand schützten eine Plane; zum Austwagen (Erntewagen) wurde der Wagen mit einem „Langboom“ verlängert und die Seitenbretter durch Ernteleitern ersetzt. Der Ackerwagen war ein sehr praktisches Transportmittel und erleichterte den Leuten einige körperlich schwere Arbeiten.

Leichtere Arbeit hatte der Stellmacher mit der Schubkarre, die als gewöhnliches Transportgerät in vielen Haushalten vorhanden war. So ein kleiner Wagen zum Schieben hatte eine lange Tradition auf dem Lande wie in der Stadt. Hierfür arbeitete der Stellmacher das kleine Rad und den Kasten. Im Niederdeutschen besaß dieses Transportgerät, je nach Verwendung, unterschiedliche Benennungen. Kor für Karre, Störtkor war die Sturzkarre, Kastenkor war eine Kastenkarre, die Messkor als Mistkarre und die Scheidenkor hatte breite Sprossen. Für die Landleute und Ackerbürger war die Schubkarre zeitweise ein praktisches Hilfsmittel, um allerlei kleine Transporte zu bewältigen. So verwundert es nicht, dass sich darum zahlreiche plattdeutsche Redensarten und Sprüche ranken: „Ein Schufkor voll Glück is bäter as'n Heuwagen vull Verstand.“ Heute wird die Schubkarre mit gummibereiftem Rad und Blechkasten hauptsächlich auf dem Bau und zu Hause im Garten benutzt.

1858 erwarb ein Stellmachermeister das Bürgerrecht. Nach Einführung der Gewerbefreiheit gründete sich die Stellmacher-Innung per 1. August 1888 zu Rostock neu.

Bis zur Einführung des Automobilverkehrs Anfang des 20. Jahrhunderts gab es in Rostock für die Stellmacher reichlich Arbeit. Der Straßenverkehr war zu allen Zeiten in der See- und Handelsstadt groß. Dort herrschte reges geschäftiges Treiben, neben Korbträgern, die ihre Last auf dem Rücken trugen, liefen Karrenschieber mit ihren Waren vom Hafen der Stadt zu. Von auswärts, vom mecklenburgischen Lande, kamen die Korn-, Holz- und Frachtwagen, zu Erntezeiten auch oft in Kolonnen, in die Stadt. Da hatten die Stellmacher keine Sorge um das Auskommen, was sich mit der zunehmenden Motorisierung in der Stadt rasant änderte. Das moderne Automobil verdrängte die alten Holzwagen samt den Pferden aus dem Stadtbild.

Nach dem Ersten Weltkrieg sank die Nachfrage nach Stellmacherprodukten, nach dem Zweiten Weltkrieg gab es sie nur noch sporadisch. Die neue motorisierte Technik ließ die Pferdekraft hinter sich und verlangte nach industriell hergestellten, auf Stahl, Blech, Gummibereifung und Hydraulik basierenden Transportfahrzeugen, Anhängern usw.

Diese Veränderungen stellten das Stellmacherhandwerk vor große Herausforderungen. Im Laufe der Jahre entwickelte es sich zum Karosserie- und Fahrzeugbauhandwerk. Während hierbei anfänglich eine Holz-Blech-Bauweise gefordert war, entwickelte sich später daraus die Ganzstahl- bzw. Leichtbauweise.

Zingler – Karosseriebau in Rostock, an der Rövershäger Chaussee

So kennen viele Kunden aus Rostock und dem Umland einen Familienbetrieb, in dem nun schon die 4. Generation wirksam ist. Am 1. Juli 1951 eröffnete Hermann Zingler in einer kleinen Werkstatt seinen Stellmacher- und Karosseriebaubetrieb. Sein Sohn Bernhard begann am gleichen Tag bei ihm mit seiner Lehre. War der Vater noch Stellmachermeister, so wurde der Sohn Bernhard 1962 der 1. Karosseriebaumeister aus Rostock. Dessen Sohn Andreas wiederum lernte auch in der heimischen Werkstatt und legte 1989 die Karosseriebaumeister-Prüfung ab. Inzwischen arbeitet nun bereits in der 4. Generation Paul Zingler als Geselle im Familienbetrieb.

Hermann Zingler begann seine Arbeit in Rostock kurzfristig mit Stellmacherarbeiten. So lernte Sohn Bernhard bei ihm, wie

Vor der Werkstatt Hermann Zingler (2. v.l.) und Bernhard Zingler (1. v.l.) mit Gesellen, 1952

„Magirus" ohne Aufbau, 1956

man Räder für Ackerwagen baute. Die Nachfrage danach ließ aber schnell nach. Die Mechanisierung setzte sich immer mehr durch. Der Betrieb stellte sich darauf ein, dass LKW aller Art gebraucht wurden. Nach dem Krieg gab es fast keine Nutzfahrzeuge, also mussten andere Lösungen her. Hermann Zingler stellte mehr Gesellen ein und spezialisierte sich darauf, Spezialaufbauten anzufertigen. Fahrgestelle wurden in die Werkstatt gebracht und bekamen völlig neue Aufbauten. Hermann Zingler hatte schon in seiner Heimatstadt Breslau als Meister eines Fahrzeugbau-Betriebes gearbeitet. Er war daher nicht unvorbereitet, als zuerst komplizierte technische Zeichnungen und danach dann aus Holz die Gerippe für neue Aufbauten gefertigt werden mussten, die zum Schluss noch Blechverkleidungen bekamen. In seinem Sohn Bernhard hatte er einen lernbegierigen Schüler. Die Beblechung der Fahrzeuge und dann sogar noch die Lackierung gehörten schnell zu dessen Bereich.

In den 70er Jahren wurden die alten Betriebsräume für LKW-Aufbauten zu klein.

Als Bernhard Zingler am 1. Juli 1976 den väterlichen Betrieb übernahm, wechselte er von der Arbeit an LKW zu PKW-Reparaturen und -Aufbauten über. Dazu kamen noch Campingwagen.

Die Firma Zingler wurde zur einzigen Vertragswerkstatt des Karosseriewerks Dresden für den Campingwagen „Bastei" an der ganzen Ostseeküste. Die Planwirtschaft der DDR verhinderte den ausreichenden Bau von neuen Campingwagen, repariert durfte dagegen werden.

Im Winterhalbjahr kam es bei der Firma Zingler daher neben den Arbeiten an PKW zu bis zu 90 Generalüberholungen an „Bastei"-Wohnwagen und außerdem noch zu kleineren Reparaturen. Verständlich, dass es bis zu zwei Jahren Vorbestellungen für Reparaturtermine gab – heute unvorstellbar. Schlagartig änderte sich alles mit der Wende. Den Campingwagen „Bastei" wollte keiner mehr haben, also fielen diese Reparaturen weg. Dafür wurden eine Unmenge gebrauchter PKW und Campingwagen zur Reparatur gebracht, die in den alten Bundesländern gekauft wurden und oft in sehr desolatem Zustand waren. Der Aufwand wäre mit den heutigen Löhnen gar nicht bezahlbar gewesen.

Zusätzlich meldete sich das Karosseriewerk Dresden. Da sich der „Bastei" nicht mehr verkaufen ließ, Verkaufswagen aber dringend gebraucht wurden, stellte man auch dort die Produktion um. Für den nun gebauten Verkaufswagen, aus dem nach kurzer Weiterentwicklung der in den neuen Bundesländern gut bekannte „FAWI" wurde, brauchte man sowohl Verkäufer als auch Werkstätten für Umbau, Ausbau und Reparatur. Bernhard und Andreas Zingler überlegten nicht lange und schlossen diesen neuen Vertrag ab. Ein Händlervertrag für den Campingwagen „Wilk" kam noch dazu.

Das Raumproblem aber wurde durch diese Verträge immer schlimmer. Zu DDR-Zeiten war es für den Privatbetrieb, der sich auch nicht in eine sogenannte PGH pressen ließ, unmöglich, Bauland zu kaufen und den Betrieb zu vergrößern.

Das war nun anders geworden, aber auch nicht leicht. Schwierige Verhandlungen mit der Treuhand wegen eines direkt vor dem alten Betrieb liegenden Grund und Bodens und mit den Banken wegen der benötigten Kredite raubten den Zinglers so manchen Nachtschlaf. Aber es glückte!!!

Am 18. März 1994 konnte der 1. Betriebsneubau eingeweiht werden, und das stellte die Voraussetzung für die Arbeit an hochwertigen PKW dar. Die Anschaffung von Lackierkabine, Richtbank, verschiedenen Schweißgeräten, Hebebühnen usw. wurde erst jetzt möglich. Um die Ausbildung von Fachkräften hatte sich schon Hermann Zingler immer gekümmert. Sein Sohn Bernhard hatte Jahr für Jahr Lehrlinge ausgebildet und die besten durften dann im Betrieb bleiben, und Andreas Zingler war, als er selbst noch Werkstattmeister seines Vaters war, der Vorsitzende des Gesellenprüfungsausschusses von ganz Mecklenburg-Vorpommern. Diese Strategie bewirkte, dass die Firma Zingler immer über gutes bzw. sehr gutes Fachpotenzial verfügte, und die Kunden merkten das auch. An dieser Stelle muss aber auch gesagt werden, dass Bernhard und Andreas Zingler das Glück hatten, eine Frau gefunden zu haben, die sich für den Betrieb in-

AH 41-33, LKW für Marmeladenfabrik (VEB-Eigentum, deshalb AH), 1956

teressierten. Beide legten zu ihrer Zeit den eigenen Beruf (Lehrerin und Erzieherin) ab und arbeiteten anfangs wie ihre Männer 12 Stunden täglich für und im Betrieb. Büroarbeit, Kundenbetreuung- und -beratung waren ihr Bereich.

Als nach einigen Jahren die Nachfrage nach Verkaufswagen nachließ und das Fahrzeugwerk „FAWI" sogar in Insolvenz ging, wurde diese Schiene auch für die Firma Zingler immer uninteressanter. Nun machte es sich bezahlt, dass Bernhard Zingler immer nicht nur den eigenen Betrieb, sondern seinen ganzen Berufsstand im Auge hatte. Schon zu DDR-Zeiten war er Obermeister, gleich nach der Wende wurde er zum Obermeister der Landesinnung gewählt. Durch den dadurch bedingten ständigen Kontakt zum Zentralverband bekam er Anregungen, wie man den Betrieb stets auf den neuesten technischen und bürokaufmännisch richtigen Stand bringen konnte. Als ganz wichtig erwies sich die Erkenntnis, dass eine Firma durch den Status „EUROGARANT-Betrieb" nur gewinnen konnte. Also wurden technisch und fachkräftemäßig alle sehr hohen Voraussetzungen dafür geschaffen und im Jahr 2000 konnte die Fahne „EUROGARANT" vor dem Betrieb wehen. Das bildete die Grundlage dafür, dass die Fahrzeuge nach Herstellernormen repariert werden konnten. Seitdem stiegen die Reparaturaufträge und demzufolge auch die Umsatzzahlen.

Am 1. Januar 2002 übergab Bernhard Zingler den Betrieb an den Sohn Andreas. Gleichzeitig räumte Eva Zingler ihren Schreibtischsessel und die Schwiegertochter nahm diesen Platz ein. Die neuen Inhaber verabschiedeten sich vom Campingwagenverkauf, erbrachten aber weiterhin Serviceleistungen für Verkaufs- und Campingwagen. Den Schwerpunkt ihrer Arbeit verlegten sie aber auf die Unfallinstandsetzung von PKW. Bald erkannten die jungen Leute, dass der „Neubau" schon wieder zu klein war. Deshalb bauten sie 2007 einen noch größeren Werkstattbereich an, stellten neue Mitarbeiter ein und rüsteten alles mit weiterer, hochmoderner Technik aus. Speziell darüber wusste Andreas ganz genau Bescheid. Wie vorher sein Vater arbeitete nun auch er von Anfang an in der Innung mit. Bernhard Zingler hatte sich 2003 nicht mehr der Wahl zum Obermeister der Innung gestellt. Dafür kam Andreas in den Vorstand und wurde inzwischen Stellvertreter des Obermeisters. Außerdem wurde er in den Ausschuss für Karosserieinstandsetzung beim ZKF delegiert. Dadurch erfuhr er sofort, wenn etwas Neues in puncto Technik auf den Markt kam und auch die Kritiken darüber. Bei den Innungsversammlungen informierte er die Mitglieder darüber, aber auch der eigene Betrieb profitierte ständig von diesem Wissen.

Seit September 2009 arbeitet Paul Zingler als Geselle im Betrieb. Er bürgt nun für die 4. Generation der Zinglers. Sein Großvater und sein Vater freuen sich sehr darüber und hoffen, dass er sich für den Traditionsbetrieb genauso einsetzt, wie seine Vorfahren.

Stuckateur

Das Handwerk ist seit alters her bekannt, es waren tüchtige, spezialisierte Bauhandwerker und die besten unter ihnen zählten zu den Künstlern. Die Stuckateure, genannt Stuccatore, Gipser und Gipsermeister, arbeiteten sehr vielseitig mit Gips, er wurde – in reiner Form aufgebracht – an Decken und Wänden und zumeist aufwändig zu Schmuck verarbeitet. Ihre Tätigkeit ging über das einfache Verputzen mit Gips, das auch im Maurerhandwerk gebräuchlich war, weit hinaus. Denn Stuckateure verschönerten die Innenräume und äußeren Fassaden von herrschaftlichen Residenzanlagen oder öffentlichen Bauten. Das gilt in besonderer Weise für das Zeitalter im Barock und Rokoko, in dieser Zeit wurden Stuckarbeiten wieder sehr populär.

Zu den Auftraggebern der Handwerker zählten zuallererst herzogliche Häuser, der reiche Adel und das städtische Patriziat. Man wollte den hohen sozialen Status einer städtischen

Persönlichkeit oder Familie für alle sichtbar nach außen darstellen, sodass eine prachtvolle Dekorierung in Stuck und später auch die Ausmalung an Wohngebäuden für diesen Zweck sehr geeignet schienen. Stuckarbeiten gehörten in auffallender Weise zur luxuriösen Seite des Bauens. Dabei ließen sich die Auftraggeber den Bauschmuck einiges kosten. Insbesondere, wenn bei Bauwerken hohe ästhetische Ansprüche gestellt wurden, suchte man aus diesem Grund nach begabten Meistern. Norddeutschland holte nach 1700 eine Reihe von italienischen Fachleuten ins Land, von denen einige hier ansässig wurden. Diese Meister wiederum gründeten zwischen Elbe und Ostsee Werkstätten, in denen so auch ansässige befähigte Handwerker beschäftigt wurden. Die italienischen Spezialisten arbeiteten außerhalb und unabhängig von der deutschen Zunftgewohnheit, sie bildeten für den Auftrag variable Werkstätten. Dennoch hatten auch sie eigene Regeln, so stand nur einem Meister das Tragen eines feinen Mantels zu besonderen Anlässen zu und Lehrlinge durften nicht am gleichen Tisch wie die Meister sitzen.
Hervorragende Stuckarbeiten wurden beispielsweise in Mecklenburg am Neuen Schloss zu Neustadt-Glewe und am herzoglichen Palais in Rostock von einer Werkstatt aus Italien ausgeführt. Vom Neuen Schloss in Neustadt-Glewe sind heute noch 29 Räume mit wertvollen Stuckaturen erhalten. Das Palais in Rostock weist noch sechs Stuckdecken mit ornamentalem Dekor der Mogia-Werkstatt auf. Auftraggeber waren hier die mecklenburgischen Herzöge und ihre Hofarchitekten.
1712 bestellte Herzog Friedrich Wilhelm (1692-1713) von Mecklenburg-Schwerin den Stuckateur Andrea Maini an den Schweriner Hof. Wegen Mangels an Arbeit und Verdienst reiste dieser aber bald wieder aus Schwerin ab. 1714 berief der Hofarchitekt Leonard Christoph Sturm den Stuckateur Joseph Mogia nach Mecklenburg, der nun unter Herzog Karl Leopold (1713-1747) in Neustadt-Glewe und in Rostock lohnende Arbeiten finden sollte. Joseph Mogia wurde vor 1680 geboren und ist am 10. Juli 1739 in Altona begraben worden. Seit etwa 1698 hatte er in Deutschland gewirkt, nach seiner zweijährigen Zeit in Mecklenburg arbeitete er hauptsächlich in Hamburg und Schleswig-Holstein.

Festsaal des Rathauses mit Stuckdecke

Im Februar des Jahres 1715 handelte Mogia einen Vertrag mit dem Hofbaumeister Sturm zur Anfertigung der Stuckausstattung am herzoglichen Palais zu Rostock aus.
Bevor mit den praktischen Bauaufgaben an Ort und Stelle begonnen werden konnte, fertigte Mogia umfassende Zeichnungen, Pläne und Modelle für das Gesamtbild der Decke an. Sie enthielten sämtliche einzelne tektonische Motive (Arkaden, Bänder, Brüstungen, Friese, Gesimse, Pfeiler, Podeste, Voluten), vegetabile Formen (Knospen, Ranken) und figürliche Darstellungen (Putten, Frauenfiguren, Porträtköpfe). Zu des Meisters rechter Hand arbeiteten drei bis vier ausgebildete, begabte Meister und eine Reihe von Gesellen und Hilfskräften, ihm wurden „auff jede zweij Gipser ein pflegs-

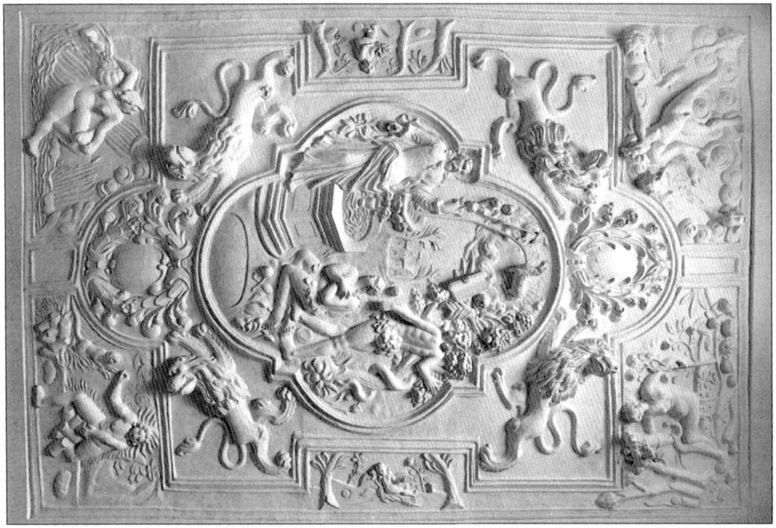

Prächtige Stuckdecke in der Sozietät Maritim

mann“ zugesichert. Der Leiter der Werkstatt war zugleich auch Bauunternehmer auf eigene Rechnung, denn er musste die ihm zuarbeitenden Gewerke selbst organisieren und deren Arbeiten bezahlen. Zur Vorbereitung der Stuckierung erhielten die Decken eine Holzschalung. Zwar führten diese Holzarbeiten die am Bau beteiligten Zimmerleute aus, doch der Stuckateurmeister überwachte und kontrollierte diese Vorarbeiten, die wegen der hohen Räume nicht unkompliziert waren. Insgesamt erwies sich die direkte Materialbeschaffung mit zusätzlichen Positionen als recht aufwändig, sodass der Werkstattleiter an Ort und Stelle sehr beweglich sein musste.

Ein gut ausgehandelter Vertrag war für den zügigen Arbeitsablauf wichtig. Im Schloss Neustadt-Glewe waren beispielsweise im unteren Geschoss 14 Räume und ein Saal zu dekorieren, für die Mogia folgende Materialmengen berechnete: 80 Tonnen Kalk aus Gadebusch, 35 Tonnen Gips aus Dömitz, 200 Bund Rohr (Reet), 26 Fuder Weichbaumholz zum Gipsbrennen und 30 Fuder Sand. Aus anderen Rechnungen an anderen Orten geht hervor, dass noch Draht, Nägel und Tierhaare angekauft wurden. Reet, Draht und Nägel benötigten die Stuckateure zu den Vorarbeiten. Sie wurden auf der Holzschalung befestigt, damit der Grobputz gut festhielt, und danach begann die Detailarbeit.

Über die Stuckdekorierung im Rostocker Palais durch die Werkstatt Mogia ist heute noch folgende Nachricht überliefert. Das Gebäude am heutigen Universitätsplatz fünf wurde 1714 unter Einbeziehung älterer Bausubstanz errichtet. Das Palais sollte für Herzog Karl Leopold für einige Jahre eine beliebte Residenz in der Seestadt Rostock werden. Der Herzog bestätigte deshalb Ende Februar 1715 den Vertrag mit dem Italiener wohlwollend und wies die herzogliche Rentei an, für die „Verfertigung der Gipser-Arbeit in unserem hiesigen fürstl. Hause“ zu Rostock an Mogia 236 Reichstaler bereitzustellen. Sollte die Arbeit gewinnbringend sein, war es auch für den Stuckateur ein mühevoller Weg, denn von der Pauschalsumme mussten sämtliche Material-, Transport- und Lohnkosten beglichen werden. Eine Tonne Gips kostete Mogia genau 2,5 Reichstaler, wie er berichtete. Die Gipsmenge musste so genau wie nur möglich berechnet werden, denn überstehende Mengen bedeuteten stets einen Gewinnverlust für den Meister. Gips konnte nicht einfach wie ein „Werkzeug“ von einer Baustelle zur nächsten transportiert werden. Dieser Übelstand widerfuhr dem Meister beim Neustädter Schlossbau, wo er nach Fertigstellung seiner Arbeiten die Schweriner Regierung bat, den Restposten an

Werbung für einen aussterbenden Beruf, 1900

„besten Gips-Steinen" zum verbilligten Preis der Werkstatt wieder abzukaufen.
In Rostock gestalteten sich die Bauangelegenheiten im Frühjahr 1715 anfangs schwierig, denn die Gipsmühle konnte vorerst nicht ausreichendes Material liefern, sodass sich der Beginn verzögerte. Vermutlich sind dennoch Ende August 1715 die Arbeiten abgeschlossen worden.
Das Palais ist bis heute mehrfach um- und angebaut worden, die Raumfolge der Straßenseite im dritten Obergeschoss ist jedoch erhalten geblieben. Drei mit einer Stuckausstattung von Joseph Mogia versehene repräsentative Räume folgen aufeinander, die jeweils ihre eigene Komposition haben. Im nordöstlichen Raum enthält die Stuckdecke vier Medaillonrahmen mit Frauenbildnissen, eine kleine Galerie unbekannter Schönheiten. Die Decke des mittleren Raumes wird geziert von Hirschjagd-Motiven. Über diese Motivwahl wurde unter den Zeitgenossen und darüber hinaus sehr viel spekuliert. Wollte Karl Leopold hiermit seinerzeit die umstrittene Jagd in der Rostocker Heide für sich demonstrieren? Bekannt war, dass der Herzog sich das Jagdrecht von seinem Bruder Christian Ludwig II. widerrechtlich angeeignet hatte. Im westlichen Raum ist das Programm der Stuckaturen wieder heiter gestaltet. Auf Sockeln stehende Frauenbüsten lächeln den Betrachter an. Nach den Stuckmotiven und Zusammenstellungen ließe sich die Reihenfolge der Räume in Saal, Audienzgemach und Vor- und Schlafgemach einteilen. An der Hofseite schließen sich zwei Nebenräume mit Stuckdekor an.

Stuhlmacher

Das Stuhlmacherhandwerk entstand im 14. Jahrhundert als spezialisierte Arbeit aus anderen Holzhandwerken, es kam meist von den Tischlern oder von den Drechslern her. Aus dem Spätmittelalter sind bereits aufwändig gefertigte Sitzgelegenheiten aus kantigem und rundem Holz für die hochgestellten Herrschaften bekannt. 1598 ist durch einen Kirchenbericht der Stuhlmacher Hans Wegener aus Warnemünde erwähnt worden, der von 1585 bis 1592 sechs Stühle wie den Predigerstuhl und andere Frauen- und Männerstühle für die Kirche in Warnemünde fertigte.
Mit der Anfertigung von Kirchengestühl sorgten die Stuhl-

macher in katholischer und später in reformatorischer Zeit für wertvolles Inventar der Gotteshäuser: Da gab es den katholischen Beichtstuhl, den Predigerstuhl, Ratsherrengestühl, Kaufmannsstühle usw. Solches Gestühl, einzeln oder oft zusammenhängend als eine Sitzreihe angefertigt, war ursprünglich aus festem und kostbarem Eichenholz gefertigt, mit geschnitztem Schmuckwerk versehen und mit vergoldeten Namenszügen, Titeln, Wappen usw. ausgestattet. Die Kirchgemeinde bestellte das Gestühl bei den Stuhlmachermeistern und vermietete es an einflussreiche Gemeindemitglieder oder auswärtige Repräsentanten weiter. Diese Vorgehensweise war nicht unkompliziert, erbrachte jedoch sichere finanzielle Mittel für die Kirchenkasse. Hierfür gab es auch feste Regularien und immer wieder wurden die Gotteshausordnungen erneuert. Beispielsweise verwaltete das alte Gotteshaus zu Warnemünde einen prächtigen Rostocker Ratsstuhl aus dem 15. Jahrhundert im gotischen Stil, der vielleicht aus der Gründungszeit der Kirche stammte. Er zeichnete sich durch zwei geschnitzte und bemalte Wangen aus, die eine mit dem Rostocker Greifen (Ratswappen), die andere mit dem dreifarbigen Rostocker Stadtwappen. Beim Neubau der Kirche 1866-71 konnten nur wenige erhaltene Teile des alten Gestühls (Wangen, Brüstungen) gerettet werden.
Auch die Landesfürsten mieteten kostbares Kirchengestühl an, um für sich in der Residenzstadt oder bei einem Besuch den angemessenen Sitzplatz zu erhalten. In der ehemaligen St. Jakobikirche zu Rostock saß der Herzog während des Gottesdienstes in einem prunkvollen Fürstenstuhl. Der Stuhl war mit fünfschiffigem, herzoglichem Wappen ausgestattet und er stand im hohen Chor links vom Altar.
In adligen Häusern und erst recht in den Bürgerhaushalten besaß man einfachere Sitzgelegenheiten. „Aber dafür waren sie bequem, und der dreibeinige Tisch wurde mit grünender

Krauseminze geschmückt. Nahe an das Feuer gerückt wird der Stuhl, zierlich aus Baumrinde gefertigt, über den die emsige Gattin ein derbes Gewebe deckt […]", so beschrieb Andreas Mylius (1527-1594), der Dichter der Warnow, im Jahr 1579 sein Mobiliar.

Später fertigten Rostocks Stuhlmacher Sitzgelegenheiten aller Art an, bis hin zu Kanapees und Sofas. Letztere wurden in damaliger Zeit lediglich als größere Stuhlformate angesehen. So waren Kanapees seit der ersten Hälfte des 17. Jahrhunderts allgemein Sitzgelegenheiten für zwei bis vier Personen mit durchgehender Rückenlehne und gepolsterten Seitenlehnen, im Prinzip kleine Sofas.

Die Funktion der Sitzmöbel hat sich über die Jahrhunderte kaum geändert, doch ihre Ausstattung allemal. Mit dem Zeitalter des Barock z. B. gelangten an den fürstlichen Höfen und in den adligen Häusern sehr verspielte und prunkvolle Möbel in Mode. Auch die Stuhlmacherei war von den vielfältigen Modeerscheinungen stark beeinflusst, manche Gestaltungsidee wurde von auswärtigen Messen mitgebracht und doch wurde das heimische Material bevorzugt verarbeitet.

In den meisten deutschen Seestädten fertigten die Stuhlmacher ihre Waren aus Rotbuchenholz, dagegen in Magdeburg aus Lindenholz und in Berlin aus Erlenholz. Die Lehrzeit der Lehrjungen betrug vier Jahre, wenn der Vater das Lehrgeld bezahlen konnte, sonst fünf Jahre. Die angehenden Meister fertigten gegen 1780 zum Meisterstück ein Kanapee, einen Fauteuil und einen Tafelstuhl, alle Möbel sollten aus Rotbuche bestehen. Der Fauteuil-Sessel hatte offene Lehnen (Armsessel), während sein Pedant, der „Bergére", geschlossene und gepolsterte Rückenwand und Seitenwände besaß. Per 1800 arbeiteten in der Seestadt Rostock 11 Stuhlmachermeister mit Gesellen und Lehrlingen. Für das Jahr 1836 war der Rostocker Meister Wilhelm Georg Lange als Hoflieferant für den fürstlichen Hof in Schwerin nominiert und im gesamten Herzogtum Mecklenburg-Schwerin arbeiteten 73 Stuhlmacher. 1858 erwarb ein Stuhlmachergesell das Bürgerrecht. 1872 arbeiteten in Rostock 18 Stuhlmachermeister. Der meistgebrauchte Stuhl im Alltag der Leute war der Tafelstuhl, weil er zum Essen und Trinken am Tisch diente, für uns heute ist er mit einem Küchen- oder Wohnzimmerstuhl vergleichbar. Dieser Tafelstuhl war die älteste Stuhlart und jede neue Stuhlmode eine ästhetische und technische Variation desselben. Ein Tafelstuhl, einmal gefertigt, bestand aus dem Hinterzapfen (Hinterteil), der mit dem Hinterriegel, Kopfstück und Unterstumpf verzapft und verleimt wurde. Der Unterstumpf bestand aus drei Riegeln, Vorder- und zwei Seitenriegeln, und dem Vorderstapfen, den beiden Vorderstuhlbeinen mit Riegel. Den Sitz fertigten die Meister separat an, eingebohrte Löcher dienten zur Aufnahme des Geflechts, danach wurde er glattgehobelt und dann auf den Unterstuhl geleimt.

Da viele Teile geschweift und dazu parallel angefertigt wurden, arbeitete der Stuhlmacher grundsätzlich mit Schablonen. Den Anfang der Arbeit machte er mit dem Hinterstuhlteil (Hinterzapfen). Die Stuhlbeine mussten im Gebrauch große Kräfte aushalten, deshalb verwendeten die Meister und Gesellen niemals gesägte Bretter, sondern spalteten das Holz hierfür mit dem Beil und einer Spaltklinge selbst. Diese Arbeitsweise galt auch bei anderen Sitzmöbeln wie z. B. bei den Füßen vom Kanapee oder dem Sofa. Sollten die Vorderbeine auf Wunsch gerundet sein, konnte Stuhlmacher dafür den Hobel nicht benutzen, sondern er nahm dafür ein scharfes Schneidemesser, eine Schabeklinge und eine Raspel zur Hand. Meist wurden auch gut gefertigte Rundhölzer vom Drechsler bezogen, um die Arbeit voranzutreiben. Bei kostbaren und vornehmen Arbeiten wurde das Kopfstück mit kunstvollen Holzschnitzarbeiten verziert.

Zum Schluss wurde der Stuhl gebeizt und gebohnert oder mit haltbaren Ölfarben angestrichen. Zur bequemen Benutzung erhielt der Stuhl anstatt der Holzsitzfläche eine Polsterung oder ein Geflecht, mitunter auch die Rückenlehne. Bis Mitte des 19. Jahrhunderts fertigte der Stuhlmacher Polsterarbeiten in der eigenen Werkstatt an und danach übernahmen das Sattlerhandwerk und spezialisierte Polsterer (bis heute) diese Arbeiten.

Zur Polsterung standen verschiedene heimische Materialien zur Auswahl: Biber-, Kälber- und Pferdehaare, Stroh und Seegras oder Springfedern. Das Rohrgeflecht konnte aus heimischem Stroh oder der Weidenrinde bestehen. Besonders beliebt war aber das per Schiff eingeführte spanische Rohr (Pfahlrohr, Arondo donax) aus Spanien oder Amerika, ein

Riesenschilfgras, mit dessen Blättern sich hervorragende Flechtwerke erstellen ließen. Für Stoffüberzüge war die modische Auswahl groß, gemusterte Gobelins, einfarbige oder farbige Leinen- oder Wollstoffe bis hin zu feinen bestickten Seiden.
Zum bequemeren Sitzen wurde der Tafelstuhl mit Armlehnen gearbeitet und erhielt dadurch beispielsweise um 1800 eine neue Markenbezeichnung. Man nannte ihn den Großvater-Stuhl oder den Sorge-Stuhl.
Und wenn ein Stuhl nicht mehr ansehnlich und stark abgenutzt war oder nicht mehr in natura gefiel, da gab es schon vor 200 Jahren die Stuhlkappen, Stoffüberzüge zum Verschönern oder auch zum Schutz bei einem neuen Möbel.

Tischler

„Nee, so wat kläwt nich, seggt de Discher, dor liemte hei mit Spuck.“

Der Schreiner.

Ich bin ein Schreinr von Nürenberg/
Von Flader mach ich schön Teslwerck/
Verschrottn/vnd versetzt mit zier/
Leisten vnd Sims auff Welsch monier/
Thruhen/Schubladn/Gwandbehalter/
Tisch/Bettstat/Brettspiel Gießkalter/
Gefirneust/köstlich oder schlecht/
Eim jeden vmb sein pfenning recht.
Der

Das Tischlerhandwerk gehörte zum Holz verarbeitenden Gewerbe und verfertigte Möbel sowie jeweilige Bedarfsprodukte für Kleinhaushalte, Handwerksbetriebe und öffentliche Einrichtungen. Die Berufsbezeichnung entstand erst im 16. und 17. Jahrhundert, als man von „Schnittischer“ oder „Discher“ sprach, bis sich schließlich der Tischler im Norden durchsetzte, während die Profession im Süden Schreiner (hergeleitet von Schrank) hieß.
Im 13. und 14. Jahrhundert hießen in Rostock die ersten Möbelhersteller noch Kistenmacher, allerdings fertigten die Handwerker Möbelstücke nur nebenbei, hauptsächlich nagelten sie Kisten für den Transport von Waren. Im mittelalterlichen Warenhandel waren die Holzkisten in verschiedenen Größen eine Ergänzung zum Böttcherfass und eigneten sich besonders zur Aufnahme von Stückgütern. 1280 tritt mit Bernhardus factor cistarum der erste Kistenmacher urkundlich in Erscheinung. Das Rostocker Amt der Kistenmacher wurde 1391 erstmals erwähnt. Im 15. Jahrhundert stellte das Gewerk fünf Bewaffnete für die Stadtverteidigung. Das Amt war wichtig und bedeutend, so dass nach den Kistenmachern im südlichen Teil der Mittelstadt eine Straße benannt wurde. Diese Kistenmacherstraße zu Rostock wurde 1349 erstmals erwähnt, die Bezeichnung verlor sich dann, wie das Gewerk auch.
1449 ist das nachweisbare historische Datum der Gründung des Rostocker Tischleramts. Ein alter Holzbecher mit Deckel und Schlitz im Kulturhistorischen Museum Rostock, der zur Verwahrung von durch das Amt erhobenen Strafgeldern gedient haben soll, auf das Jahr 1459 datiert und damit das wahrscheinlich früheste Zeugnis des Rostocker Tischleramtes. Von 1482 stammt die erste, noch erhaltene Amtsrolle, welche 1656, 1709 und 1714 verändert wurde. Um 1800 arbeiteten in Rostock im feinen Holzhandwerk 43 Tischlermeister sowie 21 Holz- und Kunstdrechsler.
Die Tischlerleute waren technisch und handwerklich gut ausgebildet, sie kannten sich mit verschiedenen Hölzern aus, waren in der Geometrie bewandert und geschickt in der Verfertigung. Insbesondere in den frühen Jahren lag die Lehrzeit zwischen drei und sechs, in Rostock meist bei durchschnittlich vier Jahren. Dabei war es nicht ungewöhnlich, dass der Lehrherr den Jungen z. B. mit Kleidern ausstattete. Beherbergt und beköstigt wurde er ohnehin im Haus des Meisters. Nach Beendigung der Lehrzeit begab sich der Geselle auf Wanderschaft, um seine handwerklichen Kenntnisse zu vervollkommnen.

> Rückblickend heißt es dazu im Festbuch der Rostocker Tischler-Innung von 1909: „Kehrte der Bursche dann in die Heimat zurück, um selber ein Meister zu werden, so hatte er noch zuvor die sogenannten Mutjahre (als Anwärter) bei einem Meister abzudienen. Dreimal in ¾ Jahren auch mußte er beim Amt um Aufnahme nachsuchen, mußte jedes Mal anfangs zwei Schillinge Sundisch, später noch bedeutend höhere Beträge an das Amt zahlen, ein genügendes Vermögen nachweisen und schließlich Bürger der Stadt werden.“ *(Quelle: Sammlung J.-P. Schulze)*

Auch im Tischlerhandwerk erwies sich das Zunftwesen in seiner inneren Verfestigung und dem Niederhalten jeglicher möglichen Konkurrenz für die „alten“ Meister zunehmend als hinderlich. Es wurde viel dafür getan, Anwärtern auf den Meistertitel den Zugang zu erschweren oder gar diesen zu verhindern. Ein angehender Meister hatte z.B. 1822 allein an das Tischleramt in Rostock eine Gebühr von 41 Talern und 24 Schillingen zu zahlen, nicht gerechnet die Kosten für das Meisterstück und weitere Nebenkosten. So muss es auch nicht verwundern, dass das Amt nicht unvermögend war, beispielsweise wurde am 1. Februar 1841 ein eigenes Innungshaus am Beguinenberg gekauft.
Um 1840 wurden den Rostocker Gesellen für ihren Ausbildungsweg besonders die Werkstätten in Berlin, Dresden, Erfurt, Gera, Hamburg, Kassel, Mainz, München, Neuwied, Prag, Stuttgart, Weimar, Wien und Würzburg empfohlen. Durch die neuartigen Erfahrungen, die außerhalb des Landes gesammelt werden konnten, wurde manches modernes Möbelstück in die Stadt gebracht. Seit der Renaissance spielten auch gedruckte Vorlagen (Pläne) für alle Bereiche des Kunsthandwerks eine große Rolle, was ebenso für die Möbelanfertigung galt. Die Tischler lernten, nach Zeichnungen und Rissen zu arbeiten und eigene Möbelstücke zu entwerfen. Dafür waren auch stets Fähigkeiten im Rechnen und in der Geometrie gefordert. Genaues Ausmessen und Vermessen der Materialien zählten zu den Grundlagen, bevor der entsprechende Zuschnitt und schließlich die feine Verarbeitung erfolgten. Diese Fähigkeiten wurden von den Gesellen eingefordert. Für die Anfertigung eines Meisterstücks wurde zunächst eine Zeichnung gefordert oder ein Riss angefertigt, wonach der Geselle sein Möbelstück selbstständig verfertigte. Die Bedeutung der Zeichenkunst und der Genauigkeit in dieser Profession wurde in den Zunftzeichen mit Hobel und Winkeleisen später mit einem Zirkel symbolisiert.

Durch den Umgang mit Plänen, Rissen und Zeichnungen konnte sich der Tischler auch am großen Hausbau beteiligen. Der Baumeister legte seine Pläne vor und der Tischler fertigte nach den entsprechenden Maßen und Orientierungen die benötigten Fensterrahmungen, Innentüren, Haustüren, Treppen oder Täfelungen für den Innenraum. Im Hausbau gerieten mitunter die Gewerke der Tischler und Hauszimmerleute aneinander. Welcher Holzfachmann durfte was herstellen? In Rostock sah sich der Rat daher gezwungen, diese Streitigkeiten der Gewerke untereinander zu klären und die Arbeitsbereiche abzugrenzen, sodass die Zimmerei die konstruktiven Holzteile eines Gebäudes wie Dachstuhl, Balkenlagen, Auskragungen der Geschosse und im Fachwerkbau besonders die Ständer, Riegel und Schwellen errichtete.
Der Tischlerei stand es zu, die Teile für die Schließung des äußeren Gebäudes (durch Fenster, Türen) und die Auskleidung des inneren Gebäudes (Treppen, Vertäfelung, Mobiliar) vorzunehmen. Beide Gewerke schlossen dazu mehrmals Vereinbarungen, beispielsweise am 10. Oktober 1666. Kam es zu Verstößen, die zu ahnden waren, verdiente auch die Stadt Rostock immer kräftig mit, so auch laut einer Übereinkunft aus dem Jahr 1706, nach der der „Verurteilte“ 6 Gulden zu zahlen hatte, von denen 1/3 dem Amt und 2/3 der Stadt zufielen.
Die Werkzeuge des Tischlers veränderten sich auch mit den Spezialisierungen des Handwerks zu Anfang des 19. Jahrhunderts kaum. Säge, Hobel, Maßband und Stechbeitel blieben scheinbar zeitlose Grundwerkzeuge. Hinzu kamen der Fuchsschwanz, der doppelte Hobel und verschiedenste Furnierwerkzeuge. Als Tischlerholz kamen im Mittelalter hauptsächlich Eiche, Buche und Tanne zur Verarbeitung. Von den verschiedenen Eichenhölzern war die Sommereiche wohl das qualitativ beste Holz. Gut gewachst und poliert traten die breiten Spiegel der Jahresringe und Markstrahlen sichtbar zutage. Im 19. Jahrhundert fanden auch Obstholzarten wie die helle Holzart von der Birne, das rötliche durch die Kirsche oder das braune Holz durch Nussbaum ihren Zugang in Wohn- und Arbeitsräume. Eine besondere Erfindung um 1808 war das Bugholz (gebogenes Holz), das war ein erwärmtes Buchenholz, das für konstruktive Tischlerarbeiten gebogen und geformt wurde, wodurch bisherige Holzverbindungen zwischen den Teilstücken nicht mehr notwendig waren. Furnierte Möbel stellten im 19. Jahrhundert nicht nur im wohlhabenden Bürgerhaushalt, sondern auch beim mecklenburgischen Adel die Regel, was viele Inventare belegen.
Die Tischler orientierten sich in ihrer Möbelfertigung im Allgemeinen am aktuellen Gebrauchsbedarf der Leute. Nur wenige Handwerker gelangten in den Genuss, Hofhandwer-

ker zu werden, wie im Jahr 1908 Tischler Heinrich Stephan zu Rostock. Für höfische Zwecke wurden sehr feine kunst- und stilvolle Möbel gearbeitet, weshalb sich früher diese Tischler Ebenisten nannten. Begehrte Auftraggeber für das Handwerk waren ursprünglich die Rostocker Klöster und Kirchen. Die Auftragsbücher der Tischlermeister füllten sich durch Bestellungen von Holzrahmungen für Kirchenbilder und Kirchengestühl, die meist mit feinen Schnitzereien veredelt wurde. Nicht selten war die Mitarbeit der Tischler bei der Errichtung von kunstvollen Altären und Kanzeln üblich.

Im Alltag einer Rostocker Tischlerwerkstatt wurden vorwiegend schlichte Gebrauchsmöbel hergestellt, dazu gehörten solche Möbel, die die Bürgersleute sich per Auftrag bestellten und von denen kaum etwas der Nachwelt überliefert ist, es sei denn, es liegt ein altes Testament vor. Schreibmöbel brauchte man im 18. Jahrhundert in Bürgerhaushalten noch selten. Um 1800 konnten gerade mal 25 Prozent der deutschen Bevölkerung schreiben und lesen. Betten, Truhen, Schränke, Regale, Tische, Bänke und Stühle waren dagegen immer brauchbar. Für die Stühle arbeiteten wiederum spezialisierte Meister. Zehn Stuhlmachermeister konnten 1800 in Rostock von ihrem Umsatz leben.

Vielfältiger wurde die Möbelkultur in der Zeit des Biedermeiers. Neben der alten Truhe und Kommode kam die feinere Vitrine, auch mit Aufsatz gearbeitet, hinzu. Mit zunehmender Bildung wurden Schreibmöbel wie Schreibschrank, Sekretär, Schreibtisch und Bücherschränke modern. Die beliebten Handarbeiten der Frau brachten das Nähkästchen oder den Nähschrank in Mode. Ebenso waren Blumen-, Beistell- und Toilettentischchen, wegen ihrer speziellen Funktionen zur Pflegung häuslicher Tugenden, bei den Damen beliebt. Zum Inbegriff aller Sitzmöbel avancierte das Sofa mit dekorativen Armlehnen, Fächern und Schubladen ausgestattet (Magazinsofa) und mit gestreiften oder geblümten Stoffen bezogen. Auch der Tisch spielte im Biedermeier eine so große Rolle wie nie zuvor. Die Biedermeierzeit ging von 1815 bis 1848, die Hochburg war der Süden (Wien), die Auswirkungen des Biedermeiers kamen im hanseatischen Norden etwas gediegener und kühler an.

Die Zahl der Tischlereien stieg in Rostock von 1818 mit 43 Werkstätten auf 58 im Jahr 1850. Von 1856 bis 1865 erhöhte sich die Anzahl der Tischlereien um 23 Werkstätten. 1858 erwarben sechs Tischler das Bürgerrecht. 1860 erließ der Rat eine Verordnung zur Verminderung der Brandgefahr in den Tischler- und Stuhlmacherwerkstätten. Sie richtete sich u. a. auch gegen die Ansammlung von Hobelspänen in den Werkstätten und verpflichtete, schon zu Mittag die Späne zusammenzukehren und an einem sicheren Ort, jedenfalls entfernt von Feuerungsstellen, zu lagern.

Alte Schleifmaschine des Tischlers mit Wasserkühlung

Nach Einführung der Gewerbefreiheit kam es zur Neugründung der Tischler-Amts-Innung zu Rostock (so die neue Bezeichnung) per 21. September 1888. Die Tischler-Amts-Innung gründete dazu eine Genossenschaft zur Führung einer gemeinsamen Möbelhalle. Damit konnten erstmals Möbel auf einer größeren Verkaufsfläche den Interessenten und Käufern präsentiert werden.

1872 verzeichnete Rostock 42 Tischler. Das Leistungsangebot vieler Werkstätten wurde bald als Möbel- und Bautischlerei ausgewiesen, teilweise auch mit einem Möbelmagazin als Ausstellungsladen ausgestattet. Andere Werkstätten setz-

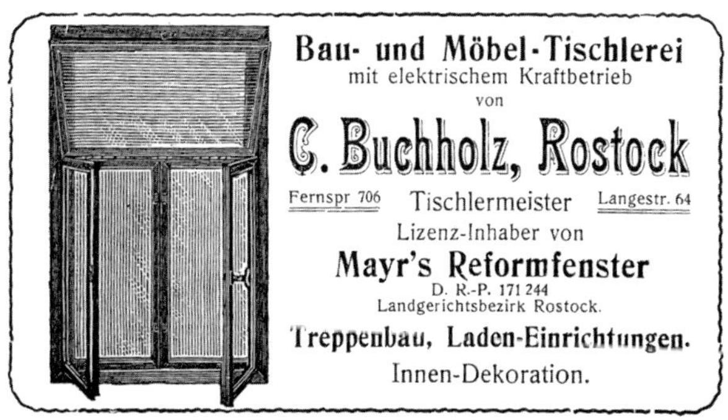

Werbung eines Rostocker Tischlers, 1909

Werbung der Tischler-Innung, 1909

ten speziell auf die Bautischlerei mit Fenstern und Türen. Um 1890 erweiterte sich eine Tischlerei zur A. Strobelberger Möbelfabrik mit Dampfbetrieb, die dann Anfang des 20. Jahrhunderts Rostock mit hochwertigen Möbeln versorgte. Im guten Wohnzimmer standen eben Strobelberger und jeder Rostocker wusste, dass damit Strobelberger-Möbel gemeint waren. 1909 feierte die Tischlerinnung ihr 450-jähriges Jubiläum und gab ein Festbuch heraus.

Aus der Amtsrolle von 1656 (nach einer freien Übertragung)

§ 2

Wenn ein Gesell allhie in Rostock Lust und Liebe hat, Meister und ein Amtsbruder zu werden, der da würdig und tüchtig ist, der soll bei einem Meister ein Vierteljahr arbeiten, und darnach seine erste Eschung (Bitte um Aufnahme in die Zunft) thun und dem Amte zu verstehen geben, auf welche Witwe oder Meisterstochter er innerhalb des Amts das Handwerk fordert, jedoch daß er erstlichen durch seinen Meister seinen Lehrbrief sammt dem Geburtsbrief dem Amte vorlegen, auch durch denselben das Amt eschen lassen soll. Da er alsdann damit zugelassen wird, so soll er zu jeder Eschung einen Gülden geben, wovon jeder Aeltermann zu empfangen 8 Schilling, und die übrigen 8 Schilling das Amt zu der Wirtschaft. Und wann er zum andern Mal eschet, soll er sich verbürgen, und anloben ‚seine Amtsdienste gehorsamlich zu verrichten, solange er jüngster ist, und auch in seinem Beruf und Arbeit fleißig zu sein. Da es aber die Noth erfordern sollte, daß er des Amtes Dienste nicht abwarten könnte, soll er nach alten Gebrauch sich deswegen mit dem Amte billiger Maßen zu vergleichen schuldig sein.

§ 4

Das Meisterstück soll sein ein Kleiderschapf mit vier Schuren (Fächern), vier Ellen hoch ohne die Friese und drei Ellen breit, inwendig die Tiefe fünftehalb Quarte (damit dürfte der Schrank in etwa die Maße 2,30 Meter Höhe, 1,72 Meter Breite, 0,80 Meter Tiefe aufweisen – Anm. d. Red.), der Zierrath des Schapfs mit Säulen und geschnittenen Corinthischen Capitulen, und die Thüren mit Rundingen gemacht, auch die Seiten des Schapfs mit Rundingen gezieret, und so einer mit sonderlichen Schnitzwerk oder eingelegte Arbeit das verbessern könnte, demselben soll es freistehen.

(Quelle: Sammlung J.-P. Schulze, nach: Festbuch der Tischler-Innung, 1909)

Töpfer

„Meine Werke folgen mir nach, seggt de Pötter, donn föllt de Aben achter em üm."

Töpfer stellten bedarfsorientiert Gebrauchsgegenstände her wie: Töpfe, Kannen, Krüge, Flaschen, Teller, Schüsseln, Kinderspielzeug, sakrale Gegenstände und später Ofenkacheln aus Ton, die glasiert und bemalt wurden. Im Süden Deutschlands hießen sie seit dem Mittelalter Hafner oder Euler (von lat. ulla - Topf) und hier im Norden Töpfer und Pötter. Die Verarbeitung von Tonerde mit anschließendem Brand zur Keramik ist eine der ersten handwerklichen Tätigkeiten, so ist die Töpferei noch älter als das Eisenhandwerk. Die frühesten Zeugnisse sind insbesondere durch Grabgefäße bei archäologischen Grabungen belegt worden. Töpfern erweist sich nicht nur als das älteste Handwerk zur Herstellung von Gefäßen überhaupt, es blieb auch erhalten, als Metall, Glas und schließlich Kunststoff zur Verfügung standen. Das Töpferhandwerk war immer ortsorientiert, weil die Arbeit von den vorhandenen Rohmaterialien abhängig war. Durch Spezialisierung unter den Meistern bildeten sich im Verlauf der letzten 500 Jahre zu den typischen Geschirrtöpfern die Kachel- und Formenmacher (Pötter) und Pfeifenmacher heraus.

In den norddeutschen Hansestädten treten die Töpfer nachrichtlich erst spät in Erscheinung. Weder in Hamburg, Lübeck oder Rostock ist eine Töpferamtsrolle aus dem Mittelalter erhalten. Aus der Zeit von 1258 bis 1284 ist mit Conradus figulus lediglich ein Töpfer nachweisbar.

1800 arbeiteten in Rostock acht Töpferwerkstätten. 1907 gab es im Großherzogtum Mecklenburg-Schwerin 27 Töpfereien für alltägliche Tonwaren mit 581 Beschäftigten, eine Werkstatt für feinere Tonwaren mit fünf Arbeitern und zwei Porzellanbetriebe mit drei Beschäftigten.

Grundvoraussetzung für jede Töpferei bildeten der geeignete Rohstoff Ton als Arbeitsmaterial und die benötigten Brennmaterialien für die Ofen-Feuerung. Beides musste möglichst in der Nähe einer Werkstatt vorhanden sein, damit die Betriebskosten nicht zu hoch wurden. Um Temperaturen von mehr als 1.000 Grad Celsius im Ofen zu erreichen, brauchte man entsprechenden Brennstoff, wozu Kiefer, Tanne, Fichte, Espe, Birke und später auch Braun- oder Steinkohle benutzt wurden.

Der Hafner.

Den Leymen tritt ich mit meim Fuß
Mit Har gemischt/ darnach ich muß
Ein klumpen werffen auff die Scheiben
Die muß ich mit den Füssen treiben/
Mach Krüg/ Häffen/ Kachel vñ Scherbē
Thu sie denn glassurn vnd ferben/
Darnach brenn ich sie in dem Feuwer/
Corebus gab die Kunst zu steuwer.

Y ij Der

Töpferton ist eine fette, mineralreiche Erdenmischung, die sich formen, trocknen und im Feuer brennen lässt und mit dem Brand zur Keramik wird. Aufgrund des Erdmaterials Ton bezeichnete man früher die meisten Erzeugnisse der Töpferarbeit als irdene Waren. Gewöhnlicher Töpferton war grau oder bläulich und färbte sich beim Brennen rot. Erfahrene Meister erkannten guten Ton mit den bloßen Augen und an seiner geschmeidigen Konsistenz. Die lehmige Arbeit brachte dem Töpfer manchen Spott- und Scherznamen ein wie „Dreckpatscher“ oder „Lehmtreter“. Ältere bildliche Darstellungen zeigten den Töpfer grundsätzlich barfuß.

Becher des Amtes der Töpfer, 1791

Für die Handwerker war das größte Arbeitsproblem, dass guter Ton oft nicht in der Nähe der Werkstätten vorkam und von weiter her bezogen werden musste. Auch den Rostocker Töpfern mangelte es an gebrauchsfähigem Töpferton im Stadtgebiet oder umliegender Feldmark. Mitunter musste Ton mit Ziegelerde (für die Backsteine) gemischt werden. Es kam beispielsweise auch Ton vor, der sich nicht mit hohen Temperaturen brennen ließ und aus dem der Töpfer deshalb keine Gefäße für Flüssigkeiten anfertigen konnte. Solches Material war nicht weit entfernt von Rostock zu haben, in Schabow gab es diesen preisgünstigen Ton. Greifswald war beispielsweise noch schlechter als Rostock dran, dort gab es keinen geschmeidigen Ton und deshalb konnten sich wenige Töpfer ansiedeln, sodass man zu bestimmten Zeiten sämtliche Gebrauchskeramik aus Stettin bezog, weil die Qualität beliebt war.

Arbeitstechnisch musste der Ton, da er in der Natur kaum rein vorkam, zunächst in verschiedenen Arbeitsgängen aufbereitet werden, das heißt, er musste gründlich gereinigt werden. Magerer Ton war in dieser Form zum Brennen geeignet, fetter Ton musste mit Sand vermischt werden, damit er beim Brennen nicht sprang.

Hauptwerkzeug des Töpfers waren die geschickten Hände und die Töpferscheibe, letztere wurde frühzeitig erfunden und wird – in Varianten weiterentwickelt – im Prinzip bis heute benutzt. Auf der Drehscheibe wird der Tonklumpen in verschiedenste Grundformen gebracht. Die Verzierung der Waren erfolgte individuell durch Applikationen, Ritzungen oder durch Eindrücken von Ornamenten mit Hilfe eines

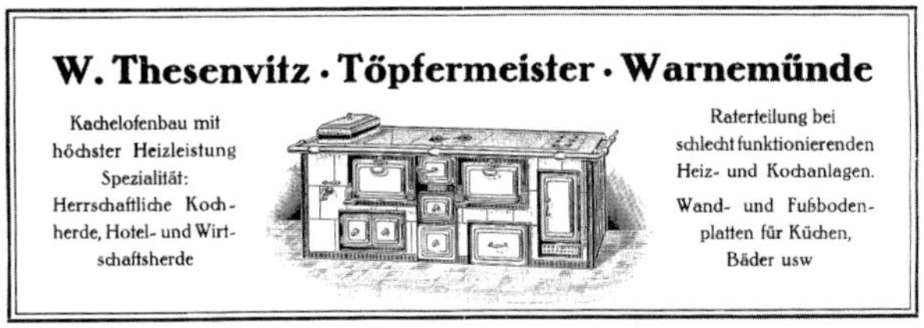

Werbung eines Töpfermeisters aus den 1920er Jahren

Rädchens oder Stempels. Die Kennzeichnung mit Meister- und Stadtmarken wie bei den Goldschmieden und Zinngießern geschah eher selten und war nicht in Zunftordnungen gefordert. Mithin kamen auch schlechte und minderwertige Töpferwaren auf den Markt, wogegen allerdings streng vorgegangen wurde.

Wichtig für das Töpferprodukt war der Brennofen, der früher aus Ziegelsteinen aufgebaut wurde und im Innern mannsgroß sein konnte. Unglasiert gebrannt, entstand aus der vorher getrockneten Form die sogenannte (harte) Grauware und mit Glasuren, in zweimaligem Brand, fertigte man glänzende und farbige Waren. Um die bei älteren Ofentypen unvermeidbaren Temperaturunterschiede auszugleichen, musste der Töpfer erfinderisch sein: dickwandige Keramik, geschützt in feuerfesten Schamottekapseln, stellte er dem Feuer am nächsten, dünnwandige Formen wurden in der zweiten Reihe aufgestellt. Bei Brenntemperaturen von 1.000 und über 1.200 Grad Celsius bestand im Sommer hohe Brandgefahr, weshalb die Errichtung eines Töpferofens immer der baupolizeilichen Genehmigung unterlag. Der Rat von Rostock war hierin sehr streng und ließ Töpferwerkstätten nur in der Nähe der Stadtmauer zu.

Die Produktpalette der Töpfer entwickelte sich mit den kulturellen Lebensbedürfnissen. Neues Leben in die Töpferei brachte immer wieder die Küche. Ob Rindsbraten, Schweinsbraten, Fisch oder Eintopf, in der Küche benötigte man die verschiedensten Koch- und Bratgefäße. Der berühmte mecklenburgische Grapentopf auf drei Füßen wurde sowohl aus Metall als auch aus Keramik gefertigt. Neue Getränke wie Kaffee, Tee und Schokolade ließen neue Trinkgefäße (Tassen, Untertassen, Kannen, Kännchen) folgen. Auch die Bedürfnisse der höfischen und bürgerlichen Damentoilette des 18. und 19. Jahrhunderts brachten Aufträge ein.

Die Italiener fertigten Anfang des 16. Jahrhunderts in Faenca, Pesaro, Urbino und Gubbio hochwertige kunstvolle Gefäße aus bestem Ton, mit Bemalungen von Raffael, Michelangelo und Tizian an. Auf der Insel erfand man Mitte des 18. Jahrhunderts das „englische Steingut“, das aus feinem Ton vermischt mit Kieselsteinen gefertigt wurde. An diesen neuartigen Entwicklungen ging die praktische Töpferarbeit auch der Rostocker Töpfer nicht vorbei.

Einen modernen Aufschwung in die Töpferei brachte indes der Ofenbau. Seit dem 16. Jahrhundert wurden mit der Einrichtung von Schornsteinen wärmespendende Kachelöfen in den herrschaftlichen Wohngebäuden und Bürgerhäusern modern. Später fehlte der Kachelofen auch in den Bauernstuben nicht. In den Kacheln konnte sich die Wärme lange halten und sie verbesserten die bürgerliche Wohnkultur gerade in der kühleren Jahreszeit erheblich. Die Töpfer fertigten die Keramikkacheln und setzten bis Ende des 19. Jahrhunderts die Öfen selbst, ehe der Beruf des Ofensetzers entstand. Zum Meisterstück im Töpferhandwerk war Mitte des 19. Jahrhunderts „als praktische Arbeit aufgegeben, so viel Kacheln anzufertigen, als zu einem Ofen gehören, und demnächst eine Schüssel auf der Scheibe zu drehen, die aufgegebenen Arbeiten selbst anzufertigen und einen Probeofen zu setzen.“ Das erforderte, eine entsprechende Rechnung aufzustellen sowie Anzahl und Maße der Kacheln für das Ofenmodell vorzulegen. Mancher Geselle scheiterte bei der ersten Meisterprüfung an der Ungenauigkeit seiner Arbeit. Dabei hat die Ofenkachel, wie ebenfalls die Form des Ofens selbst, im Verlauf der Jahrhunderte verschiedenste stilgeschichtliche Entwicklungen erfahren. Der äußeren Bauweise entsprechend wurde das Innenleben der Repräsentations- und Wohnräume angepasst und dazu gehörten Kamine und Kachelöfen. Von den Ofenkacheln stammt auch die Bezeichnung Pötter, da die ersten unglasierten Kacheln in der Form den Töpfen (plattdeutsch Pott, Pötte) ähnlich sahen. Diese „Kacheltöpfe“ wurden in Lehm zum Ofen aufgebaut, sodass ein beheizbarer Hohlkörper entstand. Es dauerte dann eine Zeit lang, bis der praktische eckige Ofen gesetzt wurde und noch länger, bis 2006 der heutige Beruf des Ofen- und Luftheizungsbauers entstand.

1858 erwarben ein Töpfermeister und ein Töpfergeselle das Bürgerrecht. 1869 zeichnete das Großherzogtum Mecklenburg-Schwerin den Töpfermeister Fricke jun. in Rostock mit

dem Titel Hof-Töpfer aus. 1875 gründete sich die Töpferei Günther, eine bis in das 20. Jahrhundert hinein bekannte „Kunsttöpferei und Ofenfabrik“.
Mit der Einführung der Gewerbefreiheit gründete sich die Töpfer-Innung per 13. Februar 1888 zu Rostock neu. 1940 gab es die gemeinsame Töpfer- und Ofensetzerinnung.

„Das Gewerbe der Töpfer und Ofensetzer
[...] Eine im Mai veranstaltete Umfrage über die Beschäftigungsmöglichkeit im Ofensetzgewerbe ergab, dass z. Z. nur der vierte Teil der Gesellen beschäftigt wird gegenüber 1914. Diese Töpfermeister, welche ohne jede Hilfe arbeiten, hatten 1922 keine hundert Tage Beschäftigungsmöglichkeit. In diesem Jahre (1923 – Anm. d. Red.) ist es noch trostloser und es wird mit jedem Tage schlimmer.
In den letzten Jahrzehnten ist im Töpfereigewerbe Mecklenburgs ein großer Wandel vor sich gegangen. Vor 50 Jahren gab es nur wenig Berufskollegen, welche die von ihnen gesetzten Oefen nicht in eigener Werkstatt herstellten. So hatte Rostock z. B. in den achtziger Jahren noch etwa 10 Werkstätten mit Brennöfen. Heute sind alle verschwunden. Unter den etwa 220 mecklenburgischen Töpfermeistern gibt es heute noch etwa 20, welche noch in eigener Werkstatt Kachelware herstellen. Von den Töpfergesellen wurde der Töpfermeister, welcher keine Werkstatt besaß, ‚Dachstubenkrauter’ genannt. Bei einem ‚Dachstubenkrauter’ wurde nicht gern Arbeit genommen, weil wenig Aussicht auf Beschäftigung im Winter vorhanden war.
Mit dem Kachelbrennen ist auch die Geschirrtöpferei in Mecklenburg fast verschwunden. Alte Rostocker werden sich noch erinnern, dass alljährlich auf dem Pfingstmarkt vom ‚Pöttersünndag’ ab die mecklenburgischen Töpfer ihre Erzeugnisse feilboten. Erfreulicherweise haben jetzt einige Berufskollegen sich der Herstellung von Töpfergeschirr wieder gewidmet. Wenn sie mit allem Eifer bemüht bleiben, geschmackvolle Qualitätsware herzustellen, wird es am Absatz nicht mangeln, da in allen Kreisen der Bevölkerung viel Interesse für schön dekoriertes Töpfergeschirr vorhanden ist. Auch für unser Land kann die Belebung der Töpferei nur von Vorteil sein, da große Summen, die heute nach auswärts gehen, dann in Mecklenburg verbleiben.
W. Thesenwitz, Warnemünde, Vorsitzender des Provinzialverband der Töpfer- und Ofensetzmeister von Mecklenburg-Schwerin und -Strelitz, Sitz Rostock.“
(Quelle: Sammlung Jan-Peter Schulze/Rostocker Anzeiger)

Weißgerber

„Leddergarwer, Wittgarwer“

Weißgerber gehörten zu dem Leder herstellenden Handwerk der feineren Art, denn sie verarbeiteten Tierhäute von Schafen, Ziegen und Wild zu hochwertigem hellen bis weißen Rohleder. Dieses weiche Leder war begehrt beim Beutler, Hutmacher, Riemenschneider, Täschner oder Schuhmacher, die nicht nur nützliche, sondern ebenso schöne Lederwaren herstellten. Wie die Lohgerberei war das Weißgerberhandwerk in Rostock früh vorhanden, aber nicht so stark vertreten wie die rotgerbenden Amtskollegen. In Rostock sind Weißgerber erstmals im ältesten Stadtbuch von 1254 bis 1274 genannt, von den Weißgerbern wurden zwei Meister verzeichnet. Im Jahr 1817 zählte man in Rostock neun Weißgerbermeister.
Das Weißgerberhandwerk war in seiner Entwicklung stark von modischen Gebrauchsgegenständen abhängig. Die Meister verfertigten ihre Ledersorten dünn gewalkt für feste Bekleidungsutensilien wie Beutel, Hosen, Riemen oder Taschen und ebenso entstand manch edle Schuhbekleidung. Ihre Formen waren einfach, der Natur nachempfunden und schlicht die Fertigstellung, dafür mussten glatte, saubere Nähte und Kanten gearbeitet werden können. Ein Meister strich mit der Handfläche über das Leder, prüfte es mit fes-

Weißgärberstraße: Die Straßenbezeichnung weist auf das alte Handwerk der Weißgärber hin

tem Griff und erkannte genau die Qualität der Arbeit. Den Gürtlern war beispielsweise vorgeschrieben, nur Riemen aus Ziegenleder zu fertigen. Aber eine robuste Lederweste oder kräftige Lederhose waren nicht zu allen Zeiten modisch, sondern ein tagtägliches, weil strapazierfähiges, Bekleidungsstück und ihr Erwerb war abhängig vom Geldbeutel. Einmal erworben hielt sie eine lange Zeit aus und bei manchem Mann wohl auch ein Leben lang.

Der steigende Ersatz von Bekleidungsleder durch neue Materialien wie leichte Wollstoffe, Barchent, Seide und schließlich durch gedruckte Kattune (Baumwollstoffe) führte im Laufe der Zeit zu verringertem Lederabsatz. Aber nicht nur dies. Die Weißgerber sahen sich über die Jahrhunderte hinweg der schleichenden Konkurrenz durch das Schuhmacherhandwerk ausgesetzt. Das führte wiederholt zu heftigen Beschwerden beim Rat, weil es sich stets um die Sicherung der Nahrung des Gewerks (wie es genannt wurde) handelte. Die Schuhmacher wollten das Oberleder oder Sohlleder vom Gerber zu mittelalterlichen Zeiten nicht einkaufen, sondern aus wirtschaftlichen Gründen selbstständig herstellen. Erstmals im Jahr 1345 gestattete der Rat zu Rostock den „Schohmakere“, so viel Leder, wie sie zum eigenen Bedarf brauchten, selbst zu gerben, der Lederverkauf hingegen blieb bei entsprechender Strafe streng verboten.

Weißgerber bearbeiteten die Rohhäute durch Anwendung eines mineralischen Gerbverfahrens (entgegen der Lohgerberei). Weißgerber gerbten grundsätzlich mit Alaun, dass auf Leder eine adstringierende (zusammenziehende) und imprägnierende Wirkung besitzt und auf diese Art das Leder gar macht. Diese Mineralien ließen sich wirtschaftlich nicht einfach und preisgünstig beziehen, denn Alaun wurde ursprünglich aus Flandern, England und Schweden eingeführt. Im 15. Jahrhundert klagten Hansekaufleute über die gestiegenen Alaunpreise in Flandern. Zu Ende des 16. Jahrhunderts konnten mecklenburgische Händler einige Jahrzehnte lang landeseigene Alaunvorkommen bei Eldena nutzen.

Der Arbeitsprozess bei den Weißgerbern war zunächst ähnlich wie bei den Lohgerbern. Auch die Weißgerber begannen die Arbeit mit der Grobreinigung der Rohhäute; da die Felle von Ziegen und Schafen kleiner waren, konnte die Grobreinigung auch auf dem Gerberhof in eigens angelegten Bottichen (Küfen) erfolgen und so konnte auf einen Standort in Flussnähe durchaus verzichtet werden. Auch waren die Arbeitsstätten insgesamt nicht so aufwändig ausgestaltet wie bei anderen Berufskollegen. Deshalb konnten sich die mittelalterlichen Weißgerber auch in der östlichen Mittelstadt von Rostock ansiedeln, praktisch in reger Nachbarschaft mit den Leuten, worauf eine nach ihnen benannte Weißgerberstraße hinweist. Gerberhäuser boten neben dem Wohnraum für die Meisterfamilie alle Strukturen des Handwerks: Werkstatt, Lagerräume, Kellergewölbe, Galerie und Trockengeschoss.

Nach der Grobreinigung in den Wasserbottichen erfolgte die körperlich anstrengende mechanische Reinigung. Der Kerbknecht entfernte mit einem Scherdegen die Haare und sammelte sie ein. Geraufte Schaf- und Ziegenwolle eigneten sich durchaus noch zum Weiterverkauf. Die Funktion der Schwitzkammer bei den Rotgerbern wurde hier durch den Äscher übernommen, die gereinigten Häute wurde in Gärung versetzt, um anschließend letzte anhaftende Reste entfernen zu können. Dafür füllte man die Bottiche zur Hälfte mit einer Lauge aus Pottasche oder gebranntem Kalk und legte die Häute hinein. Nach entsprechender Gärzeit ließen sich die Reste vom Leder entfernen. Im 16. Jahrhundert wurde die Anzahl der Äscherbehälter für eine Weißgerberei begrenzt, um Überproduktionen zu vermeiden.

War dieser Arbeitsgang erledigt, begann das eigentliche Gerben der Häute in den Bottichen. Die Gerbknechte hoben die schweren Häute in eine Lauge von Kali-Alaun und weiteren Zutaten. Hier gab die gelblich-weiße Gerbsubstanz dem Handwerk nicht nur seinen Namen, sondern auch das Leder wurde abschließend weiß. Der Gerbprozess dauerte in abgedeckten Bottichen mehrere Wochen an. Danach erfolgte abschließendes Waschen und Walken, um das Leder weich und geschmeidig zu erhalten. Die Ränder wurden in Form gebracht und geglättet. Die Weißgerber brauchten entsprechend der kleineren Felle keine großen Produktionsvorrichtungen. Zum Walken der Felle wurde mit den Tuchmachern eine gemeinsame Walkmühle auf dem Mühlendamm betrieben. Die übrig gebliebene Restalaunlauge sammelte man in größeren Fasslatrinen, sie war noch wertvoll zum Wiesendüngen.

Generell besaßen die Weißgerber alleiniges Recht, mit ihrem Leder zu handeln, hingegen wurde der Lederhandel den ihnen nahestehenden Gewerken wie den Schustern und Beutlern verboten. Das fertige Leder wurde zu den Märkten auf sogenannten Lederbänken feilgeboten, der Verkauf lag meist in der Hand der Meisterfrau. Rostocker Weißgerbermeister fertigten Leder auch für den überregionalen Bedarf, wofür sie Messen in Braunschweig, Frankfurt/Oder, Leipzig und Naumburg besuchten. Allerdings mussten sie dort gegen berühmte Ledersorten wie Lütticher Leder, Leipziger Pfundsleder oder russisches Juchtenleder konkurrieren. Nicht nur deswegen ging kein Lederstück aus Rostock raus, das vorher nicht eine „Warenschau“, eine Produktprüfung durch die Altermänner des Gewerks, bestand: „Weißgares Leder muss, von Rechts wegen, schön weiß, fein sanft, und auf der Narbe recht sauber seyn“.
Im Rohlederverkauf gab es auch Pfuscher und Scharlatane, die von den Gewerksleuten argwöhnisch verfolgt wurden, ja es gab eifrige Beschwerdeschreiben, die sich für die Ehrsamkeit und den guten Ruf des Handwerks einsetzten. Denn auch schlecht gearbeitetes Leder ließ sich leicht unter die Leute bringen, um gutes Geld zu machen. So mancher listige Lederhändler setzte sich dreist über die landesherrlichen Verbote hinweg, besonders Wilddiebe in der Rostocker Heide versuchten aus ihrer Beute neben dem Fleisch auch aus dem gegerbten Leder einen guten Taler herauszuschlagen.
Die Lehrzeit bei den Weißgerbern betrug im Mittelalter zwei bis drei Jahre, im Laufe der Neuzeit wurde sie auf drei bis fünf Jahre erhöht. Die Gesellen wurden in Wochenlohn beschäftigt, Stücklohn gab es erst im 18. Jahrhundert. Die Wanderschaft der Gesellen war auch bei den Weißgerbern ein altes handwerksmäßiges Ritual. Zwischen dem 15. und 17. Jahrhundert bildeten sich bei den Weißgerbern vier Kreise mit unterschiedlichem Handwerksrecht und Brauchtum heraus. Da das Weißgerberhandwerk ein geschenktes Handwerk war, gewährte es den Gesellen eine finanzielle Unterstützung in der Wanderzeit. Als Orte und Meisterwerkstätten der besten Ausbildung wurden um 1840 Augsburg, Erlangen, Lübeck, Merseburg, Memmingen, Mühlhausen, Prag, Ulm oder Wien empfohlen.
Ende des 19. Jahrhunderts war das Weißgerberhandwerk schon stark rückläufig. 1872 arbeiteten in der Seestadt Rostock noch neun Weißgerber und Handschuhmacher. Schäfer auf dem Lande übernahmen das Weißgerbergeschäft als Nebenerwerb, weil es selbst aufgrund der Kosten-Nutzen-Rechnung zu wenig Nahrungserwerb leisten konnte. Schließlich setzte sich die industrielle Fertigung durch. Der ursprünglich lange Arbeitsprozess wurde durch neue technisch-chemische Verfahren von einst vielen Tagen auf Stunden verkürzt. Was ursprünglich ein gutes feines Lederprodukt auszeichnete, hat aber auch heute noch Gültigkeit. Allerdings brachte das moderne Industriezeitalter zunehmend eine Menge Lederimitate auf den Markt und hält immer noch an, die technischen Verfahren eröffneten ungeahnte Produktionsmöglichkeiten, sodass vielfältige Kunstledermaterialien angeboten werden, frei nach dem Motto: Erlaubt ist - was gefällt.

Wollenweber

„De Wäwer möt dat Pirdei utsitten, hei is dat Sitten gewennt.“

Der Weber.

Ich bin ein Weber zu Leinen Wat/
Kan wircken Barchent vnd Sponat/
Tischthůcher/Handzwehl/Facilet/
Vnd wer lust zu Bettziechen hett/
Gewürffelt oder Kamaca/
Allerley gmödelt Thůcher da/
Auch Flechsen vnd wircken Haußthuch/
Die Kunst ich bey Aragnes such.
Der

Das Handwerk der Wollenweber gehörte zum Textilverarbeitenden Gewerbe und war von Anbeginn den wachsenden praktischen und technischen Kenntnissen der Weberei unterworfen. Die eher schlichten, auch teils farbenfroh gestalteten Kostümierungen, wie sie heute wieder auf historischen Märkten gezeigt und getragen werden, entsprechen dem Wissen aus Büchern, Kunstwerken von alten Malern oder sie sind den mittelalterlichen Holzskulpturen nachempfunden. Bekleidung gehörte von jeher zum Grundbedürfnis der Menschen, anfangs war sie mehr zweckmäßig, als Schutz vor den natürlichen Wettereinflüssen, später sollte sie nicht mehr nur nützlich sein, sondern auch gefallen. Ähnliches gilt für die Wollmaterialien;

wurden sie erst grob im Gewirk und naturbelassen verfertigt, änderte sich ihre feinere, weichere oder festere Herstellung in Stückware oder in Ballen mit den technischen Möglichkeiten. Ungefähr im 13. und 14. Jahrhundert trat zum gebräuchlichen Leinenstoff in verschiedenen Qualitäten (feinstes Leinen für höhere Stände) als neuer Bekleidungsstoff der feste und wärmende Wollstoff ebenso in verschiedenen Qualitäten hinzu. Eine wichtige Voraussetzung dafür war die Entstehung und Förderung einer einheimischen Schafhaltung, die erst genügend Wolle als unabdingbaren Rohstoff lieferte und seine Weiterverarbeitung ermöglichte. Zahlreiche Städte in Mecklenburg beherbergten dann bald Wollweberämter, deren Mitgliederzahl meist die aller übrigen Zünfte und Ämter übertraf. 1514 erwähnte Monnicke die Wollenweber bei seiner Visitation der mecklenburgischen Städte in 15 von 24 Landstädten. Die älteste, erhaltene Amtsrolle der Rostocker Wollenweber stammt von 1614. Die fertigen Tücher dieses bodenständigen Gewerbes fanden ihren Absatz wohl vor allem im Lande selber. Feinere Tuchmacher waren nicht in allen Städten ansässig, daher wurden hochwertigere Tuchwaren durch die Kaufleute von weit her eingeführt. Anfang des 16. Jahrhunderts trug man u. a. Kleidung von bestem Wolltuch aus Hardewik und aus Den Haag. In Rostocker Ratskreisen erfreute sich das „Leydesch gewandt“ besonderer Beliebtheit.

Die Wollenweber zu Rostock webten mittelfeine Stoffe in genormten Größen hauptsächlich aus Schafwolle, mitunter von Ziegenhaar und später aus Baumwolle. Sie hießen Raschmacher, wenn sie schwere und grobe Wollstoffe ohne zusätzliches Walken fertigten, und besaßen in dieser Profession zeitweise ein eigenes Amt. Allgemein stand den Wollenwebern, Tuchmachern und Raschmachern nicht der Zuschnitt und nie der Handel mit Stoffen zu, dieses war allein nach den alten Rechten und Traditionen den Gewandschneidern gestattet.

In den ältesten Stadtbüchern 1254-1288 von Rostock sind schon 10 Wollenweber und dazu ein Wollkäufer verzeichnet. Der Amtspatron der Wollenweber war der heilige Erasmus. An seinem Ehrentag, dem 3. Juni, begingen die Wollenweber eine kirchliche Feier mit anschließendem kräftigen Trinkgelage. Die von den Rostocker Wollenwebern auszurüstende Mannschaft zur Stadtverteidigung betrug 20 Bewaffnete. Um 1653 führten drei Altermänner die Amtsgeschäfte. In den frühen Jahren nach der Stadtgründung wurde eine Straße nach dem Handwerk benannt, sodass die Wollenweberstraße in der Altstadt erstmals 1283/84 als platea linorum textorum erwähnt wurde. Die Straße besaß im Mittelalter bei Weitem nicht die heutige Längenausdehnung, die erst in etwa Anfang des 20. Jahrhunderts als zweitgrößte traditionelle Nord-Süd-Achse der Altstadt entstand.

Von 1362 ist die erste Rostocker Wollenweberamtsrolle erhalten. Das Handwerk konnten auch Frauen erlernen und man gestattete ihnen den Zutritt als Meisterin, wofür es festgelegte Regeln gab. In den Jahren 1280 und 1288 sind in den Stadtbüchern die ersten Wollenweberinnen genannt. Besonders genaue Vorschriften galten für die Wollenweber und Kleingewandweber (fertigten kleine Stücke) schon nach der ersten Amtsrolle von 1362, da ein Schaden an ihren Erzeugnissen für die Bürger besonders spürbar war. Jedes gefertigte Tuch musste vom Rat begutachtet (Schau) werden. Die Laken (Stücke) der Wollenweber wurden in verschiedenen Qualitäten hergestellt. Die besten und „bretesten Laken“ wurden aus guter „Scherwolle“ verfertigt, denn in Rostock war die Verwendung von Raufwolle (vom Fell geschlachteter Schafe) verboten, in Wismar jedoch konnte das dritte Haar Raufwolle sein. Untersagt wurde auch in Rostock die Verwendung von „überseeischer“ Wolle (indische Baumwolle oder aus dem Mittelmeerraum), zu der man gegen Ausgang des Mittelalters noch kein Vertrauen hatte. Erst ab 1815 wurde verstärkt Baumwolle verarbeitet, der Staatskalender verzeichnete für Rostock Kattunscherer. Die Größe der Rostocker Wollenweberlaken betrug 32 Ellen in der Länge und zwei Ellen in der Breite und das Gewicht des Tuchs sollte in jeder Werkstatt übereinstimmen. Die gefertigten Laken mussten mit einem Erkennungssiegel des jeweiligen Meisters versehen sein. Um eine genaue Kontrolle zu gewährleisten, erstellte die Wollenweberzunft ein Verzeichnis aller Mitglieder mit ihren jeweiligen Marken.

Die mittelalterlichen Wollenweber leisteten die Vorarbeiten zum Weben noch selbstständig.

Da die Schafe terminlich einmal im Jahr, zu Pfingsten (lange und beste Winterwolle), oder zweimal im Jahr, zu Pfingsten und Michaelis (29. September) die kürzere Herbstwolle, geschoren wurden, konnten man sie auch je nach gewünschten Qualitäten erwerben. Meist gab es dafür große Wollmärkte, die wiederum festgelegt waren und an die man sich zu halten hatte. Mit dem Vorbereiten der Wolle war es eine eigene Sache. Die Schafwolle musste zunächst nach Güte sortiert, gereinigt, gewaschen, gezaust und gekämmt werden. Dann konnte die Wolle auf dem Spinnrad zum Faden ausgezogen, also gesponnen werden, danach gehaspelt (der Faden wurde auf eine bestimmte Länge gebracht) und schließlich wurden zwei oder drei Fäden nochmals miteinander gezwirnt (miteinander verdreht). Das Spinnrad erfand man etwa um 1530, die erste Spinnmaschine um 1767 in England. Vermutlich stellte der Weber schon damals dafür Hilfskräfte ein. Erst später spezialisierten sich hierfür besondere Berufsgruppen

Wollenweberstraße: In dieser traditionsreichen Handwerkerstraße befand sich auch der Wollenweberschütting (Versammlungshaus der Wollenweber), (seit 1437 bezeugt)

wie Wollschläger, Kämmer oder Garnspinner heraus.

Wichtigstes Arbeitswerkzeug des Wollenwebers war der Webstuhl, auf dem das wollene Garn zu Tuch gemacht wurde. Nach seiner Qualität wurde das Garn als Kettgarn oder als Schussgarn (Einschuss) verwendet. Das Kettgarn spannte der Weber auf dem Webstuhl so auf, dass die Fäden sich so wechselseitig durchkreuzen, um den Einschuss zwischen sich aufnehmen zu können.

Auch nach dem Weben waren noch wesentliche Arbeiten zu verrichten, um beispielsweise dem Schneider fertiges Tuch zu liefern. Die am Webstuhl ineinander gewirkten Fäden waren meist zu lose. Sie mussten noch ineinander verfilzt werden, wodurch der Stoff nochmals von Fett, Leim und Schmutzresten gereinigt wurde. Das erfolgte durch die Walke im Wasser, mitunter durch Zusatz von Walkerde (tonhaltige Erde) und anderen handwerklichen Geheimnissen. Ursprünglich wurde das Walken durch Treten mit den Füßen verrichtet, was eine aufwändige und schwere körperliche Arbeit war, die ab dem 14. Jahrhundert durch Walkmühlen bewerkstelligt wurde. Die Rostocker Wollenweber betrieben ab dem 15. Jahrhundert dafür eine Walkmühle auf dem Mühlendamm.

Da die Gewebe mit dem Walken meist kleiner wurden und einliefen, mussten die Webstücke auf einem Rahmen wieder eingespannt werden, um ihnen die gewünschte Größe und Form zu geben, und um sie „fadengleich“ zu machen. Sofern nicht schon der Faden eingefärbt war, wurde nun bei Bedarf das Tuch eingefärbt. Ende des 18. Jahrhunderts färbten die Wollenweber nicht mehr eigenständig, da in der Seestadt 5 Färbermeister ansässig waren, die sich bestens mit natürlichen Färbemitteln wie Krapp und Waid auskannten.

Um eine entsprechende Qualität der Wollstoffe zu erreichen, geschah abschließend das Rauen, Scheren und Pressen. Das Rauen zum Auflockern des Wollhaares sollte nur nicht mit eisernen Karden (Kamm) geschehen, weil das harte Werkzeug die Fäden zu sehr beansprucht hätten. Findige Weber benutzten die „elastischeren“ Früchte der Kardendiestel (dipsacus fullonum), um das Haar zu schonen. Für das Scheren der Stoffe bildete sich ein eigenes Handwerk heraus, das sich als Tuchschererei in Textilzentren ansiedelte. Auch in Rostock arbeitete um 1800 ein Tuchscherer (auch genannt der

Gewandbereiter). Zu seinen Arbeitsgeräten gehörten Presse, Presspapiere, Schertisch, Scheren und Tuchrahmen in verschiedenen Größen. Der Handwerker sorgte für gleich lange Fäden. Das Pressen geschah als letzter Arbeitsgang; gleich ob naturbelassen oder gefärbt, gab es dem Tuch seinen Glanz. Mit all diesen abschließenden Arbeitsgängen machten die Wollenweber das Tuch endgültig gebrauchsfähig, es wurde Kaufmannsgut und konnte in den Handel gehen.
Ende des 18. Jahrhunderts gab es in Rostock die Boy-, Fries- und Tuchmacher, insgesamt 13 Meister an der Zahl. Man hatte sich in den Geweben spezialisiert und dem Kunden angepasst. Boystoff war ein dem Flanell ähnelndes Tuch und Friestuch entstand aus grob gesponnener Wolle, war geköpert, gewalkt, geraut, aber nicht geschoren. Im Grunde waren beide Tucharten grobe Stoffe, zu wärmenden Futterstoffen, Mänteln und Decken geeignet und in der Herstellung preiswert.

Zahntechniker

Erst zu Ende des 19. Jahrhunderts spezialisierten sich die verschiedenen Bereiche um die Zahnheilung. Anfangs wurden sie unter merkwürdigen Bezeichnungen bekannt wie z. B. Zahnkünstler oder Zahnartisten, später sprach man von Dentisten, die hervorragend handwerklich begabt waren, bis entsprechend der modernen medizinisch-technischen Entwicklung Zahntechniker ausgebildet wurden. Das ist bis heute so geblieben und die Werbung zeigt alle Augenblicke, wie wichtig strahlend weiße Zähne für die Befindlichkeit eines jeden sind. Ein Blick in die unterschiedlichen Gesichter der Menschen erzählt da ganz eigene Ansichten.
Vereinzelt gab es schon in früheren Zeiten an den königlichen und herzoglichen Höfen Spezialisten für die Behandlung von Zahnbeschwerden, die sich Zahnkünstler nannten und auf ihre Weise die Beschwerden und Mängel zu lindern wussten. Mecklenburgs erste Medizinal- und Apothekerordnungen (1683 und 1751) richteten sich an die Bader und Barbiere, denen speziell das Zahnziehen erlaubt war, was im Übrigen lange Zeit die geläufigste Methode war, um sich quälender Zahnschmerzen zu entledigen. Aus einem überlieferten Brief von 1770 stammt ein erster Hinweis auf einen studierten Spezialisten für die Zähne. Der Wundarzt Heinrich Philipp Möller sollte vom Schweriner Hofmedikus Dr. Ewert auf seine Ausbildung und Fähigkeiten in Extraktionstherapie, Reinigen der Zähne sowie Anfertigen und Einsetzen künstlicher Gebisse aus Leichenzähnen und Tierknochen geprüft werden.
Für die hohen Damen und Herren, und einzig für sie allein, gab es schon früh Zahnersatz. Geschickt wurden Einzelzähne mit Gold- oder Silberdraht an die gesunden Zähne gebunden, um die klaffenden Lücken zu schließen. Jedoch war ungehindertes Sprechen und Kauen damit kaum möglich. Partiellen Zahnersatz (Prothesen) schnitzte man aus Knochen, Elfenbein und Nilpferdzähnen, der dann zwischen die natürlichen Zähne eingesetzt wurde. Zum Nachteil für den Träger nahm das „Bein-Material“ nach wenigen Monaten selbst die Fäulnis auf. Besserung brachte etwa seit 1790 der Einsatz von Keramik, bei dem sowohl die Zähne als auch die Basis ganz aus diesem harten Material gefertigt wurden. Die Zähne wurden nicht ausgearbeitet, sondern nur für den besseren Halt eingeritzt, die weiße Keramik mit verschiedenen Prozeduren eingefärbt, jedoch hatte das Material durch sein Gewicht einen enormen Nachteil. Den Durchbruch im herausnehmbaren Zahnersatz schaffte ab 1850 der Einsatz von galvanisiertem Kautschuk, womit die Ära Zähne für jedermann beginnen konnte. Der Hartgummi als Zahnunterlage war leichter zu bearbeiten, doch auch dieses Material zeigte bald seine Nachteile, es war sehr porös, aber im Grunde war der Weg bis zum modernen Kunststoff aufgezeigt.
1840 ermöglichte die neu erlassene mecklenburgische Medizinalordnung den Chirurgen zweiter Klasse, also den Badern und Barbieren, weiterhin das Zähneziehen. Immerhin sollte jetzt eine spezialisierte Zahnheilkunst ausschließlich von geprüften Ärzten und Wundärzten ausgeübt werden dürfen, die sich durch die Approbation zu Zahnärzten spezialisieren konnten.
Um 1835 praktizierten in Rostock mit Hofzahnarzt Dr. Luckow und mit den Herren Friedrich Jürß und Janzen drei aus dem Stand der Ärzte und Wundärzte hervorgegangene Zahnärzte für etwa 20.000 Menschen in der Stadt. Im gesamten Großherzogtum Mecklenburg-Schwerin behandelten 12 zugelassene Zahnärzte Patienten mit Zahnschmerzen

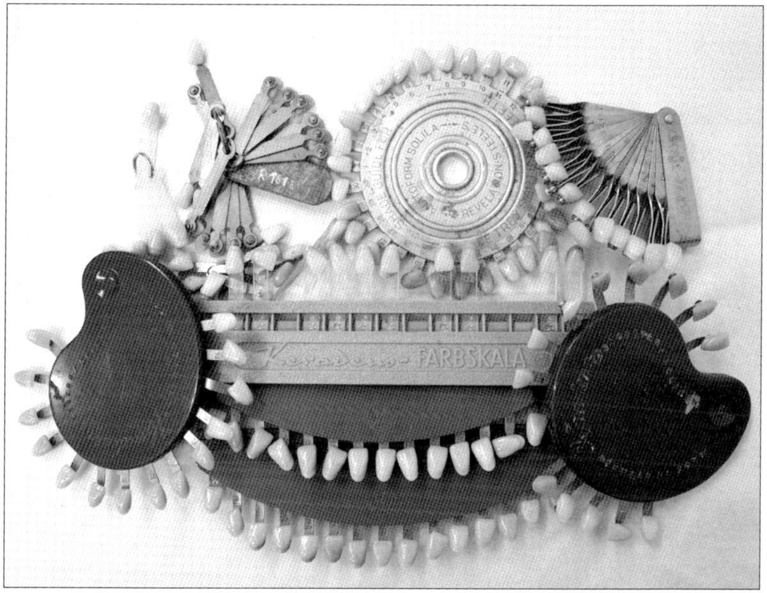

Historischer Zahnfarbenfächer

und anderen Beschwerden. Am 12. Dezember 1882 begann die erste direkte Hochschulausbildung eines Zahnmediziners an der Rostocker Universität, ein regulärer Studiengang wurde 1886 eingeführt. Die Gleichstellung mit den Ärzten erreichten Zahnärzte erst 1909 und 1919 (Abitur als Studienvoraussetzung und Promotion).

Die Zahnmedizin war auf dem Vormarsch nicht mehr aufzuhalten und die Zeit der Zahn- und Schmerzbehandlung mit geheimnisvollen Tinkturen, Magnetismus, Tropfen, Seidelbastpflastern und Latwergen (Mischung aus Pulver und Sirup) endgültig vorbei. Mit fortschreitender Entwicklung der zahnmedizinischen Leistungen zur Jahrhundertwende und zunehmender Aufklärung in der Zahnhygiene kam nun auch das Handwerk der Zahntechnik in Gang. Die Leute begannen zunehmend Geld für künstlichen Zahnersatz auszugeben. Fördernd wirkte die Einführung der Krankenversicherung 1883 durch Bismarck, wodurch die Arztwahl nach Tarif möglich und erschwinglich wurde. Wenig später wurden auch spezialisierte medizinische Dienstleistungen aufgenommen wie Beihilfen zu künstlichen Zähnen nach ärztlichem Attest und Kostenvoranschlag. Aus wirtschaftlichen Gründen entwickelte sich für viele Zahnärzte die Anfertigung falscher Zähne zum einträglichen Geschäft. Bis Anfang des 20. Jahrhunderts bewarben sie zahlungskräftig ihre „Ateliers für künstliche Zähne“ im „Rostocker Anzeiger“ und in anderen Tageszeitungen Mecklenburgs. Künstliche wie natürliche Zähne mit Einzelkosten wurden angepriesen oder gar das Angebot für Zähne mit der Post zu verschicken offeriert. Patienten kamen in die Zahnarztpraxis, es wurde ein Zahnabdruck durch den Zahnarzt genommen und dann suchte er sich für seine Heilmaßnahmen einen Techniker und Handwerker. Der Zahntechniker wurde zunächst Gehilfe im Atelier, womit es dem Berufsstand anfänglich nicht gerade leicht gemacht wurde. Eine treffende Annonce eines Zahnarztes aus Schleswig-Holstein aus den 80er Jahren des 19. Jahrhunderts lautete: „Suche Jungen zur Ausbildung in meinem technischen Bereich.“ Und ein Jahr später erschien vom selben Zahnarzt das Inserat: „Bin für zwei Wochen im Urlaub, für die Zeit vertritt mich mein Junge.“

1880 entstand zum Schutz der Berufsinteressen der Verein Deutscher Zahnkünstler, der sich 1908 in den Verein Deutscher Dentisten umbenannte. Der Gründungsversammlung wohnten 200 Zahnkünstler bei, darunter waren noch keine Rostocker Kollegen verzeichnet. Diskussionen gab es darum, ob die Zahntechnik den Heilberufen oder dem Handwerk zuzuordnen sei. Dieser Streit zwischen medizinischer oder handwerklicher Zuordnung wurde immer wieder entfacht, bis man anerkannte, dass es keine strikte Trennung geben kann.

Die amtliche Volkszählung für Mecklenburg registrierte für das Jahr 1890 die ersten drei Zahntechniker in Mecklenburg, die alle zu Schwerin registriert wurden. 1898 ist mit Wilhelm Martens der erste Zahntechniker in Rostock nachweisbar. Die nächste Volkszählung im Jahr 1900 vermeldete in Mecklenburg die Anzahl von 21 Berufskollegen, davon arbeiteten in Rostock besagter Wilhelm Martens und Emil Voss als selbstständige Zahntechniker und Barbiere und als Lehrlinge

Paul Renz und Adolf Fottow (bei Zahnarzt Wörpel). 1902 wurde die Zahntechnik von Carl Höppner in der Breiten Straße auf der Wiener Ausstellung mit einer Silbermedaille ausgezeichnet und 1903 auf der Internationalen Ausstellung für Zahnkunst und Hygiene, in Paris, mit einer Goldmedaille prämiert. 1922 waren beide Firmen noch präsent und 13 weitere Einmann-Betriebe sorgten für die zahnprothetische Versorgung der Stadtbevölkerung. Den Materialbedarf für Zahnärzte und Zahntechniker an künstlichen Zähnen, Wachs, Gips, Edelmetall, Keramik, Kunststoff, Drahtklammern, Metallbügeln etc. lieferten das Mecklenburgische Dentallabor Helse am Hopfenmarkt und die Zahnfüllungsmaterialienfabrik Lippolt in der Friedrich-Franz-Straße. Bis zu dieser Zeit war die Berufsfindung der Zahntechnik auch abgeschlossen, die Reichsversicherungsverordnung vom 1. Oktober 1920 hatte alle Zahntechniker verpflichtet, sich einer anerkannten Ausbildung und Prüfung zu unterziehen, wenn sie zu den RVO-Kassen zugelassen werden wollten.
Nach 1945 galt der Zahntechniker nicht mehr als Handwerksberuf, sondern war dem Bereich Gesundheitswesen zugeordnet. Erst nach der Wende 1990 zählt er erneut zu den traditionellen Handwerksberufen.

Zahntechnikausbildung im HBZ heute

Bei aller Anerkennung für die Leistung früherer Zahntechniker, auch dieser Handwerkszweig hat sich enorm entwickelt. Die Anforderungen an die Leistung eines Zahntechnikers sind gestiegen, was auch durch die Arbeit des hier ansässigen Handwerkerbildungszentrums (HBZ) deutlich wird. Modern ausgestattet mit 20 Arbeitsplätzen und einem Demo-Platz für den Meister kann eine praxisnahe Ausbildung mit modernster Labortechnik stattfinden. Seit der Eröffnung 1994 konnten jährlich ca. 20 Azubis die Ausbildung zum Zahntechniker erfolgreich abschließen. Auch die Gesellen- bzw. Meisterprüfungen werden im HBZ durchgeführt. Mittlerweile sind weit über 60 Zahntechniker nach erfolgreicher Meisterprüfung in ganz Mecklenburg-Vorpommern als Laborleiter oder Geschäftsführer im eigenen Handwerksbetrieb tätig.
Damit die Zahntechniker immer auf dem neuesten Stand in ihrer Branche sind, finden im HBZ an den Wochenenden regelmäßig Fort- und Weiterbildungen statt.

Ziegler

„Wo de Plant Huflattich (Teiglerbloom) waßt, dor steiht Teigelierd ünner."

Der Ziegler.

Ein Ziegler thut man mich nennen/
Auß Lättn kan ich Ziegel brennen/
Gelatt vnd hell / Kälend darbey/
Daschen Ziegl / auch sonst mancherley/
Damit man deckt die Heusser obn/
Für Regen/Schnee vnd Windes thobn/
Auch für der heyssen Sonnen schein/
Cynira erfund die Kunst allein.
Z ü Der

Rostocks Stadtbild verändert sich ständig und man kann quasi dabei zuschauen, interessante neue und moderne Gebäude haben in der City einen Platz bekommen. Die Leute laufen dort hinein und wieder hinaus und merken oft nicht, wie schnell sie mit den Gebäuden verschmelzen, in denen sie die Dinge des Alltags erledigen. Etwas Besonderes ist es mit den sorgsam restaurierten Backsteinbauten in der Innenstadt, jedes rote Ziegelgebäude erzählt seine Entstehungsgeschichte aus vergangener Zeit und man könnte meinen, sie wären für die Ewigkeit gebaut. Diese geformten, gebrannten roten und hellen Ziegel sind für Rostocks historisches Stadtbild typisch, sie wurden auf einfache Weise mit heimischen Materialien verfertigt.
Durch Bau und Gründungen der Klöster, Kirchen, Schlösser und der ersten Städte siedelten sich sowohl Maurer als auch Ziegler und Kalkbrenner in Mecklenburg an. Fast jede gegründete mecklenburgische Stadt führte bald eigene Ziegeleien und Kalkbrennereien, um die wichtigsten Kommunalbauten, wie Stadtmauern, Tore, Wiekhäuser, Rathäuser, Kornhäuser, Häfen, die Münze, das Arsenal und andere Gebäude, zu errichten und zugleich den Bürgern den privaten Hausbau zu ermöglichen. Die ersten bürgerlichen Wohnbauten in Rostock waren überwiegend Holzhäuser und Fachwerk mit Lehmverputz, im Laufe der Zeit entstanden dann Steinhausbauten. Mit den Kirchen- und Klostervorstehern traf der Hohe Rat Vereinbarungen, damit auch sie durch die Arbeit von Ziegeleien ihre sakralen Bauten errichten konnten. Im

Gegenzug erhielt der Rat anteilig Intraden (Einnahmen) aus der kirchlichen Ziegelfertigung. Mitunter konnten gewaltige Kirchenbauten bis zur Vollendung 200 Jahre dauern. Über viele mittelalterliche Großbauten lässt sich feststellen, dass jede dieser Baustellen eine eigene Ziegelei und Kalkbrennerei hatte. Jeder dieser Neubauten wurde mit der Errichtung eines Ziegelofens, der Ziegelscheune und eines Kalkofens angefangen. Ziegel und Kalk wurden auf der Baustelle selbst gebrannt und letzterer gleich nach dem Brennen gelöscht und verbraucht, das ist eines der Geheimnisse für die Festigkeit des alten Mauerwerks. Im 16. Jahrhundert änderte sich die Vor-Ort-Fertigung beispielsweise beim Kalkbrennen und späterhin auch in der Ziegelproduktion. 1558 wurde auf Rostocker Baustellen erstmals gebrannter Kalk aus Mariager in Jütland bezogen.

Auch die im 2. Weltkrieg zerstörte Jakobikirche besaß im Mittelalter ihre eigene Ziegelei vor den Toren der Stadt

Neben dem Ziegelton, der zumeist auf städtischem Grund lagerte und dessen Ausgrabung die Landschaft außerhalb der Stadtmauern veränderte, verbrauchte der Ziegler große Mengen an Brennmaterial, insbesondere Holz aus den städtischen Waldungen und Torf aus den umliegenden Mooren. Das war zusammengenommen für den Rat Anlass, eine regelmäßige Aufsicht über die Ziegeleien zu führen. Jedoch ist das Entstehen von einer hohen Anzahl Privatziegeleien, stets dort, wo es örtlich reichlich Tonvorkommen gab, erst das Ergebnis späterer Zeit. Die erste städtische Ziegelei (domus laterum) von Rostock wird in den fünfziger und sechziger Jahren des 13. Jahrhunderts urkundlich erwähnt, die genaue Lage ist aber nicht überliefert. Sie stand von 1259 bis 1264 unter Leitung eines angestellten „Teyelmester" Wilhelm. Der Ziegeleipächter lieferte aus seiner Fertigung Ziegelsteine an die drei Stadtteile und an Rostocker Ratsherren. Das Steinmaterial wurde zu Hunderten oder zu Tausenden gehandelt. Die einzelnen Mengen stiegen nach den Rechnungsbüchern bis auf 73.000 Stück. Kalk in gebrannter und ungebrannter Form wurde auch in Fässchen in den Mengen von zwei bis 24 Stück gehandelt. Für etwa 1271 ist die Einfuhr von 26 großen „Gothländer Steinen", welche vermutlich zu Steinmetzarbeiten oder zum Kalkherstellen dienten, aufgeführt. In den siebziger Jahren des 13. Jahrhunderts wurde die Ziegelei an die Maurermeister Alexander und Heinrich verpachtet.

Außer der Stadt besaßen auch die Marien , die Katharinen-, die Petri- und die Jakobikirche, die Predigermönche (Dominikaner) und das Hospital zum Heiligen Geist eigene Ziegeleien. Die Marien-Ziegelei stand vor dem Mühlentor, die Katharinen- und Petri-Ziegelei befanden sich auf den Wiesen an der Oberwarnow (im 19. Jahrhundert wurde hier eine Bleiche errichtet). Die Ziegelhöfe der Jakobikirche und des Heiligen-Geist-Hospitals lagen vor dem Bramower Tor. Die Jakobikirche kaufte ihre Ziegelei 1280 vom Steinmetz und Maurermeister Dietrich. Das Hospital legte sich 1295 einen Ziegelhof zu, der an der Warnow unterhalb des Jakobi Ziegelhofs errichtet war. Beide Ziegeleien waren bis Ende des 17. Jahrhunderts für Rostock sehr bedeutend.

Die beeindruckenden Backsteinkirchen Rostocks, hier die Marienkirche, zeugen vom Handwerk der Ziegler

Während im Süden Deutschlands zum Bauen hauptsächlich in der Natur vorhandenes Steinmaterial wie Sandstein gehauen wurde, stellte man in Norddeutschland Steine aus Ton und Lehm künstlich her. Natürliches Steinmaterial, die Feldsteine, kam in der Umgebung von Rostock nicht ausreichend vor. Die Feldsteine auf der Dietrichshäger Feldmark wurden beispielsweise bereits um 1300 unter hohem Transportaufwand für den Bollwerksbau im Warnemünder Hafen verwendet. Einzelne Steinposten kamen als Ballast mit den Schiffen von Gotland mit.

Also blieb den Rostockern, um zu bauen, nur das Handwerk des Ziegelbrennens. Die Kunst des Ziegelbrennens kam ursprünglich aus Italien und die Zisterziensermönche hatten an der Verbreitung des Handwerks hier im Norden große Verdienste. Das Erdmaterial wurde mit der Hand geformt und unter hohen Temperaturen im Ofen gebrannt, was den Steinen den Namen Backsteine und einer ganzen Architekturperiode (Gotik) regional hier im Norden die Bezeichnung Backsteinarchitektur einbrachte. In neuerer Bezeichnung nannte man die hart gebrannten Steine auch Klinker, sie wurden bei Temperaturen von ca. 1.100 bis 1.400 Grad Celsius gebrannt und mit roter bis violettschwarzer oder mit gelber, hellbrauner Farbe erzeugt. Rote Klinker waren typisch für den gotischen Backsteinbau. Gelbe Klinker entstehen bei einer bestimmten Mischung von Kalziumoxid (Kalk, CaO) und Eisen (III)oxid (Fe_2O_3) des Ziegeltons und wurden hauptsächlich erst im neugotischen Backsteinbau des 19. und 20. Jahrhunderts verwendet.

Die Anfertigung von besten Ziegelsteinqualitäten erforderte ein geschmeidiges Tonmaterial, das gereinigt vom Ziegelstreicher in Holzformen eingeknetet und der überflüssige Ton abgestrichen wurde. Danach wurde der Rohling entnommen und an der Luft zwischengetrocknet, im Ziegelofen oder Meiler (Feldofen) gebrannt und anschließend in der Ziegelscheune getrocknet. Ein ausgezeichneter Ziegelstreicher schaffte an einem langen Sommertag bis zu 10.000 Rohlinge, ansonsten rechnete man mit durchschnittlich 6.000 geformten Ziegeln pro Ziegelstreicher und Arbeitstag.

Baukunst und Handwerk waren in der norddeutschen Gotik eng miteinander verbunden. Die Ziegelmeister fertigten nicht nur Ziegelsteine in gerader, rechteckiger Form an, sondern auch in vielen komplizierten und kunstvollen Formziegeln (Rosetten, Fialen u. a.), sie wurden abschließend glasiert. Außerdem hatte jede Bauzeit auch eine vorgeschriebene normierte Größe der Steine. Die Ziegelsteinherstellung erfolgte in ausgemessenen Holzkästen, im Seitenverhältnis von 1:2. Das Verhältnis der Seiten zur Höhe blieb aber meist unbestimmt oder schwankte stark. Mit den (Seiten)Normungen war es aber möglich geworden, Mauersteine von gleicher Länge und Breite herzustellen und einen regelmäßigen Verband zu mauern. Die mittelalterliche Backsteinlänge stimmte etwa mit der Länge von einem Fuß überein (0,29 Meter), wobei die Schrumpfung beim Brand unterschiedlich berücksichtigt wurde.

Das für das Mittelalter typische Klosterformat betrug dann 30 x 17 x 9 Zentimeter. Spätere Formate waren in Sachsen im 18. Jahrhundert 6 Zoll breit, 12 Zoll lang und drei Zoll hoch,

das Hamburger Format im 19. Jahrhundert 22 x 10,5 x 6,5 Zentimeter, das Reichsformat nach 1870 25 x 12 x 6,5 Zentimeter und das Normalformat nach 1952 24 x 11 x 7,1 Zentimeter.
Die Ziegelfertigung war von der warmen Jahreszeit abhängig und lief von Frühjahr bis Spätherbst. Der Arbeitsprozess war mit speziellen Traditionen verbunden. Zum ersten Ziegelbrand im Frühjahr entstanden der sogenannte „Morgenstein“ und der „Abendstein“. Ein solcher Ziegelbrand war zugleich ein feierlicher Akt, zu dem der Ziegeleibesitzer und Vertreter des Rostocker Rats zu Gast waren. Der Altgeselle überreichte den ersten Rohstein dem Ratsvertreter mit einem poetischen Spruch, der etwa so lautete: „Grüß Gott! Dieser Stein ist gemacht aus Zieglers Hand – er wird in den Ofen gesetzt und gebrannt. Sollte dieser Brand ihm schädlich sein, so möchten Sie ihn kühlen mit einem Glase Bier oder Branntwein. Wir tun es nicht um Bier oder Branntwein, sondern es soll dem Herrn zur Ehre sein.“ Der Ehrengast legte ein Geldstück auf den Stein, setzte den ersten Stein in den Ofen und gab ihm den Namen Morgenstein. Nach dieser Zeremonie wurde der Ofen vollgefüllt. Den letzten Stein trug der Ziegelmeister selbst als Abend- oder Feierabendstein in den Ofen, der danach zugemauert wurde. Der Morgenstein zeigte eine oder mehrere Sonnen auf seiner Oberfläche, während der Abendstein Mond und Sterne abbildete. Mitunter sind Jahreszahl und Namen des Herstellers eingezeichnet worden. Diese Morgen- und Abendsteine sind heute selten zu finden, am ehesten noch Dachsteine beim Um- oder Neudecken eines alten Gebäudes, während Mauersteine meist unter Putz ihre Geschichte verbergen.
Ziegel waren immer eine schwere Transportlast, wozu sich der Wassertransport mit Schiffen und Kähnen besonders eignete, und wo Wasserwege fehlten, entstanden künstliche Kanäle. Auch die Beschaffung des Feuerungsmaterials zum Ziegelbrennen ging auf solchen Wegen vor sich. Etwa nach 1579 erbaute man vom Breitling bei Markgrafenheide den „Moorgraben“ zu den Torfmooren in der Rostocker Heide, der von den Ziegeleien, insbesondere vom Ziegelhof der St. Jakobikirche, reichlich genutzt wurde.
1800, 1816 und 1850 arbeiteten in Rostock je ein größerer Ziegeleibetrieb. 1778 gab es im Herzogtum Mecklenburg-Schwerin in 16 Städten Ziegeleien.

Moderne Dampfziegeleien entstehen

„Im Jahre 1903 wurde die sechs Kilometer von Rostock entfernt liegende Ziegelei von dem jetzigen Besitzer Herrn Heinrich Höppner übernommen. Sie bestand damals aus einem Ringofen und zwei Pressen – mit einer Jahresproduktion von $1^1/_2$ bis zwei Millionen Mauersteinen.
In den darauffolgenden Jahren wurde mit der Modernisierung und Vergrößerung des Werkes begonnen, indem eine zweite Dampfmaschine sowie zwei Pressen aufgestellt wurden, ebenfalls wurde ein zweiter Ringofen zugebaut.
Obgleich die Ziegelei jetzt den damaligen Verhältnissen entsprechend eine völlig moderne genannt werden konnte, wurde im Jahre 1911 zu einer umfangreichen Erweiterung geschritten, durch Aufstellung einer 520 PS-Dampfmaschine, Anlage einer künstlichen Trockenvorrichtung, eines Tonbaggers sowie 3 Kellerscher Vollautomaten. Durch diese neuzeitlichen Einrichtungen wurde die jährliche Leistungsfähigkeit des Werkes bei 10-stündiger Arbeitszeit auf 14 Millionen Hintermauerungssteine gebracht.

Die günstige Lage an der schiffbaren Warnow ermöglicht es, die gesamte Produktion in 11 eigenen eisernen Prähmen mit einer Ladefähigkeit von je durchschnittlich 50.000 Stück auf dem Wasserwege an den jeweiligen Bestimmungsort zu bringen.
Für die Unterkunft sowohl der Beamten als auch der Arbeiter ist durch Errichtung von modernen Wohnhäusern, welche mit allen sanitären Einrichtungen versehen sind, bestens gesorgt.
So darf das Werk, welches sich aus den Anfängen entwickelt hat, heute als eine der größten und modernsten Ziegeleien nicht nur Mecklenburgs, sondern ganz Norddeutschlands angesprochen werden.“ *(Quelle: „Deutschlands Städtebau“, 1922, Sammlung Schade)*

Zimmermann

„Dunnerwetter, säd de Timmermann, all tweimal wat afsnäden un noch tau kort.“

Der Zimmermann.

Ich Zimmermann / mach starck gebeuw /
In Schlösser / Heusser / alt vnd neuw /
Ich mach auch mancherley Mülwerck /
Auch Windmüln oben auff die Berg /
Vber die Wasser starcke Brückn /
Auch Schiff vnd Flöß / von freyen stückn /
Blochheusser zu der gegenwehr /
Dedalus gab mir diese Lehr.
Z iij Der

Die Zimmermannsgesellen pflegen bis in die heutige Zeit hinein den Brauch der Wanderschaft, genau genommen wurde er aber von abenteuerlustigen Burschen wiederbelebt. Auf der Wanderschaft führen die Gesellen das sogenannte Bundgeschirr mit, das sind Bund- und Stichaxt, Winkel, Stemmeisen und Klöpfel sowie die Handsäge. Jedermann kann sie erkennen an der „zünftigen“ Kleidung, an den schwarzen ausgestellten Manchesterhosen, der Manchesterjacke, einer schwarzen Weste mit Perlmuttknöpfen und weißem Hemd. Der schwarze breitrandige Schlapphut wurde allerdings erst um 1900 üblich.

Zimmerleute, lat. carpentarii, sind um 1259 in Rostock erstmals erwähnt, im anschließenden Zeitraum bis 1275 sind insgesamt neun Zimmerer nachweisbar. Aus dieser Zeit sind Aufzeichnungen über Geldzahlungen vom Rat an die Zimmerleute überliefert. Während der immer wieder aufflammenden Bürgerunruhen zwischen 1312-14 gegen den herrschenden Rat wurde auch ein Vertreter der Zimmerleute in den neuen Bürgerausschuss gewählt. Im 15. Jahrhundert bildeten die Zimmerleute bereits ein eigenes Amt, das 10 Bewaffnete für die Stadtwehr stellen musste. Bald schaffte sich der Ehrbare Rat zu Rostock einen Rats-Zimmermann an, der für den Neubau und die Reparaturen städtischer Gebäude verantwortlich war. Noch 1802 gab es das Stadt-Zimmermeisterhaus, das dieser besoldete Handwerksmeister gegen Mietzahlung bewohnte.

Das Bauholz zum Häuserbau wurde in der mittelalterlichen Zeit zum einen Teil aus dem Waldgebiet der Rostocker Heide gewonnen, die seit 1252 im Besitz der Stadt Rostock war, und der andere Teil wurde per Schiff aus dem östlichen Raum eingeführt. Das Holz wurde summarisch als „ligna edificialia“ bezeichnet, stückweise nach Hunderten gezählt oder nach Ladung von 1-2 Prahm gemessen. Der Holzhandel war ein wichtiger wirtschaftlicher Faktor zu Wasser und zu Lande.

Seit dem 14. Jahrhundert gewährten in Rostock und Hamburg die Stadtobrigkeiten eine finanzielle Hilfe für Baulustige, wenn bei einem Hausbau der Giebel aus Stein und nicht in Fachwerk gezogen wurde. Denn die in Fachwerk gehaltenen Holzhäuser oder die Scheunen und Speicher bildeten ständig eine große Brandgefahr für die Städte. Dennoch bot sich den Zimmerleuten stets reichlich Lohnarbeit an. Schließlich blieben als Zimmermannsarbeiten weiterhin der Dachbau mit seinen verschiedenen und komplizierten Formen, wärme und schalldämpfende Decken- und Fußbodenkonstruktionen und viele kleinere Arbeiten für Hoftore und Zäune aller Art.

Neue Perspektiven für das Gewerk bildeten sich in den See- und Hafenstädten durch die technische Entwicklung der Trinkwasserversorgung und mit dem umfangreichen Hafenbau (Bollwerke) heraus. An der Einrichtung der Wasserversorgung mit dem Bau der hölzernen Schachtbrunnen oder an der Errichtung der zentralen Röhrenleitung (Pipen-Leitung) hatten die Zimmerleute mit Geschick und Wissen einen hohen Anteil.

Rostock, Hamburg, Stralsund oder Stettin bemühten sich bereits mit dem 14. Jahrhundert erfolgreich um die Sicherung und den Schutz der Häfen. Der Rostocker Rat ließ ein kunstvolles System des Hafenschutzes errichten. In den Stadtakten sind schriftliche Zeug-

Altes Herbergsschild der Zimmergesellen

nisse von hölzernen Bollwerksarbeiten, Flechtwerken zum Schutz der Fahrrinne vermerkt, die mit körperlich aufwändigen und technisch geschickten Ausbaggerungsarbeiten im Hafen von Warnemünde und auf dem Strom bis zur Stadt verbunden waren. Der Rat hatte in Warnemünde im 15. Jahrhundert einen Hafenzimmermeister eingestellt, der ständig nach dem Rechten sah und über den Zustand des Hafens und der Anlagen wachte. Er erneuerte und reparierte alles, was an Holzarbeiten anfiel, damit die Schifffahrt ungehindert vonstattengehen konnte. Auch im Rechnungsbuch der Kirche zu Toitenwinkel von 1562 bis 1635 (Toitenwinkel war damals ein Gut im Besitz der Familie Moltke) ist um 1607 auf der Gehlsdorfer Fähre neben anderen Handwerkern auch ein Zimmermann verzeichnet.

Zimmermannsarbeiten umfassten alle Zusammenfügungen, wie Verstärken und Verlängern von Hölzern, und die Verbindungen von Hölzern für das konstruktive Gerippe eines Bauwerks, wie Verzapfungen, Überblattungen, Verkämmungen, Verdollungen usw.

Mitunter entstanden regional heftige Streitigkeiten zwischen Zimmerleuten und Tischlern. Manchmal einigte man sich darauf, dass die Zimmerleute das innere feste, unbewegliche Bauwerk (Türen, Fenster, Treppen, Fußböden, Wand- und Deckenvertäfelungen) ausführten und Tischler für die mobile und kunstvollere Inneneinrichtung zuständig waren. Jeder Zimmerer musste sich gut mit dem verwendeten Holz auskennen. Kenntnisse über Eigenschaften, Tragkraft und Widerstandsfähigkeit gegen Witterungseinflüsse der gebräuchlichen Hölzer wie Eiche, Kiefer, Lärche, Fichte oder Tanne mussten schon vorhanden sein. Ein jeder Meister hatte da seine eigenen Methoden, um die Qualität des Holzes herauszufinden. Da wurde beispielsweise der Klang des Holzes überprüft. Dafür ließ der Meister seinen Gesellen an einem Stammende mit der Axt klopfen und er selbst legte sein Ohr am anderen Ende auf den Stamm und hörte auf den Klang des Klopfschalls. Kam der Ton schnell und kräftig an, so sollte es sich wohl um gesundes Holz handeln.

Nach dem Bildwerk (1578-86) des Vicke Schorler existierte vor dem Kröpeliner Tor eine mit Wasser angetriebene Sägemühle, in der Holz zugeschnitten wurde. Ende des 18. Jahrhunderts erreichte Rostock im Grundvertrag mit der herzoglichen Regierung vom 13. Mai 1786 eine Vergünstigung, wodurch die Bauholzeinfuhr von Balken, Brettern und Latten von der allgemeinen Akzisezahlung (Umsatzsteuer) befreit wurde. In diesem Vertrag wurde ebenfalls der zentrale Löschplatz für Holz vom Burgwalltor zum Fischertor verlegt. Zum Meisterbetrieb gehörten der Zimmermannsplatz, auf dem das Holz gelagert wurde, und eine geräumige Werkstatt. Auf dem Arbeitsplatz wurden grobe und sperrige Bauteile bereits exakt zusammengefügt und gekennzeichnet, damit sie sich später vor Ort zügig zusammensetzen ließen. Um den An- und Abtransport möglichst sicher, auch bei schlechten Witterungen durchführen zu können, befand sich der Platz – so gut es ging – in der Nähe einer Straße. In der Werkstatt fertigte man alle notwendigen kleineren Hausbauteile an wie Fenster und Türen.

Als hauptsächlichste Werkzeuge und Hilfsmittel dienten den Zimmerern die Fällaxt, Stoßaxt, Queraxt, das Breitbeil, Stemmeisen, Zimmermannshammer, Zange, Winkeleisen, Handsäge, Schrupphobel, Schlichthobel, Doppelhobel, Wasserwaage und Metermaß sowie Flaschenzüge, Seile und Gerüste. In der Werkstatt kamen noch feinere und andere Werkzeuge wie Bohrer, Locheisen, Kehl- und Nuthobel, Fuchsschwanz und Leimknechte hinzu.

Die endgültige Schlussarbeit vollzog sich auf der Baustelle, wo die teilweise vorgefertigten Holzteile eingebaut wurden, dann erwies es sich, wer ein wirklich guter Zimmermeister war. Die Baulustigen merkten sich das sehr wohl und holten sich bei schlechter Arbeitsleistung einen Meister von auswärts. Stand das Gebäude in den Grundfesten, so wurde das traditionelle Richtfest mit Richtbaum und Krone begangen. Ursprünglich war die Feier nur den Zimmerleuten gewidmet, dieser Höhepunkt war mit dem Aufrichten des letzten Sparrens und dem Einschlagen des letzten Sparrennagels verbunden. Die Hammerschläge standen von alters her dem Bauherrn zu. Das Anbringen der Richtkrone wurde begleitet mit lauten Gesängen und Hochrufen der Handwerker. Ein Zimmermann sprach vom Dachstuhl aus den Richtspruch und hielt eine Lobrede auf den Bauherrn und natürlich auf die Bruderschaft.

Rostocker Gesellen sind sehr weit gewandert und in der Welt herumgekommen. 1778 wurde dem Gesellen Johann

Erinnerungsfoto im Hof der Herberge der Zimmergesellen, „Stadt Halle", Beginenberg, 1902

David Mohn aus Rostock in Leipzig eine Kundschaft (Arbeitszeugnis) ausgestellt.
Zimmermannsmeister gab es 1798 in den Städten des gesamten Herzogtums Mecklenburg-Schwerin 142; um 1800 und fünfzig Jahre später arbeiteten Rostock je sieben Hauszimmermeister. 1872 hatte Rostock zehn Zimmereien, die Gründerzeit mit ihren vielen Bauten erforderte auch wieder mehr Holzarbeiten. Nach Einführung der Gewerbefreiheit 1869 in Mecklenburg gründete sich die gemeinsame Maurer- und Zimmermeister-Innung per 26. Februar 1884.
Nicht erfasst sind dabei die Zimmermannsleute auf dem Lande in der Umgebung von Rostock. Der Zimmermann übte einen der wenigen Handwerksberufe aus, die in Mecklenburg auch auf dem Lande erlaubt waren, denn gebaut wurde zu allen Zeiten. Daher gab es auch in den Dörfern viel zu tun für den Bauhandwerker. Der Zimmerer setzte das Fachwerkgerüst und den Dachstuhl für das Bauernhaus, ebenso wurden bei den Mühlenbesitzern die Reparaturarbeiten durchgeführt. Es ist kein Wunder, dass auch der Nachname Zimmermann noch heute häufig anzutreffen ist und eine weit zurückreichende Geschichte hat.
Nach 1900 eroberten sich neue, moderne Baustoffe wie Beton, Glas und Stahl die Architektur. Mit der „Neuen Sachlichkeit" wurde der Zimmermann nach 1920 aus dem großen Baugeschehen weitgehend zurückgedrängt. Aber nicht überall und in jedem Falle bestimmte das „Bauhaus" das Bauen. Trotz mancher Mechanisierung und dem Einsatz von Maschinen in der Zimmerei blieb der Charakter des Zimmerhandwerks erhalten und manche Arbeitsgerätschaften sind immer noch in Gebrauch. So ist die Zimmerei noch heute ein anerkanntes Handwerk.

Zinngießer

Klostermönche entdeckten ursprünglich Zinn als Werkstoff für Ess- und Trinkgefäße, es entstanden einfache flache Teller und Becher für den Alltagsgebrauch. Aber es dauerte seine Zeit, bis es auch in Norddeutschland ein eigenständiges Handwerk wurde. Das silbergraue Material, das im Bergbau (Sachsen, Böhmen, England) gewonnen wurde, erwies sich als geschmacksneutral und äußerst beständig gegen Feuchtigkeit und Säuren. Gegenüber Glas und Keramik war es allemal bruchsicher, was für den Alltagsgebrauch wichtig war. Außerdem besaß das wertvolle Zinn eine nicht unwichtige Eigenschaft – es konnte eingeschmolzen werden. So wurden unansehnliche oder beschädigte Gegenstände durch neue ersetzt, was wiederum den historischen Nachweis von Zinngegenständen deutlich erschwert. Derartige archäologische Funde fanden stets besondere Beachtung.
Im Jahre 1372 wurde bei einer Aufzählung des Kriegsschadens, den „Rostocker Raubfehder" dem Kloster Doberan zugefügt hatten, auch ein Anteil zinnerner Töpfe (lat. olla stanni) erwähnt. Sicher hat es schon in der Zeit davor Zinngießer gegeben.

Historische Gussform für die Herstellung von Tellern

Die Zinngießer hatten ihre eigenen Handwerksregeln und hielten darauf, meist im Verbund mit anderen Städten. Etwa alle sieben Jahre kamen die Zinngießerämter der wendischen Hansestädte in Lübeck zu einer gemeinsamen Versammlung zusammen. So entsandten ebenso die Rostocker Zinngießer 1640 und 1662 ihre Vertreter zu diesem Treffen. Verschiedene Rezesse aus den Jahren 1678, 1705, 1710, 1719 und 1729 sind noch heute erhalten. Da die Kosten der Tagfahrt nicht unerheblich waren und ein Meister allein den Aufwand nicht bestreiten konnte, es andererseits nach den Paragrafen der Amtsrolle durchaus Hilfeleistungen aus der Handwerkslade gab, erhielt 1640 der Meister 30 Gulden Reisegeld. Die beiden Meister, die im Jahre 1662 nach Lübeck reisten, erhielten 61 Gulden und zehn Schillinge vergütet. Es war notwendig, in diesem großen Hanseverbund vertreten zu sein, denn das bedeutete, nicht nur neueste Nachrichten über Handel und Wandel in die Stadt mitzubringen. Auch wurde auf verschiedenen wirtschaftlichen Gebieten wie Rohstoffbeschaffung, Rohstoffpreise, Normung des Zinnmaterials ernsthaft verhandelt, mitunter sehr hart, denn die Konkurrenz war groß. Eines der wichtigsten Themen, das sich durch alle Zeiten hindurchzieht, war beispielsweise die Beschickung der regionalen Märkte mit den Produkten, was letztlich Nahrungssicherung bedeutete. So wurde der Parchimer Markt den Wismarern zugewiesen und nur zu Michaelis durften ihn die Schweriner Zinngießer beziehen. Oft genug wurde erst eine Einigung mit Hilfe der Rechtsprechung durch den Landesherrn erzielt.

Die Zinngießer von Rostock waren anfangs mit den Kannen- und Grapengießern zusammen in einem Amt vereinigt, was ihre gemeinsame Amtsrolle aus dem 15. Jahrhundert bezeugt. Die Grapengießer schieden im 16. Jahrhundert und die Kannengießer Ende des 17. Jahrhunderts aus diesem Amt aus. Nach dem ältesten Protokollbuch gab es im Jahre 1575 unter den Zinngießern zehn Meister; nach dem Ausscheiden der Grapengießer um 1597 wurden nur vier Amtsbrüder namhaft gemacht. 1627 zählte das Amt sieben Meister, im Jahre 1633 fünf und im Jahre 1722 ebenfalls fünf Meister. Anfang des 19. Jahrhunderts scheinen nicht mehr als drei Meister gewirkt zu haben. Viele Jahre hindurch bestand das Amt der Zinngießer dann aus zwei Meistern (1872) und mit dem Tode des letzten Meisters Friedrich Carl Wulkop im Jahr 1880 wurde das Amt aufgehoben.

Dem Rostocker Zinngießeramt waren die Zinngießer ausgewählter kleinerer Städte angeschlossen. So gehörten zu Rostock über lange Zeit die Zinngießer von Güstrow, Plau, Malchin, Neubrandenburg, Waren, Ribnitz, Bützow und Teterow, derer es dort an der Zahl immer nur vereinzelte gab. Die Lehrzeit betrug vier und mehr Jahre. Zinngießergesellen, die in Rostock Meister werden wollten, mussten natürlich vorher gewandert sein und danach zwei Jahre bei einem Meister in der Seestadt als Geselle gearbeitet haben. Das Meisterstück der Zinngießer sollte eine wertvolle Anfertigung sein. Aus der ersten Amtsrolle von 1482 geht nur die Anzahl der Meisterstücke hervor, drei Arbeiten mussten in der Werkstube des Altermanns angefertigt werden. Später wurden zum Erwerb der Meisterschaft vielfältige Gerätschaften aus Zinn verfertigt wie: Waschgefäße, Schüsseln, große Schalen, Weinkannen, halbstöfige Kannen, Bettpotte, Gelagskannen (für

Lade der Rostocker Zinngießer, 1795

die Vereinshäuser), Willkommen (Pokale der Ämter und Gilden), Terrinen mit und ohne Deckel und andere Gegenstände des Haushalts.

Für den Arbeitsprozess galt, dass reines Zinn sich nur schlecht verarbeiten ließ, meinten jedenfalls die Meister; deshalb mischten sie dem Zinn andere Metalle wie Antimon, Kupfer oder Blei bei. Zinn war erheblich teurer, durch den Zusatz von Blei konnte der Zinngießer schon mal seine Gewinnspanne aufbessern. Zu viel Blei konnte wiederum gesundheitsschädlich sein, weshalb es schon frühe Verordnungen über die Zusammensetzung des Zinnguts gab und die Erzeugnisse des Zinngießers behördlich kontrolliert wurden. Auf der wendischen Ämterversammlung von 1569 einigte man sich, dass auf eine Mischung von drei Teilen Zinn ein Teil Blei gelten sollte; Kannen, Flaschen, Schüsseln (schottelen) und Salzgefäße dagegen mussten aus reinem Zinn (Klarzinn) gegossen werden. Um die Qualität des Zinnguts zu gewähren und dem Ruf des Amts nicht zu schaden, wurden regelmäßige Kontrollen gemacht. Die Altermänner sollten fünf bis sechs-mal im Jahr in den Werkstätten ihrer Meister Zinnproben durchführen „undt so es solte falsch befunden werden, der soll in ernstliche Straffe für dem Ambt gezogen werden", hieß es noch in einem Rezess der Ämter von Lübeck, Hamburg, Wismar, Rostock, Lüneburg, Bremen, Schwerin und Mölln vom 9. Juni 1678. Im ausgehenden 17. und im 18. Jahrhundert wollten die Käufer eine bessere Qualität der Waren, in der Regel wurde bleifreies Zinn gefordert. Doch gab es auch in Rostock weiterhin amtliche Ausnahmen, denn bleianteilige Gefäße wie Tabaksdosen, Tintenfässer, Röhren usw. waren erlaubt.

Rostocker Zinngießer verarbeiteten hauptsächlich englisches Zinn, das sie über den Seetransport und -handel bezogen. Zinn aus dem Erzgebirge war allein wegen der Transportkosten zu teuer. Weiterhin wurde auch altes Zinn umgegossen. Die herzogliche Regierung von Mecklenburg-Schwerin unterstützte die Rostocker Zinngießer, indem sie die Meister beim Einkauf von alten Zinnerzeugnissen zum Umguss von der Akzisezahlung (eine Art Umsatzsteuer) freistellten.

Die Zinngießer lehnten sich in der handwerklichen Ausführung und Formgebung von Tellern, Terrinen, Kannen, Zuckerdosen, Kerzenhaltern usw. den Erzeugnissen der Gold- und Silberschmieden an. Auch sie mussten die Herkunft ihres Zinngeräts mit Handwerkermarken nachweisen, damit musste der Meister für seine Arbeit auch im Namen der Stadt Rostock geradestehen und andererseits wirkte der Stadtname durchaus verkaufsfördernd: „en iewelk schal sin werk merken mit sines stades merke und mit sines sulves merke."

Mit dem Markennachweis schien es nicht so einfach zu sein, zeitweilig gab es drei verschiedene Marken an den Zinngerätschaften. Meister-, Stadt- und Qualitätsmarken wurden an unauffälligen Stellen des Zinnstücks mit Stempeleisen und Hammer eingeschlagen; Teller, Schüsseln und Becher wurden auf der flachen Unterseite, Krüge meist auf dem Deckelinneren oder auf dem Innenboden und Weinkannen auf dem oberen Ende des Henkelrückens gemarkt. Die Hansestädte forderten, die jeweilige Stadtmarke (für Rostock das „R") und die Meistermarke zweifach einzuschlagen. Die doppelte Meistermarke sollte gewährleisten oder bedeuten, dass Zinn ohne schädliches Blei Verwendung fand.

Jede Region hatte ihre bevorzugten Formen; so wurde für die Zinngießer – ausgehend von den Küstenstädten Bremen, Lübeck und Hamburg – die Hansekanne kennzeichnend. Ihr Hauptmerkmal war die gedrungene, bauchige Form. Eine solche Hansekanne aus dem 15. Jahrhundert befindet sich im kulturhistorischen Museum Rostock.

Zwischen 1900 und dem Ersten Weltkrieg kam das Material kurz wieder als „Silber für das Volk" durch die „Dürerbund-Werkbund-Genossenschaft" und ihre Mitgliedergeschäfte in Mode. In Rostock fanden diese industriell hergestellten Zinngeräte in einfachen Formen durch die Handelsfirma J. F. Schomann jr. (Inhaber Kaufmann Justus Susemihl) Am Markt 27/28 Verbreitung. Doch die wirtschaftliche Entwicklung gab dem Material Zinn wenig Chancen: Ab 1906 erhöhten sich auf dem Weltmarkt die Zinnpreise drastisch und mit Aluminium eroberte ein völlig neues Material den Markt. In den beiden Weltkriegen wurde Zinn für die Rüstungsindustrie eingeschmolzen. Erst in den 1960er Jahren schaffte man sich wieder Zinngerät an, für die handwerkliche Produktion gab es aber kaum Chancen. Trotzdem, nach Angaben des Bundesverbandes des Deutschen Zinngießerhandwerks gibt es noch etwa 30 bis 35 Zinngießer mit Meisterbrief.

Anhang

Quellen- und Literaturverzeichnis (Auswahl)

Ungedruckte Quellen
Archiv der Hansestadt Rostock
Bestand: 1.2.3. Brauerkompanie
Bestand: 1.2.7. Handwerksämter
Bestand: 1.2.6. Kaufmannsarchive
Bestand: 1.2.1. Kaufmannskompanie
Bestand: 1.2.8. Schiffer- und Kaufmannsgesellschaften
Bestand: 1.2.4. Schützenkompanien
Bestand: 1.3.1. Vereine, Leichen- und Witwenkassen, Veranstaltungen,
Jubiläen

Gedruckte Quellen:

Bülow von: Wanderung eines fahrenden Schülers durch Pommern und Mecklenburg 1590 Baltische Studien. Hrsg. von der Gesellschaft für Pommersche Geschichte und Alterthumskunde. 1880 Bd. 30, S. 82-89

Dragendorff, Ernst: Die Chronik des Dietrich yam Lohe (1529 bis 1583). In: Beiträge zur Geschichte der Stadt Rostock 17 (1931), S. 1-110.

Freimüthiges Abendblatt, Band 8, Bärensprung: Schwerin 1826

Großherzoglich-Mecklenburg-Schwerinscher Staats-Kalender.
Schwerin: Bärensprung, 1816-1918

Linde(n)berg, Peter: Chronicon Rostochiense, Rostock 1596

Manke, Matthias: „... dass alle Welt geschätzt würde.": die Einwohner der Stadt Rostock nach der Volkszählung von 1819. Rostock: Koch, 2005

Münch, Ernst (Hrsg): Das Rostocker Grundregister (1600-1820), Veröffentlichungen der Historischen Kommission für Mecklenburg. Schmidt-Römhild Bd.1-3, Rostock 1998/99 Rostocker Adreßbuch: Einwohnerbuch; einschl. Warnemünde u. Gehlsdorf u. d. eingemeindeten Ortschaften. Rostock 1856-1940

Sammlung aller für das Großherzogthum Mecklenburg-Schwerin gültigen Landes-Gesetze von den ältesten Zeiten bis zu Ende des Jahres 1834. Bd. 1-7, Wismar 1834-1844

Sammlung der Rostocker Verordnungen und Bekanntmachungen vom 1. Januar 1845 bis Anfang August 1860. Adlers Erben: Rostock 1860

Sammlung der Rostocker Verordnungen und Bekanntmachungen 1861 bis 1892. Werther: Rostock 1893

Schorler, Vicke: Rostocker Chronik 1584-1625. Hrsg. von Ingrid Ehlers. Schmidt-Römhild Rostock 2000

Statut der freien Innung für das Klempner Handwerk zu Rostock. Rostock: Adler, 1899

Thierfelder, Hildegard (Hrsg.): Das älteste Rostocker Stadtbuch (etwa 1254-1275), Vandenhoeck & Ruprecht: Göttingen 1967

Witt, Horst (Hrsg.): Die Wahrhaftige „Abcontrafactur" der See- und Hansestadt Rostock des Kramers Vicke Schorler. Hinstorff Rostock 1989

Literatur:

Archäologie unter dem Straßenpflaster. 15 Jahre Stadtkernarchäologie in Mecklenburg-Vorpommern, hrsg. von Hauke Jöns, Friedrich Lüth und Heiko Schäfer. Schwerin 2005.

Bodendenkmalpflege in Mecklenburg (Kurze Fundberichte), Jahrbuch 1990-2005, Berlin/Lübstorf

Beiträge zur Geschichte der Stadt Rostock, Bd. 1-28, Rostock 1890/2010.

Beltz, Hans: Aufsatzsammlung über Mühlen und Handwerk in Mecklenburg. Rostock, 1931-1936

Burrows, J.; Gaimster, D.: Mittelalterliches Handwerk in Rostock, in Archäologie in Deutschland; Hrsg. Verband der Landesarchäologen in der Bundesrepublik Deutschland. - Stuttgart: Theiss, 2000

Dragendorff, Ernst: Rostocks älteste Gewerbetreibende, in Beiträge zur Geschichte der Stadt Rostock. Bd. II, H. 3 Rostock 1889

Fritze, Konrad: Die Bevölkerungsstruktur Rostocks, Stralsunds und Wismars am Anfang des 15. Jahrhunderts, in: Greifswald-Stralsunder Jahrbuch 4 (1964), S. 69-79

Ders.: Am Wendepunkt der Hanse. Untersuchungen zur Wirtschafts- und Sozialgeschichte wendischer Hansestädte in der ersten Hälfte des 15. Jahrhunderts, Berlin 1967

Ders.: Frühphasen der Entwicklung Rostocks und Stralsunds, in: Lübecker Schriften zur Archäologie und Kulturgeschichte, Bd. 7, Bonn 1983, S. 119-124

Hamelmann, Julia: Nikolai arm, Petri - Gott erbarm?: Sozialräumliche Strukturen der Rostocker Altstadt im Spätmittelalter. Berlin [u.a.]: Lit-Verl., 2009

Jaster, Silke: Die Nichtdeutschen in Rostock im 13. und 14. Jahrhundert. Rostocker Studien zur Regionalgeschichte, Bd. 4, Rostock 2001

Kämmerer, Ferdinand: Über die Berechtigung der Juden, ein Handwerk zu erlernen. Rostock, um 1839.

Koppmann, Karl: Geschichte der Stadt Rostock, Erster Teil, Rostock 1887, 3/3 (1902)

Ders.: Die Straßennamen Rostocks, in: Beiträge zur Geschichte der Stadt Rostock. 3/3 (1902), S. 1-68

Leps, Curt: Das Zunftwesen der Stadt Rostock bis um die Mitte des 15. Jahrhunderts. Diss., Berlin: Ebering, 1934

Lorenz, Adolph Friedrich: Die alte bürgerliche Baukunst in Rostock, Rostock 1914 (Nachdruck: Reich Rostock 1991)

Manke, Matthias: Rostock zwischen Revolution und Biedermeier - Alltag und Sozialstruktur. Neuer Hochschulschriftenverl. Rostock 2000

Mecklenburgische Jahrbücher. Bärensprung: Schwerin 1931-1940

Möhlmann, Gerd: Geschlechter der Hansestadt Rostock im 13-18. Jahrhundert. Degener: Neustadt an der Aisch 1975

Mulsow, Ralf: Historische (und archäologische) Quellen zum Handel in Rostock, in: Lübecker Kolloquien zur Stadtarchäologie im Hanseraum II: Der Handel, hrsg. von Manfred Glaser, Lübeck 1999, S. 293-305

Ders.: Archäologische Belege zum mittelalterlichen Handwerk in Rostock, in: Handwerk - Stadt - Hanse. Ergebnisse der Archäologie zum mittelalterlichen Handwerk im südlichen Ostseeraum, hrsg. von Ulrich Müller, Frankfurt a. M. 2000, S. 191-219

Ders.: Archäologische Erkenntnisse zum mittelalterlichen Hausbau in Rostock, in: Lübecker Kolloquium zur Stadtarchäologie im Hanseraum III: Der Hausbau, hrsg. von Manfred Glaser, Lübeck 2001, S. 357-376

Ders.: Eine Mönchsfigur und andere Funde aus der Rostocker Weinstraße, in: Bodendenkmalpflege in Mecklenburg-Vorpommern, Jahrbuch 2003 (2004), 5.225-242

Ders.: Mauerwerksbefunde aus dem Rostocker St. Johanniskloster, in: Archäologische Berichte aus Mecklenburg-Vorpommern 11 (2004), S. 193-203

Münch, Ernst/Mulsow, Ralf: Das alte Rostock und seine Straßen. Redieck & Schade, Rostock 2006

Nolde, Adolf Friedrich: Bemerkungen aus dem Gebiete der Heilkunde und Anthropologie, in Rostock gesammelt ... Erfurt: Henningssche Buchhandlung 1807

Saal, C. Th. B.: Wanderbuch für junge Handwerker oder populäre Belehrungen über die Geschichte, Eintheilung, Rechts-, Zunft- und Innungsverhältnisse, Bildungsanstalten, Literatur und Gebräuche der Handwerker ... Weimar 1842

Schnitzler, Elisabeth: Zur Stadt- und Universitätsgeschichte Rostocks: kleine Beiträge (1941-1961). Universitätsbibliothek Rostock, 1998

Schröder, Karsten: In deinen Mauern herrsche Eintracht und allgemeines Wohlergehen. Eine Geschichte der Stadt Rostock von ihren Ursprüngen bis zum Jahr 1990. Koch: Rostock 2003

Schröder, Karsten: Die Bestände des Archivs der Hansestadt Rostock: eine kommentierte Übersicht. Redieck & Schade, Rostock 2010

Schulz, Knut: Handwerk, Zünfte und Gewerbe: Mittelalter und Renaissance. Wiss. Buchges. : Darmstadt 2010

Soetbeer, Adolf: Schiffahrts-Gesetze sowie Handels- und Schiffahrts-Verträge verschiedener Staaten. Perthes-Besser & Mauke, Hamburg 1848

Verein für Mecklenburgische Geschichte und Altertumskunde: Jahrbücher des Vereins für Mecklenburgische Geschichte und Altertumskunde. Bärensprung: Schwerin 1836-1930

Impressum
Herausgeber:
Verlag Redieck & Schade GmbH

Historische Texte:
Dr. Hannelore Kuna, Dr. Edwin Kuna

Gesamtredaktion und -produktion:
Verlag Redieck & Schade GmbH, Friedhofsweg 44a, 18057 Rostock
Tel./Fax: 0381-27862, E-Mail: info@redieck-schade.de

Lektorat:
Achim Schade & Dr. Matthias Redieck

Bildredaktion: Redieck & Schade

Auswahl handwerksspezifischer Sprüche:
Werner Brickmann

Redaktionelle Mitarbeit:
Susanne Jäger, Volker Schmidt, Ingrid Segelbach

Abbildungen:
Archiv der Universität Rostock (3), Archiv Eschenburg (1)
Archiv Kuna (25), Archiv Rammin (1)
Archiv Plothe (7), Bäcker-Innung Rostock (2), Denkmalpflegeamt Rostock (3)
Deutsches Bernsteinmuseum Ribnitz-Damgarten (2)
Fa. Brillen-Krille (3), Fa. Gesundschuh (2)
Fa. Norddach (1), Fa. Scheinpflug (1), Fa. Th. Wegner (2)
Fa. Zingler (3), Gerhard Weber (2), Hans-Heinrich Schimler (5)
J. Kobrow (6), Jens Andrasch (5), Joachim Kloock (9)
Kulturhistorisches Museum Rostock (21), Mecklenburgisches Volkskundemuseum Schwerin-Muess (1)
Privatarchiv Fischer (7), Privat (5), Sammlung J.-P. Schulze (4)
Sammlung Schade (70), Schneiderei Bössow (3)
Schornsteinfeger-Innung (2), Volkskulturinstitut (2)

Layout: GrafikDesign Schwarz, Thiessow
Herstellung: ODR GmbH, Ostsee Druck Rostock

Redaktionsschluss: Februar 2011

1. Auflage April 2011
Verlag Redieck & Schade GmbH

ISBN 978-3-942673-04-4